新版

世界各国史

13

ドイツ史

木村靖二 編

山川出版社

カール大帝の建てたアーヘン王宮礼拝堂の内部　礼拝堂は八角形の建物で、宮廷内におかれ、宗教祭儀に用いられた。大理石の柱は教皇の許可のもとにイタリアから運ばれた。2階には玉座があり、カール大帝やその後継者たちによって利用された。

帝国の諸民族から臣従の誓いを受けるオットー3世（『オットー3世の福音書』より）
左の4人は、帝国の支配下にある4地域、ローマ、ガリア、ゲルマニア、スラヴを表している。オットー3世の普遍的支配への想いを的確に表現しているライヒェナウ派の傑作。

ルター訳『聖書』の扉絵（アウクスブルク、1535年）　新約聖書についで旧約聖書の翻訳が完成した1534年、ルターはメランヒトンの助けを借りて、新旧二つからなる『聖書』を印刷、刊行した。アウクスブルク版はクラナッハなどの木版画を刷り込んだ豪華版である。

ヴェストファーレン条約の調印（1648年）　三十年戦争の講和会議には神聖ローマ皇帝・諸侯をはじめフランス・スウェーデンなどヨーロッパ諸国の代表が参加した。図はミュンスターでの会議の光景。

サンスーシ宮殿　フリードリヒ大王が1745～47年にポツダムに建てた宮殿。王はここで政治を執り、哲学者ヴォルテールも3年間ここに住んだ。

ヴェルサイユ宮殿鏡の間でのドイツ皇帝の宣言　画家ヴェルナーはこの式典に立ち会って、同じ場面を数種類描いた。これはそのなかで唯一現存する、ヴィルヘルム1世がビスマルクに贈った画。

ヴァイマル共和国期の諸政党のポスター　大衆に訴えるこうした方法は、共和国になって大々的に広まった。下段右が1928年選挙のナチ党ポスター。

ベルリンの壁崩壊　東西ドイツ間の国境が開放された翌日、ブランデンブルク門近くの壁の上に立つ東ドイツの若者たち。壁の崩壊から一年を経ずして東西ドイツの国家統一が達成された。

まえがき

一九九〇年前後、ソ連を含む東欧社会主義諸国が崩壊し、そこからあらたに多くの国家が登場した。これを大帝国の解体になぞらえる見方もあったが、分離独立した国々のうちのいくつかは、その後また分裂して、さらに小さな地域単位に下降していく動きがあったのは、これまであまりみなかったことであった。ユーゴスラヴィアの分裂は典型的にそれを示しているが、チェコスロヴァキアがチェコとスロヴァキアに分裂したのもその例である。

これを遠心的再編と呼ぶとすれば、そのなかにただひとつ逆の方向に進んだ国がある。いうまでもなく、東ドイツを吸収合併した旧連邦共和国(西ドイツ)であり、遠心的再編にたいして求心的再編といってよいかもしれない。歴史的な大変動のなかから、ドイツだけが以前より大きくなって立ちあらわれたのである。もともとひとつの国家が分裂していたのだから、統一はあたりまえのようにも思えるが、問題は必ずしもそう単純ではない。それを証明するかのように、新連邦共和国(統一後のドイツをこう呼んで統一前の連邦共和国と区別する表現は、現在のドイツでよく目にする)は伝統的なドイツ像からの脱却を急ぎ、ヨーロッパ連合(EU)への統合を精力的に推進し、「ヨーロッパ・ドイツ」をめざして新しい変身をとげようとしている。

ところでこの「変身」は、ドイツ史の重要なキーワードのひとつといってさしつかえない。歴史は書きかえられる、それぞれの世代はそれぞれの歴史をもつ、とはよくいわれることであるが、おそらくドイツ史を学び、あるいは研究する者なら、このことばを身にしみて感じてきたし、その指摘に十分納得できるはずである。ドイツほど変身を繰り返し、そのつど過去の歴史像を再検討してきたところはそう多くはないだろう。歴史学のなかの分野のひとつに史学史がある。歴史研究の方法や問題関心が時代の流れのなかでどのように変遷してきたか、あるテーマの研究や解釈がどのように揺れ動いてきたのか、またそれはなぜなのか、といった問題を考えるジャンルである。ドイツの歴史学はこの史学史の格好の素材になってきたし、現在でもよく取り上げられる。それはなによりもドイツの変身のおかげで、ドイツ史が実際しばしば書き換えられてきたからにほかならない。

書き換えというと否定的なイメージでとらえられやすいが、それは誤解である。ドイツが「変身」するたびごとに、その歴史もまた再検討される、それによって、それまでみえなかったもの、隠されていたものに光があてられ、当然と思われていたことが問い直されるのである。つまり、変身は歴史を固定させず、つねにダイナミックで新鮮に保つ役割をはたしてきたのである。変身するドイツとは、いくつものドイツがあるということにほかならない。そしてそれこそ、ドイツ史の魅力の根底にあるものなのである。

当のドイツ人自身も驚いた新連邦共和国の成立から一〇年がたち、その間に世紀は二十一世紀にかわった。このもっとも新しいドイツの変身によって、ドイツ史はどう変わっていくのか、いやそれ以上に、この変身をうながした力はドイツ史のどこに求められるのか、こうした問いに答え、それをはっきりしたかたちで通史のなかで提示するにはもう少し時間が必要かもしれない。にもかかわらず、本書の叙述にあたって各執筆者はこの課題を意識せざるをえなかったし、それはおそらくなんらかのかたちで記述にうめこまれているはずである。その点を本書から読みとっていただければ幸いである。

なお、最後にいくつかおことわりしておきたい。近世・近代のドイツ史には、ハプスブルク帝国史の理解が不可欠である。本書でも必要なかぎりでふれてあるが、まとまったかたちでは本世界各国史シリーズ一九巻『ドナウ・ヨーロッパ史』を参照することをお勧めする。なお、地名・人名表記は、基本的にはドゥーデンの発音辞典(Duden Aussprachewörterbuch)によっているが、すでに慣用表記が定着している場合はそれを尊重した。

本書の索引・年表・系図・統治者一覧・各時代の選挙の統計の作成や点検については、東京大学大学院博士課程の辻英史氏にお願いした。この場を借りて謝意を表したい。

二〇〇一年八月

木　村　靖　二

目次

ドイツ史

序章　伝統豊かな新興国家「ドイツ」

ドイツ史とは何か

「ドイツ史とは何か」、この奇妙にきこえる問いをアメリカの著名なドイツ史家シーハンが投げかけたのは、一九八〇年代初めのことであった。といってもシーハンがこの問いをはじめて提出したわけではない。そしてつい最近も、ドイツで出版されたドイツ史通史は、冒頭でこの問いを取り上げている。もちろん似たような問いはほかの国の歴史についても提起されないわけではないが、ドイツ史ほど——あるいはドイツ史家のあいだでほどといったほうが正確かもしれない——、この問いが繰り返しだされるところはめったにないだろう。そしてその理由を推測するのは別にむずかしいことではない。というのも、この問いの根底にあるのは、ドイツとは何をさすのかという疑問にほかならないからである。わかりやすくいえば、ドイツ史とはドイツ人の歴史なのか、ドイツという地域の歴史なのかということである。

ドイツとは、ドイツ語を母語とする文化を共有する集団としてのドイツ人をさすのだろうか。だとすれば、そうしたドイツ人が登場するのはせいぜい十五・十六世紀ころからであり、もしそれにさらに国民意識をもつ集団という条件をつけるなら、その存在を語ることができるのはようやく十九世紀以降になってからである。それとも、ドイツは現在のドイツの領域のことなのだろうか。しかし、この場合でも現在の領域、すなわち旧東ドイツ(ドイツ民主共和国)を吸収してあらたな統一国家となった現ドイツ連邦共和国の境界は、一九九〇年になって確定したごく最近のものだということを想起する必要がある。つまり、現在の領域の「ドイツ」を歴史的に振り返ると、かなりの部分が領域外としてドイツ史から除外されることになってしまうのである。

こうしてみれば、先の疑問はドイツの主体である「ドイツ人」についても、また歴史の舞台となる領域についても、歴史的に容易に確定できないある曖昧さがつきまとっていることからきていることがわかる。こうしたことは、多かれ少なかれほかのヨーロッパ諸国にもあてはまるという反論もあるだろうが、東ヨーロッパやバルカン諸国を除けば、西・北ヨーロッパ諸国の多くは近代以降、とくに十九・二十世紀以降には革命などの政治体制の変革があっても、その領域、国境はほとんど変化せずに安定している。それにたいし、ドイツはこの二世紀間、政治体制の変更の度ごとに、つまり一八七一年、一九一八年、一九四五年、一九九〇年に、つねに国境の変更もともなった唯一の国なのである。一九三三年のナチス・ドイツの成立はただちに領土変更をもたらさなかったが、ナチスは公然と領土拡大を政策に掲げ、実際一九三八年には平時の最大版図を実現しているから、時期が少し遅れただけなのである。

もちろん、こういったからといってドイツの「特殊性」を強調しようというのではない。しかし、ドイツ史が国民国家的一国史の枠組みからの考察になじみにくいことは、とりわけそうした歴史を当然視してきた日本では、十分留意されてよいことだろう。ところで本書でとられているドイツ史の枠組み——神聖ローマ帝国の範囲を基準にし、それが消滅する十九世紀からはプロイセン主導のドイツ統一国家、いわゆるドイツ第二帝政を基準とする——は、以前から採用されている枠組みを引き継いだという側面もあるが、確定しにくい人と領域という基準を避けて、より安定した政治・法制度に準拠せざるをえないドイツ史の事情も踏まえている。

神聖ローマ帝国は九〇〇年近く持続したが、その構造はその間に大きく変動している。後半期には、帝国は地域統合の枠組みというより、ドイツの観念的な結合の象徴にすぎなくなったが、それでも帝国はさまざまな伝統の蓄積基盤としての役割をはたしてきた。帝国消滅から半世紀の空白ののち、十九世紀後半にあらたな統一ドイツが成立した。今度は一転して五つの政治体制の異なる「ドイツ」——それぞれが新興国ともいえるドイツ——がめまぐるしく交替する。近代以前の静と近代以後の動との劇的な組合せは、ドイツ史への興味をかき立てる要因のひとつである。

なお、ドイツという名称の起源について説明しておこう。このことばは中世の共通の行政・教会語であったラテン語にたいし、部族や一般民衆が話すことばをさす語(theodiscus)をさし、やがてそれを話す人々や地域の名称に転用された。十一世紀ころにはすでにそうした使い方があらわれ、十五世紀には現在使われるようなドイツ(Deutschland)の語がみられるようになった。ゲルマン人をさす英語(チュートン teuton)の語源となったローマ時代のゲルマン人の一部族テウトニー(Teutoni)がドイツの語源であるとする説は、現在では否定されている。

ライヒとラント

　こうした対比的なドイツ史の流れを全体的に把握できるような軸をさがすことは、ドイツ史研究の大きな課題であった。そのなかでも比較的早くから重視されてきた軸は、ライヒ(Reich)とラント(Land)との緊張関係である。ライヒはラテン語(regnum 王国・統治の意)から派生したことばであるが、神聖ローマ帝国以来ドイツ全体を意味すると同時に、中央権力をもさす概念として用いられてきた。ライヒは日本では帝国と訳されることが多いが、ドイツ第二帝政も、ヴァイマル共和国も、ナチス・ドイツも正式の国名はすべてライヒ(「ドイツ・ライヒ」)であったことには注意しなければならない。神聖ローマ帝国の歴史をみても、またドイツ第二帝政以後の歴史をみても、ライヒは統合力を高め、中央権力を強化しようとする動き、求心力の磁場であった。

　それにたいして、ライヒの存在そのものを否定はしないが、ライヒの枠内で各地域の自律性や伝統を擁護し、ライヒをラントのゆるやかなまとまりにとどめようとする連邦制的動き、遠心力の源としてのラントがある。ラントは、中世の諸領邦(Territorien)を起源としてそれぞれの君侯が領域内の一元的支配を進めた結果、十六世紀以降国家的独立性を高め、領邦国家に発展したものである。この内容は多様で、王国、大公国、侯国あるいはハンブルクのような都市国家も含んでいた。ラントは第二帝政の邦から、ヴァイマル共和国の州へとその国制的地位を低下させていったが、地域の伝統を規定し、住民のアイデンティティのよりどころとして大きな意味をもってきた。この両者の綱引きと相克は時代によってその形態や強弱を異にしながら、ドイツ史を貫く赤い糸のように持続した。概括的にいえば、神聖ローマ帝国期にはラントの自律化が進行し、近代以降はライヒ権力が優位に立った。とはいえ、十九・二十世紀において、ドイツが完全な中央集権国家になったのはナチス・ドイツと旧東ドイツの二例しかなかったことが示すように、中央権力の一方的優位に歯止めをかけようとする底流がつねにあったのである。

しかもライヒとラントの関係は、他国にもある中央と地方という固定したイメージのある関係と単純に比較できないところに特色がある。というのも中央権力たるライヒの担い手もまたその所在地も、一定していなかったからである。イギリスにおけるロンドン、フランスにおけるパリ(ヴェルサイユ)のように、近世以降中央権力の定住地(宮廷所在地)となり、文化の中心地でもあるような首都にあたる都市は、ドイツには近代になるまで存在しなかった。将来はともかく、現時点ではベルリンもなお政治・文化の唯一の中心ということはできない。その意味でドイツはなによりも地域の国であり、一元的な国制ではなく、多元的構造の国なのである。

地理と自然環境

ドイツの領域はヨーロッパのほぼ中央を占めている。この位置のためドイツは伝統的に多くの隣接国に囲まれる国となっていて、現在も九カ国にのぼるヨーロッパ最多の隣接国をもっている。ここから十九世紀後半以後のドイツの歴史、とくに二つの世界大戦に示される周囲との軍事衝突を地政学的な観点から説明しようとする見解もある。もっとも、すでにドイツの帝国主義者がドイツの膨張政策の正当化に使ったような、こうした解釈に歴史家の多くは批判的である。にもかかわらず、ドイツの形成や展開にあたって、隣接地域との多様な交流——職人の遍歴や学生の大学間移動、ドイツからの移民・ドイツへの移民といった直接的な人の移動による交流だけでなく、商品・技術・思想といった文化的・経済的な次元での交流による影響、あるいは戦争という暴力的なかたちでの衝突にいたるまで——が、大きな役割と意義をもったことを否定することはできない。東・西ヨーロッパの狭間《はざま》という位置は、ドイツ人の国家観やアイデンティティ、思想にも、ドイツの政治にも明確な刻印を与えてきた。それはまたドイツ内部にも、ドイツ東部、プロイセンの東ヨーロッパ的特徴と、ドイツ西部の西ヨーロッパ的性格の対立の存在として指摘されてきた。ドイツのこの地理的位置と、なんどとなく繰り返された境界線の伸縮・変更によって、ドイツの住民は周辺の諸民族がいりまじった集団となっており、また国家としてのドイツは最初から多民族構成国家であったのである。

ドイツの領域は時代によって変化しているから、その地理や自然も当然一般的に語ることはできないし、気候もまた時代によってかなり変化がある。たとえば気候の長期変動の研究によれば十六世紀後半から十八世紀初頭までは世界的に小氷河期といわれる寒冷期にあたり、ライン川やボーデン湖が氷結したこともわかっている。したがって以下では現在のドイツを基準にごくおおまかな特徴をみておくことにとどめる。

地形的特徴からいえば、ドイツは南高北低である。ドイツ最高峰のツークシュピッツをいだく南部のドイツ・アルプスから北西に向かってくだっていけば、やがて南はシュヴァルツヴァルト、東はハルツ山地にいたる広い森林丘陵地帯や台地にいきあたる。さらに進んでアーヘン、ケルン、ドルトムント、ハノーファー、ライプツィヒ、ドレスデンを結ぶ線に達すると、そこから標高一〇〇メートル以下の北西ドイツ

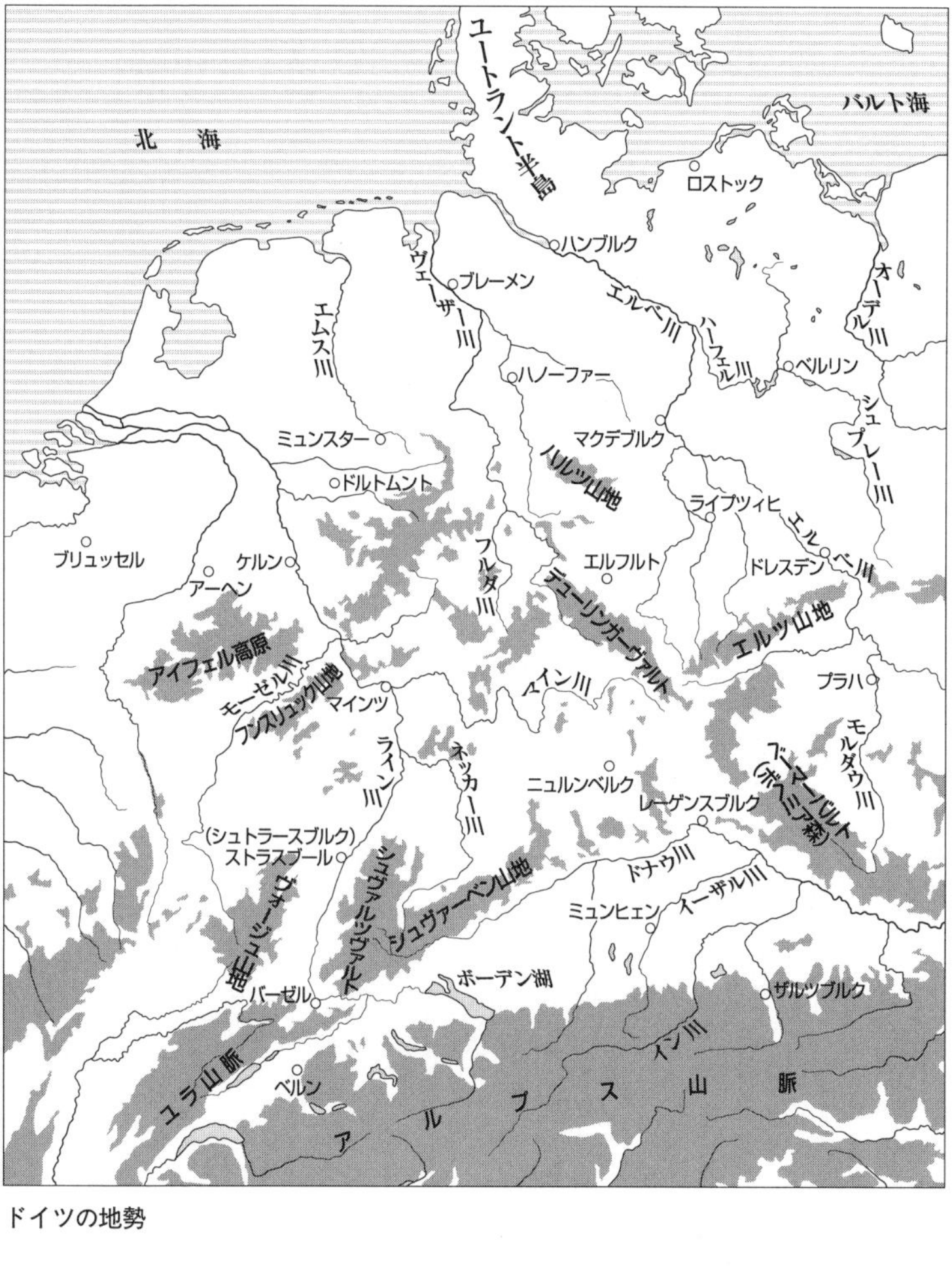
北　海
ユートラント半島
バルト海
ロストック
ハンブルク
ブレーメン
ヴェーザー川
エルベ川
オーデル川
エムス川
ハーフェル川
ベルリン
ハノーファー
シュプレー川
ミュンスター
マクデブルク
ハルツ山地
ドルトムント
ライプツィヒ
エルベ川
ブリュッセル
ケルン
フルダ川
エルフルト
ドレスデン
アーヘン
テューリンガーヴァルト
エルツ山地
アイフェル高原
モーゼル川
フンスリュック山地
マインツ
マイン川
プラハ
ライン川
ネッカー川
ニュルンベルク
モルダウ川
ベーマーヴァルト（ボヘミア森）
レーゲンスブルク
（シュトラースブルク）
ストラスブール
シュヴァルツヴァルト
シュヴァーベン山地
ドナウ川
ヴォージュ山地
イーザル川
ミュンヒェン
ボーデン湖
バーゼル
ザルツブルク
イン川
ユラ山脈
ベルン
アルプス山脈

ドイツの地勢

の大平原や低地帯が広がり、その先はユートラント半島を挟んで西は北海に、東はバルト海に面している。

この地形から、ドイツの主要河川は北ないし北西に向かって流れ、北海かバルト海に注ぐものが多い。そのため河川は中世以来、南ドイツと北ドイツを結ぶ重要な交通・商業路として利用されてきた。ドイツの主要河川の重要なものを西からみていくと、まずライン川がある。さらにブレーメンをとおるヴェーザー川、チェコから発してドレスデンを経由しハンブルクから北海に流れるエルベ川、現在ポーランドとの国境線となっていてバルト海に注ぐオーデル川が続き、また現在はポーランド領内に位置しているが、同じくバルト海に注ぐヴィスワ(ドイツの呼称でヴァイクセル)川も、ドイツの歴史をみるうえでは無視することはできない。こうした河川はそれぞれ多くの支流をもち、さらに近代以降相互に運河で結ばれて、ドイツの産業発展の動脈としての役割をはたしてきたし、現在もはたしている。

ドイツの河川のなかで、ライン川支流のマイン川はそう大きな川ではないが、歴史的にみれば重要である。マイン川は北西に流れる川と直角に交差するかたちで東西方向に流れる点で独特だが、それればかりでなく、北ドイツと南ドイツの社会的・文化的境界線(ライン・マイン線)となっている点でも注目される。たとえば、ライン・マイン線はカトリック優位地域とプロテスタント優位地域との区分線であり、またこの線以南は分割相続が、以北では長子相続が優勢であるといった相続慣行の分水嶺でもある。しばしば見逃されがちだが、マイン川はドイツとベーメンとを結ぶ最重要の商業・情報路でもあった。

ドイツの気候は、ドイツが高緯度地域でかなり北に位置するにもかかわらず、大西洋の海洋性気候の影響から比較的寒気が弱く、湿潤であり、東に向かうにつれ乾燥して寒冷な大陸性気候の度合は強まるが、

ホーエンツォレルン城とドイツの森

国内の温度差はさほど大きくない。気候や自然というと、どの国の場合でも多様性とか地方による相違や格差を強調する説明が多くなる傾向があるが、それらはあくまでも相対的なものであって、ドイツの場合全体としてみれば、その内部の違いより、かなり共通性がある点を重視すべきであろう。

ドイツは十九世紀まで圧倒的に農業国であったが、氷河期にはかなりの部分が氷河で覆われていたドイツの地味は概してやせていて、あまり豊かではない。近世以降ジャガイモ栽培が導入され、ドイツ人の食文化に大きな変化をもたらしたが、それ自体、ドイツの土壌や気候が農業にとって厳しいものであることを示している。ドイツ農業で畜産が重要な分野となっていることも、それと無関係ではない。なお、ドイツは古来から森の国として知られており、近世まで大きな森林地帯が残っていた。その後森林は減少するが、ドイツ人の自然観や地域意識のなかで森林と森林の記憶の占める役割は少なくない。

ドイツの鉱山開発の歴史は古く、ハルツ山地の銀は十世紀から有名であったが近世以降衰退した。中部ドイツの岩塩・カリ塩鉱山も歴史は古く、ドイツ民主共和国時代にいたるまで化学工業原料や農業肥料向けに採掘された。しかし、全体的には鉱物資源はいずれも量が限られていた。そのなかで特筆すべきは、工業化に不可欠であった石炭、褐炭や鉄鉱が比較的豊かであったことである。石炭はザール地方、ルール地方、シュレージエンが中心で二十世紀初頭ではヨーロッパ一の産出を誇り、さらに十九世紀末からは中部ドイツなどを主産地とする低品位だが安価な褐炭が、発電・暖房などの燃料源に利用され、現在も利用されている。

日本とドイツ

ドイツと日本の国家間交流は、一八六〇年、プロイセン艦隊を従えたオイレンブルク使節団が日本を含めた東アジアを歴訪し、翌年プロイセンと日本のあいだで修好通商条約が結ばれたことに始まる。このときには統一ドイツはまだ存在せず、オイレンブルクはドイツ関税同盟との一括条約を主張したが日本側は認めず、結局プロイセンとの単独条約となった。

それ以前にも個々のドイツ人が日本をおとずれていた。とりわけ、十七世紀末にやってきたケンペルと十九世紀前期に滞在したシーボルトは優れた日本事情紹介記をまとめ、ヨーロッパに伝えたことで有名であり、シーボルトは日独学術交流の祖と評価されている。しかし、両者とも出身を隠してオランダ東インド会社の一員として来日し、とくにドイツとかかわっていたわけではなかったし、彼らの日本研究もドイツではあまり注目されなかった。したがって、本格的交流はドイツ統一、日本の明治維新後に始まるといってよい。

日本とドイツの関係を歴史学の問題としてみると、二つの次元の動きが重要である。ひとつは、ドイツを国家建設と近代化のモデルにして、日本が明治以来ドイツから学び、その成果を取り入れるという教師と学び手との関係である。明治憲法をはじめとする近代的法体系、陸軍を中心とした軍事組織や装備、医学・法学・哲学・歴史学・文学などの近代諸科学と大学制度などは、もっぱらドイツの制度や成果が取り入れられている。当然ながらいわゆるお雇い外国人のなかにもドイツから招聘《しょうへい》された人間が多い。東京大学医学部に招かれたベルツ、一八八〇年代に陸軍教官として呼ばれたメッケルなどはその代表的例である。しかし、森鷗外、志賀潔の名を想起すればわかるように、日本からドイツに留学し、あるいは視察にドイツをおとずれる者の数はそれを遥かに上回った。それどころか、両者の関係は制度や文化からいえば日本の一方的入超であり、人的交流からいえば日本側のこれまた一方的な出超であった。

外交関係では、一八九五年の三国干渉、第一次世界大戦における両国間の軍事衝突など対立や戦争があったにもかかわらず、この文化・技術交流は第二次世界大戦まで持続した。日本の大学教育において、ドイツ語が長く第二外国語の首位にあったのもそのためである。興味あることに、ドイツから学んで強国化をめざそうという国策に反対した社会主義者や共産主義者、経済学者・農学者といった人々も、その対抗理論としてのマルクス主義をドイツの社会民主党や労働組合運動から学んでいた。日本の体制・反体制勢力は、長いあいだともにドイツから学んだ「武器」を手に相対峙していたのである。第二次世界大戦後になって、アメリカ合衆国がドイツに取ってかわる地位をえたが、戦前に蓄積されてきたドイツ文化の影響力は、とりわけ知的世界においてなお根強く残っている。

ドイツと日本のもうひとつの問題は、歴史的比較である。両国の近現代の軌跡がその基本線においてきわめて類似していることは、改めて説明するまでもない。急速な近代化の成功と早い段階での帝国主義的拡大策、さらに一九三〇年代のドイツのナチズム、日本の軍国主義といった独裁や専制的支配体制と対外侵略と暴力的占領政策、さらに敗戦とその後の議会制民主主義へのすばやい転換と経済大国への成長は、両国の政治的・外交的関係をこえて、類似の理由や相違点の解明に歴史家や社会科学者の関心を呼び起こしている。

さらに近年では、歴史的道程の比較だけでなく、日本・ドイツ両国民がこうした過去をどのように認識し、記憶しているのか、そこからどのような歴史自画像を描き出して自己のアイデンティティの根拠としているのか、という点も比較の対象として重視されるようになった。その意味で、ドイツ史はようやく近年になって日本が自分の姿を等身大で眺めることができる鏡となったといってよいかもしれない。

第一章　フランク帝国の遺産

1　ローマ帝国とフランク王国

ローマとゲルマン人

ドイツ人の人種的起源は、ゲルマン人にある。そのゲルマン人は、スカンディナヴィア半島南部を原住地としたといわれる。彼らはここを起点として、紀元前八〇〇年ころから南方へ向かい、東西に拡散した。紀元前五〇〇年ころになると、西ゲルマン語系諸族がユトレヒト半島や北ドイツの近辺に居住し始めた。やがてゲルマン人はさらに南下し、現在のドイツにあたる地域に暮していたケルト人と出会い、彼らを駆逐した。その結果、紀元前二世紀末ころに、ゲルマン人は、南ガリアを統治するローマ人と直接対峙することになった。

ゲルマン人は、およそ五〇の諸族からなるが、そのどれも独自の文字をもたなかった。したがって、彼らのことを文献から知るには、ギリシア人やローマ人の著作に頼らざるをえない。早いところではギリシアのポセイドニオスが紀元前九〇年ころに、はじめて「ゲルマン人」という名前を用いている。だが、ゲルマン人にかんする代表的著作といえば、ユリウス・カエサルの『ガリア戦記』(紀元前五二年)とコルネリウス・タキトゥスの『ゲルマーニア』(紀元九八年)であろう。

カエサルの『ガリア戦記』は、ライン側の西側にあたるフランスのほぼ全域を支配していたケルト人、ローマ人の呼び方によればガリア人との攻防戦を描いたものである。記述の中心におかれたのはケルト人だが、となりのゲルマーニアの制度や習慣についてもふれている。その記述によると、ゲルマン人は農耕よりも狩猟と軍事を好む民であった。彼らは農業には熱心ではなく、それぞれの国の外でおこなわれる掠奪を恥とは考えない。そもそも、長く定住すると農業が戦争にたいする熱意を奪うと考えて、彼らは固有の土地をもたなかったという。カエサルの指摘が正しいとすれば、ゲルマン人はまさに戦争の民であった。

また、タキトゥスの『ゲルマーニア』によると、ゲルマン人は諸部族に分れ、それぞれ首長をもち、王や将軍の選出、戦争や講和あるいは生死にかかわる裁判などの最重要事は、自由人である全戦士の集まる民会において全会一致で決議した。また、カエサルも記していたように、農耕よりも他郷の攻撃による掠奪を名誉ある活動と考えた。しかし、それはたんに彼らが好戦的だったからではない。生産性の低い社会にあっては、掠奪が主要な経済活動だったからである。戦いを勝利に導き、戦利品を正しく配分できる能力のある者だけが、王または将軍として尊敬された。王はまた、そのために存在した。

ゲルマン人たちは、ライン川の東側からドナウ川中流域をへてワルシャワをとおる大河ヴィスワ川にいたる中欧一帯を支配した。ローマ人は、これを「蛮族のゲルマーニア」と呼び、ローマの支配下にあったライン東岸からガリアにいたる「ローマのゲルマーニア」から区別した。こうしてローマ帝国は、エルベ川まで勢力を拡大したアウグストゥス帝(在位前二七〜後一四)の時代を別として、ライン川を自然の境界線とした。ローマは、防衛のためにレーゲンスブルク南西部のドナウ河岸(ケルハイム)からボン南東部のライン河岸(コーブレンツ)のあいだに、全長五四八キロにわたる「長城(リーメス)」を構築した。この長城は、壁と堀、高さ約三メートルの柵、南部では柵にかえてやはり三メートル程の高さと一メートル以上の厚みをもった石壁、一〇〇〇をこえる櫓《やぐら》、一〇〇をくだらない砦によって守られた。

フランク王国の成立とキリスト教

しかし、ゲルマン人は「長城」をこえて、ローマの支配地に侵攻しつづけた。決定的なのは、三七五年に、フン族の圧力を受けてドナウ川を渡りローマ領モエシアに移動した西ゴート族だった。二世紀をこえるゲルマン民族の大移動は、このようにして始まった。

大移動をしたゲルマン人は、最終的にスペインに住みついた西ゴート族のほかに、四八八年にテオドリック大王(在位四七三〜五二六)のもとでイタリアに東ゴート王国を打ち立てた東ゴート族、四二九年にアフリカ北部にヴァンダル王国を築いたヴァンダル族、四四三年にジュネーヴを中心にブルグント王国を建設したブルグント族、東ゴート王国の滅亡後の五六八年にランゴバルド王国を建設したランゴバルド族、五世紀中ごろにイングランドに移動した北のアングル族とサクソン族(ザクセン族)、残留してライン川北東部一帯に勢力を伸ばしたザクセン族がある。だがもっとも重要なのはフランドル・ベルギーへと進んだのち、セーヌ川、ロアール川にそって南下したサリー系フランク族だった。というのも、民族大移動ののちに、ほかのゲルマン人を圧してヨーロッパ形成の核となったのが、このサリー・フランク族だったからである。

サリー族は、ローマの支配下にあったガリアに侵攻し、四世紀なかばころには現ベルギー近辺一帯を支配した。五世紀になるとキルデリクス一世(在位四五七/八〜四八一)が北ガリアに勢力を伸ばし、その子クローヴィス(在位四八一〜五一一)が、ローマのガリア軍司令官シアグリウスを四八六年にソワソンで破り、北ガリア一帯を支配地とすることに成功した。クローヴィスは、その後四九六年には東部のアレマン族をトルビアックで、五〇〇年には南東部のブルグント族をディジョンで、五〇七年には南西部の西ゴート族をヴイエで破り、支配権を拡大した。

フランク族は、サリー族のほかにケルンを本拠地としたリブアリー族とカッティー族(ヘッセン系)からなり、言語的にはゲルマン語系に属していたが、クローヴィスは、リブアリー族の王とその息子を殺害し、リブアリー族を服属させた。さらに、彼はほかの有力な親族も殺害し、全フランク人の王となった。フランク人の王は、以後ほぼ二〇〇年間にわたって、彼の属した家系に独占された。これをメロヴィング朝という。「メロヴィング」は、キルデリクス一世の父であるメローヴィスに由来する。

クローヴィスのもとで進んだ王国の統合と普遍化への動きは、ローマ・カトリック教会と結びつくことでさらに促進された。フランク人は、ゲルマンの神々を信仰していた。だが、クローヴィスの妻クロデヒルデはアタナシウス派の信者で、夫にカトリックに帰依するように勧めていた。トゥールのグレゴリウスの『歴史十巻』(五九四年ころ)によると、クローヴィスは四九六年、敗色濃厚だったアレマン人との戦闘のさなかに妻の勧める「神」に助けを求め、勝利したために、改宗したという。
改宗した年は、じつははっきりしないが、五〇〇年前後と思われる。ランスの司教レミギウスは、それ以前からクローヴィスと親交があり、ローマ教会の支援を約束していた。また、ヴィエンヌの聖アヴィトスは、洗礼を受けたクローヴィスに宛てた書簡で、クローヴィスと東ローマ皇帝を比較し、「あなたの光もまたそれ自身の輝きでもえている。国王の身体のなかで、のぼる太陽の光が西の諸国を照らし出す」と記している。また、トゥールのグレゴリウスは、ムルウィウス橋の戦い(三一二年)でキリストの神の名のもとに戦って勝利し、キリスト教を公認したコンスタンティヌス大帝(在位三〇六～三三七)にちなんで、クローヴィスを「新しいコンスタンティヌス帝」と呼び、その期待のほどを示している。

洗礼を受けているクローヴィス　彼とともに，3000名以上のフランク人戦士が洗礼を受けたといわれる。

しかし、その後、メロヴィングの後継者たちは抗争に抗争を重ね、王権そのものは弱体化していった。東への進出もローマ教皇とのつながりも弱まった。だが、七世紀のなかばになって、状況は大きく変わる。フランク王国がふたたび強力になり、ローマとの関係が強化されたのである。関係を強化したのは、しかし、もはやメロヴィングの王ではなかった。それは、メロヴィング家にとってかわるカロリング家の総領たちだった。

カロリング家

フランク王国は、クローヴィス以後いくつかの部分王国に分れたが、中心となったのは、フランスの北部一帯を領域とする西のネウストリアと、ベルギーから西・中部ドイツ一帯を支配した東のアウストラシアであった。この二つの王国では、六世紀後半から摂政にあたる宮宰があらわれ、土地所有貴族層の支援を受けて、実権を握り始めた。七世紀後半になると、アウストラシアの宮宰職を同地の富裕な貴族でフランク語(ドイツ語)を母語としたカロリング家が独占した。カロリングの名称は、家門の多くの者、とくにカール大帝がカールという名をもったことによる。

このカロリング家のピピン二世(中ピピン、宮宰在位六七九〜七一四)が、アウストラシア、ネウストリア、ブルグントの三王国を統一した。彼の死後カール・マルテル(宮宰在位七一四〜七四一)は、王国の権威に服従しないフリーゼン、ザクセン、バイエルンに遠征した。さらに、フリーゼン族やヘッセン族に宣教活動をしていた聖ボニファティウスを支援して、フランケン、テューリンゲン、バイエルンのキリスト教化を推進した。彼はまた、アウストラシアの貴族たちとともに、イスラム軍を七三二年にトゥール・ポワティエで撃破し、イスラム勢力からフランク王国とカトリック・キリスト教世界を守ることに成功した。カロリングの宮宰が西のキリスト教世界の守護者たりうることを明らかにした点で、これは非常に重要な一戦だった。

その子、ピピン三世(小ピピン、国王在位七五一〜七六八)は、七五一年、ついにメロヴィング家の国王キルデリク三世(在位七四三〜七五一)を退位させ、自ら王位につき、カロリング朝を開いた。そのころ、東ローマ総督府のあったラヴェンナを征服したランゴバルド国王に攻撃され、危険な状態にあった教皇ステファヌス二世は、アルプスをこえてフランク王国に逃れ、ピピンに救援を要請した。教皇は王の戴冠式を再度おこない、ピピンとその二人の子を塗油し、ピピンに「ローマ人の保護者」の称号を与えた。ピピンもこれに応えた。彼は、教皇とともにイタリアに遠征し、ランゴバルド族を破り、七五六年ラヴェンナを教皇領として寄進した。

2　カロリング帝国とドイツ王国の誕生

「神の国」カロリング帝国

ピピン三世とともにローマ教皇に塗油された二人の子は、カールとカールマンであった。弟が早世したので、兄のカール一世(大帝、国王在位七六八～八一四、皇帝在位八〇〇～八一四)が単独でフランク王国全域をおさめることになった。彼は敬虔なキリスト教徒だった。エインハルドゥスの伝記によると、カールはアーヘンに美しい王宮礼拝堂を建て、とりわけ「聖アウグスティヌスの著作、とくに『神の国について』と題された本を愛好した」。その一方で、国の西、東、そして南に繰り返し遠征し、王国の領土を大幅にふやした。彼は信仰に篤《あつ》い征服者だった。

カール一世は、ランゴバルドを倒して「ランゴバルド王」となり、バイエルンとザクセンを攻撃して、これをフランク王国の一部とした。ザクセンの征服はとくに重視された。ザクセン人が異教徒だったからである。カールは、ザクセン人が「悪魔の信仰」をすて、キリスト教を受け入れるまで戦う覚悟を固めていた。ザクセン人が「洗礼を受けることを軽蔑して異教徒でありつづけようとするならば、その者は死刑に処せられねばならない」という勅令すら発している。それゆえに、戦いは凄惨だった。王はあるとき、四五〇〇人ものザクセン人捕虜を一日ですべて殺害したという。これは「フェーアデンの血の沐浴」(七八二年)と呼ばれる。ザクセン人はよく抗戦したが、八〇四年、最終的に鎮圧され、ザクセンは王国に完全に組み込まれた。これによって、フランク王国の東の境界はエルベ川にまで届くことになった。さらにカールは、七九一年、ドナウ川中流域にあったアヴァール帝国にも歩を進め、彼らをパンノニアから駆逐した。

カール一世の征服事業によって、フランク王国は所領を大幅に拡大した。その王国は、西はピレネーをこえてヒベリス(エブロ)川、南はイタリア、北はザクセン、東はドナウ川下流地帯にまでおよんだ。王国は、イスラム帝国や東ローマ帝国に接し、その規模においてその二つの帝国に引けをとらない大国となった。しかもフランク王国はキリスト教国家であり、この点でも東ローマ帝国と競争関係に立つことになった。

カール一世には、キリスト教世界の防衛と統一そして拡大という理想があった。国王にこのような理想を与えたのは、古典の復活というカロリング・ルネサンスをもたらしたことで有名な、イングランドの聖職者アルクインである。歴史家ドーソンによると、アルクインにとってカールは、ヨシュアが神の律法を地上に復活させたように、「教会に法を与え、かくして霊の権威と世俗の権威との両剣を掌握した神聖なる君主であった」。カールは、司教の任命にも直接、間接に関与した。その意味でカール一世がつくりあげた王国は、東ローマ帝国と比べても遥かに「教会国家」の性格を有していた。

カールの国家は、この世の「神の国」をめざしていた。その「神聖なる君主」の思想を現実化したのがカールの戴冠だった。カールは、八〇〇年十二月、クリスマスのミサで、ローマ教皇レオ三世によってロ

王宮礼拝堂で戦死者を悼んでいるカール大帝（右上）　左はイスラム軍を追撃するキリスト教徒の戦士たち。

カール大帝のころの帝国

ーマ皇帝の冠を与えられた。『フランク王国年代記』によると、そこにいあわせたすべてのローマ人たちがこう叫んだという。「至高なる《アウグストゥス》カール、偉大で平和の作り手である、ローマ人たちの皇帝、神によって冠を授けられた、このローマ人たちの皇帝に長寿と勝利を！」と。

こうして西ローマ帝国の復興とみなされたカロリング帝国は、ひとつの大宇宙となった。その大宇宙は、今日のEUに重なり合うほど広大な版図におよんだ。「七九九年のパーダーボルンのエポス」と呼ばれる当時の詩は、カール大帝を「ヨーロッパの父」と呼んでいる。

だが、カロリング帝国という宇宙は、普遍的広がりをもつが、かつてのローマ帝国のように確固とした国家ではない。行政や司法、税制、軍隊や道路の整備は、格段に遅れていた。そもそも、アーヘンがとくに好まれたとはいえ宮廷の所在地は一定せず、皇帝が各地を巡行するのが普通だった。この「王の旅」は、その後何世紀ものあいだ国王や皇帝たちがおこなわねばならない困難だが重要な仕事だった。またカール大帝は、年に一度か二度、帝国の全域から行政官や貴族、聖職者を集めて総会をおこなったが、これは世俗と宗教的事項を混在させたものだった。地方には伯と司教がおり、国王の任命によってそれぞれの管区をおさめたが、その多くは、もともと在地の大土地所有貴族で、なかば自立した権力者だった。カールは通常、聖・俗二名の国王巡察吏を各地に派遣し宮廷の命令を伝え、時には伯を解任すらしたが、伯権力はむしろ相続され強化される傾向にあった。

このこととの関係で忘れてならないのは、カール一世はカロリング帝国皇帝となったが、フランク国王であることをやめたわけではないということである。彼の後継者たちを何世紀ものあいだ規定することになる、国王と皇帝との二重性がここにすでに始まっている。ローマ教皇による戴冠の儀式がカロリング皇帝を生み出すが、皇帝となる人物はそれ以前にフランク国王でなければならない。しかも国王は、ゲルマンの方式によって、貴族たちの集会によって選ばれた。

選出される国王は、豊かで強く気前よくなければならない。物と土地を与えなければならない。国をかたどったのは、国王と貴族、戦士である自由人たちとの人的なつながりである。土地はやがて貸与されるだけになるが、貸与された者はそれを相続し、土地は世襲化していった。フランク国王は力と権威をもったが、地域権力もまた成長し封建制が根づいていった。

カロリング帝国の分割

フランク王国とカロリング帝国とのあいだには大きな矛盾があった。王国は分割相続によるのが原則であるのにたいし、帝国を担うのはただ一人の皇帝だけだったからである。この矛盾を解決するために、カール大帝の後継者ルートヴィヒ一世(敬虔帝、在位八一四～八四〇)は、八一七年に「帝国整序令」を発布した。

「帝国整序令」は、ルートヴィヒ敬虔帝の長子であるロータル一世(皇帝在位八一七～八五五)を「帝国の相続人」、その弟であるピピン一世(アキタニア王、在位八一七～八三八)とルートヴィヒ二世(ドイツ人王、在位八一七～八七六)をそれぞれ分国の「国王」と規定した。その分国は、王国のおおむね西と東だった。この二人には、皇帝ロータルの「助言と同意なしに」「外部の諸族や神によって守護された帝国に敵対する諸族にたいして和平や戦争をおこなう」(第七章)ことは認められなかった。皇帝の権威が重視されていた。

その後、ルートヴィヒ敬虔帝は、二度目の妻とのあいだに生まれたシャルル二世(禿頭王、国王在位八四〇~八七七、皇帝在位八七五~八七七)のために、フリースラントからアレマニアにいたる領土を与えようとして、三人の息子たちとのあいだに戦争が始まった。皇帝はその間に急死したが、帝位を継いだロータル一世はイタリアから北上して、東部のルートヴィヒと中央部のシャルルと敵対した。アキタニアのピピンは、ロータルとくみ、八四一年、双方の連合軍がオーセール近郊のフォントノワで会戦した。このフォントノワの会戦は、皇帝側の敗北に終わる。ルートヴィヒとシャルルは、ロータルをさらに追いつめるために、ロータルと勝手に取引しないという誓約を八四二年に交わした。この「シュトラースブルク(ストラスブール)の誓約」では、双方の国王がそれぞれ相手側の戦士たちのことば、東側の古高地ドイツ語と西側の古フランス語で書かれた誓約を読みあげ、戦士たちは自分たちのことばで誓約したという。帝国は言語の面でも分裂しつつあったのである。

シャルルとルートヴィヒは、ロータルを廃して帝国を二分しようとした。だが有力貴族たちがこれに介入して、三者のあいだで平和的な解決がはかられることになった。こうして八四三年八月にヴェルダンで条約が結ばれた。このヴェルダン条約の原文は失われているが、各種の年代記はこれにふれている。たとえば『フルダ年代記』にはこうある。

八四三年　有力貴族たちが帝国を区分し三つの部分に分割したのち、三人の国王が八月にガリアのヴェルダンで会合し帝国をたがいに配分した。ルートヴィヒは東の部分を、シャルルは西の部分をえ、ロータルは長子なので中央の部分を手にいれた。これは相互におこなわれた和平の締結と宣誓によって確認された。彼らはその後、帝国のそれぞれの部分を秩序立て維持するために帰還した。

フランク帝国はこの条約によって、西フランク王国と中部フランク王国と東フランク王国に分れた。とりわけルートヴィヒ二世はバイエルンを拠点として、のちのドイツ王国の基礎を固めたので、ルートヴィヒ・ドイツ人王と呼ばれる。

皇帝ロータル一世は八五五年に死んだが、その前に長男ルートヴィヒ二世(在位八五五～八七五)に皇帝位とイタリアを与えていた。次男のロータル二世(在位八五五～八六九)にはロートリンゲン(この名はロータル二世に由来する)、三男のシャルル(在位八五五～八六三)にはブルグントの南部とプロヴァンスを相続させた。皇帝は実質的にはもはやイタリア王でしかなかった。

その後、ブルグントとプロヴァンス、さらにロートリンゲンが再分割され、帝国はもう一度、三つになる。その三つの配分をはっきりと決めたのが、西フランク国王シャルル禿頭王と東フランク国王ルートヴィヒ・ドイツ人王とのあいだで、八七〇年八月に締結されたメールセン条約である。このメールセン条約で、帝国の中核部ともいえたロートリンゲンがマース川、モーゼル川、ソーヌ川、ジュネーヴ湖の線で西フランク王国と東フランク王国に分割され、大陸部は大きく二分されることになった。イタリアに侵攻していたイスラム軍との戦いに勢力をそがれていた皇帝ルートヴィヒ二世はこれに関与できず、イタリアにとどまらざるをえなかった。こうして、カロリング帝国は、おおむね現在のフランス、イタリア、ドイツに相当する部分に分離することになった。

ドイツ王国の成立

メールセン条約ののち、三つの王国はさらに独自の道を歩んだ。例外的に、ルートヴィヒ・ドイツ人王の第三子カール三世(肥満王、国王在位八七六〜八八七、皇帝在位八八一〜八八七)だけが、八八〇年代にイタリア王、皇帝、東フランク王、西フランク王をかねている。カール三世には、異教徒たちから帝国の住人を守ることが期待されていた。異教徒たちとは、北のノルマン人、南のイスラム教徒、東のマジャール人のことである。彼らは繰り返し西フランク、イタリア、東フランクを襲い、焼き、人とものを奪っていった。ノルマン人は川を利用して大陸内部にはいりこみ、八四五年にはパリを襲い、ライン川をさかのぼってケルンを包囲し、ハンブルクに火を放った。ハンブルクは掠奪と放火で完全に廃墟と化したという。サラセン人は南フランスやイタリアを襲い、ローマのサン・ピエトロ大聖堂すら攻撃、掠奪した。さらにマジャール人はザクセンやバイエルンを攻撃し、ライン川流域にまで姿をみせた。

カール三世は、そのどれにたいしても適切に対処できなかった。ついに、東フランク王国の高級貴族たちは、八八七年十一月カール三世の責任を問い、廃位を宣言した。カール三世は退位し、その二カ月後に死亡した。

あらたに東フランク王に選出されたのは、ルートヴィヒ・ドイツ人王の子カールマンの庶子、ケルンテンのアルヌルフ(国王在位八八七〜八九九、皇帝在位八九六〜八九九)だった。彼は、八九一年にルーヴァン近郊でノルマン人を破り、ライン地方の安全をほぼ確保し、八九六年に皇帝となった。西では、パリからノルマン人を撃退したロベール家のウードが西フランク王に選出されていた。ウードはカロリング家とは血縁関係をもたない国王である。東でもアルヌルフが死に、後継者ルートヴィヒ四世幼童王(在位九〇〇~九一一)が早世すると、もはやカロリング家の血を引く者はいなくなった。東フランクの高級貴族たちは、帝国や血にこだわることをやめ、王国に根をおろしている自分たちの仲間から国王を選んだ。フラン

ヴェルダン条約(843年)後のカロリング帝国

メールセン条約(870年)後のカロリング帝国

ケン公コンラートである。

コンラート一世(在位九一一〜九一八)は、東フランク王国の創始者であるルートヴィヒ・ドイツ人王を支え助言した一群の聖俗高級貴族の一員だった。この高級貴族のなかでも、部族を統治する者たちは大公と呼ばれ、ひときわ重要な役割を演じていた。大公はもともとメロヴィング朝の時代には、一定の地域をおさめる伯よりも上位にある官職だった。ところがカロリング時代の末期になって、異教徒たちの襲撃が繰り返されるなかで新しい部族大公制が成立する。大公は国王が到着するのを待たずに、部族の民とともに襲撃者たちと戦わねばならず、彼らの価値と力、民の彼らへの信頼は増大した。大公は土着化し、官職というよりも地域の特定の家門に帰属し始めた。この傾向はとりわけザクセン人やバイエルン人という、異教徒の侵略を受けやすい辺境地域において著しかった。

九〇〇年をすぎるころには、バイエルンではルイトポルディング家が、ザクセンではリウドルフィング家が大公位に就き、威勢をふるった。シュヴァーベンやフランケンでは、大公の地位をめぐってフェーデ(内戦)が繰り返され、熾烈な戦いのなかからコンラート一世が勝者として登場した。カロリング家の血統がたえるなかで、九一一年十一月十日、フォルヒハイムで、フランク人、ザクセン人、アレマン人、バイエルン人たちが国王に選出したのが、このコンラートだった。

これは、カロリング帝国の瓦解を意味した。東フランク王国は過去と断絶し、新しい独自の王国、ドイツ王国となった。しかし当時の人々のあいだでは、なおドイツ王国という意識は薄い。大公たちはコンラートに服従せず、戦いが続いた。コンラートはまた、マジャール人の侵攻にも有効に対処できなかった。

九一八年、失意のうちに死の床についたコンラート一世は、その後継者に、弟のエーベルハルトではなく、敵対したザクセン大公ハインリヒを指名した。ヴィドゥキントの『ザクセン史』(九七三年)によると、国王はそのとき、コンラート家の者には王としての実力はあるが、「運と威厳」に欠けると述べたという。

3　新ローマ帝国

ザクセン朝

ザクセン大公ハインリヒが新国王に選出されたのは、九一九年五月のことである。国王ハインリヒ一世(在位九一九〜九三六)は、東フランク王国全域を実力で支配下におさめ、九二五年には、内紛に乗じてロートリンゲンを王国の版図に組み込んだ。ここに、東フランクつまりドイツ王国を構成する大公国フランケン、ザクセン、バイエルン、シュヴァーベンの列に、ロートリンゲンが加わることになった。カロリング帝国の中核部だったロートリンゲンが東に復帰したことの意味は少なくない。それは、東の国王と支配階層の者たちにカロリング帝国の後継者であるという自覚を与えることになったからである。

ハインリヒ一世は、新しい王国にカロリング帝国の威信と重みを与えることに成功した。彼は、ザクセン人戦士の装備を改善し訓練を重ね、多数の城塞を設置してマジャール人の侵入に備えた。さらにシュレースヴィヒやブランデンブルク、マイセンにマルク(辺境領)を設定して、バルト海沿岸からその内陸部にまで住む西スラヴ人(バルト・スラヴ人)やノルマン人の来襲に対抗し、逆に攻撃、征服した。九三三年には、東フランク全域から大軍を集め、テューリンゲン北部のリアデでマジャール人と対峙し、彼らを逃走させた。マジャール人は甲冑《かっちゅう》をつけた騎士たちを見て、戦わずして逃げたともいわれる。この結果、ハインリヒ一世の力と勇敢さにかんする評判はありとあらゆる部族や国王たちのあいだに広まった、と伝えられている。

ハインリヒ一世は、国際政治の面でも、ドイツ王国の形成をより確かなものとした。九二一年、西フランク王国のシャルル単純王とライン川の船上で友好条約(ボン条約)を締結し、「西フランク人の王」と「東フランク人の王」が相互に独立性を尊重することを約束した。この条約はまず国王によって、続いてそのそばにいた大公たちによって誓約された。

ドイツ王国の有力者たちはハインリヒ一世の実力と功績を認め、王位がザクセンのこの一族に継承されることを認めた。こうして、ドイツ王(のちに神聖ローマ皇帝)の位がザクセン大公の家柄の者に受け継がれることになった。これをザクセン朝という。

オットー一世の戴冠と東方政策

ハインリヒ一世は、九二九年に王位の継承について王令をだし、次男のオットーに王位を継承させ、そのほかの子に国を分割しないこととした。これは、フランク王国以来の均分相続の原理を否定するものだった。これ以降、王位継承時の領土分割の原則はなくなったので、この王令は重要な意味をもつ。

九三六年の夏、偉大な国王ハインリヒの死後フランク人やザクセン人などが選出したのは、そのオットー一世(国王在位九三六～九七三)だった。彼らはアーヘンに集まり、誠実を誓い、彼の敵を倒すための援助を約束し、彼らの慣習に従って彼を国王とした。マインツ大司教ヒルデベルトはこのとき、国王を人民の前に示し、オットーが神と諸侯によって選ばれたことへの賛意を要求し、喝采をえたあとに剣と剣帯をとって国王にこう語ったという。「この剣を受けよ。この剣によって、キリストのすべての敵、異教徒と悪《あ》しきキリスト教徒を駆逐せよ。神は、すべてのキリスト教徒の平和を確かなものとするために汝にフランク人たちの全帝国の全権力を与え賜うた。その力で彼らを駆逐せよ」と。さらに諸々の儀式が続き、オットーは大司教によって塗油、加冠された。

国王の戴冠式は、その後も一五三一年にいたるまでアーヘンでおこなわれる。アーヘンでおこなわれたのは、やはりカロリング帝国とのつながりが意識されたためであろう。戴冠の儀式に聖職者が関与し、国王のキリスト教的使命を強調したのも、カール大帝と同様に、王が聖俗双方の頂点にあることを示すためであった。

オットー１世と最初の妻エドギサの座像　マクデブルク大聖堂内の像で，大帝は右手に地球をもっている。

オットー一世の東方政策は、この聖俗の頂点にある国王の使命と固く結びつき、防衛だけでなく伝道を支援し異教徒のキリスト教化を推進することをめざした。まず、北に住むバルト・スラヴ人であるヴェンデ人を支配するために、そのオボトリート族については九三六年ヘルマン・ビルングにエルベ川下流一帯に辺境領(ビルングのマルク)を、またウィルツェ族については九三七年にザクセンの貴族ゲーロに中部エルベとザール地方一帯にかけて広大な辺境領(ゲーロのマルク)を与えた。ゲーロの大マルクは、その死後、北部辺境領、辺境領ラウジッツ、辺境領マイセンに分れた。北部辺境領はのちに辺境領ブランデンブルクに、辺境領マイセンはザクセンの中核部になる。

オットー一世は、このように北と東に辺境領をつくり、武力によって異教徒を威圧する体制を整えながら、キリスト教の伝道活動を推進した。北については、ハンブルク・ブレーメン大司教区の管轄のもとに、デンマークのキリスト教化に成功する。東については、マクデブルクを拠点とする。オットー一世は、九三七年、そこにベネディクト派のマウリティウス修道院を創建した。マウリティウスは、ローマ時代のキリスト教徒の戦士で殉教者である。このマウリティウスを守護聖人としたことからわかるように、修道院設立の目的は異教徒を武力によりながら改宗させることであった。こうして九四八年にはブランデンブルクとハーフェルベルクに司教区が設置された。伝道活動はさらに東南、とくにザール川東方のベーメン(ボヘミア)へと向かった。

キリスト教世界の拡大というこの動きにとくに危機感をいだいたのは、隣接したスラヴ人やマジャール人だった。マジャール人は、九五〇年代に始まったオットーの王国の内紛に乗じて、ふたたび王国の内部に侵攻し反撃を開始する。

神聖ローマ帝国の成立

内紛は、オットー一世の初期の対大公領政策に由来する。オットー一世は、機会をとらえては大公の地位を彼の一族に与えた。大公が部族と結びついて、王国内の王国となるのを避けるためである。だが、彼らもまた結局は部族大公化し、自立をめざした。シュヴァーベン大公リウドルフは、九五三年に父に反旗をひるがえした。反乱側は、侵入していたマジャール人とさえ結びついたが、九五五年に鎮圧された。その後、同年八月十日、オットーの指揮下に集結したザクセン人、フランケン人、バイエルン人からなる帝国軍とマジャール軍がアウクスブルク近郊のレヒフェルトで戦った。

マジャール軍はレヒ川を渡って、オットーの軍隊を包囲した。国王は、状況は敵に有利になりつつあると判断して、戦士たちを鼓舞し、「ほぼ全ヨーロッパの主人であるわれわれが敵に降伏することを恥じよ。……さあ、ここでよりよい会話を始めよう。ことばではなく、剣による会話を」と檄《げき》をとばしたという。結果はオットー軍の勝利であった。マジャール人兵士の多数が殺された。本営が襲われ、その翌日も翌々日もマジャール人は殺されつづけ、逃れることができた者はほとんどいなかったといわれる。オットー一世は勝利を神に感謝し、スラヴ人たちのなかに司教区をつくることにした。九六八年、オルデンブルクやマイセン、メールゼブルクなどに新しい司教区が設置され、これらスラヴ人地区の司教区を統括するためにマクデブルクに大司教座がおかれることになった。マウリティウス修道院は大司教座教会に昇格した。

マクデブルクに大司教座が出現したことによって、東への備えと影響力はきわめて大きなものとなった。ここからベーメンへの働きかけがおこなわれ、九七三年ころにプラハに司教座がおかれることになった。

この司教座はマインツ大司教座に属したので、ドイツ王国との結びつきは固かった。またポーランドでも、ピャスト朝を開いたミェシュコ一世がオットー一世の東方政策から国を守るために自ら洗礼を受け、ポズナンに九六八年に司教座をおいた。初代の大司教はドイツ人で、その背後にはマクデブルクがあったといわれる。マジャール人のハンガリーでもキリスト教化が始まった。

レヒフェルトの戦いは、ドイツ王国に安全を保障しただけではない。それはカトリック・キリスト教世界の拡大に大きな役割をはたした。オットー一世のドイツ王国は、ヨーロッパを拡大したのである。

一方、このことはまた、オットー一世に普遍的な支配者への道を歩ませることになった。すでにレヒフェルトの勝利に際して、王国の戦士たちはオットー一世を称え、その場で「祖国の父にして皇帝」と呼んだという。オットー一世自身も、ローマでの戴冠を求めた。十分な準備ののちオットー一世は、九六二年二月二日、妻アーデルハイトとともにヨハンネス十二世によって加冠された。カロリングの血を引く最後の皇帝フリウーリのベレンガル(在位八八八〜九二四)以来、ほぼ四〇年ぶりの皇帝である。ここにオットー大帝(皇帝在位九六二〜九七三)が誕生した。この帝国は、しかし重要な一点でカロリング帝国とは異なっていた。カール大帝のカロリング帝国の領域はほぼ西ヨーロッパ全域におよんだが、新しい帝国の支配圏は、東フランク＝ドイツ王国におおむね限定されていた。それゆえ、初期の支配者たちはローマ皇帝という名称を用いカロリング帝国との連続性を意識したが、実際にはそれは新しい帝国にほかならなかった。この新帝国は、のちに使われるようになった名称に従って、神聖ローマ帝国と呼ばれる。

神聖ローマ皇帝は、実質的にはドイツ王にすぎない。だが歴代のドイツ王は、それゆえにこそ、理念的には西洋世界の普遍的支配者であるローマ皇帝となるために、ローマにおいて教皇の手による戴冠を必要とした。それがなければドイツ王はただのドイツ王でしかない。ここに、ドイツ王そして神聖ローマ皇帝がつねにイタリアに目を向けねばならない理由があった。皇帝は、ローマ教皇とのつながりをなによりも必要とした。

しかし皇帝とローマ教皇との関係は、カール大帝以来、対等なものではなかった。皇帝が優位にあったのである。皇帝はローマ教会の「保護者」であり、自らもまた聖性を備える存在だった。オットー大帝は、戴冠式のあとに交わされた、ローマ教皇との「確認協約」、いわゆる「オットー大帝の特権状」で、皇帝の優位性をはっきりと示している。大帝は、教皇へのピピンの贈与を更新し、皇帝によって与えられるローマ教皇の権利を列記したが、そのうえでローマ教皇の義務も規定した。ローマ教皇はあらたに選出された場合、その受任前にただちに国王の使節または国王の息子の前で、皇帝にたいする忠誠の誓いをおこなわねばならない、と。教皇の選出に皇帝が介入する権利が明記されたのである。

オットー大帝はその後、九七三年五月七日に死亡したが、彼が礎石を築いた神聖ローマ帝国は、一八〇六年まで続くことになる。

新ローマ帝国創建の試みと挫折

オットー大帝のあとを継いだのは、共同帝となっていたオットー二世(国王在位九六一〜九八三、皇帝在位九七三〜九八三)である。大帝の死後、内戦が勃発したが、オットー二世はこれを力でおさえこみ、その後イタリアに目を向けた。オットー二世は、イタリア全土を支配して、より強力な帝国をつくることをめざした。九八二年から、彼は「至高なるローマ人の皇帝《アウグストゥス》」という名称を用いたが、これは彼の狙いをよく伝えている。カール大帝からオットー大帝にいたるまで、皇帝は「至高なる皇帝《イムペラトール アウグストゥス》」という称号を用いていたが、オットー二世はこれに「ローマ人の」という一語を付加したからである。

イタリアの支配をめざした皇帝は、南部に存在したイスラム軍と敵対した。九八二年七月、コトローネ南部のカラブリアで両軍が激突し、オットー二世の軍は完敗した。その翌年、北では、バルト・スラヴ人たちがいっせいに蜂起した。エルベ川の東方のキリスト教勢力はすべて撃退された。司教座ハーフェルベルクとブランデンブルクが焼かれ、その再建に一世紀半もの歳月が費やされることになる。ハンブルクすら襲われ、ボーザウのヘルモルトによると、「多数の聖職者と市民が捕えられ、それよりももっと多くの人々がキリスト教への憎しみから殺された」という。デーン人もまた不穏な動きをみせていた。

南と東そして北で起こった危機を前にして、皇帝はイタリアで起死回生をはかったが、マラリアにかかりローマで死亡した。その同じ月に、アーヘンで王冠をえたのはオットー二世の遺子、オットー三世(国王在位九八三〜一〇〇二、皇帝在位九九六〜一〇〇二)である。新王はわずか三歳だったので母のテオファーヌが摂政となった。東ローマ皇帝の姪で、かつて夫のイタリア政策にも影響力を行使したテオファーヌは、よくその任をはたした。スラヴ人の反乱にたいしては、北部辺境領とマイセン辺境領を守ることに成功した。また、キリスト教徒となったポーランドやベーメンの国王とも平和条約を結び、東への守りを安定させた。そして西フランク王国における王位をめぐる争いでは、九八七年にユーグ・カペーが王位につくことを助けた。西フランク王国はフランス王国となり、神聖ローマ帝国とは別の道を歩むことになる。

長じて皇帝となったオットー三世は、父と同様に「至高なる《アウグストゥス》ローマ人の皇帝」という称号を用いた。オットー三世は父よりもさらに新ローマ帝国の建設に意欲を示した。彼は「オットー大帝の特権状」を確認せず、教皇領を直接支配しようとした。また、ローマの有力貴族が起こした教皇交代のクーデタにたいして、再度ローマに遠征し首謀者を殺し、新教皇の手足を切断し修道院に終身押し込めたうえで、ローマに新宮殿を設営した。彼の目的は、彼自身が好んで用いたことばを使えば、「ローマ帝国の再興」であった。

「新しいコンスタンティヌス帝」とも呼ばれたオットー三世の計画は、教皇と結合した新ローマ帝国の建設だった。皇帝は、プラハのアーダルベルトがプロイセン人への宣教の過程で殺害されたのを契機に、一〇〇〇年にグネーゼン(グニェズノ)の教会を大司教座とし、クラカウ、コールベルク、ブレスラウを付属司教座としてその支配下においた。これは、ポーランドの教会をマクデブルクから解き放ちローマに直結させることを意味した。また皇帝は、一〇〇一年にハンガリーの首都のグラン(エステルゴム)に大司教座をおき、ハンガリーのキリスト教化を推進した大公ステファンをハンガリー国王とした。皇帝は、ドイツ王国の利益よりもカトリック的新ローマ帝国の秩序のなかに異教徒国家を組み込むことを優先した。

だが同じ一〇〇一年、ローマではこれと対照的な事件が発生した。ローマの貴族たちが、ローマに滞在したオットー三世にたいして反乱を企てたのである。このとき、オットー三世が城砦から反乱者たちにこう演説したことが伝えられている。「汝らは、余のローマ人ではないのか。余は、汝らのために故郷を去り親族をすてた。汝らを愛するがゆえに、余のザクセン人とすべてのドイツ人(Theotisci)、つまり余の血を拒絶したのだ」と。

オットー三世は、自身が「ザクセン人」であり「ドイツ人」であるのに、新しいローマ帝国を完成するために奔走した。しかし、「ローマ人」はそれを理解せず、彼を殺そうとした。皇帝はそれを悲しみ、その思いを「余の血を拒絶した」と表現した。この反乱自体はただちに鎮圧されたが、皇帝が「ローマ人」と「ザクセン人」そして「ドイツ人」の血の違いの顕在化に愕然としたことが、その演説からうかがわれる。しかもここでとくに注意しなければならないのは、彼が「すべてのドイツ人」ということばを使っていることである。

ドイツということばは、もともと「民衆の」という意味の形容詞でしかなく、民衆語というかたちで初期ドイツ語を表現するのに用いられていたにすぎない。九世紀初頭になって、イタリアの知識人たちがゲルマンの「民衆語を話す人々」という意味でこのことばを用い、東フランクの人々をさすようになったが、民族そのものを示すことばではなかった。民衆語という語感から離れて、東フランク王国の人々一般をさすようになるのは十世紀もなかばを過ぎてからで、それもイタリアでのことでしかなかった。

皇帝が「ドイツ人」ということばをあえて用いたのは、新ローマ帝国創建の企画が挫折した、との思いからであろう。新ローマ帝国に武力で反対したローマの貴族たちを前にして、オットー三世ははじめて「ドイツ人」を実感したのかもしれない。歴史のうえで「ドイツ王国」という観念がはじめてリアルに意識化されたのは、このときからかもしれない。

「フランク王国の再興」と帝国教会制

二十二歳で死んだオットー三世の後継者、ハインリヒ二世(国王在位一〇〇二〜二四、皇帝在位一〇一四〜二四)は、オットー三世とは逆に「フランク王国の再興」ということばを用いて、ドイツ王国とのつながりを強調した。彼は王国を構成する大公国につねに配慮し、宮廷とともに頻繁に各地を訪問した。とくに重視されたのはマクデブルク(ザクセン)、アーヘン(ロートリンゲン)、レーゲンスブルク(バイエルン)だった。王は、それらの中間点にあるバンベルク(バイエルン)に一〇〇七年に司教座をおき、大聖堂を建立し、頻繁に宮廷会議を開催した。バンベルクはまた東のスラヴ人に接しており、ドイツに攻勢をかけていたポーランド王ボレスワフに向かうのに適当な位置をしめていた。

ハインリヒ二世はその後イタリアに向かい、王を自認していたイヴレアのアルドゥインを破った。イタリアは、その後一八六一年にいたるまで自身の国王をもつことができなかったので、これはまさに歴史的な一撃であった。むろん王の遠征の目的はローマにあった。ハインリヒ二世は、一〇一四年二月十六日、妻クニグンデとともにローマで戴冠され、「ローマ教会の保護者にして守護者」となることを誓っている。彼はオットー三世によって否認された「オットー大帝の特権状」をふたたび確認し、教皇とともに教会問題の改革に臨んだ。

ハインリヒ二世は、熱心に教会の改革に邁進した。ローマ教皇もこれを異としなかった。教会の改革と帝国の改造とは不可分で、そもそも皇帝はこの世におけるキリストの代理人と考えられていたからである。古代末期のローマ教皇ゲラシウス一世の両剣論は、キリスト教世界を統治する二つの剣としてローマ教皇の剣とローマ帝国の剣をあげており、ローマ教皇もまた、皇帝の宗教への関与をとくに疑問視していなかった。

皇帝は積極的に大司教や司教の任命に関与し、これを宮廷と結合し、帝国統治の要とした。このような帝国教会には多大な寄進がおこなわれ、その力は大きかった。そのかわり帝国教会には、宗教だけでなく帝国の政治、軍事に貢献することが求められた。かつて、同様の帝国教会政策を実行したオットー二世がイスラム軍に敗れたときの資料によれば、皇帝軍にはそのとき約二〇〇〇人の騎士がいたが、そのうち司教と修道院長が提供した騎士の数は一五一〇で、世俗権力のそれはわずか五三四にすぎなかった。最大の提供者はマインツ、ケルンの大司教とシュトラースブルク(ストラスブール)とアウクスブルクの司教で各一〇〇、世俗の諸侯は四〇だったという。大司教や司教の場合、子への直接的な相続はないので、皇帝や国王は自己の協力者を任命しやすく、しかも軍事力すら提供する帝国教会を中心に帝国を統治する体制を組織化しようとした。この方法を帝国教会制という。

ハインリヒ二世の帝国教会政策は、一世紀ほど前にブルグントやロートリンゲンで始まっていた修道院改革とも連動した。彼は、修道院における規律の回復と清貧と帝国への従属に賛同し、強大な修道院から土地を奪い、それを帝国教会に寄進した。ハインリヒ二世の政策は多数の司教の支持をえて成功した。皇帝(帝国)直属ともいえるバンベルク司教座とその大聖堂は、その象徴だった。ここには今なお皇帝聖ハインリヒ二世(一一四六年列聖)とその妻聖女クニグンデ(一二〇〇年列聖)の遺骸がよこたわっている。

ザーリアー朝

ハインリヒ二世は一〇二四年七月に子を残すことなく他界し、ザクセン王家の男系の血筋も消滅した。王位を継ぐ候補者として、ザーリアー家のコンラート(老)とその従兄弟のコンラート(若)が対立し、選挙がおこなわれた。国王に選出されたのは老コンラートだった。コンラートは一〇二四年九月マインツで戴冠式をあげ、コンラート二世(国王在位一〇二四〜三九、皇帝在位一〇二七〜三九)となった。彼とともに、ザーリアー朝が始まる。

王朝は交替したが、ドイツ王国の体制が変わったわけではない。むしろ、ザクセン、東フランケン、バイエルン、シュヴァーベン、ライン・フランケン、ニーダーロートリンゲン、オーバーロートリンゲン各地から聖職者や君侯たちが集まって選挙したのは、伝統を踏まえたものだった。しかも国王の選出は、それまでほとんど同意と同義だったのに、これはまさに「選挙」だった。ドイツは「王国共同体」としての性格を強めつつあった。

しかし、コンラート二世は皇帝でもあった。彼は一〇二七年に皇帝となったが、そのときに用いられた冠には、「コンラート、神の恩寵により、至高なるローマ人たちの皇帝」という銘がきざまれていた。コンラート二世は、神によってその職務を与えられたと信じていた。帝国教会制は明確に維持されている。また帝国の版図はさらに拡大した。コンラート二世がブルグント王国を相続によって入手したからである。神聖ローマ帝国は、ドイツ、イタリア、ブルグントという三つの王国から構成されることになった。この領域構成は、その後何世紀ものあいだ続き、皇帝に普遍的支配の理念を与えつづけることになる。

コンラート二世を継いだ皇帝ハインリヒ三世(国王在位一〇三九~五六、皇帝在位一〇四六~五六)もまた、この普遍的支配への思いを強くいだいていた。一連の神政的な皇帝のなかでももっともその自覚が強かったとされるハインリヒ三世は、一〇四六年十月にパヴィーアで教会会議を開催し、ハインリヒ二世が着手していた教会改革運動を推進した。このときローマには三人の対立教皇がいた。一〇四六年十二月、ハインリヒ三世の意向に従って、三人のローマ教皇はストリとローマの教会会議で解任された。

後任として選出されたのはドイツ人の教皇クレメンス二世である。その翌日の十二月二十五日、新教皇はハインリヒ三世と王妃アグネスのために皇帝戴冠式をおこなった。ハインリヒ三世は、新教皇とともに教会改革を推進した。それは帝国教会制と神権的皇帝という観念のひとつの帰結だった。教会改革をもっとも徹底的に実行したハインリヒ三世は、この世における神の代理人として帝国教会司教を任命する。司教職は相続されるのでも売買されるのでもなく、皇帝によって運用されねばならなかった。

ドイツ人のローマ教皇は、ハインリヒ三世のよき協力者としてこのような理念に仕えた。皇帝が一〇四九年に任命したレオ九世もまた、皇帝のよき協力者として教会改革を推し進めた。帝国とローマ教会との一体化は、この二人の権力者のもとで最高潮に達する。帝国教会制、皇帝神政制は一層完璧なものとなり、帝国はヨーロッパ最大の普遍的権力として屹立するかにみえた。しかし、この幸福な調和は最後の輝きにすぎない。その内部では、すでに解決しがたい矛盾、うめがたい亀裂が広まりつつあった。その亀裂はハインリヒ三世の死とともにあらわになり、ドイツ史に大変革をもたらすことになる。

第二章　苦闘する神聖ローマ帝国

1　教皇革命

教会改革の推進とハインリヒ四世

教会改革は、レオ九世と皇帝ハインリヒ三世のもとで、みごとな調和のうちに推進された。だが二人の死後、皇帝と教皇の調和はくずれ矛盾が顕在化する。

新しいローマ教皇となったニコラウス二世は、一〇五九年四月にラテラノで公会議を開き、教会改革のためにいくつかの重要な決議をおこなった。とくに重要なのは「教皇選挙教令」と呼ばれる決議で、これは教皇の選出に際しては、最初に「司教枢機卿」たちが慎重に審議して候補者を決定し、つぎに「枢機卿聖職者」たちを呼び、最後に「残余の聖職者と信徒たち」が「新しい選出」に賛同する、という方式を定めた。国王にたいする「敬意」は語られているが、干渉の権限は排除されている。また同じ公会議で決定された、いわゆる「聖職売買(シモニア)禁止令」は、「教皇選挙教令」の規定を確認したうえで、いかなる聖職者も俗人から教会を与えられてはならず、「聖職売買」によって教会の職務をえるか昇任されてはならないと規定した。これはまた、聖職者や司祭の妻帯や妾を有するニコライティズムを禁止している。

「教皇選挙教令」はドイツでは無効とされたし、一般にただちに実効性をもつことはなかったが、真に破壊的だった。なぜならローマ教皇の選出に皇帝を関与させないのは、皇帝の聖性を否定し、「聖」を教会が独占することに通じていたからである。聖職売買とニコライティズムの否定もまた、「聖」の脱世俗化を意味した。それまで、権威を象徴する指輪と杖を司教に与えたのは皇帝や国王であり、それを与えるに際して王は「教会を受けよ」と語ったという。これは聖俗混交である。皇帝が「キリストの代理人」かつローマ教皇と教会の「保護者」であり、帝国の司教を任命するという帝国教会政策もまた、この聖俗混交の基盤のうえに成り立っていた。

教会改革は、それゆえ、聖俗混交という、「古相のヨーロッパ」あるいは聖俗分離以前のいわば「前ヨーロッパ」の本質を根底から変革して「ヨーロッパ」へと転換させる、一種の社会・政治革命に通じていた。この「革命」は皇帝の聖性にたいするローマ教皇の戦いとして始まる。

一〇七一年、老齢のミラノ大司教が、ハインリヒ三世を継いでいたドイツ国王ハインリヒ四世(国王在位一〇五六〜一一〇六、皇帝在位一〇八四〜一一〇六)に指輪と杖を返還したのが、その発端だった。ハインリヒ四世は後任に国王礼拝堂の司祭を推したが、民衆がイニシアティヴを握っていたミラノでは、改革派の人物が大司教に選ばれた。ローマ教皇アレクサンデル二世はこれを承認した。ドイツ国王の司教選任にローマ教皇が公然と反対したのである。

　ハインリヒ四世は、ドイツで難問をかかえていたため、これにすぐ反撃することはできなかった。王は、王権の強化をもくろんでおり、とくにビッルング家の世襲大公が支配していたザクセンに精力を注いでいた。彼はハインリヒ二世の時代に建てられたゴスラーの王宮を拠点にハルツ地方の王領地の回復をはかり、そこに築いた城を非自由民である直属の家人(ミニステリアーレン)に委ねるという政策をとった。地元の貴族や農民は、ザクセンに住む人々の既得権を侵害するこのやり方に憤激した。緊張は戦争をもたらし、ハインリヒ四世は、ザクセン大公ビッルング家のマグヌスに勝利するが、大公を捕えて解放しなかったためにザクセンの有力者たちは公然と反旗をひるがえした。ハインリヒ四世はヴォルムスへと逃亡し、一〇七四年、ザクセン人と和解した。

　ミラノ大司教をめぐる争いは、このような政治・軍事的戦いと並行しておこなわれていた。一〇七三年、改革派の中心人物ヒルデブラントが、アレクサンデル二世の死後新しいローマ教皇に選出された。ハインリヒ四世は、この新教皇グレゴリウス七世を受け入れ、ミラノ大司教の選任を教皇に委ねることを伝えた。ドイツでの激しい戦いのなかで、ハインリヒ四世はローマ教皇との衝突を避けたのである。

　しかしザクセンでの和解は、ハインリヒ四世にとって不本意なものだった。ザクセンやテューリンゲンにある王の多数の城砦が破壊され、ハルツ城の城壁がくずされるのを認めざるをえなかったからである。ただ、ハルツ城にある、国王の一族の墓を含む教会と壮麗な住居はそのままにとどめられることになっていた。ところがハルツ城を専制の象徴と考えたザクセンの農民たちは、国王の退去ののち城を攻撃し、城壁や建物を壊し、王の兄弟や子の墓をあらし、死体の四肢をまきちらし、教会に火を放った。この行為によってザクセン人は法をおかした民となり、情勢は一変した。帝国の全域から国王のもとに兵が集まり、一〇七五年六月、ホンブルクで戦火がまじえられザクセン軍は敗北した。

闘争——廃位と破門

一方、この一〇七五年のおそらく三月に、グレゴリウス七世は「教皇訓令書」をだしている。これはグレゴリウスの記録簿から発見されたもので、どのようなかたちで利用されたかは不明だが、グレゴリウスの改革思想と目標を明記しており、神権的国王・皇帝観と正面から対立する。とくに注目されるものだけをつぎにあげておこう。

1　ローマ教会を設立されたのは、一人神だけである。
2　ローマ教皇だけが、正当に普遍的と呼ばれうる。
3　ローマ教皇だけが司教を退位または復帰させることができる。
12　ローマ教皇は皇帝を退位させることができる。
19　ローマ教皇は誰によっても裁かれない。
26　ローマ教会と協調しない者はカトリック教徒とはみなされてはならない。

しかし同年ドイツでの危機を脱したハインリヒ四世は、ミラノ大司教をめぐるグレゴリウス七世との合意を取り消し、国王礼拝堂の別の司祭を候補者として指名した。ローマ教会は、世俗的権力が司教の任命に関与することを拒絶した。

グレゴリウス七世は、一〇七五年十二月、国王に一通の書簡を送った。それは、国王の行動を批判し、「教会の自由」を妨害しないように、こう警告した。「すべての王国と帝国を自らの手と力のなかにおかれる神への恐れが、余の警告よりもさらに深く心のなかにとどめおかれますように。預言者の命令によってえられた勝利ののちにサウルが陥った運命を忘れぬようにされよ」と。

ハインリヒ四世もまた、ドイツの司教たちを召集し、教皇の廃位を決定し、一通の書簡をローマに送った。それは、「神の聖なる定めによる国王ハインリヒから、いまやローマ教皇ではなく偽りの修道士であるヒルデブラントに」宛てられていた。国王は、グレゴリウス七世に「ローマ教皇座」を去るように命じ、かわりに「聖ペトロの健全な理論を教える者」を就かせるように記している。皇帝がローマ教皇を退位させるのはそう珍しいことではなかった。オットー大帝もハインリヒ三世も容易に教皇を退けている。ハインリヒ四世もその成功を確信していたことであろう。だがそれは完全な誤信だった。

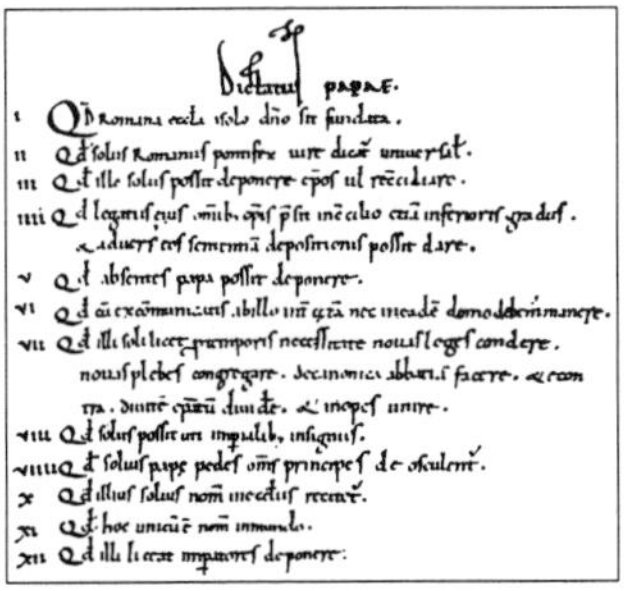

教皇訓令書　全27条からなる。公開を目的としたものではなく，教皇の政策目標を記したものと考えられる。

グレゴリウス七世は国王の圧力に屈しなかった。逆に、一〇七六年二月、ハインリヒ四世の破門をローマの教会会議で決議した。教皇は破門を告げる文書で、国王ハインリヒから「ドイツ王国およびイタリア王国の全域への統治を奪いあげる」ことを明記し、こう断言した。「余は、全キリスト教徒にたいして、彼らがハインリヒにおこなった、あるいはおこなうであろう宣誓の絆から解き放つものである。何人《なんぴと》であれ、彼があたかも国王であるかのように、彼に仕えてはならない」と。これまでの、教皇と皇帝(ドイツ国王)との関係、それを前提とした帝国(国家)秩序というものを考えるなら、これはまさに伝統的な「前ヨーロッパ」的秩序への、ローマ教皇の挑戦だった。

カノッサの屈辱

グレゴリウス七世の挑戦は成功した。ハインリヒ四世は、ローマ教皇の破門宣告に対抗してヴォルムスに教会会議を開催し、聖俗諸侯を招聘《しょうへい》したが、王権の強化を恐れるドイツの諸侯たちは国王にたいして公然と冷淡な態度をとったからである。グレゴリウスの廃位に賛同し署名した司教たちですら、ハインリヒのもとから離れ始めた。教会会議への出席者は少なく、会議はマインツへと移された。だがマインツにも諸侯はあらわれなかった。

諸侯は自分たちだけでトリブールに諸侯会議を開き、国王にたいし、「贖罪」をおこない教皇に服従するように求めた。もし一年以内に破門の赦免が与えられなければハインリヒを退位させる、ということも決定した。さらに彼らは、アウクスブルクにグレゴリウスを招き、そこで国王との争いを裁かせることとした。ハインリヒは孤立した。

ハインリヒ四世は、一〇七六年十月にグレゴリウス七世にたいする廃位宣言を取り消したが、事態は好転しなかった。もはや破門を解いてもらう以外に道はなかった。国王は王妃とともにシュパイアーから冬のアルプスをこえランゴバルドをへて、ローマ教皇のもとへとひそかに向かう。このときグレゴリウス七世はアウクスブルクへの旅にでていたが、この報を聞いてトスカナ女伯マティルダの山城カノッサにたてこもった。一〇七七年一月、ハインリヒ四世は、アペニン山脈北側の斜面にある冬のカノッサへと向かった。このときの様子を教皇グレゴリウス自身がこう伝えている。

国王はついに自発的に少数の従者とともに……余が滞在しているカノッサの町にやってきた。そこで、国王であることを示すものをすべてはずし、惨めに、素足でかつ毛織の衣服をまとい、三日間、城の前に立ちつづけた。涙を流しローマ教皇の慈悲による救いと助けを求めた。……　ついに、国王の執拗な悔恨といあわせた者たちすべてのつきることのない嘆願に負けて、余は破門の鎖を解き、聖餐と聖なるローマ教会のもとに彼を受け入れた。

教皇へのとりなしを懇願されているトスカナ女伯マティルダ　中央でひざまずいているのがハインリヒ4世。

この事件は、「カノッサの屈辱」といわれる。この「屈辱」の結果、とにかくハインリヒ四世はよみがえったので、この事件を国王の勝利とする見方もある。だが、国王や皇帝と教皇の従来の関係を考えるなら、「カノッサの屈辱」はやはり教皇の勝利と考えるべきであろう。事実、一〇七八年、グレゴリウス七世は、「いかなる聖職者も皇帝もしくは国王または俗人……から司教区または修道院、または教会をともなう叙任を受けてはならない」と教令で明確に規定した。二人の熾烈《しれつ》な争いは、このように、皇帝などの俗人による聖職叙任の可否に象徴的に表現されるので、通例「聖職叙任権闘争」、別にグレゴリウス改革と呼ばれる。

しかし、この闘争は、たんなる改革以上の意味をもっていた。グレゴリウスがめざしたのは、「聖」をローマ教皇が独占することだった。神聖ローマ皇帝は、たんに世俗的な権威にすぎない。グレゴリウス改革は、「聖」と「俗」の絡み合う「前ヨーロッパ」の秩序を根底からくつがえすものだったという点で、アメリカの法制史家ハロルド・バーマンが命名したように、まさに「教皇革命」だった。

グレゴリウス七世とハインリヒ四世の死

カノッサの屈辱は、しかし革命の終わりを意味しない。戦いは続いた。

ドイツの反国王派はハインリヒ四世の行動を認めず、フォルヒハイムで集会を開き、シュヴァーベンのルードルフ(対立国王在位一〇七七〜八〇)を国王に選出した。グレゴリウス七世も一〇八〇年の三月にハインリヒ四世を改めて破門、退位とし、対立国王ルードルフを承認した。だがドイツの諸侯たちは、俗人による聖職叙任の禁止がドイツにおける彼らの権益をおかすことを恐れ、今回は教皇を強く支持しなかった。ハインリヒ四世は同年ふたたびグレゴリウス七世を廃位し、あらたにラヴェンナ大司教ヴィーベルトを教皇に任命した(クレメンス三世)。二人の国王と二人の教皇が並立した。

この状況を動かしたのは、一〇八〇年十月のエルスターの戦いである。この戦いでルードルフは右手を失い死亡した。ハインリヒにたいして臣従を誓った右手が失われたことを、人々は神判と考えた。この機会をとらえて、ハインリヒ四世はローマに進軍する。ローマはよく防衛したが、一〇八四年三月、ついに門を開いた。ヴィーベルトは教皇クレメンス三世となり、ハインリヒ四世のためにただちに皇帝の戴冠式をおこなった。グレゴリウス七世はノルマン人のアプーリア公グイスカルドゥスに救出されて、サレルノに逃れた。その翌年、教皇はサレルノで没した。死に際して、グレゴリウス七世は、こう語ったという。「私は正義を愛し、不正を憎んだ。それゆえ私は流浪のうちに死ぬ」。

ハインリヒ四世とクレメンス三世の支配は安定し、教会改革も頓挫したかにみえた。しかし、教皇革命は、「聖なる悪魔」と評されたグレゴリウス七世よりも、さらに老獪《ろうかい》な外交の名手、対立教皇ウルバヌス二世が一〇八八年に選ばれたことで息を吹き返す。新教皇は、クレメンス三世とハインリヒ四世に対抗するために、カノッサの城主、トスカナ女伯マティルダ(四十三歳)とバイエルンのヴェルフ五世(十七歳)とを結婚させることに成功した。南ドイツと北イタリア一帯が、反皇帝、親改革派の勢力圏となった。

ハインリヒ四世は、一〇九〇年、ふたたびイタリアに介入したが失敗する。さらに長子コンラートが改革派に身を投じ、同盟を結んでいたロンバルディアの諸都市などによってイタリア王に選出された。コンラートは、ウルバヌス二世に忠誠を誓い、その馬の轡《くつわ》をとることすらいとわなかったという。一〇九三年、ウルバヌス二世は対立教皇クレメンス三世をローマから駆逐した。

ハインリヒ四世は、帰国後マインツの王国会議でコンラートを廃嫡し、その弟であるハインリヒ(五世、国王在位一一〇六〜二五、皇帝在位一一一一〜二五)を国王に選出した。一一〇三年には、マインツの王国集会で史上初の「ラント平和令」をだし、すべての諸侯、貴族に四年間の平和を守ることを約束させ、教皇による破門の解除を条件に十字軍(次節参照)に参加することを表明した。しかし、教会との交渉は進展せず、帝国の有力諸侯も彼に従おうとしなかった。子のハインリヒ五世すら、ローマ教会と和解し、父に敵対する諸侯と協調することによって、自身の王位を守るほうを優先した。

一一〇五年、ハインリヒ五世は、マインツの王国会議にやってきた父を捕えて幽閉し、皇帝の地位を放棄させることに成功した。ハインリヒ四世は逃亡し、三月にヴィゼでハインリヒ五世の軍を迎え撃ち、これを撃破した。しかし、これも最後の光芒にすぎない。一一〇六年八月、ハインリヒ四世は、波瀾に富んだその生涯を終える。

ヴォルムス協約

双方が和解の道を探り始めた。一一〇七年にはシャロン・シュール・マルヌで会合がもたれ、ハインリヒ五世の使節団とローマ教皇パスカリス二世が交渉した。教皇は、その会合の前に、サン・ドニ修道院でフランス国王フィリップ一世と子のルイ六世とあい、叙任権について妥協を成立させていた。イングランドでも同様の妥協がなされていた。それゆえ、ローマ教皇はそれなりに成算をもっていたにちがいない。しかし、ハインリヒ五世の側はあくまで国王、皇帝の叙任権の正当性を主張し、妥協は成立しなかった。

ハインリヒ五世は一一一〇年夏、戴冠式をあげるためにローマへと出発した。スートリで双方の代表が会談し、おおよそつぎのような合意が成立した。ハインリヒは、皇帝の戴冠式で指輪と杖による叙任を放棄し、レガーリア(裁判権や貨幣鋳造権など皇帝や国王の大権)に属さない保有物を教会の完全な財産とすることを誓う。パスカリス二世は、帝国に本来帰属するが、カール大帝以来教会に移されていたレガーリアを国王に返還するようにドイツの司教に指示する、と。これによって、国王は叙任権を失うが本来の自己の権利と財産を返還される、という妥協であった。しかし、戴冠式に際してこの案が公表されると、ハインリヒとともにやってきたドイツの諸侯たちは、これに激しく反対した。その案は、彼らの多くの財産を奪いかねないものだったからである。教皇は、ハインリヒ五世によって捕えられた。二カ月間の監禁ののち、一一一一年四月、教皇は、国王による叙任を認めたまま皇帝の戴冠式を挙行した。

しかしパスカリス二世は、聖職者たちの強い反対にあい、皇帝に与えた特権をふたたび破棄した。その後、新教皇カリクストゥス二世とハインリヒ五世とは、忍耐強く交渉を続けた。そのあいだにドイツでは、反皇帝の動きが強まり、一一二一年、ヴュルツブルクで「平和会議」が開かれ、諸侯が中心となって「平和」を確定するように決議した。諸侯たちは、皇帝にたいしてローマ教皇に服従するように要求した。皇帝は諸侯の要請をもはや無視できなかった。

帝国都市ヴォルムス郊外で交渉がもたれ、ついに一一二二年九月二十三日、ヴォルムスで協定が取り交わされた。これが「ヴォルムス協約」である。この協約は、シャルトル司教イー

パスカリス2世とハインリヒ5世
皇帝の戴冠式で，教皇がハインリヒ5世に帝国の権標を与えている。

ヴォの理論的影響のもとに、聖職者の権利・義務と世俗的な財産権・支配権とを分けることで問題の解決をはかった。皇帝はカトリック教会に「指輪と杖によるすべての叙任」を委ね、彼の王国または帝国におけるすべての教会で「教会法による選出と自由な叙階」がおこなわれることを認めた。これにたいして教皇は、「ドイツ王国の司教および大修道院長の選出」が、ハインリヒ五世の「臨席」のもとで「聖職売買やその他の暴力なしに」おこなわれること、また世俗的財産にかかわるレガーリアの部分については、ハインリヒ五世が俗権を象徴する笏《しゃく》によってそれを与えることを認めた。要するに、司祭は教皇によって叙任されるが、世俗的な封建君主としての側面では国王の大権に従う。ヴォルムス協約は、巧みな棲《す》み分けを定めたのである。

すでに「カノッサの屈辱」の項で指摘したように、グレゴリウス七世の教会改革運動に始まる一連の戦いと変革は、通例、聖職叙任権闘争またはグレゴリウス改革といわれるが、これを教皇革命と呼ぶ論者もいる。聖職叙任権そのものは戦いの現象的な争点にすぎず、改革のための戦いはじつはローマ教皇による神政的国家・帝国秩序への批判とその変革をめざすものだったと考えるなら、内容的には教皇革命のほうが当をえているように思える。これを革命と規定するのは、一連の教会改革運動が、聖俗の結びついた政治・社会・精神構造を聖俗の分離されたそれへと変革し、古いヨーロッパを大きく変革する決定的契機となったからである。これは、その意味では聖俗分離革命であり、合理化と世俗化と紀律化の近代ヨーロッパに連なっている。

たしかに、グレゴリウス七世自身は「すべての権力を教皇に」という立場をとり、必ずしも明晰に聖俗分離を唱えたわけではない。さらにヴォルムス協約も妥協の産物で、分離がそれほど明確だとはいえないであろう。またこの変化も結局は表層にとどまり、社会のすみずみにおよぶものではなかった。宗教の個人化と内面化、政治の全般的世俗化という、かなり徹底した聖俗分離をもたらすには、宗教改革を待たねばならない。しかしとにかくヴォルムス協約は、聖権と俗権を分離し、両権力の棲み分けをめざした。むろん、それ以前にも、霊的なものと世俗的なものを分ける思想はあった。だがそれを受け入れ現実化したのは、厳しい戦いのあとの十二世紀だった。その過程で、政治や国家と宗教のあり方をめぐる、人々の基本認識、心性の転換があった。これは重大な変化である。

ヨーロッパ全域がこの大きな構造的変化のなかにおかれた。その動きの中心となったのがドイツ王国であり、また神聖ローマ帝国だった。ドイツ史はヨーロッパの形成と深くかかわっている。

2　十字軍と騎士の時代

神の平和と封建社会

改革派の教皇ウルバヌス二世が一〇九五年十一月に十字軍の派遣を呼びかけたのは、クレルモンでおこなわれた教会会議でのことである。この教会会議は、その前に、私戦つまりフェーデの制限を決議していた。その決議第一条は、聖職者、修道士、女性にたいする武力攻撃を破門によって禁止していた。この禁止は、通例「神の平和」と呼ばれる。神の平和とは、司教が聖俗の有力者たちを集め、神の名のもとに聖職者や女性などの平和つまり安全を守る誓約を全員でおこなうもので、十一世紀からとくに南フランスでさかんにおこなわれていた。

神の平和は、聖俗混交的秩序を特質とする「前ヨーロッパ」世界の解体化と密接にかかわっている。それは、王権が深く関与していた「聖」を教会の主導のもとに純化しようという試みだった。「聖」の純化は、ひとつには俗的な武力からの遮断を意味した。神の平和が守るべき聖職者や教会は、あくまで武器をもたず血を流すことのない存在でなければならない。

血を流すことができるのは、「俗」としての騎士だけである。騎士は、神の平和のもとで聖職者や武器をもたない者たちに暴力をふるわないことを誓約した。暴力を向けることのできる対象は、平和の違反者だけだった。しかも教会は、より積極的で高い使命を騎士に与えた。聖地の異教徒からの解放、つまり聖戦としての十字軍である。

「聖」の観点から、平和に違反する者と神の敵に向けられる武力行使だけが正当とみなされた。カール大帝とオットー大帝は、霊の権威と世俗の権威をあわせもつ聖俗の最高権力者として、弱き者を守り異教徒と戦った。だがグレゴリウス改革のもとでは、唯一の霊的権威としてのローマ教皇が、皇帝や国王を頂点とする世俗の諸権力を導くことが重要だった。ウルバヌス二世にとって、神の平和も十字軍もあくまで教会改革の一環だった。

聖俗分離というこの社会変動のなかで、「農民」という概念もまたはじめて登場した。十一世紀初頭のカンブレ司教ゲラルドゥスは、「人類はその最初から三つの部分に分れてきた。祈る人、耕す人、戦う人である」と語っている。これは、その時期に語られた新しい身分区分として有名である。というのも、カロリング時代には、貴族、自由人、非自由人という区別はあっても、聖職者、騎士、農民という身分概念は存在せず、自由人とは主として農民的戦士をさしたからである。

この三身分への転化は、すでにフランク王国の時代に始まっていた。おもに土地の支給と軍役を双務的義務とした保護・服従関係の設定は、カロリング朝のもとで発達した。土地(レーン)を仲立ちとして、封臣の封主への託身(オマージュ)によってつくりだされるこの関係は、レーン制または封建制といわれる。封建制のもとでは、土地を貸与する国王や上級領主などの封主が、軍事的勤務をおこなう中小領主である封臣の協力のもとに、政治や軍事を司った。また封建制は、領主が隷属的農民を傘下におき、彼らを使役する生産関係の意味で用いられることもある。これも保護・服従関係である。領主は、土地を貸して農民に生産させ地代を徴収するか、直営地で農奴に賦役させるか、その双方の形態をとるかなど一般にグルントヘルシャフト(荘園制)と呼ばれる方式をとったが、領主は支配者として、農民を外敵から守り保護する義務を有したからである。

おもに土地を中心にすえた保護・服従関係のネットワークが社会のすみずみにまでゆきわたった状態を、マルク・ブロックは封建社会と呼んだ。ブロックによると、封建時代は一期と二期に分かれる。身分の分化がはっきりし始めるのは、この第二期の初頭十一世紀なかばころだった。グレゴリウス改革はこの動きを加速した。国王と教皇との争い、それと関連してドイツ国内で頻繁に繰り広げられたフェーデは、ドイツの封建社会化を強く推し進めた。

というのもこの間の激しい戦いのなかで、王国にかなり残存していた自由人が大幅に減少したからである。多くの自由人は独立した農民だった。彼らは領主をもたず、人格的に誰にも従属しなかった。同様に自由な貴族もいた。彼らは先祖から引き継いだ私有地つまり自主地をもち、いかなる封主ももたなかった。彼らは国王の支持者であり、その柱だった。しかし「ヴォルムス協約」にいたる長いフェーデの時代は、自由な農民や貴族の存在を許さなかった。彼らはもはや単独では自身の生命と財産を守り切れず、身近にいた戦いに明け暮れる強い領主たちに頼った。この領主たちは、ザクセンのビッルング家など名門高級貴族の多くを没落させつつ成長をとげ、城郭を建築して、新しい領域的支配圏を生み出し始めていた。自由農民は隷属民となって地代を払うか、領主のミニステリアーレンとなって騎士へと上昇するかの、いずれかの道をたどった。自由人は封建化し封主に忠誠を誓った。国王との伝統的なつながりはもはやない。

この過程で、新しい有力貴族たちは一層強力な存在となり、あらたに大公や辺境伯などの地位をえていった。彼らは自由人を封臣化し、実力をたくわえ、国王に対峙した。彼らはその力を背景に、ハインリヒ五世の死後の国王選挙では血統の原理を無視し、血縁の有力者ではなく、より弱体なザクセン大公ロータル(三世、国王在位一一二五~三七)を選出した。

シュタウフェン朝

このロータル三世の死後、王位継承をめぐって対立が生じた。選ばれたのは、ロータルと対立していたホーエンシュタウフェン家のコンラート三世(国王在位一一三八~五二)だった。この一一三八年からシュタウフェン朝が始まる。
　しかし、ホーエンシュタウフェン家と対立していたヴェルフェン家のハインリヒ傲岸公は、コンラート三世に忠誠を誓わず、バイエルンとザクセンで戦争が勃発した。その後、和平が結ばれ、一一四七年には、コンラート三世はフランスのルイ七世とともに第二回十字軍に参加した。だが、傲岸公の子であるザクセンのハインリヒ獅子公は、イェルサレムへの行を国王とともにせず、ザルツヴェーデルのアルブレヒト熊伯(一一五〇年からブランデンブルク辺境伯)などとともに、エルベ川とオーデル川のあいだに住む北の異教徒、スラヴ人(ヴェンデ人)を攻撃、征服することに固執した。第二回十字軍の指導者、クレルヴォー修道院長ベルナールは、およそ相手が異教徒であれば、どの地であれ、これを殺し土地と財産を奪うことが許される、との立場をとり、北の異教徒への攻撃を十字軍と認定した。

聖ベルナール　蜜の博士と呼ばれたクレルヴォーの修道院長。教皇の依頼で第2回十字軍を呼びかけた。

　第二回十字軍は三つに分れた。その主力は東のイェルサレムへ、他の部分はスペインに、そして第三の部分はザクセン人と隣接して暮しているスラヴ人に向けられた。こうして北の十字軍が始まった。バルト・スラヴ人やプロイセン人、ラトヴィア人、エストニア人などがつぎつぎに殺害、支配、抑圧され、ドイツ人が植民していった。今日のドイツ北部、ポーランド北部(プロイセン)やバルト諸国一帯のキリスト教化とドイツ化が武力とともに実現されていった。

このヴェンデ十字軍を指揮したハインリヒ獅子公は、北ドイツへの拡張政策をとり、その後一一四九年にはオルデンブルク、ラッツェブルク、メクレンブルク司教区の再建に着手し、その地をキリスト教化し、多くのドイツ人を植民させた。のちの東方移民、また異教世界のドイツ化、キリスト教化、ヨーロッパ化の先駆となった。この行為は、時の国王によって承認されている。国王が一一五四年に与えた特権状は、獅子公に、「エルベ川のかなたの地においてキリスト教の帝国を拡大するために、司教区および教会を設立、建立すること」を命じ、これらの教会に帝国の財産から寄付することを許した。

獅子公は、一一五九年、リューベックをホルシュタイン伯アドルフから強制的に入手し、翌年、司教座をオルデンブルクからリューベックに移し、ハンザ同盟(後述七七頁)の中心となる都市の繁栄のいしずえを築いた。この一一五九年の出来事について『スラヴ人年代記』につぎのような記述がある。「ハインリヒ獅子公の命令で、商人たちがただちに喜んで帰還し、……教会と都市の城壁を再建し始めた。大公は北の諸都市や王国、つまりデンマーク、スウェーデン、ノルウェー、ロシアに使節を送り、リューベック市に自由に到達できるように彼らに平和を提供した。彼はまた、貨幣と関税ともっとも名誉ある市民の権利を保証した。このときから都市の商業は繁栄し、住民の数は増大した」。

同様のことは、すでにワグリア(東ホルシュタイン)でアドルフ伯によっておこなわれていた。この地には住民がいなかったので、伯はあらゆる地域、フランドル、ホラント、ユトレヒト、ヴェストファーレン、フリースラントに使節を送った。使節はこう語ったという。「農地の不足に悩んでいる者は誰であれ、家族とともにきたれ。果実に満ち、肉と魚にあふれた土地とすばらしい牧草地の豊かさを受け取られよ」と。こうして多数の人々が、約束された土地を受け取るためにさまざまな種族のなかから立ち上がり、家族と家財を引き連れ、ワグリアへ、アドルフ伯のもとへと出発した。

ブランデンブルクもまたこのころ、ノルトマルク辺境伯、ザルツヴェーデルのアルブレヒトのもとに渡り、植民とキリスト教化が推進された。辺境領ブランデンブルクが近代プロイセンの王家ホーエンツォレルン家のもとに移るのは、一四一五年のことである。

フリードリヒ一世

北と東でキリスト教化が推し進められていたころ、コンラート三世が没し、一一五二年にあらたに国王が選出された。選ばれたのはシュヴァーベン大公フリードリヒ、つまりドイツ国王フリードリヒ一世バルバロッサ(イタリア語で赤髭の意、国王在位一一五二～九〇、皇帝在位一一五五～九〇)である。

フリードリヒ一世の母はヴェルフェン家出身である。彼が国王に選出されたひとつの理由は、そのまじりあった血のゆえに、両家の確執を解きうるということだった。事実、フリードリヒ一世は、ハインリヒ獅子公との融和、協力を重視した。ハインリヒ獅子公に一一五四年の特権状をだした国王は、フリードリヒ一世だった。

フリードリヒ一世は、さらに獅子公にバイエルンを与えている。バイエルンは、コンラート三世の時代にハインリヒ傲岸公から奪われ、オストマルク(カール大帝が設置し、十二世紀ころからオーストリアと呼ばれるようになった辺境領)を九七六年から支配しつづけたバーベンベルク家のハインリヒ・ヤゾミルゴットに与えられていた。フリードリヒ一世は、一一五六年にハインリヒ・ヤゾミルゴットにバイエルンを返還させ、これを獅子公に封として与えた。同時に、オーストリアを辺境伯領から大公領に昇格させ、ヤゾミルゴットに一円的裁判権を含むいくつかの特権を認め、封としてこれを与えた。オーストリア大公は本拠地をウィーンに移し、さらに権力を伸張させることになる。

フリードリヒ一世がドイツで試みたことは、諸侯を帝国秩序のなかに組み込み、平和を確立し、帝国に求心力を取り戻すことだった。彼は権威主義によらず、封を用いて皇帝とその国家にたいする忠誠を求めようとした。バイエルンやオーストリアは、そのよい例である。封を仲立ちとして、皇帝と諸侯とのあいだに相互的義務をともなうつながりができることが期待された。大公はもはや部族大公ではなく、地域大公だった。封によって皇帝と直接的つながりをもつ有力な一族が、新しい支配階層を構成した。彼らを帝国諸侯という。帝国諸侯は閉鎖的かつ限定的で、一般の伯や貴族は帝国諸侯に上昇できなかった。皇帝は帝国諸侯の支持をえることに腐心し、彼らの協力のもとに帝国を運営した。

ドイツの一定の安定を背景に、フリードリヒ一世はイタリア政策を展開した。イタリアを有することが、皇帝の権威と普遍的支配の論拠だったからである。当時ローマ教皇は、シチリアのルッジェーロ二世や東ローマから圧力を受けており、危険を回避するために皇帝の力を必要としていた。フリードリヒ一世はすでに皇帝を名乗っていたが、一一五五年、教皇ハドリアヌス四世が、ローマでフリードリヒ一世のために戴冠式をおこなった。皇帝フリードリヒ一世は、以後、神聖帝国ということばを用いた。ちなみに神聖ローマ帝国という用語は一二五四年から使われる。

一一五八年、皇帝はイタリアの支配を確保するために、イタリアに攻め入りミラノを陥落させた。その後、ロンカリアに帝国会議を開催して皇帝の高権を認めさせ、年に銀三万ポンドに相当する収入をえる機会をえた。だがイタリアは皇帝と敵対しつづけた。皇帝は繰り返し攻め込んだが、一一七六年、第四回目の遠征でロンバルディア都市同盟軍にレニャーノで敗れた。皇帝は軍事的制圧を諦め、まず教皇と、ついで一一八三年に「コンスタンツの和約」でイタリア諸都市と和解し、諸都市の権利を認めた。しかし、その際にイタリアの諸都市に帝国の構成員であることを確認させたのは、外交的勝利だった。

フリードリヒ１世バルバロッサと２人の子
左がハインリヒ６世，右がシュヴァーベン大公フリードリヒ。

この間にドイツの状況は不穏なものになりつつあった。ハインリヒ獅子公は皇帝に対抗して、イタリアに兵士を送らず、近隣の諸侯に繰り返しフェーデをおこない、勢力の拡大につとめていた。これは、フリードリヒ一世の「ラント平和令」(一一五二年、五七年)に違反するものだった。獅子公は諸侯たちに訴えられたが、帝国法廷への出頭を拒否したため帝国追放刑を宣告され、一一八〇年にはバイエルンとザクセンが奪われた。

ハインリヒ獅子公は皇帝と戦うが、結局、敗れて、妻の父であるイングランド国王ヘンリ二世のもとに亡命する。バイエルンとザクセンの封は分割され、あらたにケルン大司教、アスカニアー家、ヴィッテルスバハ家に与えられた。フリードリヒ一世は帝国諸侯体制をとっていたので、相続の場合と同様にこのような場合にも皇帝に封は復帰しなかった。封を必ず封臣に与えるというこのドイツに特有の方式は、授封強制といわれる。授封強制はイングランドやフランスにはなかった。この授封強制のために、神聖ローマ帝国は皇帝に権力を集中できず、分権的でありつづけた。

しかし、中世の帝国とはそのようなものである。それは多元性のなかの普遍的共同体であり、普遍的であるとは多元的であることを意味した。フリードリヒ一世は、北に集権的独立国家をつくろうとしたハインリヒ獅子公を倒し、獅子公の支配した古い大公領を分割し、帝国の存続をはかった。諸大公領も帝国諸侯も、なお帝国という傘を必要とした。フリードリヒ一世は、帝国諸侯の一定の自立性を認めつつ、その協力をえて帝国をまとめ、帝国の威信を高めることにつとめ、それに成功した。彼のもとで、神聖ローマ帝国の威勢は、ほかのヨーロッパ諸国を圧倒した。

フリードリヒ一世は安定した支配とその威信を背景に、第三回十字軍に参加する。しかし、一一九〇年、パレスティナに向かう途上で、不慮の事故が皇帝の生命を奪った。偉大な皇帝への追慕から、皇帝フリードリヒ・バルバロッサはキフハイザーの城に眠っていて、ドイツの危急存亡の折には必ず帰還する、と人々はその後も信じつづけたという。

フリードリヒ二世

皇帝フリードリヒの子ハインリヒ六世(国王在位一一六九〜九七、皇帝在位一一九一〜九七)は、ミラノでシチリア国王ルッジェーロ二世の娘コンスタンツェと結婚し、一一八九年にはシチリア島と南イタリアからなるシチリア王国の王位を継承していた。ハインリヒ六世は、一一九一年ケレスティヌス三世の手で皇帝に加冠され、シチリアの反皇帝派を倒すために軍を発した。

しかし、ハインリヒ獅子公がふたたび戦火をしかけたために休戦し、ドイツに帰還する。獅子公の背後にはイングランドがあったが、国王リチャード獅子心王が、十字軍の帰路、オーストリア大公レーオポルト五世によって捕えられたために、事態は一変する。援助の途をたたれたハインリヒ獅子公は勢力を失い、リチャード王は、レーオポルト大公から皇帝ハインリヒ六世に引き渡され(銀五万マルクで売られ)、銀一〇万マルクの身代金とシチリア遠征資金として銀五万マルクを提供して、ようやく解放された。

ハインリヒ六世は一一九四年にシチリアへと遠征し、十二月にこれを制覇した。この十二月に、長子ロゲリウス・フレデリクスが誕生した。フリードリヒ二世(国王在位一二一二〜五〇、皇帝在位一二二〇〜五〇)である。皇帝ハインリヒ六世は、北海から地中海にいたる大帝国を完成させ、これをフリードリヒ二世に残そうとしたといわれる。しかし、一一九七年、皇帝はマラリアにかかり三十二歳で死亡する。翌一一九八年には母コンスタンツェも死に、一人残された幼少のフリードリヒ二世の後見人となったのは、ローマ教皇インノケンティウス三世だった。

フリードリヒ二世はまだ幼くシチリアにいたために、ドイツでは、シュタウフェン派がシュヴァーベン大公フィリップ(対立国王在位一一九八~一二〇八)を国王に選出した。反シュタウフェン派はハインリヒ獅子公の子オットー(四世、国王在位一一九八~一二一五、皇帝在位一二〇九~一五)を選出する。フィリップはフランス国王フィリップ・オーギュストと同盟し、オットーは叔父のイングランド王リチャードを頼りとした。さらに、インノケンティウス三世がこの争いに介入し、国王の適格性の審査権を主張してオットーを支持した。結局フィリップが私的な争いで暗殺され、オットー四世がドイツ国王となった。オットー四世は、一二〇九年、インノケンティウス三世の手で皇帝の冠を与えられた。

インノケンティウス三世がオットーに肩入れしたのは、イタリアの支配をめざしたシュタウフェン朝と敵対したからである。ところが皇帝になったオットー四世は同じ政策をとり、一二一〇年にはシチリア王国に攻め込んだ。インノケンティウス三世は皇帝に破門を宣告した。反ヴェルフェン派のドイツ諸侯は、フリードリヒ二世を国王に選出し、オットー四世に敵対した。フリードリヒ二世は、一二一二年十二月、マインツの帝国会議で多数の諸侯の忠誠を獲得し王に推戴された。オットー四世とフリードリヒ二世の勢力は拮抗したが、決着をつけたのは、オットー四世とその同盟者であるイングランドのジョン王およびフランドル伯とフリードリヒ二世の同盟者フランス国王フィリップとのあいだでおこなわれたブーヴィーヌの戦い(一二一四年七月)である。フィリップ軍が決定的勝利をおさめ均衡はくずれた。敗れたオットー四世は、一二一八年、失意のうちにこの世を去る。フリードリヒ二世は一二一五年、アーヘンで正式に戴冠式を遂行した。

インノケンティウス三世は、この過程でフリードリヒ二世に「エーガーの金印勅書」と呼ばれる帝国法を発布させることに成功した。それは、中部イタリアの教皇領を認めるとともに、司教と大修道院長の選挙にドイツ国王がかかわらず教会の自由に任せる、というものだった。ヴォルムス協約をこえる内容で、「聖」の分離は決定的となった。さらに、フリードリヒ二世は長子ハインリヒ(七世、在位一二二〇～三五)をドイツ王とすることをめざし、一二二〇年にドイツの聖界諸侯の支持をえる目的で「聖界諸侯との取決め」を定め、彼らに財産相続の権利、関税徴収権、貨幣鋳造権、裁判権を与えた。帝国教会制はここに完全に消滅した。

フリードリヒ二世は、ハインリヒ(七世)をドイツ国王とすることに成功するとただちに

インノケンティウス3世　最盛期の教皇。教皇としてはじめて「キリストの代理人」という称号をつねに用いた。

イタリアへと向かい、ローマ教皇と接触を重ね、一二二〇年十一月、王妃とともにローマで戴冠した。このとき皇帝は、神聖ローマ帝国とシチリア王国を分離したが、一身のうちにこれを統合し、神聖ローマ皇帝およびシチリア王となった。彼は以後シチリアに居を構えつづける。

フリードリヒ二世は、一二二一二年と二〇年に十字軍に参加する誓約をおこなっていたが、皇帝になっても実行しなかったので、ローマ教皇グレゴリウス九世は彼を破門した。しかし、皇帝はそれにかまわず一二二八年に聖地に向かい、二九年、エジプトのスルタン、アル・カミルとの交渉によってイェルサレムを入手し、イェルサレム王となった。教皇は権威の失墜を恐れ、シチリア王国を攻めたが、逆に帰国したフリードリヒ二世によって撃破された。一二三〇年、フリードリヒ二世は、グレゴリウス九世と和解の会合をもち、破門を解除された。

ドイツでは、国王ハインリヒがミニステリアーレンや都市を支柱とした帝権強化策をとったが、諸侯貴族の反発を招き、逆に諸侯の権利を聖界諸侯と同様もしくはそれ以上に認めた「諸侯の利益のための定め」(一二三一年)を発した。これは、ほぼそのままフリードリヒ二世によって確認され、おのおのの諸侯が「自由、裁判権、伯権、ツェント裁判権を……自身の領国の是認された慣習に従って静穏に行使しうる」ことを明示的に認めた。ドイツにおける諸侯の独立化傾向はさらに進んだ。

ハインリヒ(七世)は諸侯の支持を失ったうえ、フリードリヒ二世に敵対したために、一二三五年についに廃位された。同年フリードリヒ二世はマインツのラント平和令を発布し、帝国の基本法を示し、裁判権や関税の権利などを帝国の側に引き寄せ、皇帝の権威を高めようとした。しかし実効性はなかった。こののち皇帝は子のコンラート(四世、国王在位一二三七〜五四)を後任のドイツ王としたうえで、南の故郷へと戻った。皇帝は一二五〇年にシチリアでその生涯を終えるまで、ふたたびドイツに帰ることはなかった。

3　神聖ローマ帝国の威風

大空位期とハプスブルク家

フリードリヒ二世の死後、帝国は混乱した。対立国王がいたうえ、後継者であるコンラート四世もわずか四年の統治で死に、シュタウフェン朝は終焉をむかえた。対立国王ホラント伯ヴィルヘルム(在位一二四八〜五七)も一二五七年に没したために、王位は空になった。この事態に対処するために、ケルンとマインツの大司教、ライン宮中伯、ベーメン王オタカール二世は、イングランドのコーンウォール伯リチャードを国王に選出した。しかしその三カ月後に、トリーア大司教、ザクセン大公、ブランデンブルク辺境伯、そして支持を変えたオタカール二世が、カスティリャのアルフォンソ十世を選出する。アルフォンソ十世はカスティリャで有力者たちの支持をえられず、ドイツに一度もはいることができなかった。リチャードもまた、ドイツには四度しか渡れず、滞在できた期間も少ない。このように、ドイツに統一国王が存在しない状態が続いたので、これを大空位期(一二五四〜七三年)という。

しかし注目されるのは、国王の選挙権はマインツ大司教をはじめとするこの七人の諸侯にある、という考えがこの時点で成立していたことである。ローマ教皇ウルバヌス四世は、一二六三年に国王の選挙権がこの七人の諸侯にあるということを教書「クイ・ケルム」で確認している。「選帝侯」がドイツ国王を選ぶという方式が、以後定着する。

大空位期に終止符を打ったのは一二七三年の選挙だった。このとき、選帝侯たちは、自分たちよりも弱体と思われる人物を全会一致で選出した。スイスの居城ハビヒツブルクにその名が由来するハプスブルク伯ルードルフである。のちに神聖ローマ皇帝位を世襲することになるハプスブルク家が、歴史の檜《ひのき》舞台にはじめて登場したのである。

ルードルフ一世(国王在位一二七三～九一)は、帝国会議を開催し、「帝国の改革」のために諸侯に帝国財産の返還を求めた。その最大の狙いは、オタカール二世を弱体化することだった。オタカール二世はこれに応えず、封臣としての託身をおこなわなかった。ルードルフ一世は彼を帝国追放とし、その封を奪った。さらにオーストリアに侵入して彼と戦いこれを破り、オーストリアにたいする権利を放棄させた。一二七八年、オタカール二世は失地を回復するためにウィーンに向かったが、マルヒフェルトでルードルフとハンガリー人の連合軍によって破られ戦死した。

勝利をえたルードルフ一世は、帝国諸侯との交渉ののちに、オーストリアとシュタイアーマルク、ケルンテンを長子と次男にレーン(封土)として与え、ハプスブルクの家領とすることに成功した。これは自己の家門の利益を広げるもので、ハプスブルクの家領政策といわれる。ハプスブルク家はこうしてスイスからオーストリアに支配地を拡大し、オーストリアを拠点とするようになった。ルードルフ一世は着実に自身の権力基盤を固めたうえで皇帝位を求めたが、これはついに実現できず一二九一年に死亡した。

七選帝侯　左から，ケルン，マインツ，トリーア，ライン，ザクセン，ブランデンブルク，ベーメン選帝侯。

ルードルフ一世のあと、ドイツ国王は、つぎつぎに異なった家系から選出された。最後のルートヴィヒ四世(国王在位一三一四～四七)は対立国王を倒し単独で統治をおこなうことになったが、ローマ教皇ヨハンネス二十二世は彼の選挙の非合法性を主張し、あらたに国王を選ぶように命じた。ドイツの選帝侯はこれに反発し、選挙の正当性を主張し独自に国王選挙法を定めることとした。一三三八年八月に、ベーメン王を除く選帝侯(マインツ、ケルン、トリーア大司教、ライン宮中伯、ザクセン大公、ブランデンブルク辺境伯)がライン河畔のレンス(レンゼ)に集まり、国王選挙にかんする議決(「レンス判告」)をおこない、国王の選出にあたって多数の同意があれば全会の同意があったとみなし、結果について「教皇の同意を必要としない」ことを宣言した。

ドイツ国王ルートヴィヒ四世は、同年八月フランクフルトに帝国会議を開き、レンスの議決を裁可し、帝国の国王選挙法「リケット・ユーリス」を公布した。これによって、「選帝侯」の全会一致またはその多数によって皇帝もしくは国王に選出された者は、ただ選挙によるだけで、「教皇の承認と確認、同意または合意」なしに、ただちに「真のローマ王にして皇帝となる」(「ローマ王」とはドイツ国王をさす)ことが定められた。ルートヴィヒ四世の立場はこれによって強化されたが、彼もまた強引な家領政策によって諸侯の反発を招き、一三四六年に廃位を宣言された。同年、かわりに選ばれたのは、ベーメン国王の子でルクセンブルク家出身のカール四世(国王在位一三四六〜七八、皇帝在位一三五四〜七八)である。

金印勅書と領邦

この時期は、出身母体の異なる国王を選出しつづけたので「跳躍選挙」の時代と呼ばれる。「跳躍選挙」はカール四世とともに終わる。だが終わったのはカール四世が強力だったからではない。むしろ選帝侯が危惧した中央集権的皇帝の危険性が遠のいたからである。もっとも大きな理由は金印勅書の制定だった。

金印勅書は、一三五六年一月の帝国法をもとに同年十二月二十五日に付加された八章を含む全三一章からなる帝国基本法である。勅書に黄金の印璽が用いられたことから、通例、金印勅書といわれる。そのもっとも重要な規定は、第二章の第四法文である。

さらに、その地(フランクフルト・アム・マイン)において、選帝侯あるいはその過半数の者が王を選出したならば、今後その選出は、選帝侯全員の一致により一人の異議もなくおこなわれたとみなされねばならない。……このようにしてローマ王に選出された者は、その選出が終了したあとただちに、……神聖帝国のもっとも親密な成員であることが知られている聖俗の選帝侯たち全員および各人にたいして、彼らのすべての特権、証書、権利、自由および特典、古来からの慣習、位階、ならびに選出以前に彼らが獲得し有していたすべてのものを、なんらの遅滞または否認なく、自らの証書と印璽によって確認し承認しなければならない。また彼は、皇帝の戴冠を終えたあとに、以上のすべてを更新しなければならない。

重要な点は、三つある。ひとつは、選帝侯の過半数の投票で全会一致とみなされたということである。国王選挙がこれで安定し、王位をめぐるフェーデの余地は減少した。第二は、この選挙だけで皇帝が確定するということである。ローマ王は「皇帝となるべき者」(第一章第一法文)であり、教皇の認可を必要としない。第三は、選帝侯の諸権利、帝国の高権にあたる高級裁判権(上位の裁判所をもたない、不移管・不上訴特権)や鉱業権、関税権、貨幣鋳造権などが無条件に認められたことである。この領邦高権はのちにほかの帝国諸侯にも認められ、帝国諸侯は領邦君主となった。帝国は、一層分権主義的色彩を強めることになった。

金印勅書　黄金の印璽を備えていることからこう呼ばれる帝国の基本法。1806年まで効力をもった。

帝国諸侯はこの金印勅書をえて、ルクセンブルク家から続けて国王をだすことを認めたが、それはこのような領邦高権の提供にたいする見返りだった。それゆえドイツにおいて中央集権的国家となったのは帝国ではなく、バイエルンやブランデンブルクなどの領邦だったといわれる。領邦は、部族大公が領域大公となり帝国諸侯となる経過のなかで確立していった。領邦君主は、国王大権である貨幣鋳造権や課税権、築城権、都市設立権、高級裁判権、さらに立法権などを認められ、少しずつ領邦の法(ラント法)をつくりあげていった。

とはいえ、イングランドやフランスと比較すると、ドイツの領邦は、帝国との関係で、また領邦の貴族との関係で、いぜんとしてそれほど主権的ではない。領邦もまた、あくまで帝国の一部であり、その構成員にすぎなかった。選帝侯は帝国のために働くことが求められた。金印勅書の最終章にこうある。「神聖ローマ帝国の威風は、慣習、生活、言語において多様な、さまざまな諸国民について、法律と行政を施行しうることであるがゆえに、選帝侯すなわち帝国そのものの柱にして壁に、さまざまな地方語や言語を別々に教授することは当然であり、あらゆる賢者の判断によれば有益である」。

それゆえ選帝侯の子は、幼少時からドイツ語やラテン語、スラヴ語の文法を学ばねばならない。それは帝国の統治のために不可欠だからだ、と勅書はいう。帝国は多様な部分からなり、それを含み込んでいるところに「威風」がある。その各部分である領邦は独自の慣習や生活、時には言語を有するが、それはあくまで帝国のなかの多様性にすぎない。だからこそ帝国は、帝国のなかの平和を重視し、帝国諸侯の誓約のもとに、繰り返し帝国平和令を発布した。金印勅書の第一七章は、フェーデを否定しないが、その法化を求め、ルールを定めている。帝国はあくまで一個の法・政治的共同体だった。

さらに、領邦君主はその領邦でも絶対的な支配者ではなかった。領邦は、貴族との共同統治のもとに成り立っていた。領邦は、そもそも貴族である大土地所有者からなる世界である。なるほど領邦君主は、貴族の自立的空間を狭め、ミニステリアーレンを権力基盤としつつ官僚制機構を整えることにつとめた。だが領邦もまた、貴族や騎士たちの同意と援助なしには機能しなかった。彼らは、自らと領邦全体の利害のバランスをとりながら、領邦君主に協力した。領邦もまた、君主のイニシアティヴがより強いとはいえ、君主と貴族たちが構成する法・政治的共同体であり、帝国よりもひかえめながら、地域を尊重する空間だった。

帝国自由都市とハンザ同盟

帝国における自立的な地域空間といえば、さらに都市がある。ドイツでは、フランク時代から国王や司教の滞在地を中心に都市化が進んだが、経済が農業中心だったので、都市に住む人々の大部分は農耕にかかわっていた。都市はいわば大きな村にすぎなかった。しかし、余剰の生産物や手工業品を交換する市場や集落が、領主の城砦や修道院、司教座などの外に隣接して発達し、しばしば城砦と一体化して中世都市に成長していった。ニュルンベルク、フランクフルト、ケルン、ハンブルクなどがそれである。また、領内やとくに東の異教地帯に君主や司教の手で計画的に都市が建設されることもあった。リューベック、ロストック、ダンツィヒ(グダンスク)などが、この建設都市にあたる。皇帝や国王、諸侯、司教たちは、異教世界の建設都市に人々を勧誘し、そこを拠点にキリスト教と自己の支配権を広げようとした。非自由人も、そこでは自由と安全が保証された。下級貴族や農民が移動し、商業や手工業などに従事し始めた。あらたに商人や手工業者が生まれ、遠隔地交易も推進された。

しかし、都市は当初、安全ではなかった。都市は、異教徒やフェーデにおける敵方の掠奪の対象だった。

都市は防衛のために外壁を築いた。都市の領主(国王や司教)は、そのための特許状を与えた。外界から遮断され、戦うことで絆を強めた都市の人々は、誓約によって仲間となり市民となった。彼らはその支配者に租税を払い、とくに東部では防衛の最前線で支配者の敵と戦った。やがて市民はさらに自立し、支配者その人と争い、自治の権利を勝ちとっていった。都市に参入する者は、隷属民であっても、原則として一年と一日で自由を獲得した(「都市の空気は自由にする」)。都市の自治の担い手は商人、とくに遠隔地交易に従事した商人のギルドだった。彼らのなかの有力者は十三世紀になると貴族化し、都市を代表する市長や市参事会員となって都市を支配した。

中世都市の最大の特色は、この自治にある。ドイツでは、司教や領邦君主から自治権をえた都市は、帝国自由都市と呼ばれ、従うのは皇帝の権威だけとされた。とくにリューベック、アウクスブルク、ニュルンベルクなどの大都市は独自の裁判権、戦争と講和の権利を実行し、ラント諸侯と同様の地位をえた。ちなみに都市の人口は一般に一〇〇〇人くらいだったが、ドイツ最大の都市ケルンは十三・十四世紀には四万人の人口を擁した。帝国自由都市は、皇帝、領邦君主、聖界諸侯とともに、帝国という有機体の重要な構成部分となった。帝国自由都市の自治権は、一四八九年、フランクフルトの帝国会議で正式に認知され、都市は帝国会議において、票数わずかに二票にすぎないとはいえ、第三身分の議席を獲得した。

都市は自己の利害を守るために、たがいに同盟を結んだ。北イタリアの諸都市は、皇帝の支配と武力干渉に対抗するためにロンバルディア同盟をつくり、「大空位時代」に、ライン河岸のマインツ、ヴォルムス、ケルンなどの都市は「ライン都市同盟」を結成し、とくにラント平和の確立を求めた。一方、「諸侯の利益のための定め」と金印勅書は、選帝侯や諸侯の大権を認めたが、諸侯の利益に反する都市同盟を実質的に否定した。ドイツの諸都市はこの動きと戦ったが、結局、敗北する。ドイツにおいては、市民の自由は、イングランドのように、国政の原理にまで高められることはついになかった。

ただ、経済的な都市同盟であるハンザ同盟は、例外的に成功し成長をとげた。ハンザということばは、中世ドイツ語でギルドとか仲間という意味で、もともとは商人仲間の互助会だった。ケルンの商人がロンドンで一一五七年にギルドホールをつくることを認められたのが始まりで、これが都市同盟に発展したのがハンザ同盟である。中心となったのはヴィスビイやリューベックである。十三世紀のバルト海は、ヴィスビイからノヴゴロドにかけて国際的交易でにぎわっていた。あらたに建設されたバルト海海域の諸都市、リガ、レーヴァル(タリン)、ダンツィヒには、主としてドイツ人商人が植民し、毛織物、塩、海産物、琥珀、毛皮などの商品を中継し、各地に運んだ。ロストックなどのリューベック諸都市とゴスラー、ベルリンなどザクセン諸都市はドイツ商人の身と商品を守るために一二六五年に連合をつくり、これとヴェストファーレン・ライン諸都市とが合体して、八〇年代にハンザ同盟が完成した。リューベック法を母法とした都市は優に一〇〇をこえ、一三五八年にはリューベックにハンザ同盟の本部が、七三年には控訴裁判所が設置された。

ハンザ同盟は、国際交易を目的とした都市連合で、ヨーロッパ的広がりをもった国際的通商組織であった。加盟都市の数は、十五世紀には一六〇あったといわれるが、主要な都市は七〇程だった。ロンドン、ブルージュ、ベルゲン、ノヴゴロドに商館をおき取引の便宜をはかると同時に、商行為のための外交活動もおこなった。通商や外交だけでなく、一定の軍事力ももっていた。デンマークのヴァルデマル四世とハンザ同盟とが正面から敵対した一三六八年、ハンザ同盟はデンマークを破り、シュトラールズントの和約(七〇年)でハンザのバルト海における覇権を認めさせている。その実力は、あなどりがたいものだった。

しかし、ハンザ同盟は、あくまで国際的な通商を安全かつ円滑におこなうことを目的とし、共通の財産や金庫、代表者をもたなかった。最後の総会が開かれたのは一六六九年だが、その時点でハンザはその生命力を失っていた。これは、新航路の発見とオランダの興隆そして三十年戦争の被害のためだが、ヨーロッパの経済が重商主義や国民経済へと大きく転換し、都市もまた国家の枠のなかに組み込まれたためでもある。ハンザ同盟は、ヨーロッパ的な広がりと開放性をもっていた。繁栄も衰退も、そこに原因がある。

ドイツ騎士修道会と東方植民

ハンザ同盟に属し、バルト海域で繁栄を誇った諸都市は、もともとは異教地帯にあった。それらの地域を征服しキリスト教化し都市を建設したのは、主として北のドイツ人だった。彼らの征服・植民事業は、時には平和裡に、しかし、しばしば暴力的に推進された。とくに十三世紀以降、その中心的担い手となったのは、都市や司教座を建設した司教と十字軍、また常備十字軍としての騎士修道会だった。

エストニアとラトヴィアを征服、キリスト教化したのは、一二〇一年にリガに司教座を設置したアルベルト一世だった。アルベルトは翌一二〇二年に刀剣騎士修道会を設置し、修道会とともにバルトの異教徒たちを襲い、そこにキリスト教国家を設立した。一方、プロイセンを征服、開拓したのはドイツ騎士修道

ドイツ騎士修道会騎士とプロイセン人との戦闘　戦いと征服は熾烈で，先住民の言語プロイセン語も死滅した。

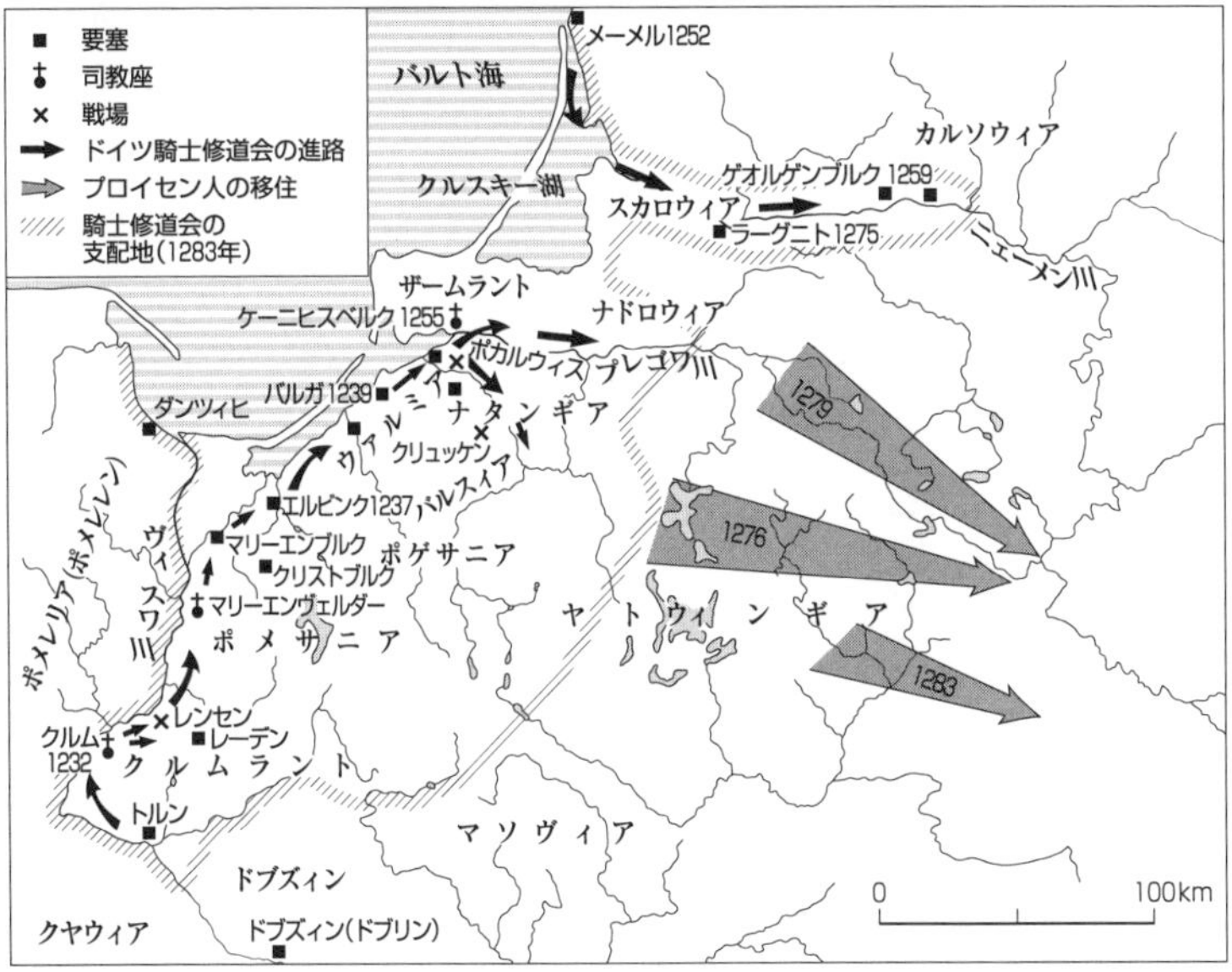

プロイセン十字軍(1230～83)

会である。これは、パレスティナへの十字軍に参加したドイツ人兵士のための聖母マリアドイツ病院兄弟団を母胎として、一一九八年に設立された。ドイツ騎士修道会は、一二二五年、第四代総長ヘルマン・ザルツァの時代に、ポーランドのマソウィア公コンラートの要請で、はじめてプロイセンに進出した。

ドイツ騎士修道会は、皇帝フリードリヒ二世のだした「リミニの金印勅書」(一二二六年)によって、「プロイセン人の領土を襲撃する権限」を与えられ、「プロイセンにおいて征服するであろうすべての領土」を支配することを保証された。教皇グレゴリウス九世もまた、一二三四年に「リエティの教皇勅書」を発して、征服されるプロイセンをローマ教皇の土地とし、それを修道会に委ねることとしている。

ドイツ騎士修道会は、キリスト教の伝道と拡大という名のもとに、一二三〇年から征服事業を開始した。激しい攻防が続いたが、一二三一年にトルンに進むのを皮切りに、クルム、マリーエンヴェルダー、ケーニヒスベルクなどに要塞をつくり、これを都市化し植民を推進した。征服は一二八三年にほぼ完了する。その過程で多数の先住プロイセン人が殺害され、生き残った者たちも改宗し、キリスト教徒に隷属し、ドイツ人に同化させられた。

ドイツ騎士修道会は、一二三七年に刀剣騎士修道会を併合して、エストニアとラトヴィアの相当部分を手にいれ支配を拡大した。さらに一三〇九年、本部をヴェネツィアからマリーエンブルク(マルボルク)に移し、プロイセンを本拠地とする十字軍国家をほぼ完成させた。その領域は、西はダンツィヒを含むポメレレン(オストポメルン)からプロイセン、ラトヴィア、エストニア(一三四六年以後)をへて、ロシアとの境界であるペイプス湖(チュード湖)におよんだ。

ドイツ騎士修道会がプロイセンにつくりあげた都市や町は一〇〇、村は一〇〇〇にいたる。プロイセンの土地や荒地を耕すために多くのドイツ人の植民(東方植民)がおこなわれた。植民はプロイセンだけでなく、ラトヴィアやエストニア、さらにベーメンやオーストリア、ポーランドやハンガリーにまで達した。十二世紀初頭から十四世紀後半までおこなわれたドイツ人の植民運動によって、ドイツ人の住む地域はほぼ二倍になる。一万人もの農民が狭く古いドイツを離れ、鉄製鍬と三圃農法という先進技術とともに移住した。騎士修道会も租税を減免するなどの措置をとって、入植者の呼込みにつとめた。都市には多くの自由が与えられた。また、農民は自由な世襲借地権をえて生産に励んだ。のちにエルベ以東においては農民を世襲隷属身分とするグーツヘルシャフトが発達するが、東方植民は土地と自由を人々に与え、ヨーロッパを拡大し充実させた。これはドイツ騎士修道会の歴史的遺産である。

4　帝国の改革とハプスブルク朝

コンスタンツの公会議

皇帝カール四世の死後、王位を継いだのは子のヴェンツェル(国王在位一三七六〜一四〇〇)で、継承はスムーズにおこなわれた。ところがこの一三七八年、教皇の選出について大きな分裂が始まった。ローマ教皇庁は、一三〇九年以来フランスのアヴィニョンにあったが、グレゴリウス十一世が七七年にようやくローマに戻り、翌年ウルバヌス六世がローマ教皇に選出された。ところが、一部の枢機卿団はアヴィニョンに教皇を立てたため、教会分裂がこの年から始まったのである。その後、公会議の決定を重視する主張が強まり、一四〇九年にはピサの公会議が開かれ、別に教皇が選出された。こうして同時に三人の教皇が鼎立することになった。これを大シスマ(教会分裂、一三七八〜一四一七年)という。

この大シスマに介入したのが、カール四世の次男で、一四一〇年にドイツ国王となったジギスムント(国王在位一四一〇〜三七、皇帝在位一四三三〜三七)である。ジギスムントは、ローマ教皇ヨハンネス二十三世をうながして、コンスタンツに公会議を開かせた。公会議は、三人の教皇を含む高級聖職者三〇〇名以上、世俗君主、諸侯などあわせて数千人におよぶ大会議となった。結局、三人すべてが教皇の座を失い、一四一七年にあらたにマルティヌス五世が選出され、大シスマに終止符が打たれた。

この公会議には、もうひとつ重要な論点があった。当時プラハでは教会改革派が有力で、その指導者ヤン・フスがローマ教皇による贖宥《しょくゆう》状の販売に反対していた。保守派は彼を異端として告発した。ジギスムントは、異端の問題を解決するためにフスをコンスタンツの公会議に招聘《しょうへい》し、フスに安全通交証を発行した。一四一四年の秋、フスは危険を顧みず討論するために公会議に出席した。しかし彼は逮捕され、公開弁論のあとに異端を宣告され、翌一四一五年七月六日、火刑に処された。

フスの教義の核心は、ローマ教会よりも聖書により高い権威を認め、聖書に立ち返り、予定説を信奉し、教会に清貧を求めるものだった。フスの処刑は、より急進的なフス主義をベーメンにもたらした。このフス主義者にたいして、一四二〇年、ジギスムントの率いる十字軍が派遣されプラハを襲撃した。しかし十字軍は敗北する。その後も十字軍が四度派遣されたが、失敗を繰り返した。ついにローマ教皇も妥協をよぎなくされ、バーゼルで公会議が開かれた。教会と穏健なフス派は、一四三六年、バーゼル協約によって妥協を成立させた。

フス戦争(一四一九～三六年)は、こうしておさまったが、十字軍の敗北、フスの異端と異端をめぐる論争は、新しい時代の到来を予告するものだった。

帝国の平和

ジギスムント王がコンスタンツで公会議を開催しようとしたのは、シスマを取り除き、帝国に平和と一体感を与えるためであった。それはオスマン帝国のヨーロッパ侵略に対抗する目的をもっていた。一三九六年にニコポリスでオスマン軍と戦って完敗したジギスムントにとって、それは焦眉の課題だった。ジギスムントは、そのために包括的な帝国改革案を提示し、一四三七年にはエーガーの帝国会議で平和令を発布した。

バーゼルの公会議に参加した匿名の人物が記した『皇帝ジギスムントの改革』という急進的文書がある。これはむろん偽書だが、ジギスムントと改革との結びつきをよく示している。この文書はのちに印刷されて広く流布し、ドイツ農民戦争の時代には農民を鼓舞する役割をはたしたという。『改革』はいう。すべての不幸は、聖職者身分と世俗身分との混交にある。聖職者は支配権の行使にかかわらず、宗教的案件にのみ従事せよ、と。この革命的文書は、帝国と教会の「改革」のゆきつくところを直感的に示していた。

帝国の改革ということでは、バーゼルの公会議に参加していたニコラウス・クザーヌスが『普遍的和合について』(一四三三年)を著わし、公会議の優位と教会の和合を説いたことも有名である。クザーヌスは、その第三巻で帝国の改革について論じ、帝国の陥っている「無秩序と危険」に対処するために、伝統的な連邦国家的国制に立ち返り、「正義と法」を維持することを緊急の課題とした。彼はいう。「魂の病」が帝国を襲っている。「もし解毒剤がすぐに発見されなければ、死が確実に続く。人々はドイツのなかに帝国をさがし求めるであろう。しかし、帝国をドイツのなかにみいだすことはないだろう」と。帝国はなお普遍的存在ととらえられてはいるが、ドイツやドイツ人の帝国という思想がここに強くあらわれている。事実、神聖ローマ帝国という名称に「ドイツ国民の」ということばが付加され始めたのは、この時期からであった。

「ドイツ国民の神聖ローマ帝国」が解体し、没落することへの危機意識は、諸侯のあいだにもはっきりと存在した。彼らは教会改革とは別個に帝国の改革を求めた。一四三八年には、選帝侯たち自身がフランクフルトでラント平和を決議し、放火や襲撃を禁止し、教会や聖職者、妊婦、病人、農民やぶどう園主の安全を求めた。同じ一四三八年、ニュルンベルクの帝国会議でも、帝国改革にかんする法案が選帝侯によって提案されている。それはフェーデを完全に禁止し、裁判組織を確立し、帝国を四つの行政管区(クライス)に分け、地域レベルで平和を確立することを企画するものだった。だが同年、ジギスムントのあとを継いだ、ハプスブルクのアルブレヒト二世(国王在位一四三八~三九)は、帝国諸侯の権力が強大化することを恐れてこれに修正を加えた。都市も諸侯中心の改革案に反発し、ラント平和のための帝国改革案はいずれも実現しなかった。アルブレヒト二世は、その後、トランシルヴァニアを襲ったオスマン軍への対応に迫られつつ、一四三九年に赤痢にかかって病死する。

その後継者となったのは、ハプスブルク家のシュタイアーマルク大公フリードリヒ三世（国王在位一四四〇〜九三、皇帝在位一四五二〜九三）だった。彼も一四四二年に帝国ラント平和令を公布し、フェーデに制約を課したが、それはあくまで限定的なものだった。フリードリヒ三世には、フェーデを全面的に禁止し、国内に平和を確立するだけの実力も意欲もなかった。彼が実現したのは、戦争ではなく長寿と結婚政策によってハプスブルク家に繁栄をもたらすことであった。ハプスブルク家は、たしかに、この政策によって、その後も神聖ローマ皇帝の座をほぼ独占しつづけることに成功した。当時の人々はそれをこう表現した。「ほかの者たちが戦争をするなら、幸福なるオーストリアよ、汝は結婚せよ。マルスがほかの者たちに与える王国は、汝にはヴィーナスが与えるからだ」と。

マクシミリアン一世の帝国改革

フリードリヒ三世は一四五二年にローマで戴冠し神聖ローマ皇帝となったが、彼には帝国全体を統治する能力はなかった。しかし帝国は優れた統治者を必要としていた。オスマン帝国の軍事的脅威が日増しに高まるなかで、フェーデと掠奪、放火がいぜんとして帝国に亀裂を与え、その存在を脅かしていたからである。一四四四年、ハンガリー王とポーランド王をかねたヴワディスワフ三世が、コンスタンティノープルへの脅威とセルビアの回復のために四万人の兵士を擁した十字軍を自ら率い、オスマン軍とヴァルナで戦った。この十字軍は国王ともども殲滅《せんめつ》され、東方への最後の攻撃的十字軍となった。オスマン帝国は、一四五三年にはコンスタンティノープルを落とし、東ローマ帝国を滅亡させた。フリードリヒ三世の故地も危機に瀕した。フリードリヒ三世は帝国会議を開き戦費を調達しようとしたが、会議はフェーデを妨げるために帝国裁判所を設置するように訴えた。しかしこの裁判所が選帝侯、帝国諸侯、都市の代表からなるものだったので、皇帝はこれを拒否した。

フリードリヒ三世は一四六三年にオーストリアを入手したが、東のハンガリー国王マーチャーシュ(マティアス・コルヴィヌス)と対立し、その攻撃を受けて八五年にウィーンを占領され、マーチャーシュが没する九〇年まで戻ることができなかった。フリードリヒ三世はドイツの諸侯に救援を求めた。この機会を利用して帝国を改革しようとする動きが帝国諸侯のあいだで生まれた。その中心人物は、マインツ大司教ベルトルト・フォン・ヘネベルク(九二頁参照)である。ベルトルトは、フリードリヒ三世にドイツ王位を子のマクシミリアンに譲るように迫り、一四八六年二月、ドイツ国王マクシミリアン一世(国王在位一四八六〜一五一九、皇帝在位一五〇八〜一九)が生まれた。フリードリヒ三世は皇帝位を守ったので、マクシミリアン一世が単独でドイツと帝国を統治するのは、フリードリヒ三世が没した一四九三年からである。

マクシミリアンをむかえた帝国諸侯は、ベルトルトの構想に従って、明確な帝国改革案を一四九五年のヴォルムスの帝国議会で提示した。その狙いは、帝国とハプスブルク家の権力(皇帝権力)とを分離することにあった。マクシミリアンは皇帝の権力を制限することにつながる改革には抵抗したが、妥協し、四つの制度を柱とする帝国の改革を決定した。その四つとは、永久ラント平和令の制定、帝国最高法院の設置、一般帝国税(ゲマイナー・プフェニヒ)の導入、帝国会議の整備である。

永久ラント平和令は、帝国をひとつの法共同体とみなし、その内部における武力行使であるフェーデを全面的に禁止し、紛争の解決を裁判に委ねた。これは、実力による復讐を法秩序の内部に組み込んでいた中世的システムを根本から変革する画期的な制度であり、とくに騎士にたいして有効だった。このラント平和令の違反者を裁判するために、帝国の裁判所として帝国最高法院が設置された。これは、それまでの国王裁判所や宮廷裁判所または王室裁判所と異なり、国王や皇帝の裁判所ではなく、あくまで帝国の裁判所であり、費用も皇帝ではなく帝国によってまかなわれることとされた。裁判官は皇帝と諸侯によって任命された。さらに帝国の運営費をまかなうために一般帝国税が創設された。しかし、これは当初から反対が多く、四年間に限定されていたうえ徴収も失敗に終わる。また、「平和と法の司掌」で帝国会議の構成や審議、票決の方法が定められ、年一回開催することが合意された。本書では、一四九五年とそれ以後の会議を帝国議会と表記する。

一五〇〇年には、帝国の行政を執行するために、皇帝を筆頭として、選帝侯、帝国諸侯、都市やクライスの代表など二〇名から構成される帝国統治院が設置された。クライスは、六つからなる帝国の行政管区で、裁判の執行や租税の徴収、兵の調達を実際におこなうために制度化された。

マクシミリアン１世　軍事に長けフランスと争うが，科学と芸術の振興に心をくだいた詩人でもあった。

この一連の改革は必ずしも成功したとはいえない。これはマクシミリアン一世と帝国諸侯との妥協の産物だった。しかし、永久ラント平和令は「法と秩序」を帝国の全域に浸透させることに成功したし、帝国最高法院は一八〇六年の帝国の消滅にいたるまで活動しつづけた。クライスもまたラント平和のために有効に機能した。失敗したのは行政である。帝国の機関が行政をおこない、兵を徴募するという制度を採用したにもかかわらず、それは現実に機能しなかった。帝国諸侯は帝国と皇帝を分離することで満足し、実際に帝国統治院を機能させず、帝国に独自の軍隊も独自の収入も与えようとはしなかった。君主親政による絶対主義的国家形成が始まりつつある時代に、帝国と皇帝は分離し、権力の機能はますます分散していった。

しかし、マクシミリアン一世は、広大な領土を子孫に残すことには成功した。彼は、ブルゴーニュのシャルル豪胆公の娘マリーとの最初の結婚で、豊かなネーデルラントやフランシュ・コンテをえた。マリーの死後は、息子のフィリップが公爵となってこの地を支配した。フィリップ美公は、アラゴン王フェルナンドとカスティリャ女王イサベラの娘、フアナと結婚し、イベリア半島の大部分とその領有下にあったナポリとシチリアをハプスブルクに残すことになった。また、マクシミリアンは、一四九〇年にはハンガリー人からオーストリアを奪い返し、ベーメン王ヴワディスワフ二世が九一年にハンガリー王をかねるに際して、その王位の継承権を認めさせた。これは一五二六年に実現され、その後ハンガリーはハプスブルク家の支配下におかれることになる。また、一四九三年にはティロールをえて、フッガー家と関係をもち、フッガーの資力がマクシミリアンの政治と戦争を支えつづけることになった。

マクシミリアン一世は、このようにヨーロッパ全域にわたって広大な領域をハプスブルク朝のもとに集中する仕組みをつくりあげたが、失ったものもある。その出身地であるスイスである。独立をめざしたシュヴィーツやチューリヒ、ベルンなどからなる誓約同盟(スイス)は、帝国改革による帝国最高法院の管轄や一般帝国税の支払いを拒否し、戦争が始まった。このシュヴァーベン戦争では誓約同盟が勝利し、一四九九年のバーゼルの和約で、スイスが神聖ローマ帝国を離脱し実質的に独立することが認められた。

また、マクシミリアン一世は、一四九三年にミラノのビヤンカ・マリーアと再婚し、イタリア北部の都市とその財力を手にいれた。だがイタリアの支配をめぐってフランスが介入し、イタリア戦争が始まる。マクシミリアンはシャルル八世やルイ十一世と戦ったが、フランソワ一世がスイス・ヴェネツィア軍とのマリニャーノの戦い(一五一五年)に大勝してミラノを確保したので、一六年、ミラノを放棄した。

マクシミリアン一世は、「最後の騎士」といわれる。その風貌と浪漫的な英雄志向のためであろう。彼は、ローマにいかずに皇帝となり、その後の慣行のきっかけをつくったが、カール大帝の帝国を復活させてヨーロッパを統合しようとする願望をもっていた。一五一九年の死の前年、彼は、孫のカールをドイツ国王とするために画策しつつ、反オスマン帝国・ヨーロッパ連合を構想した。皇帝はあくまで、キリスト教世界と同一の意味での普遍的帝国を夢見たのであろう。しかしその実現は不可能だった。帝国は「ドイツ国民の神聖ローマ帝国」でしかなかった。しかもその「ドイツ国民」も、たんに多様であるだけでなく、その構成員である帝国諸侯つまり領邦国家の自立化によって分裂化していた。マクシミリアン一世の死後その亀裂はさらに拡大し、帝国の改革は失敗する。その最大の要因は、マクシミリアンの晩年にすでに始まっていた。それは宗教改革である。

5　宗教改革

『九十五箇条の提題』

マクシミリアン一世の後継者となったのは、彼の孫でスペイン国王のカルロス一世だった。カルロス一世は、フッガー家の融資による多額の運動資金の助けを借りて、フランス国王フランソワ一世を退け、一五一九年にドイツ国王、すなわち「選挙された皇帝」に選出され、カール五世(国王在位一五一九〜五六、皇帝在位一五三〇〜五六)となった。ドイツの帝国諸侯は、国王選挙に際して、カールに遵守すべき条項、いわゆる「選挙協約」を要請し、受け入れられた。これを起草したのは、ザクセン選帝侯フリードリヒ(賢公)だった。フリードリヒ賢公はベルトルト・フォン・ヘネベルクと手を結んだ帝国改革派で、一五〇〇年に帝国統治院総裁となっている。

「選挙協約」は全三三条からなり、教会の守護、ラント平和の保障、帝国基本法である金印勅書の承認のほかに、「ドイツ人」からのみなる帝国統治院の設置、帝国の文書にドイツ語またはラテン語を用いること、教皇特権の濫用と戦うこと、帝国追放は正規の手続きに従うこと、皇帝の相続を明示的に断念することなどを定めている。カール五世はアーヘンでの就任式の前に、これを誓約した。

「選挙協約」の求めに従って、カール五世は、一五二一年にヴォルムスの帝国議会でラント平和令を制定した。これは一四九五年の永久平和令を更新したもので、帝国諸侯の利益を尊重する意味を有したと考えられる。さらに、皇帝は一五三二年にカール五世刑事裁判令、いわゆるカロリナ刑法典を公布した。これは平和違反者にたいする処罰を独立化させ法典化したもので、公権的な刑法・刑事訴訟法典を帝国にはじめて設けたという意味で画期的な作業だった。

一方、フリードリヒ賢公は、一五〇二年にザクセンのヴィッテンベルクに人文主義の新しい大学を創設した。この新しい大学は、一五〇八年に赴任した若い聖書学の教授マルティン・ルターによって、全ヨーロッパにその名をとどろかせることになる。それは、一五一七年十月三十一日、ルターが贖宥《しょくゆう》状の販売に抗議して、ヴィッテンベルク城教会の木のドアに『九十五箇条の提題』を貼りつけたことから始まる。最近の研究では、ドアに貼りつけたというのはフィリップ・メランヒトンの捏造《ねつぞう》で、じつはルターがこの日に司教たちに『提題』を送付したが音沙汰がなかったので、これを彼の友人たちに回覧したにすぎないともいわれている。いずれにせよこのささやかな行為がやがてヨーロッパ・キリスト教世界を根底からゆるがすことになるとは、当の本人ですらその時点ではまったく考えていなかったにちがいない。その『提題』は表面的には比較的温和だったからである。

マルティン・ルター　この絵の作者ルーカス・クラナッハは，ザクセンでルターと終生にわたって親交をもった。

ルターが『提題』で問題にしたのは、あくまで贖宥状だけだった。キリスト教徒はこの世でおかした罪を、たとえば聖地への巡礼で贖《あがな》わねばならないが、教会はこれを赦免することができる、という立場から発行された免罪証書が贖宥状である。赦免は祈りや献金などでえることができたが、しだいに濫用され、ルターの時代には、サン・ピエトロ大聖堂を再建するという名目で贖宥状が発行されていた。実際は、マクデブルク大司教アルブレヒトが、選帝侯であるマインツ大司教をかねるためにフッガー家から莫大な借金をして、それを返すために、ローマ教皇と売上を折半するという条件で、贖宥状を売り出していた。

修道士のテッツェルは、マインツ大司教の委託を受け、この贖宥状を巧みに売り歩いた。「告白し、贖罪にあたって聴聞司祭の助言に従って箱に義捐《ぎえん》金をいれる者はみな、あらゆる罪からの完全な贖罪をえるでしょう。……なぜ、そこにとどまっているのですか。あなたの魂を救うために、はしりきたれよ」と。それは天国へのパスポートだった。魂の罪を浄化する煉獄の苦しみからすら、たちどころに逃れることができるとされた。「お金が箱のなかでなるとともに、魂は煉獄の火からとびさっていく」とうたわれた。ルターはこれに怒りを覚えた。

こうして公表された『九十五箇条の提題』によると、教会の発する「贖宥状」によって人の魂に保証を与えることはできない(第五二条)。教皇ですら、人の罪のなかで赦免できるのは、「教皇または教会法の権威によって科せられる罪」だけだからである(第五条)。ルターは記す。「われわれの主であり師であるイエス・キリストが『悔い改めよ』(「マタイによる福音書」第四章第一七節)と述べられたとき、キリストは信仰者の全生涯が悔い改めであることを望まれたのである」(第一条)。カトリックにあっては、悔い改めは告悔と贖罪という教会上の制度によってはたされるが、ルターはこれを人が生涯にわたって各人がおこなうべきことと主張したのである。これは、信仰は個人の内面にかかわるもので制度としての教会は不要である、という論理に通じるものだった。

ルターのこの認識は、その後「信仰義認論」として発展させられた。それは、「人が義とされるのは律法のおこないによるのではなく信仰による」(「ローマの信徒への手紙」第三章第二八節)という立場から、人を義とするのはただ信仰だけであり、人を救うのは人間としての業ではなく神の恩寵による、と考える。ルターにとって、このような信仰を可能にするのは、ただ神のことばつまり聖書だけだった。これは、教会の伝統(伝承や教令など)にも高い価値をおいたカトリックの立場を否定する聖書主義である。ここに語られている「信仰のみ」「恩寵のみ」「聖書のみ」は、宗教改革の三大原理と呼ばれる。

カトリック教会はこれに反論したが、ルターは一五二〇年にいわゆる宗教改革三大文書『ドイツ国民のキリスト教貴族に与える』『教会のバビロン捕囚について』『キリスト者の自由』を著わし、その立場をより鮮明にした。とくに『ドイツ国民のキリスト教貴族に与える』では、世俗の権力者たちに教会の改革を訴え、聖職者と俗人とのあいだに「職務」以外にはなんの区別もないことを強調した。このように、霊的な階級とされた聖職者の特権性を否定したルターの立場は万人祭司主義といわれる。

ローマ教皇レオ十世は、ルターのこの教説を一五二〇年六月に批判する勅書をだし、二一年一月にルターを破門した。フリードリヒ賢公はルターを保護し、皇帝カール五世と交渉して、皇帝の安全通交証のもとにヴォルムスの帝国議会においてルターを査問することとさせた。帝国議会でこの問題が取り上げられたのは、ルターの投げかけた波紋が宗教だけでなく、政治経済体制にも深くかかわり、全ドイツにおよんでいたからである。

ヴォルムスの帝国議会と改革の拡大

一五二一年四月十七日、ルターはヴォルムスの帝国議会にあらわれ査問を受けた。ルターは、議会におかれた彼の著作の内容を否定するように求められたのにたいし、こう答えた。聖書のことばか明白な理性によって確証するのでなければ、私は私が引用した聖書に拘束される。私の良心は神のことばの虜《とりこ》である。「良心に反して進むことは安全でも正しいことでもないから、私はなにも撤回できないしするつもりもない。私にはこうすることしかできない。ここに私は立つ。神よ、私を救い給え。アーメン」。

皇帝カール五世は、「ルターとそのあやまった理論」を訴えるのがあまりにも遅くなったことを悔やみつつ、ルターにただちに帰国するように命じた。五月二十六日、帝国議会は「ヴォルムスの勅令」を発し、ルターとその教義に従うこと、また著作を印刷、頒布することを禁じた。勅令はまた、ルターを「悪名高き異端者」として処罰することとし、「ルターを捕えることに協力した者は、その善行のゆえに十分な報償をえるであろう」と伝えた。

だが、この時点で、ルターはすでに行方不明だった。ルターは捕えられた、という噂もかけめぐっていた。事実、ルターは帝国議会からの帰途、一群の人々に襲われ拉致されていた。しかし、ルターをさらわせたのはじつはフリードリヒ賢公で、ルターがつれていかれたのはヴァルトブルク城だった。ルターはここに九カ月間かくまわれ、『聖書』のドイツ語訳にとりかかり、新約をギリシア語の原典から二カ月半で翻訳し、一五二二年の九月にヴィッテンベルクで刊行した。また、旧約は一五二三年からヘブライ語原典をドイツ語に訳して出版を始め、三四年に完成した。この二つの訳業は、近代ドイツ語の確立に大きく貢献し、ドイツ文化史における画期的業績と高く評価されている。

ルターのまいた種は、さらに拡大していった。メランヒトンは一五二一年に『神学総覧』を著わして義認論を展開し、「アウクスブルク信仰告白」の起草によって宗教改革の推進に貢献した。メランヒトンは、ルターとともにほぼルターの線で改革を推進した。だが、同じヴィッテンベルクにあったカールシュタットはさらに過激で、ルターと敵対するまでになる。彼は、画像を攻撃し、幼児洗礼やミサを廃止し、土地ことばによる儀式をおこなうように主張した。さらにツヴィカウの預言者と呼ばれた急進派があらわれ、終末の到来を預言し、すべての聖職者を殺せと主張した。ルターはこれをおさえようとした。

このツヴィカウの預言者のなかに、やはりヴィッテンベルクでルターとともに改革をめざし、のちに急進化してルターと敵対するにいたる人物がいた。トーマス・ミュンツァーである。ミュンツァーは、一五二一年にヴィッテンベルクを追われるが、プラハで急進的フス主義にふれ、アルシュテットに戻り、ドイツ語で儀式をおこない幼児洗礼に疑問を呈する論文を記した。ミュンツァーのこの主張に共鳴して、ともに社会改革をめざして戦った急進的改革派は、長じてから洗礼を受けるべきであるということの主張のゆえに、再洗礼派と呼ばれる。この過激な主張を憂慮したルターは、一五二四年、ザクセンの君侯に「悪魔が……アルシュテットで巣をつくっている」とミュンツァーに注意するように警告した。そのため、ミュンツァーはアルシュテットを去ることをよぎなくされた。ルターとの反目は決定的で、ミュンツァーはルターを「うそつき博士」と罵倒した。

ミュンツァーを生み出したのはルターだが、ルターはミュンツァーの急進的主張を否定した。同じことが農民蜂起についてもいえる。一五二四年、シュヴァルツヴァルトで農民蜂起が始まった。ルターによって示された旧体制への批判は急速に農民たちをとらえていた。戦いは、一五二五年に頂点をむかえ、ドイツ全域の三分の一を被うにいたった。この一連の農民蜂起はその年のうちにほぼ全面的に鎮圧されるが、その規模の大きさから、農民戦争(一五二四〜二五年)と呼ばれる。その精神をもっともよく伝えているのは、オーバーシュヴァーベンの『十二箇条』と呼ばれる要求書である。これは、二カ月のあいだにほぼ二万五〇〇〇部も刷られ、広く読み継がれた。その主要な内容は、共同体による聖職者の選出・罷免権(第一条)、十分の一税の共同体による運営(第二条)、農奴制の廃止(第三条)、賦役の軽減(第六条)、それらの要求を「神のことば」に基づいて審理すること(第一二条)などである。

ルターは当初、農民に同情的で、領主と農民とのあいだで仲裁がなされるように勧告した。また、農民がただ『聖書』のことばに従うという姿勢も評価した。しかし、『十二箇条』が「神の国」と「現世の国」の双方に関与していることを否定し、蜂起が続くならこの二つの国がともに亡びるであろう、との危惧を示した。ルターにとって重要なのは、信仰によってのみ義とされることだけだった。「現世の国」のことは世俗の権力に委ねるべきだった。やがてルターは戦うことをやめない農民たちを「狂犬」と呼び、その排除を領主たちに求め始めた。「もしあなたが狂犬を打たなければ、狂犬があなたを打つであろう」と。

農民たちは各地で打たれ殺された。西南ドイツの諸侯や都市の同盟であるシュヴァーベン同盟は、農民軍を壊滅させた。ミュールハウゼンを支配したミュンツァーも農民軍を指揮したが、一五二五年、シュヴァーベン同盟軍に敗れ、捕えられ拷問され殺害された。反乱はなお、ザルツブルクやティロールで続いたが、農民戦争はほぼ終わった。

シュパイアーの帝国議会とシュマルカルデン戦争

農民戦争が完全に終息した一五二六年、シュパイアーに帝国議会が開かれ、キリスト教の信仰が議論されることとなった。皇帝カール五世は、あくまでヴォルムスの勅令を実行することを命じたが、それにたいする反論もあって、議会は、現状維持を決定した。しかし、第二回シュパイアー帝国議会(一五二九年)で、多数派がヴォルムスの勅令を再確認したため、少数派は「その決議にたいして公に抗議する」ことを決定した。「われわれはここに汝らにたいし……抗議する」と。ここに、「抗議する」つまりプロテストするということばから、プロテスタントという新教派一般をさす名称が生まれた。カール五世はこの問題を解決するために、翌一五三〇年にアウクスブルクに帝国議会を開催することとした。

この帝国議会で、プロテスタントは、のちにルター派の正統教義とされることになる、メランヒトンの「アウクスブルクの信仰告白」、ツヴィングリの「信仰箇条」、南ドイツの四都市信仰告白を示したが、カトリックの側はこれに「駁論」を書き、カール五世の支持をえた。帝国議会は、ヴォルムスの勅令を確認した。プロテスタント諸侯はこれに対抗して、一五三〇年、中部ドイツでシュマルカルデン同盟を結成した。しかし、皇帝もオスマン帝国のウィーン攻撃に直面して、プロテスタント諸侯との妥協をよぎなくされ、一五三二年にはニュルンベルクで平和条約を締結した。

その後、フランスとの講和(クレピーの和約、一五四四年)によって身軽となったカール五世は、四六年のルターの死後に新教諸侯と戦い、選帝侯位を好餌として同盟軍の要であったザクセン公モーリッツを寝返らせたこともあって、これを撃破した。このシュマルカルデン戦争(一五四六～四七年)における勝利で、皇帝は新教諸侯にさまざまな制約を提示し、四八年には帝国議会でカトリックに有利な「アウクスブルク仮信条協定」を定めて、新教諸侯にこれを強制した。

これにたいし北部ドイツで反旗がひるがえった。モーリッツもルター派に戻り、インスブルックに皇帝を攻撃して、パッサウ条約(一五五二年)を交わし、プロテスタントの劣勢を回復した。カール五世はその後フランスにも敗北して、メッツとブルゴーニュを失い、帝国の運営から手を引き、一五五六年、弟のフェルディナント(一世、国王在位一五三一～六四、皇帝在位一五五八～六四)に帝国を委ねて、スペインへと戻り引退した。

アウクスブルクの宗教平和令

カール五世が政治から引退したために、帝国の新旧両派の諸侯は和解へと大きく傾いた。一五五五年二月、アウクスブルクで帝国議会が開催された。これはカール五世によって開かれたが、実際に議会を運営したのはフェルディナントである。同年九月に妥協が成立し、「一五五五年九月二十五日のアウクスブルク帝国最終決定」いわゆる「アウクスブルクの宗教平和令」が公布された。

平和令の内容は、おおむねつぎのようにまとめられる。

1 「ドイツ国民の神聖ローマ帝国」に平和をもたらすために、カトリックとルター派に属する人々に、信仰を理由として「暴力」や「傷害」を加えることが禁止された。ただし、その他の宗派(カルヴァン派やツヴィングリ派)には、この「平和」は保証されない。

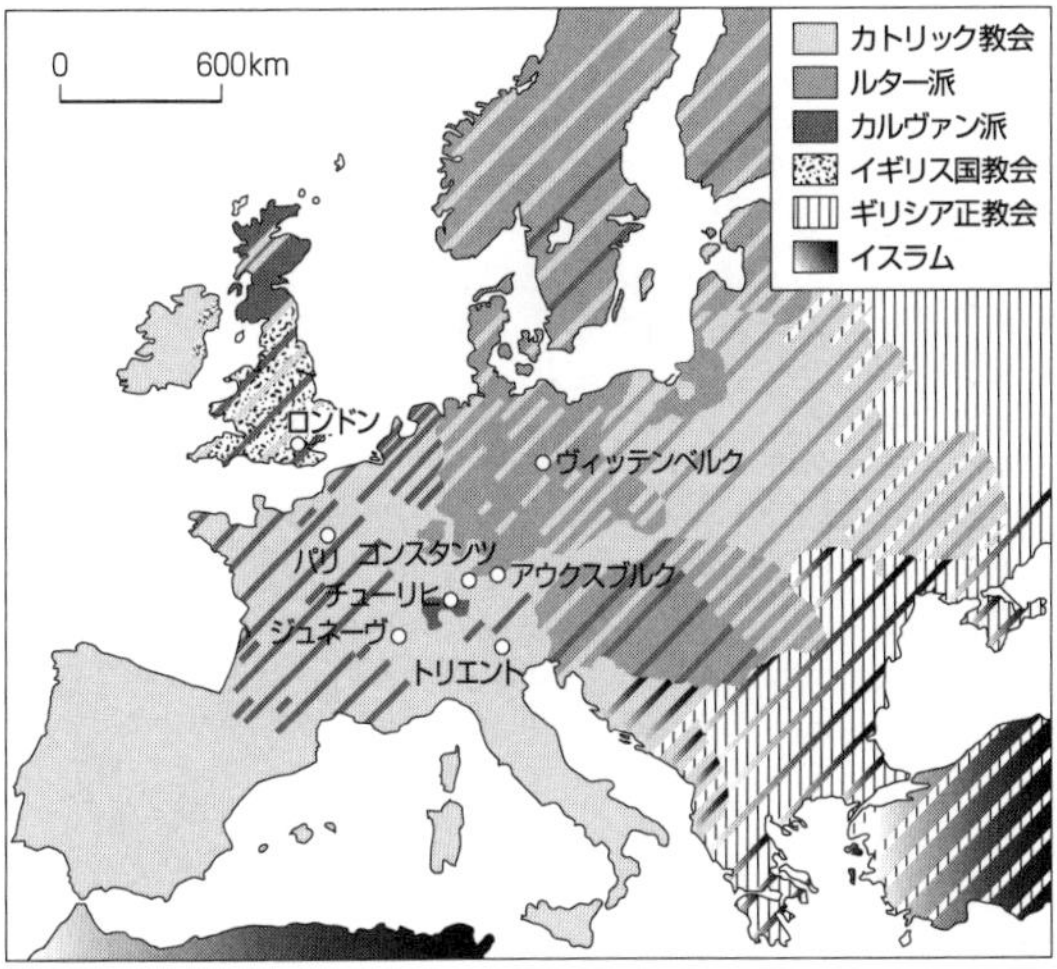

ヨーロッパの信教分布(16世紀なかば)

2 どの信仰をとるかは諸侯の自由で、領民はそれに従わねばならない。従うことのできない者は、妻や子とともにその地を去ることができる(のちに、この原理は「領土が属するところの者に宗教も属する」ということばで表現された)。

3 帝国自由都市においては両派が並存できる。

4 大司教などの聖職者は、改宗した場合にはそのすべての権限を失う。パッサウ条約の時点でルター派のもとにあったすべての財産はそのままとする。

アウクスブルクの宗教平和令は、なによりも帝国の平和を形成するためにまとめられたものだった。一五五五年の時点で、新旧両派の勢力地図の現状維持をはかったともいえる。したがって、ここではローマ教皇の影はたいへん薄い。妥協は、皇帝と新旧諸侯のあいだでのみおこなわれている。宗教をめぐる争いであったにもかかわらず、「平和令」は、「聖」の問題を「俗」の観点から解決するものだった。つまりそれは、「俗」の諸権力が、帝国や領邦における「平和」を形成するための便宜的な処置だった。「領土が属するところの者に宗教も属する」という原理もまた、そこから生まれている。各領邦の教会は、その限りでは権力に管理される。この領邦教会体制は、宗教を政治に従属させ、国内平和を維持するための重要な装置だった。

それゆえドイツにおける宗教改革の真の勝利者は、領邦国家あるいは領邦君主だった。中世の普遍的権力としての教皇も皇帝も、領邦国家の自立化を認めざるをえなかった。帝国と教会は分裂し、領邦国家は高権と教会監督権を有した。フェルディナント一世の手に渡った皇帝権は、その後もひきつづきハプスブルク家に伝えられるが、神聖ローマ帝国は、もはや政治的実体をともなわない存在になってしまう。

領邦君主の教会監督権は、一見すると、かつての聖俗混交体制の復活のようにみえる。しかし、君主は、教会を世俗政治の側面から管理するのであって、カロリング朝やオットー朝の皇帝のように「キリストの代理人」として教会を支配したわけではない。国家が宗教を管理するという領邦教会体制は、むしろ聖俗分離革命のひとつの帰結であり、政治や社会の世俗化の進展を意味する。この場合、国家が管理するのは本来の信仰そのものというよりも、制度としての教会であり、政治と社会のなかの教会とその教義であった。近代的な意味で語られる「聖」とは、政治や支配から離れ、宗教的案件と個々人の救いに徹することであろう。とすればドイツにおける宗教改革は、宗教の聖化と個人化、世俗権力による包括的な平和形成への道を準備したことになる。

ルターの偉大さとその教義の革命的な意義は、信仰を個人の内面の問題に還元し、権力と外的平和の形成をあくまで世俗世界の管轄に限定したことにある。ルターは、「聖」が「俗」を支配し、「俗」に直接的に介入することを否定した。帝国諸侯相互の妥協としてのアウクスブルクの宗教平和令もまた、結局はルターが設定した思考法のなかで動いている。「領土が属するところの者に宗教も属する」という原理は、むろんなお中世的で、個人の信仰の自由や自律とは矛盾している。しかしそれは、個人に信仰を理由として安全に立ち去ることを認め、宗教の主体(教会)が政治的世界の主体ではありえないということを明確に表現している。教会の業務とされてきた、教育や貧者や病者への配慮、結婚や家族の問題でさえ、その多くが国家に移管し始めた。信仰の個人化と政治の世俗化は、ドイツにおいて広く進行し、カトリック陣営のもとにおいてさえ、このことは自明となるにいたる。

反宗教改革

ローマ教会側も内部からの改革をはかっていた。ルターとの対立のなかで、一五二〇年代から、いくつかの修道会が設置された。もっとも著名なのはイエズス会である。イエズス会は一五四〇年にパウロ三世による認可をえて、無神論や反カトリックの動きに対抗し、世界の果てまで布教活動に邁進し、カトリックの教義を整え、教育する組織をつくり、カトリック世界を拡大することに貢献した。

ローマ教皇もまた、新教の拡大に対抗するために、一五四二年にトリエントの公会議を開催した。これは一五六三年まで三期にわたって続けられ、カトリックにおける信仰の基準を確定し、聖書と教会の伝統を等価値とみなし、聖書の標準的な解釈権は教会に属すること、教会の内部ではローマ教皇が最高権力を保持することなどを改めて確認した。公会議の終了後には禁書目録が定められ、マキャヴェリやルターなどを読むことが禁止された。トリエントの公会議によって、反撃の態勢を整えたカトリックは、自己の崩壊を防ぎ、プロテスタントの領域の一部をカトリックに復帰させた。十六世紀が終わるまでに、バイエルンとオーストリアがカトリック国に戻っていた。ユグノー戦争をへて、フランスもカトリックに復帰したし、ポーランドとチェコもカトリックの勢力圏にはいった。

チェコをカトリック国に復帰させたのは、チェコのプロテスタントを敗北させた「ヴァイセルベルク（白山）の戦い」（一六二〇年）である。この戦いは、すでに三十年戦争の初期の一齣《こま》を織りなしている。このように宗教改革はドイツに混乱と戦争と多大な災禍をもたらしたし、またもたらすことになる。だが宗教改革はまた、「聖」と「俗」を根本的に分離する最後の一撃となり、「ドイツ国民の神聖ローマ帝国」に衰退をもたらし、主権的国家を登場させ、政治の世俗化を決定的なものとする道を切り開いた。それは、とりもなおさずドイツ中世の終焉と近世の登場を意味する。

第三章　三十年戦争と絶対主義的領邦国家の形成

1　三十年戦争

戦争への道

三十年戦争はドイツにとって、二十世紀の二つの世界大戦以前における最大の災禍であった。それは三〇年もの長期にわたり、ドイツのほとんど全土を巻き込んだ戦争であり、ヨーロッパの最初の国際戦争でもあった。その要因は一言ではいえないが、宗派的対立、皇帝と帝国等族(帝国議会を構成する聖俗の諸侯と帝国都市)の対立、領邦君主と領邦等族(領邦議会を構成する貴族、聖職者、領邦都市)の対立、それに加えて諸外国の介入、それらを民衆レベルでさらに混乱におとしいれた寒さと凶作と疫病と飢え、これらが絡み合って未曾有の大戦争と大災禍となったと考えねばならない。その引き金となったのが宗派的対立である。それはヨーロッパで最後の大規模な宗教戦争であった。

宗教改革の結果生じたプロテスタントとカトリックの対立は、一五五五年のアウクスブルクの宗教平和令によって解決されたかにみえたが、それは一時の妥協にすぎなかった。プロテスタントはその後も勢力を北ドイツに拡大し、それに対抗してカトリックのほうもトリエントの公会議で教会の刷新をおこなって陣営を立て直して、巻返しをはかった。その際、アウクスブルクの宗教平和令のもつ「聖職者にかんする留保」条項が最大の争点であった。それは、聖界諸侯がプロテスタントに改宗すれば、その聖職と所領を放棄せねばならないというものであるが、プロテスタントは、これは帝国等族の同意をえていないとして、その条項の無効と、既成事実の尊重を主張した。

すでに北ドイツではヒルデスハイムを除いてすべての司教領がプロテスタントの諸侯の手中にあり、下ライン地方まで勢力を伸ばそうとする勢いであった。他方カトリックも留保条項を楯にとって巻返しをはかったので、一五七〇年代以降両派間の対立は深刻となり、八二年ないし八三年のケルン大司教職をめぐる紛争で最初のピークをむかえた。この紛争で勝利をおさめたカトリックは勢いづき、北部にまで進出してきたが、帝国議会は紛争をおさめる力をもたずに麻痺状態となり、事態は軍事力により決着せざるをえなくなった。そもそも留保条項に基づく聖界諸侯領の返還要求は、文字どおりそれを実行すれば、その世俗化をおこなったプロテスタントにとっては物質的基礎を奪うものであって、国の存亡にかかわる。

このころにはすでにプロテスタント陣営は、あらたに勢力を築いてきた急進的なカルヴァン派と、穏健なルター派に分れていたが、カルヴァン派のリーダーであるプファルツ選帝侯のイニシアティヴのもとに一六〇八年「新教同盟《ウニオン》」が結成されると(有力なルター派のザクセンはこれに加盟せず)、それに対抗して翌年にはバイエルン侯マクシミリアンによって、オーストリアを除く多くのカトリック陣営をまとめた

「旧教連盟《リガ》」が結成された。さらに新教同盟の背後には西欧のカルヴァン派勢力、とくにオランダがあり、旧教連盟にたいしてはヨーロッパのカトリックの盟主を任ずるスペインが後押ししていた。つまり両派の対立は、ヨーロッパの国際的な対立にも連なっていたのであって、根が深い。おりしも一六〇九年に、ライン河畔で比較的大きな版図をもっていたユーリヒ・クレーヴェ大公が世継ぎを残さずに没したので、その継承問題が起こり、それを主張したブランデンブルクは新教同盟と、プファルツ・ノイブルクは旧教連盟と結び、さらに前者にはフランスやオランダ、後者には皇帝やスペインが後押ししたので一触即発の事態となった。この大事件は、フランス国王アンリ四世が暗殺されたこともあって、フランスとイギリスの仲介のもとに一六一四年、プロテスタントの多いクレーヴェなどはブランデンブルクが、カトリックの多いユーリヒなどはプファルツ・ノイブルクが継承するということでひとまずおさまった。しかし紛争の火種はいたるところにある。事はベーメンで勃発した。

ベーメン・プファルツ戦争とデンマーク戦争

ベーメンではフス戦争にみられるようにプロテスタントが多く、しかも一六〇九年の「勅許状」で信仰の自由が保障されていたが、反宗教改革の先鋒イエズス会で学んだ強硬派のハプスブルク家のフェルディナントが一七年にベーメン(一五二六年以来オーストリアと同君連合)の国王につくと、ただちにプロテスタントを弾圧し始めた。ベーメンの領邦等族がこれに対抗したので、たんなる宗教的対立に加えて、ドイツで当時一般的にみられた領邦君主対領邦等族の対立、さらにはチェコ人とドイツ人との民族的対立などがこれに結びついたのである。事の起こりは、等族議会がフェルディナントに抗議し、一部の急進グループが一六一八年五月二十三日に皇帝の代官マルティニッツとスラヴァタをプラハ城の窓から突き落としたことに発する。三十年戦争の始まりである。反乱貴族たちはただちに新政府をつくり、軍隊を集め、オーストリア内のプロテスタント系等族にも働きかけて勢力を拡げた。そしてついに一六一九年八月に開かれた議会ではフェルディナントを罷免し、新教同盟の盟主プファルツ選帝侯フリードリヒ五世(選帝侯位一六一〇〜二三、ベーメン王位一六一九〜二〇)を新国王に選出した。ドイツのカルヴァン派とベーメンの等族がここに政治的に結びついたのである。

当然ながらオーストリアも黙って見過ごしているわけではなかった。フリードリヒ五世のベーメン国王就任とほとんど同時期、フェルディナントはフランクフルトでマティアス(在位一六一二〜一九)のあとを継いで皇帝(フェルディナント二世、皇帝在位一六一九〜三七)に選出されたが、新皇帝はスペインならびに旧教連盟に働きかけてこれとの同盟に成功し、ルター派のザクセンまでもが皇帝の側についた。それにたいしてベーメンは新教同盟や外国の援助の獲得に失敗したので、勢力関係の優劣は初めから明らかで、一六二〇年十一月八日両軍がプラハの近郊ヴァイセルベルクで激突したとき、ベーメンは壊滅的な敗北をきっすることとなった。フリードリヒ五世はベーメン国王を追われ、ベーメンの反乱貴族は処刑あるいは追放され、その土地・財産は没収された。国内のカトリック化が断行され、ベーメンは従来の体制を大きく変えてしまうことになった。

その後、舞台はベーメンからプファルツに移った。ティリー将軍率いる旧教連盟軍とスピノラ支配下の

傭兵による略奪や暴行(ジャック・カロの腐食銅版画)　三十年戦争においては，戦闘そのものよりも，略奪や暴行のほうが人々を苦しめた。

スペイン軍は一六二一年の秋にはプファルツに侵攻し、そこを占領した。それによってバイエルン大公マクシミリアン一世は、皇帝とのかねての約束どおりプファルツの選帝侯位を獲得し、スペインは対オランダ戦争にとって重要なルート、つまり北イタリアとネーデルラントを結ぶいわゆる「スペイン街道」の確保に成功した。三十年戦争の第一段階であるベーメン・プファルツ戦争(一六一八～二三年)はこのようなかたちでひとまず終わったのである。

しかしベーメンでの内乱は、ベーメンとプファルツで終わらなかった。皇帝権力の強化とスペインのプファルツ侵攻にもっとも大きな脅威を感じたのはフランスである。一六二四年にフランスの国務会議のメンバーとなり、まもなく政権を掌握した宰相リシュリューは、北ドイツの諸侯のほかに、オランダ、イギリス、デンマークにも働きかけて翌年にハーグ同盟を結び、ここに三十年戦争の第二幕が始まった。

直接行動にでたのは、ホルシュタイン侯として帝国議会にも議席があり、プロテスタントの危機を感じていたデンマーク国王クリスチャン四世(在位一五八八～一六四八)である。これに対抗してあらたに登場してきたのは、このころ傭兵隊長として皇帝に軍事力を提供し、一六二五年に皇帝軍の総司令官に任命されたヴァレンシュタインであった。ティリーが一六二六年のルッターの戦いでクリスチャン四世を破るあいだに、ヴァレンシュタインは一〇万人の軍隊を率いて北上し、メクレンブルクを占領してさらにユートラント半島まで迫った。

皇帝軍の優勢のもとに、一六二九年にはヴァレンシュタインはデンマークとリューベック講和条約を結び、同年皇帝は帝国等族にはかることなく単独で、懸案の「復旧勅令」を発布した。これは一五五二年以降没収された教会領をカトリック側に返還することを命じたもので、皇帝権のピークと皇帝絶対主義を意味するものであって、三十年戦争の第二段階であるデンマーク戦争(一六二五～二九年)はここに終わった。

スウェーデン戦争とフランスの介入

しかし皇帝権の未曾有の強化は、ドイツの国内外に不安をもたらした。北ドイツのプロテスタント諸侯は、「復旧勅令」が文字どおり実行されればその物質的基礎が奪われるので震撼したし、それのみならず「皇帝絶対主義」の到来は、宗派的対立をこえてふたたび十六世紀にみられた皇帝対帝国等族という旧来の対抗図式を呼び覚ました。また外国勢力では、フランスはもとより、いまやスウェーデンがバルト海の覇者としての地位が脅かされていると感じた。ヴァレンシュタインが皇帝から、「バルト海、大西洋の提督」に任命されたからである。

まず動いたのは帝国等族である。プロテスタント、カトリックを問わず選帝侯たちは一六三〇年七月、皇帝権の危険な強化はヴァレンシュタインのせいであると考えてヴァレンシュタインの罷免を皇帝に迫った。皇帝も長子フェルディナントの国王への選出をもくろんでいたのでこの要求に応じた。ちょうどそのとき、スウェーデンのグスタフ・アドルフ(在位一六一一〜三二)は、フランスなどの資金援助のもとに、プロテスタントの擁護を旗印にして三万人の軍事力を率い、三十年戦争に介入してきたのである。戦争の重点はドイツの国内紛争から、国際戦争へと移行した。スウェーデン戦争(一六三〇〜三四年)の始まりである。

ティリー支配下の皇帝軍が一六三一年にマクデブルクを占領し、町を徹底的に破壊したとき、今まで皇帝に忠誠を誓っていたザクセンやブランデンブルクなどのプロテスタント諸侯もついに立ち上がってスウェーデンと同盟し、ライプツィヒ近郊のブライテンフェルトで皇帝軍を打ち破った。このあとスウェーデン軍は勝利の進軍を重ね、前線は南下した。窮地に立った皇帝は翌一六三二年にヴァレンシュタインをふたたび皇帝軍の総司令官に任命して巻返しをはかり、戦争は長期化した。グスタフ・アドルフ自身は一六三二年のリュッツェンの戦いで戦死したが、スウェーデン軍は勝利して南ドイツにまで進軍した。一方ヴァレンシュタインは、独断でスウェーデンなどと和平を交わしたりして皇帝の猜疑をかい、一六三四年には皇帝から派遣された軍隊に殺害されてしまった。戦況は厳しかったが、再建した皇帝軍とスペインの援軍は、ついにスウェーデン軍をネルドリンゲンの戦いで破って、その勢いをとめた。その後、皇帝は一六三四年にはスウェーデンと、翌年にはザクセンと和平を結び、「復旧勅令」の遂行を断念することによって、三十年戦争の第三段階が終わった。

ドイツの国内状況だけを考えるならば、このとき大戦争が終結していても不思議ではなかったが、しかしこの段階になって、今まで背後にひかえていたフランスが前面にでてき、スペインとオーストリアのハプスブルクに対抗すべく進軍してきた。ここにいたって、宗教的な要素は影をまったく潜め、事はすべからくヨーロッパの政治問題となった。ハプスブルク家対フランスという十六世紀以来のヨーロッパの国際的な対立の基本的な構図が、いまや三十年戦争を左右したのである。やがてスウェーデンもふたたび介入し、事態は泥沼の様相を呈するようになった。

膠着《こうちゃく》状態のまま一六四〇年代にはいるとさすがに両陣営とも戦争に倦み、四一年には和平交渉をおこなう約束ができたが、実際に交渉が始まったのは四五年になってからであった。和平が結ばれるのはさらに三年後である。

和平交渉とヴェストファーレン条約

和平交渉はヴェストファーレン地方のミュンスターとオスナブリュックで進められた。ここにはヨーロッパ諸国とドイツの諸邦の君主が総計一九四人、全権委任者が一七六人登場し、ヨーロッパの諸問題とドイツの国内問題が協議された。まさしくそれはヨーロッパで最初の国際会議であった。三年にわたる交渉の結果、一六四八年十月二十四日にヴェストファーレン条約がミュンスターとオスナブリュックで結ばれ、ここに一世代にもおよんだ世紀の大戦争が終結した。

ヴェストファーレン条約の内容は、大きく国際問題とドイツ問題に分かれる。国際問題では領土問題が重要であり、エルザス(アルザス)の一部ズントガウなどがフランスに割譲されて、フランスの勢力は部分

ヴェストファーレン条約を花火で祝う(ニュルンベルク，1650年)　この祝宴では，「戦争の終結と平和への接吻」という劇も演じられた。

的にはライン川まで進出した。スウェーデンはシュテッティンを含む西ポメルン、フェルデン、ブレーメンをえてオーデル川、エルベ川、ヴェーザー川の河口をおさえ、帝国議会の議席をえた。フランスとスウェーデンが三十年戦争の最大の勝利者であり、この両国はヴェストファーレン条約の保証国となった。そのほかではブランデンブルクはポメルンの重要な部分をスウェーデンにとられたかわりに、ポメルンの東の部分やミンデンなど若干の司教領をえ、ザクセンとならぶ北ドイツの雄として登場することとなった。さらにスイスとネーデルラント共和国の独立が正式に認められた。他方スペインは和平対象からはずされ、その結果、フランスとスペインの対立は一六五九年のピレネー条約まで引き延ばされた。

国内問題では、宗教問題と帝国国制の問題が重要であった。宗教問題ではアウクスブルクの平和令の有効性が確認された。ただ宗派的対立の原因であった「聖職者にかんする留保」条項は破棄され、そのかわりに一六二四年を標準年と定め、その時点での宗派の分布が基準とされた。またカルヴァン派も公認され、今後宗教問題にかんしては帝国議会内でプロテスタント会派とカトリック会派が別々に協議し、多数決によってではなく、両者の合意によって決定することとなった。これによって、もはや宗教問題が帝国の紛争の火種となることは基本的にはなくなった。ただ信仰の自由は領邦君主にのみ許されるという原理はそのままであり、個人の宗派選択の自由は認められなかった。これが認められるのは啓蒙絶対主義の段階にはいって以降である。

帝国国制の問題では、まず戦争中のさまざまな行為とそれにたいする判決には恩赦が適用され、プファルツも以前の多くの領土と選帝侯位を回復した。ただこの間にバイエルンのえた選帝侯位については、その後も認められた。皇帝の権限はいまや大きく後退し、帝国等族の権利が強調された。宣戦布告や法の発布など、帝国の重要な決定に際してはことごとく彼らの同意が必要とされ、また帝国等族の従来のさまざまな権利が改めて承認されるとともに、さらに外国との交戦権、条約締結権という国際法上の主権までも(皇帝と帝国への忠誠に違反しないかぎりという制限つきではあるが)認められた。皇帝と帝国等族の二元主義は大きく後者に傾き、「ドイツの自由(すなわち帝国等族の自由)」が国是となったのである。

国際関係、ドイツ問題の双方にわたって、フランスの利害が貫徹したことは明白である。フランスにとっての最重要事項は、ハプスブルク家の権力の基盤を弱めることであった。そしてそれは、フランスとスウェーデンがドイツの保証国となり、帝国等族の自立性を強化することによって達成された。その意味では、ドイツの国民国家としての統一と権力国家への発展の道が閉ざされたといえよう。政治的意味でのドイツの後進性は、ヴェストファーレン条約によって確定したのである。それゆえヴェストファーレン条約については、従来マイナスの評価が支配的であった。

しかし最近、ヴェストファーレン条約のもつプラスの側面も評価されてきている。それは、ヨーロッパの平和をはじめて国際会議によって保証したということであり、勢力均衡の視点が芽生え始めたという点である。またドイツの国内問題にかんしては、領邦的分裂は、権力国家的観点からはたしかにマイナスであるが、反面文化や教育水準の向上などはすみずみにまでゆきわたり、その面では集権国家よりもむしろひいでた体制である、といった点、さらにのちにみるように、帝国等族の自立性を強化しながらもけっして個別諸領邦に分解してしまうのではなく、一種の連邦制的な体制、権力国家の原理とは異なる法・平和共同体を樹立し、以後基本法として一五〇〇年間もその機能をはたしたという点である。このような評価の基準の変化は、今日のヨーロッパの政治の動きと無関係ではない。

戦争の影響

三十年戦争の社会・経済的影響は甚大なものがある。なによりもそれを顕著にあらわしているのが、人口の減少である。ドイツ全体では戦前の約一六〇〇万人からいまや一〇〇〇万人となり、約三分の一減少した。メクレンブルク、ポメルン、テューリンゲン、プファルツ、ヴュルテンベルクなどでは被害がとくに多く、半分以上の減少である。他方ホルシュタイン、北西ドイツ、ティロール、オーストリアはほとんど被害を受けなかった。もとより人口減は、死亡者の数を表現しているのみとは限らず、他地方への逃散もそこには含まれているが、それにしても人口減の割合は今世紀の二度の世界大戦の犠牲よりも大きい。いかなる事情によって、このような大惨事がもたらされたのであろうか。

戦闘による被害は、たしかに前線が北上・南下しドイツの大部分が巻き込まれたので大きいものがある

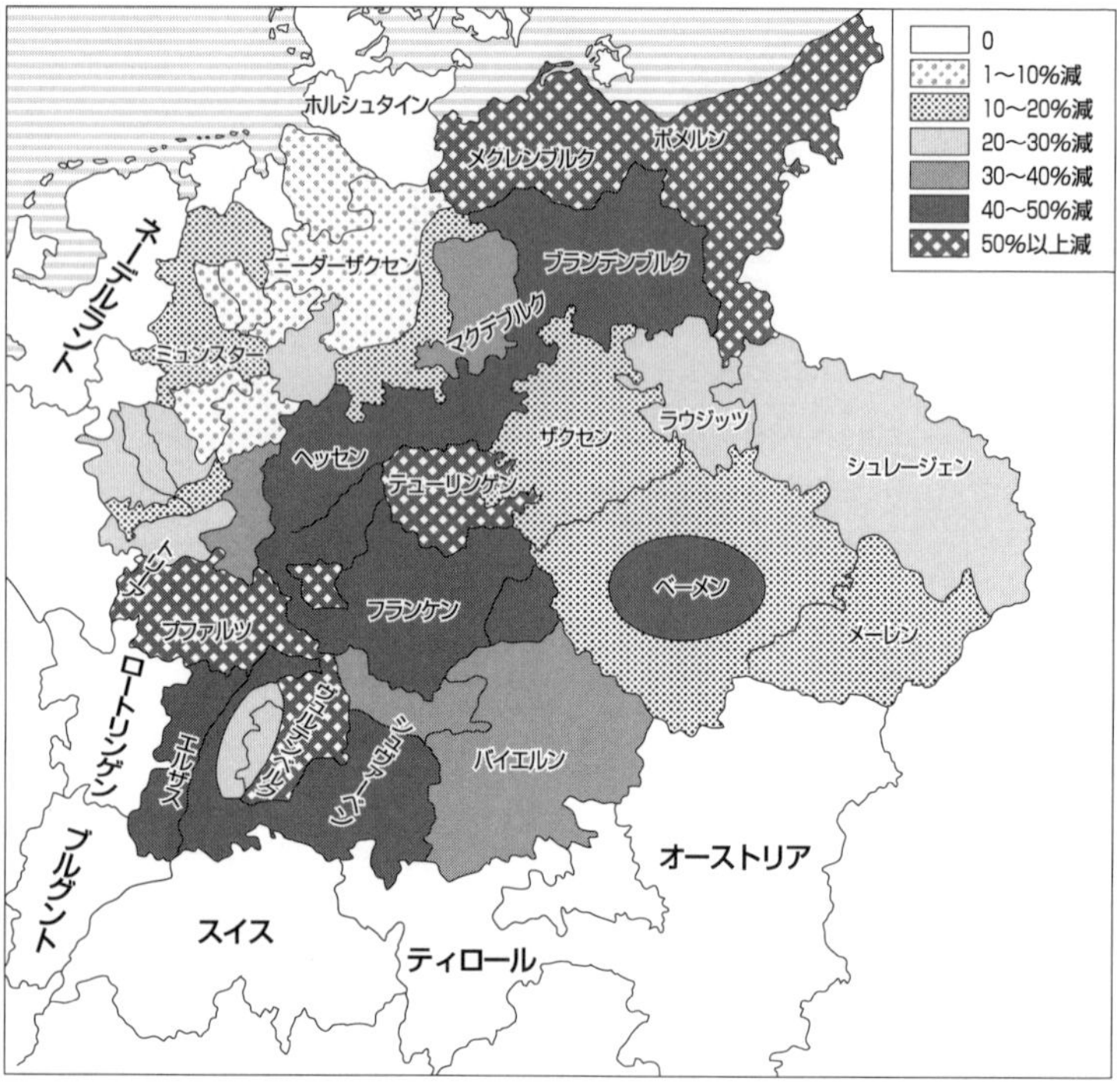

三十年戦争による人口の減少

が、これがすべてではけっしてない。むしろ軍隊による課税が人々を苦しめた。当時の軍隊は傭兵軍で、その維持は多分に現地での課税によっていた。しかもその際、同盟国との条約に基づいて合法的におこなわれただけではなく、現実には敵・味方の区別なしに現地で課税され、物資が暴力的に徴発された。ヴァレンシュタインの膨大な軍隊の維持は、このようにしてはじめて可能であったのであるが、これはその他の傭兵軍の場合も同様である。当然こうなれば、グリメルスハウゼンが描く『阿呆物語』の略奪の世界であり、事実、当時傭兵軍がもっとも恐れられたのは略奪であった。傭兵たちは戦闘よりも略奪に精力を注いだのである。

しかしそれでなくとも人々は飢えていた。そもそも十七世紀はきわめて寒い世紀であり、それゆえ小氷河期と称される。その時期はおよそ一五六〇年から一七〇〇年ころまで続いた。ボーデン湖やライン川が氷結し、アルプスの氷河が成長し、流氷が増した。冬の降雪、夏の降雨、とくに穀物の成長期における低温多湿は凶作をもたらし、二年続きの凶作はカタストローフを意味する。小氷河期の寒さとそれによる凶作は、飢餓をもたらしたのである。加えて戦時における貨幣の悪鋳《キッパー・ウント・ヴィッパー》は物価高をもたらした。しかもそれにとどまらない。疫病の流行がそれに追打ちをかけた。ペストの影響がもっとも大きかったが、そのほかにコレラやチフスなどが人の命を奪った。絶望的な状況のなかで、集団ヒステリーともいうべき現象が起こり、魔女狩りがあれくるった。災禍をもたらしたものとしてユダヤ人が多く犠牲者となった。これらはつまり、いわゆる「十七世紀の全般的危機」が三十年戦争において集中的にあらわれたものと考えることができよう。

2 絶対主義的領邦国家の形成

フランスの優位と帝国の再建

十七世紀後半のヨーロッパは、ルイ十四世(在位一六四三〜一七一五)治下のフランスの優位の時代である。それはフランスの対外的進出、つまり一六六七〜六八年のスペイン支配下の南ネーデルラントへの侵攻(帰属戦争)に始まって、十八世紀初頭のスペイン継承戦争(一七〇一〜一三年)まで続く過程のなかに如実にあらわれている。そのなかでスペインの優位の時代は終わりを告げることになるが、ドイツもまたフランスの侵略の対象となる。

すでに対オランダ侵略戦争(一六七二〜七八年)の際にも、フランスはドイツとの国境近辺のフランシュ・コンテやエルザス(アルザス)、ロートリンゲン(ロレーヌ)に侵攻しているが、七九年にはそれらの地域を統合するために法廷を設け(再統合法廷)、その法廷での判決に基づいて軍事的征服を繰り返した。一六八一年のシュトラースブルク(ストラスブール)の占領がそのピークをなすが、やがて侵略の対象がプファルツにまで広がり、ドイツ全体、いやヨーロッパ諸国をも巻き込んでプファルツ継承戦争(アウクスブルク同盟戦争ともいう、一六八八〜九七年)が起こった。このなかでプファルツの首都ハイデルベルクは完全に破壊されてしまう。

もとよりこれにたいして、皇帝やドイツの諸侯のみならず、オランダ、スペインさらにのちにはイギリ

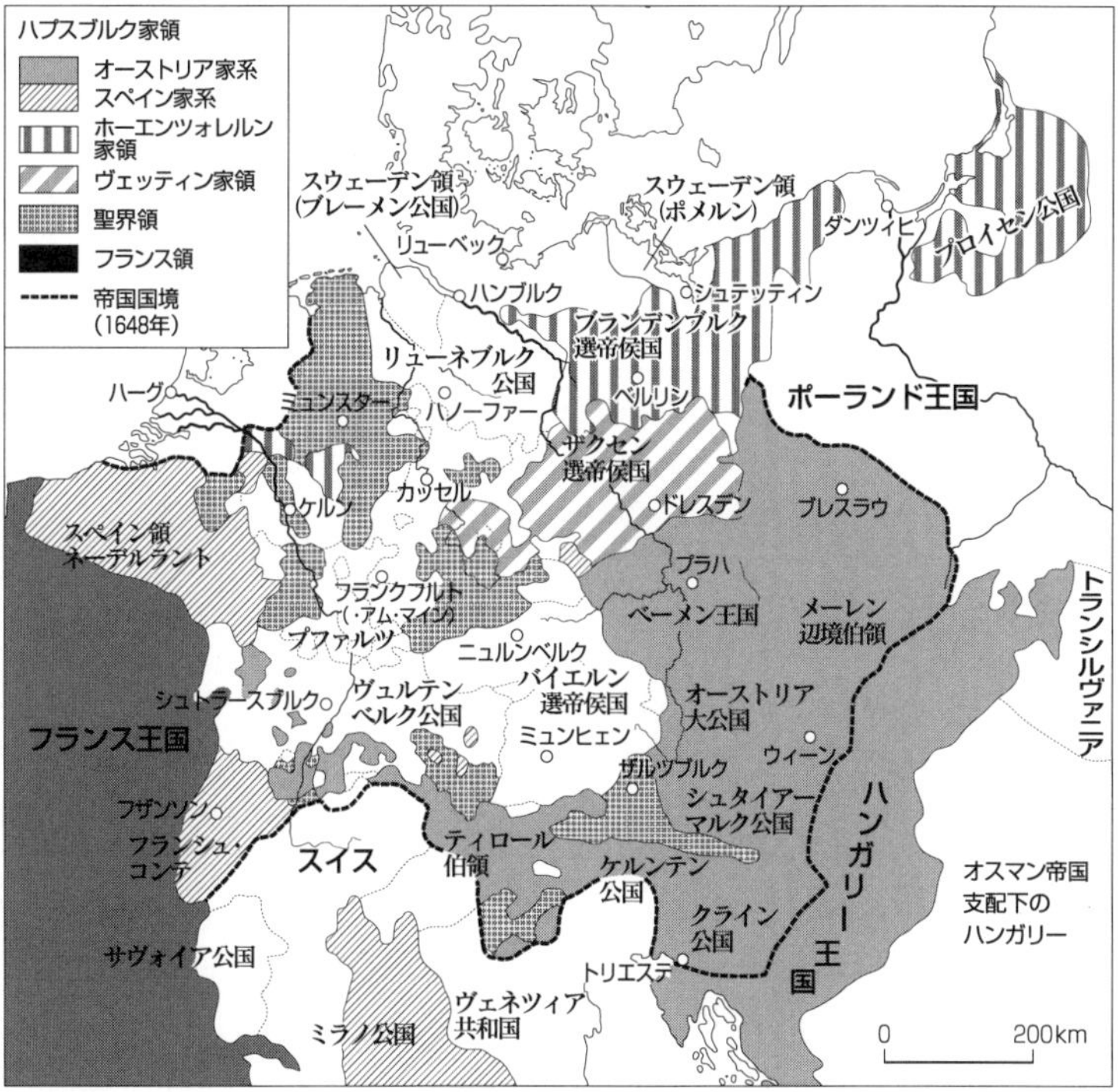

1648年ころのドイツ

スまでもがアウクスブルク同盟(一六八六年)に結集してフランスに対抗した。その結果一六九七年のライスワイク条約では、フランスはプファルツにたいする権利を放棄してアルザス、ロレーヌまで後退した。それはフランスの「覇権」にたいするヨーロッパの「勢力均衡」の最初の勝利であった。

ドイツは西部でフランスの侵攻に苦しめられたが、東部ではこれまたオスマン帝国の進出になやまされた。オスマン帝国はもはや十六世紀のような勢いをもっていなかったが、それでも一六六三～六四年には帝国議会を開いてまでその進出に対処しなければならなかったし、八三年にはオスマン軍はウィーンにまで進撃してドイツの首都を直接襲ったのであった。このようにドイツは東西において外国勢力の進出の対象となり、受け身にまわらざるをえなかった。

ところでドイツは、このような対外的危機にたいしてどのように対処したのであろうか。独力で国際世界に対応できる若干の大領邦は、のちにみるように、国力を強化して権力国家への道を歩むことができた。しかし多数の領邦が併存し、錯綜し、対立もしているドイツにおいては、一部の有力な領邦を除けば、単独で城内平和を維持するのも困難であるし、いわんやフランスやオスマン帝国などの強国の圧力にたいしては、個々の領邦ではまったく対抗できなかった。とくにフランスからの脅威にさらされた西南ドイツが深刻である。それゆえ西南ドイツの中・小諸領邦が、領邦をこえた組織、つまりドイツ帝国をもっとも必要としていたのである。

すでに十五世紀末以降の帝国改革運動の結果、皇帝、帝国議会、二つの帝国裁判所、ならびに帝国の地方管区としての一〇の帝国クライス(管区)など、近世の帝国の骨格はできあがっていた。しかしヴェストファーレン条約締結以降の帝国の維持・再建にかんしては、ドイツの歴史学者アレティンによれば二つの路線がたがいに対立していた。つまり、ひとつは軍事力を維持しうる比較的有力な帝国等族がめざしていたもので、弱小領邦を支配下におきながら彼ら相互の同盟を通じて帝国軍をつくろうとする試みであり、いまひとつは主として弱小の帝国等族と皇帝(すなわちオーストリア大公)の傘のもとにはいり、そのうえですべての帝国等族の対等の権利を認めた帝国クライスを単位に、帝国軍を形成しようとする立場である。前者は一六五八年のライン同盟に代表され、後者は八一年の帝国軍の創設に結実する。この二つの路線が拮抗・対立しているところに、十七世紀の帝国の不安定さがあったという。帝国議会が一六六三年以降もはや解散されることもなく、常設の使節会議となりさがっていく(それゆえ永久帝国議会という)背景には、アレティンの説く、このような事情があったのであろう。

いずれにせよ、十七世紀の後半以降も帝国の維持・再建の努力が続けられた。たしかに帝国は永続的な固有の軍隊や行政体系や租税をもたず、それゆえ近代的な主権国家、つまり権力国家としては未熟である。しかし帝国は、国内平和の維持の点では、その機能を発揮しえた。もとより平和の維持も、基本的には個々の帝国等族に委ねられていたのであるが、領邦をこえた問題にかんしては、帝国はその調整機能をもちえたのである。永久帝国議会は帝国等族相互の連絡や調整の場となったし、なによりも共通の帝国法(金印勅書やヴェストファーレン条約など)と二つの帝国裁判所ならびにその執行機関である帝国クライスの機能を介して、個別問題にあたることができた。もとよりすべてを効果的に解決できたわけではないが、その権威は疑われることはなかった。帝国が個々の領邦に分解してしまったのではけっしてない。「帝国等族の自由」を国是としながら、多様な諸領邦を連邦制的にゆるやかに統合する、いわば法・平和共同体としての帝国は、城内平和を維持する機関として、十八世紀の末まで機能したのである。

オーストリアの興隆

ドイツ帝国は、とりわけ西南ドイツを中心とする中・小諸領邦にとっては必要であったが、しかし権力国家的な発展は、各領邦単位で推し進めることにならざるをえなかった。それを大規模に展開したのは、多民族国家のオーストリアと新興のプロイセンである。

オーストリア大公のハプスブルク家は十五世紀なかば以降つねに皇帝位を保持し、ドイツで最大の勢力を誇っていたが、カール五世ののちスペイン系とオーストリア系に分裂したので、それによって事実上普遍帝国形成の道が閉ざされた。その後ヴェストファーレン条約によってドイツにおける「皇帝絶対主義」への道も断たれ、フランスの優位のなかで西方への発展の可能性がなくなったのち、ようやくオーストリア内の国家的統合を推し進めて、領邦単位での絶対主義的発展の道をたどるようになった。それはとりわけオスマン帝国からの圧力に抗し、東方への発展を通じてである。

十七世紀のなかば、ハプスブルク家はすでに世襲諸領(上・下オーストリア、シュタイアーマルク、ケルンテン、クライン、ティロールなど)のほか、一五二六年以降、ベーメン王国とハンガリー王国の一部を支配し、同君連合のかたちで東方に勢力を拡大していた。しかしオスマン帝国の脅威が増し、一六六三〜九九年まで二次にわたってオーストリアへの攻撃が加えられ、とくに八三年ウィーンがオスマン軍に包囲されたときには、事態は深刻であった。このときはたんにオーストリアにとってのみならず、ドイツ帝国ひいてはヨーロッパのキリスト教圏にとっても危機であったので、ポーランド王ソビエスキ(在位一六七四～九六)やバーデン辺境伯ルートヴィヒ・ヴィルヘルムがヨーロッパ連合軍ならびに帝国軍を率いて参戦した。またロートリンゲン公が皇帝軍を指揮し、さらにプリンツ・オイゲンも活躍するなかでオスマン軍を撃退・追撃し、一六年にもわたる戦争の結果、ついに一六九九年のカルロヴィッツ講和条約でオーストリアはハンガリーの全域をオスマン帝国から奪取した。ここに帝国の版図をこえて形成され、面積・人口ともにずばぬけたオーストリア・ハンガリー連合君主国(ハプスブルク帝国)が出現するとともに、ヨーロッパの強国となったのである。

オスマン軍のウィーン攻囲(1683年)　これはたんにオーストリアのみならず，ドイツ帝国，さらにヨーロッパの危機でもあった。

それとともに国内体制も整備されていった。ウィーンではレーオポルト一世(皇帝在位一六五八～一七〇五)の時代に世襲諸領とベーメン・ハンガリー両王国にたいする二つの中央官庁が形成され、また外交、司法、行政、租税、軍事官庁も創設された。さらに塩やタバコの専売などを通じて財政の改善にもつとめた。しかし他方、ベーメンやハンガリーを統合した結果、いまや一一の民族からなる多民族国家という最大の難題を抱え込むことになる。さてオーストリアにとって、対オスマン戦争で事が終わったわけではない。スペイン継承の問題が迫っていたのである。

スペイン国王カルロス二世（在位一六六五〜一七〇〇）は世継ぎがいないため、没後継承問題が生じることは自明であったが、カルロス二世は、遺言状で領土不分割のままルイ十四世の孫アンジュー公フィリップ（フェリペ五世）を後継者に指名して一七〇〇年に没した。しかしルイ十四世は、フィリップのフランス王位継承権をも主張したので、オーストリアのほかにイギリスやオランダ、帝国等族までもがこれに反対し、国際的な戦争となった。三十年戦争以後はじめてフランスとオーストリアの両大国が正面からぶつかることになったのである。この戦争では、プリンツ・オイゲン麾下《きか》の皇帝軍とマールバラ公率いるイギリス軍の協力関係もよく、対オスマン戦争に続いてオーストリアの実力を天下に示すこととなった。結局一七一三年のユトレヒト条約と一四年のラシュタット条約で、スペインとフランスの王家の分離を条件にフェリペ五世（在位一七〇〇〜二四、二四〜四六）が承認されたが、オーストリアはこの条約で、スペイン領ネーデルラントとミラノおよびナポリに加えてサルデーニャを獲得し、領土がさらに拡大した。

しかしオーストリアにとっての懸案事項は、自国における相続の問題であった。そのために全領土の一括相続と、男系がたえたときには女子にも相続権を保証することを明記したプラグマティッシェ・ザンクツィオン（国事詔書）が一七一三年に発布された。カール六世（在位一七一一〜四〇）には男系相続者がいなかったので、女子のマリア・テレジアへの円満な相続がなおさら重要であった。それゆえこの国事詔書の承認を国内の各領邦議会に働きかけたのみならず、外国にたいしても、とくにフランスには領土的犠牲を払ってまでも、その承認につとめた。結局フランスやイギリスなどはこの国事詔書を認めたが、しかし不安が残ったままであった。カール六世の死後、その不安が現実のものとなる。

ブランデンブルク・プロイセンと軍事・官僚国家への道

ドイツ内部におけるオーストリアの圧倒的な力に比して、ブランデンブルクは古くから「神聖ローマ帝国の砂箱」といわれ、地味も資源も乏しい辺境の田舎国にすぎなかった。ただ十七世紀初頭にライン川流域のクレーヴェとマルクを、東方でプロイセン公国を継承し、ヴェストファーレン条約によってミンデンなどを獲得した結果、支配領域が東西に拡がり、ようやくザクセンとならぶ東方の雄邦として表舞台に登場してきた。しかしそれとても同君連合であり、オーストリアとは格段の差があった。権力国家へのプロイセンの内的変貌は三十年戦争後約一〇〇年のあいだにおこなわれ、もっぱらフリードリヒ・ヴィルヘルム（大選帝侯、在位一六四〇〜八八）とフリードリヒ・ヴィルヘルム一世（軍人王、在位一七一三〜四〇）の「作品」であった。

権力国家への発展の出発点は、常備軍の創設である。その法的な基礎はヴェストファーレン条約と一六五三・五四年のレーゲンスブルクで開かれた帝国議会における最終決定第一八〇条（領邦の城塞は領邦等族の財政援助によって維持される）にあるが、もとよりこの規定によって自動的に常備軍ができるわけではない。そこには厳しい国際関係が背景にある。それはプロイセンの場合はバルト海の覇権をめぐる第一次北方戦争(一六五五~六〇年)であった。

バルト海は中世以来豊かな通商圏であり、そこは小規模な諸国家体系をなしていたが、その覇権をめぐって、いまやスウェーデンとポーランドが争うこととなったのである。このバルト海に面するプロイセン公国は、ホーエンツォレルン家に相続されたのちもいぜんとしてポーランド王の宗主権のもとにあった。そこでポーランドの宗主権からの解放をめざして、大選帝侯もこの北方戦争に関与することとなったのである。しかしそのためには大規模な軍事力が必要であるが、それには領邦等族の同意が必要であった。もとよりホーエンツォレルン家の支配下の各地の領邦等族は、他地方の戦争のための自邦からの動員には反対であった。しかしフリードリヒ・ヴィルヘルム大選帝侯はそれを押しきったのである。

戦争のための動員より以上に重要なことは、この戦争が終結したのちにも、動員された軍隊を解散せずに常備化しようとする大選帝侯の方針であった。それは常備軍を維持するための領邦等族の財政援助を恒常化することを意味し、それゆえブランデンブルク・プロイセンのどの地方においても、大選帝侯と領邦等族の激しい争いが起こったが、この対等族闘争のなかで、君主権が著しく強化された。常備軍の設置、恒常的な税制の導入、徴税機関ならびに行政機関としての官僚制の集権化、国民の担税能力強化のための重商主義的経済政策などが連鎖的に発生し、大選帝侯はそのいずれにたいしても精力的に取り組んで、その後の発展の基礎を築いた。その際の模範はフランス絶対王政であった。たしかに十七世紀にはまだこれらの諸機関を自前で安定的なものとはできず、常備軍の維持にもフランスやオランダなどの外国からの援助金が必要であったが、その後、この体制を不動のものとして確立したのが大選帝侯の孫であるフリードリヒ・ヴィルヘルム一世である。
　この二代目のプロイセン王(軍人王の父フリードリヒ三世は一七〇一年にプロイセン公国を王国に昇格するのに成功し、初代国王フリードリヒ一世〈在位一七〇一～一三〉となっていた)は、財政の強化を通じて外国の援助金なしで、自前でその軍隊を維持することに成功し、さらに彼の治世中に軍隊を四万人から八万人に増強した。また官僚制を整備・統合して、それを中央集権的に練り上げることにも成功した。一七二三年に軍事・財務・一般行政・御料地経営の諸分野を統合し、中央の総監理府、諸州の軍事御料地財務庁、その下の郡長と都市財務官を集権的なかたちで組織化した行政改革は、その完成形態である。また一七三三年には徴兵区《カントン》制度を定めて、農民や都市の下層市民に軍役義務を課し、軍事面でも権力体制を完成させた。これらはまさしく国家の「構造的な変革」であり、ヨーロッパで最強の絶対主義的な国家体制をつくりあげたので、軍人王は同時に「内政王」と呼ばれた。オーストリアとは国土、資源、人口ともに比較にならないほど弱小であるにもかかわらず、絶対主義的な軍事・官僚国家の強化によって、オーストリアの実力に匹敵するほどのプロイセンをつくりあげたのであった。これは国制史上のひとつのドラマであった。プロイセンの国家体制は、やがて他領邦にとってのモデルとなる。

その他の諸領邦の動向と領邦統治の形態

　この時期の政治の世界は、一般にオーストリアとプロイセンの絶対主義的な国家形成で代表されがちであるが、ドイツの諸領邦の世界はもっと多様であった。プロイセンの軍事・官僚国家はたしかに大きなモデルではあったが、それがモデルとして認識されるようになったのは十八世紀後半以降のことであるし、プロイセンのような極端なかたちは特殊であった。またオーストリアのような広大な多民族国家も、やはり例外であった。

ドイツには当時三〇〇余りの帝国等族がいた。彼らは帝国議会に参加する権利を有し、帝国と皇帝以外のいかなる上位機関をももたずに(帝国直属)、それぞれ独立した支配領域、つまり領邦国家を形成していたのである。そのなかには、かつて独立していたいくつかの地方(ラント)を併合した大きな領邦(全体国家、複合国家)もあれば、弱小の領邦もあり、また俗界の領邦、聖界の領邦(大司教、司教、大修道院長の支配下の領邦)、帝国都市もあった。さらにつけ加えれば、たんなる一地方貴族にすぎず普通帝国等族には数えないが、しかし帝国直属性を有していた帝国騎士が、およそ一五〇〇人もいた。多様な領邦と地方分権(地域主義)が、ドイツの最大の特徴であったのである。

諸領邦のなかで最高の位階を有していたのは選帝侯国である。金印勅書で定められた七つの選帝侯国に加えて、一六二三年にバイエルン、九二年にはハノーファーが選帝侯位をえて九つとなっていたが、そのうちのいくつかは、オーストリアやプロイセンのように多くの位階を集積して名声を博していた。バイエルンは南ドイツの雄邦で、三十年戦争中はマクシミリアン一世が「旧教連盟《リガ》」の指導者であったし、その君侯家であるヴィッテルスバハは、ケルン大司教職を長期(一五八三〜一七六一年)にわたって保持していた。ザクセンの君主はヴェッティン家で、アウグスト強健侯以後ポーランド王をもかねることとなり(一六九七〜一七六三年)、首都ドレスデンは北方バロック文化の中心であった。またハノーファーはエルンスト・アウグスト公の治世にヴェルフェン家の分裂していた諸邦を統一し、その後イギリス王位の継承権をえて一七一四〜一八三七年までイギリスと同君連合をなしたのである。

選帝侯国のつぎに聖俗の諸侯領、さらに帝国都市と続くが、そのなかでも多少とも自前の常備軍をもっているのが有力な領邦といえよう。それはおよそ二〇〜三〇にすぎず、一時でも軍隊を維持したものを全部数えても六〇〜七〇にすぎない。あとは弱小の領邦ということになろう。これら小邦分裂状態がとくに顕著なのがドイツの西部および西南部であるが、ここは歴史も古く、経済的にも先進地帯であった。逆に東部は、十二世紀以来の東部植民運動の過程でドイツに組み込まれた地域で、経済や文化的には遅れて発達したのであるが、比較的大きな領邦が多かった。ここには政治と経済・文化のパラドックスともいえる現象がみられる。ともあれこれらの領邦は、それぞれ独自の宮廷と首都をもち、地方における政治、経済、文化の中心を築いていたのである。

領邦内部の統治形態をみれば、絶対君主制が時代の趨勢であった。君主と領邦等族の二元主義が十六世紀には一般的であったが、三十年戦争以降は君主権が強化され、国家形成の中心的な担い手となった。とくに常備軍や官僚は君主にのみ忠誠を誓い、君主権の支柱となった。大領邦ではとくにこの傾向が強い。しかし実際には、交通や通信の手段が未発達な当時においては、たとえ中央において身分制議会を排除しながら君主の一元的な支配が確立しても、地方においては君主の官僚とならんで、いやそれ以上に、貴族や領邦都市などの地方権力(中間諸権力)が重要な機能を有していたのである。プロイセンもその例外ではなかった。

絶対主義的な領邦以外にも、等族制的な体制をいぜんとして維持している領邦もあった。つまり一方ではメクレンブルクにおけるような貴族中心的な身分制議会の形態であり、もう一方はヴュルテンベルクにおけるような都市市民中心的な身分制議会の形態である。そして多くの領邦はその中間的な身分制議会を有していた。ハノーファーやザクセンのような有力な領邦もまた、等族の力が強かったのである。さらに聖界領邦では司教座聖堂参事会が重要な機能を維持しているが、それは身分制議会と類似の性格をもっているし、帝国都市における市参事会も同様である。三十年戦争以後絶対主義的な傾向はたしかに強化されたが、しかしどこにおいても等族制は消滅したわけではなく、君主と等族の力関係は個々の領邦において具体的に検討しなければならない。

3　十六・十七世紀の社会と経済

身分制社会

近世以降、政治の世界では近代的な国家体制がしだいに形成されていったが、社会の領域ではいぜんとして伝統的な身分制的構造が支配的であった。中世での祈る者、戦う者、働く者は、その後聖職者、貴族、市民、農民となったが、それぞれが固有の権利と生活様式をもつ身分として独自の世界を形成していた。

ただ中世末・近世においては、各身分のなかで、分化が進んだ。聖職者の内部では、大司教、司教、大修道院長などの高級聖職者と一般の聖職者とのあいだにははっきりとした一線が存在したし、貴族も、選帝侯、諸侯、伯などの高級貴族と騎士などの下級貴族に分れ、相互の結婚もまれであった。しかし第三身分内部での分化はもっと多様であった。人口の八割以上は農村の住民であったが、それはもはや一様ではなく、村落共同体を構成し村の掟を定める完全な農民と、土地ももたなければ村落共同体の集会への出席権もなく、農業労働者となって農民の家に住み込んでいるか小屋に住んでいるような下層民に分解していった。都市の住民はさらに複雑である。最上層には市政を独占している都市貴族がおり、彼らは貴族の生活に接近し、なかには騎士領地を購入したり上級官僚になって貴族化する者もあった。都市貴族の下には、さまざまな手工業を営み、営業権を独占してツンフト(同職組合)を構成する親方層、つまり中産的な市民層が存在した。この二つの層が市民権をもっていたが、その下に、職人や奉公人、日雇い労働者や乞食にいたるまでの下層民がいた。さらに都市共同体の外枠には、どの共同体にも属さない浮浪者やシンティ・ロマ(「ジプシー」)などのよそ者も存在したのである。

17世紀の村落(マテウス・メリアンの腐食銅版画)
農村では伝統的な生活様式が強かった。

このようなさまざまなレベルでの共同体は、一方では社会生活を維持するための自然発生的な結びつきであるとともに、他方では君主の支配の客体をもなしていたので、その両機能を含めた意味で社団と呼ばれる場合もある。身分や社団は通常出生によって定められ、ほかからの流入を排除する閉鎖的な性格をもっていた。また生活様式も伝統的であって、もしもそれがくずれてくれば、再建・強化しようとする力が強かった。近世にしばしば発布され、身分や社団によって着るものを定めた衣服条例などが、それを端的に表現している。

身分制的・社団的な社会の基底には、家が存在した。前近代社会における家・家族は、十九世紀以降の近代的な家・家族と異なって、多くの機能をうちに含んでいた。家はたんに消費の場であるのみならず、まずもって生産の場でもあった。近代においては生産は社会で、消費は家でと分化しているが、前近代においては、生産と消費の場はまだ分化していなかったのである。家庭は同時に職場であった。農民の場合も市民の場合もそうである。したがってまた、その家の構成も、たんに血縁的な夫婦、親子のみならず、奉公人なども家族に含まれていた。当時の統計では家を炉で数えるが、炉には奉公人も含まれているのがそのことを物語っている。妻も子供もともに労働についた。つまり家は労働共同体でもあったのである。家においては家父が支配し、家父が外にたいして家を体現するがゆえに家父長制であった。家父長は家族にたいして、一定の枠内で罰令権をもっており、それは最小の国家でもあった。近代以前における家と家族を十九世紀以降のそれと区別するために、オットー・ブルンナーが「全き家」と表現したのも、家のもつこのような多様な機能を示すためであった。

新しい社会集団

近世には伝統的な身分や社団に加えて、君主のまわりに新しい社会集団が形成された。注目すべきは、宮廷と軍隊と官僚である。

宮廷は中世では君主とともに各地を移動し、その地で裁判をおこないながら統治していたのであるが、

ウィーンのオペラ・ハウス（1683年）　宮廷は政治と文化の中心であり，オペラや演劇や音楽が宮廷社交の場であった。

十六世紀になるとそれが一カ所に定着して、宮廷所在都市が首都となった。十七世紀にはその宮廷が政治の中心のみならず、君主と上級貴族の社交の場となり、宮廷文化が開花したのである。

諸侯は大・小を問わず、世俗・聖界を問わず、誰もがきそって宮殿を建築した。それは三十年戦争後の再建のシンボルであり、心のよりどころでもあって、宮殿だけがはなやかであった。フランスのヴェルサイユ宮殿をモデルとしたバロック様式の豪華絢爛な建築は、十七世紀の暗い世相のなかで際立っていた。ここで宮廷音楽が催され、演劇が演じられ、広い庭園での散歩があり、会食があった。貴族たちも招待され、たんに文化だけではなくて、政治の求心力としても機能した。宮廷への参加がステイタスを示したのであり、身分制社会の時代においてはそれは決定的に重要な意味をもった。はたしてドイツの宮廷社会が、ノベルト・エリアスが描くヴェルサイユ宮のような生活形態と意義をもちあわせたかどうかは不明であるが、小型の宮廷がドイツ全土に分布し、地方文化の核をなしたという点が、ドイツの特殊性であろう。

宮廷が上級貴族の社交の場であったとすれば、軍隊は多様な社会

17・18世紀の募兵の光景　市の広場で太鼓をたたいて人々を集め，酒を振舞って，入隊の契約を結んでいる。

層を吸収した。十七世紀の前半までは、国の危機存亡の折に君主によって雇われる一時的な傭兵軍が支配的であったが、十七世紀の後半になると、有力な諸領邦において、平時にも維持される常備軍が形成された。軍隊は独自の裁判権や市民の家での宿営権などをもち、都市共同体などとならぶひとつの自律的な共同体であった。兵力は十八世紀末には帝国全体でみると(オーストリアを含む)約六二万五〇〇〇人であったので、全人口のおよそ二％強を占める。大きな社会集団であったといわねばならない。

したがって軍隊は、貴族から下層民にいたるまで、家督相続者以外の多くの人間を吸収し、巨大な労働市場をも意味した。その内部構造をみれば、将校団は主として貴族から、兵士の多くは農民や市民の次・三男、あるいは下層民からなっており、それゆえ軍隊は身分制的な特徴をもっていたともいえるが、他方将校や兵士は地域や国をこえてヨーロッパ各地から集められ、閉鎖的で社団的な秩序枠をこえた、新しい職能身分でもあった。

軍隊とならんで官僚が、近世における新しい職能身分である。諸領邦において中央の行政官庁が宮廷から分離して独立した組織を形成するのは十六世紀であるが、十七世紀の後半以降その機構が整備され、また肥大化した。この官僚層が、国家的統合を推し進める担い手であった。上級官僚には主として貴族がなったが、市民もまた上級官職を獲得することによって貴族化した。それゆえ官職は、社会的流動化の大きな要因にもなったのである。

しかしこの時期の官僚は官職売買にみられる家産的な性格や、地方の有力者の官吏登用による等族との関係など、前近代的な側面ももっていた。彼らは純粋に君主の手足となって絶対王政を支えたというよりも、君主的要素と領邦等族の代表者の両側面をもち、それゆえ君主と等族の架け橋としての機能をもっていたことを見逃すべきではない。

このような古い官僚のタイプ、いわゆる「保有官僚」とは別に、君主はやがて十七世紀以降、軍隊の給養などの特別の任務を委任し、等族の影響を受けずに自由に任命・罷免できる、より君主的な新しい官僚のタイプを創出する。これは「委任官僚」と呼ばれ、この新しい官僚のタイプが、その後近代的な官僚制に展開していくと考えられるが、この時期においては、プロイセンを例外として、「委任官僚」を過大に評価することはできないであろう。

経済の構造と変化

経済の分野においてもまた、基本的には伝統的な構造が続いていた。近世においても農業が支配的で、農村人口は八割をこえていた。農村類似の小都市を加えれば九割にも達する。農業は一般に小規模な農民経営によって維持されていた。農業生産力は概して一定で、播種と収穫の割合は大体一対四から一対五くらいであった。したがって人口扶養能力は農業の集約化によってではなく、耕地の量的な拡大によって対応せざるをえない。つまり、荒廃地の再耕作と入植であった。もとよりそれには限りがあったのは当然である。農業経営の質的な変化はみられなかった。

唯一注目されるのは、エルベ川以東において領主が十六世紀後半以降直轄地を拡大し、農民の賦役労働に依拠して、市場経済のための大規模な農業経営に従事し始めたことである。都市にたいしても領主は穀物輸出などで優位な地位をえたので、その結果東部ドイツは農産物の主要な輸出国になった。また領主は農民にたいしては、土地支配権のほかに裁判権や人身的な支配権(体僕権)をも獲得し、農民を農奴の地位におとしめた。農民にたいするこのような強い領主権はグーツヘルシャフトと呼ばれ、東欧やロシアにおける領主と同じ性格を有している。それにたいしてエルベ川以西では、領主は農民から主として現物や貨幣で地代を徴収するグルントヘルシャフトが支配的であり、農民は比較的自由であった。

都市の産業も、伝統的な手工業が支配的であった。ここでは同職組合であるツンフトが営業独占権をもっており、ツンフトに構成されている親方が、職人を擁して営業に従事しているのであるが、その規模はけっして大きくはない。二~三人以上の職人をもっていればすでに中規模以上であり、通常一人の職人か、あるいは親方の単独労働であった。親方や職人の数も制限され、閉鎖化の傾向があったし、技術的な進歩もみられなかったので、生産力の発展はあまり見込まれなかった。

大きな変化がみられたのは、商業、とりわけ遠隔地商業の動静である。ヨーロッパの商業圏が地中海とバルト海から大西洋にその重心を移すにつれて、北部のハンザ同盟都市、ニュルンベルクやアウクスブルクなどの南部諸都市、それにライン川流域都市といった旧来の都市は衰退した。それにかわって、新興の海洋国家やアムステルダム、ロンドンなどの中心都市と関係を維持しえたハンブルク、ブレーメンなどは栄えた。またポーランドなど東欧との関係を保ち、メッセの中心となったライプツィヒやフランクフルト(アム・マイン)が栄えた。

しかし領邦的分裂は商業の発展にとっては大きな障害であった。とりわけ国内関税は自由な通商を妨げた。たとえば、ライン川においてバーゼルから河口までのあいだに三七の税関をとおらねばならなかったのである。それゆえ全体的にみれば、ヨーロッパ的な大都市は、ウィーンを除けば存在せず、ドイツの経済は十七・十八世紀には西欧諸国に大きく遅れをとることになる。

もとより三十年戦争後における経済の再建は焦眉の課題であった。たしかにその再建は遅々としたものであったが、それでも比較的大きな領邦国家や地理的に有利な都市がそれに取り組んだ。なかでもブランデンブルク・プロイセンが積極的であった。

ここではフリードリヒ・ヴィルヘルム大選帝侯のもとで、まずもってオランダ人やフランス人など外国人の入植政策が精力的に進められた。とくに、フランスが一六八五年にナントの王令を廃止してユグノーを追放すると、ただちにポツダム勅令を発してユグノーの受入れを宣し、当時一万人弱のベルリンにだけでも六〇〇〇人のユグノーを招聘《しょうへい》した。人口増殖政策に加えて、オランダ人やユグノーの指導のもとで産業の復活をはかったのである。フリードリヒ・ヴィルヘルム一世のもとでは、一七二三年にザルツブルクを追放されたプロテスタントの招聘が大規模であった。彼らには土地の貸与、一定期間の税の免除などの特権を与えて優遇したが、そのための国土開発が必要である。荒廃地の開墾、沼沢の排水、運河の建設などが進められた。運河にたいしてはとくにオランダ人の技術が貢献した。

また十八世紀になると宮廷や軍隊の需要を満たすために、陶芸品や絹産業、軍服や武器の製造に力をいれ、それらにかかわる特権的なマニュファクチュアを援助した。

これらはいずれも国家指導の経済振興政策の賜《たまもの》であり、ドイツ特有の重商主義政策であるカメラリスムス(国庫主義)がそれを理論的に基礎づけた。一七二七年にハレとフランクフルト(アン・デア・オーデル)の大学に国庫学《カメラリスティーク》の講座が設置されたのが重要である。

第四章　啓蒙の世紀

1　オーストリア・プロイセンの二元主義とマリア・テレジアの国内改革

オーストリア継承戦争と七年戦争

十七世紀の全般的危機を脱したのち、十八世紀の後半から十九世紀の前半の約一〇〇年間は、政治、社会、経済、文化のすべての分野で、ドイツ史全体をとおしてみても大きな転換期《ザッテルツァイト》であった。それは「前近代」から「近代」への移行であるといってもよいが、その前半はいわゆる啓蒙の世紀である。

大国オーストリアと新興の軍事・官僚国家プロイセンは、ついに激突の時をむかえた。それは両国にとって、とりわけプロイセンにとって、帝国よりも自邦の「国家理性」が優先したことを物語る。その結果帝国の国制は、「ドイツの自由」から両大国による「二元主義的体制」へと移行した。きっかけはオーストリアの継承問題であった。

プロイセンのフリードリヒ・ヴィルヘルム一世は一七四〇年五月に没し、フリードリヒ二世(大王、在位一七四〇~八六)が即位したが、続いて同年十月にオーストリアのカール六世も世を去った。オーストリアの継承問題は、プラグマティッシェ・ザンクツィオンで解決しているかにみえたが、実際にカール六世が没すると、バイエルンやザクセンが異議を唱えた。この機に乗じて同年十二月に突如フリードリヒがシュレージエンに侵攻したのである

シュレージエンはオーストリア領で、地下資源に富み、産業が発展し、ブランデンブルクよりも豊かな地方であった。フリードリヒ二世は若干の口実のもとに、父王が築き上げた強力な軍隊を率いて出兵し、あっというまにシュレージエン全土を占領したのである。両国のその後の宿命的な対決の始まりである。当然オーストリアは反撃するが、カール六世のあとを継いだマリア・テレジア(大公、在位一七四〇~八〇)にとって不幸なのは、バイエルン、ザクセンのみならず、フランスやスペインまでもがオーストリアに対抗する陣営に加わったことである。四面楚歌であった。マリア・テレジアは挽回の契機をハンガリーに求め、必死で訴えた結果ハンガリーの協力に成功して反撃に移るが、軍事的先進国であるプロイセンの軍隊には勝てず、一七四二年にはプロイセンとブレスラウの講和を結んでシュレージエンを譲渡せざるをえなかった(第一次シュレージエン戦争、一七四〇~四二年)。その直前には皇帝にバイエルン選帝侯カール・アルブレヒトが選出されて(カール七世、皇帝在位一七四二~四五)、ハプスブルク家から皇帝位が奪われるという、近世では前代未聞の事態が生じたのである。

プロイセンには多大の犠牲をはらいながらも、オーストリアはその間に勢力を回復し、バイエルンを占領するとともにザクセンとも和平を結んだ。本来プロイセンの同盟国であったイギリスまでもがオースト

リアの側に加わったので、プロイセンはフランスと軍事同盟を結んで、ふたたび戦争に介入した。しかし前回とは状況が変化しているためプロイセンは苦戦し、カール七世の死去とともにマリア・テレジアの夫フランツ・シュテファンが皇帝に選出されると(フランツ一世、皇帝在位一七四五〜六五)、逆にプロイセンは孤立した。それでも優秀な軍隊とフリードリヒ大王やデッサウ公の活躍などによって戦勝し、ついに一七四五年のドレスデンの講和によって、シュレージエンを確保することとなった(第二次シュレージエン戦争、四四〜四五年)。戦争はさらに続くがもはやドイツが舞台ではなく、一七四八年のアーヘンの講和でプロイセンのシュレージエン領有が国際的にも確認されたのである。

シュレージエン戦争のもたらした結果ははかりしれないが、そのひとつは外交上の大転回である。オーストリアにとってシュレージエンの奪回は、すべてに優先した。そのための国内改革はのちに述べるが、それだけではなく、オーストリアは十六世紀以来の宿敵であったフランスとの対決をすてて、逆にカウニッツの指導のもと、一七五六年にフランスと同盟を結んだのであった。いわゆる外交革命である。その前にオーストリアは一七五〇年にロシアと同盟を結んでいたので、シュレージエンの奪回の準備態勢は整った。プロイセンはこれをみて、一七五六年先手をとってザクセンに攻めいる。七年戦争の始まりである。プロイセンはわずかにイギリス・ハノーファーと協定を結んだとはいえ、オーストリア、フランス、ロシアというヨーロッパ三大国の同盟軍とほとんど単独で戦わねばならなくなった。おまけにスウェーデンが参戦し、ドイツ帝国もプロイセンにたいして帝国戦争を宣した。シュレージエン占領の報いである。

圧倒的に優勢な同盟軍の勢力にたいして、当初フリードリヒ二世は天才的な戦略と電撃的攻撃でもって応え、一七五七年にはロスバハの戦いでフランス軍を、ロイテンの戦いでオーストリア軍を破るなどしてなんとか攻撃の態勢をとっていたが、北にはスウェーデン、東にはロシア、南にオーストリア、西にフランスと絶望的なほど強大な包囲網のなか、一七五九年以降は完全に守勢に立たされた。同年八月のクーネルスドルフにおける大敗ではフリードリヒ二世は自殺まで考え、敗戦の際には住民は抵抗しないようにとの遺書までしたためた。事実一七六〇年には首都ベルリンが一時占拠されたのである。

なぜこの時期に、同盟軍がプロイセンを一気に降伏させなかったのかは謎であるが、国民戦争とは質の異なる王朝戦争のひとつの属性であろうか、同盟軍のたがいの思惑は相当にずれ、むしろ不協和音さえつねにつきまとっていたのである。この不協和音がプロイセンを救い(ブランデンブルクの奇蹟)、決定打がないまま一七六二年にロシアの女帝エリザヴェータ(在位一七四一～六二)が死去すると、後継のピョートル三世(在位一七六一～六二)は親フリードリヒ派であったので、ロシアは同盟の相手をオーストリアからプロイセンにかえた。これでプロイセンが息を吹き返し、ピョートル三世を殺害してそのあとを襲ったエカチェリーナ二世(在位一七六二～九六)も中立を守ったので、オーストリアはもっとも頼りとしていたロシアの協力を失った。フランスも、その間に並行して起こった海外での対イギリスとの戦争(アメリカ大陸におけるフレンチ・インディアン戦争やインドにおけるプラッシーの戦い)のほうが重要であったので、ドイツ内部の趨勢にはあまり関心がない。プロイセンが一七六二年七月のブルカースドルフの戦いでオーストリア軍に勝利をおさめると、帝国軍も手を引いてしまった。結局オーストリアはその夏には単独行となり、戦費による負債も限界をこえていたので、戦果をえないまま一七六三年にはプロイセンとフベルトゥスブルクの講和を結び、ドイツ内の七年戦争は終結した(国際的なパリ条約はその五日前)。その結果、プロイセンのシュレージエン領有は今後もはや動かすことができぬ事実となったのである。

オーストリア継承戦争と七年戦争の結果およびその影響は、国内・国際の両面におけるその後の政治史のゆくえを大きく変えた。それはオーストリアにおける国内改革であり、ドイツの二元主義であり、ヨーロッパの五強体制(イギリス、フランス、ロシア、オーストリア、プロイセン)の成立である。

オーストリアの行政改革

オーストリア(ハプスブルク帝国)はプロイセンよりも遥かに広大で多くの人口を有していたが、そのオーストリアがプロイセンに敗れ、もっとも豊かなシュレージエンを奪取された。これは表面的には軍事的敗北であるが、より根本的な原因は国家体制の後進性である。したがって、プロイセンではすでに完成していた中央集権的な軍事・官僚国家の体制を、数十年遅れて樹立することこそがマリア・テレジアの国内改革の基本線となった。しかし多民族国家オーストリアでは、これはきわめて困難な課題である。

行政改革がなによりも必要であり、それは主としてハウクヴィッツの指導のもとでおこなわれた。軍隊の給養を司る中央の軍事行政官庁として一七四六年には軍事総監察庁が創設され、さらに租税と一般行政を統合して四九年には、ウィーンに総理府、諸邦に邦政庁、さらにその下に郡長をおき、これを集権的に組織したのがその成果である。これは、軍事と行政の分離という相違点があるとはいえ、基本的にはプロイセンと同じ体制である。

しかし行政諸分野の統合と集権化は、プロイセンでこそみごとに成功したが、オーストリアでは伝統があまりにも強すぎた。マリア・テレジアは伝統との先鋭的な対決よりも、妥協による改革を優先したので、やがてこの体制はカウニッツの指導のもとにいくぶん修正され、一方では全中央官庁を統括する国務参議会を創設するとともに、他方では、行政官庁と財務官庁が分離された。さらにこれらの官庁は、地方的には世襲所領とベーメンを統括し、その点では画期的であるが、あまりにも体制が異なるハンガリーとネーデルラントでは、旧来の自立的な行政組織を手つかずのまま維持した。その意味でマリア・テレジアのもとでの行政改革は不徹底ではあるが、しかしプロイセンと類似の徴兵区制度の導入、国内関税の撤廃、農民保護政策、とりわけ従来「国家内の国家」といわれた教会を国家の統制下におくなど、国家的統一、絶対主義的な統治を強化していったのである。ヨーゼフ二世(皇帝在位一七六五~九〇)はそれをさらに急進的に推し進めることとなる。

ドイツの二元主義とポーランドの分割

シュレージエン戦争と七年戦争におけるプロイセンの勝利は、ヨーロッパの国際社会においては、プロイセンが列強の仲間入りをし、五強体制が成立したことを意味した。ヨーロッパでは今後一〇〇年以上にもわたり、五強を中心として「勢力均衡」の外交が展開されることになる。

この事態はドイツの国内においては、「ドイツの自由」を国是とするヴェストファーレン条約以降の帝国体制から、帝国内におけるオーストリアとプロイセンの二元主義への転換を意味した。事実プロイセンでは、フリードリヒ・ヴィルヘルム（大選帝侯）やフリードリヒ・ヴィルヘルム一世（軍人王）すらも帝国と皇帝への忠誠は消えることなく守られていたが、フリードリヒ二世においては、帝国よりもプロイセンの国家理性が優先し、したがって、七年戦争において帝国がプロイセンに帝国戦争を宣しても、それは敵軍がひとつふえたくらいにしか考えられていなかったのである。両大国は帝国の境界をこえて強大化し、いまやドイツには、およそ中部を東西に流れるマイン川を境にして、南部のオーストリア（ハプスブルク帝国）と北部のプロイセンが対峙しながら、他邦を圧することになった。

ポーランドの分割の戯画　プロイセンとオーストリアとロシアによる三度の分割によって，ポーランドは地図上から姿を消した。

　ドイツの二元主義は、両大国においては、君主の家門利害あるいは自邦の国家理性の最優先を意味し、また西南ドイツにおける中小諸領邦（狭い意味での帝国）にとっては、領邦の自由、つまり旧来の「ドイツの自由」の維持のための同盟の核が、皇帝＝オーストリアのほかにドイツ内にもうひとつ成立したことを意味した。十八世紀後半以降のドイツ内外の国際関係は、このような新しい勢力関係のもとに展開する。

　一方、ヨーロッパの東部において、貴族共和国ポーランドが権力国家への移行に乗り遅れたとき、プロイセン、オーストリア、ロシアの三国は、自国の利害をむきだしにした。三次にわたるポーランドの分割（一七七二、九三、九五年）である。これは、プロイセンにとってはブランデンブルクと東プロイセンが陸続きになったことを、オーストリアにとっては東部へのさらなる発展を意味したが、他方ポーランドが地図上から消えることとなった。

同じころドイツ国内では、バイエルンで選帝侯マクシミリアン三世が一七七七年に子を残さずに突然没したとき、オーストリアはかねてからの狙いどおり、シュレージエンの損失を取り戻すべくバイエルンを占領した。バイエルンの市民たちがそれに抵抗したのに乗じ、プロイセンは今度は南ドイツにおけるオーストリアの勢力強化を防ぐべくベーメンに軍を派遣し、バイエルン継承戦争(一七七八〜七九年)となった。この継承戦争では戦闘らしきものがほとんどなく(ジャガイモばかりあさっていたので、「ジャガイモ戦争」といわれる)、一七七九年にはフランスとロシアが帝国体制の保証国として仲裁に乗り出したので結局テッシェンの講和が結ばれ、オーストリアの意図はとりあえずくずれた。

しかし危機が去ったわけではない。バイエルンの新選帝侯とのあいだでバイエルンとオーストリア領ネーデルラントの交換や、西南ドイツの小邦を犠牲にしてオーストリア領を拡大せんとするヨーゼフ二世の野望は、マリア・テレジアの死後、単独統治のもとでむしろ強まった。西南ドイツの中小諸邦にとって、自らの存立と自由をいかに維持できるかが再度深刻な問題となった。ここに十八世紀末、ふたたび帝国の維持・強化をはかる帝国改革の運動が生じた。しかし強国の国家理性が表面化したこの段階に、西南ドイツ諸邦は、自らの自由を守る可能性があるか。「ドイツの自由」を原則とした連邦制的な帝国やその地方管区である帝国クライスだけではもはや不十分である。このとき帝国問題に腐心した小邦ザクセン・ヴァイマルのカール・アウグスト公は、その後ろ楯をプロイセンに求めて奔走した。しかしその結果は、プロイセンを核としてまずザクセン、ハノーファーの三選帝侯が同盟を結び、それに西南ドイツの諸邦が加わるかたちで、一七八五年に「諸侯同盟」が結ばれたのである。西南諸邦にとっては「ドイツの自由」を維持するための最後の帝国改革であったが、しかしプロイセンにはその原則を貫く意図はなく、オーストリアへの対抗のために「諸侯同盟」を利用したにすぎなかった。そのようなプロイセンに頼らねばならなかった西南ドイツの政策は、もはやはかないものであった。

2　啓蒙絶対主義の時代

フリードリヒ二世の諸改革

フリードリヒ二世は、啓蒙絶対君主の代表者である。フリードリヒには膨大な著作と哲学的な考察があるが、まだ彼が王太子のとき、当時の第一級の啓蒙思想家ヴォルテールの影響を受けながら「反マキャヴェリ論」を書いた。これは統治者の国家思想の綱領ともいうべきものであり、しかも彼は生涯この思想をもちつづけた。この思想の核心は、自然法的な国家観であり君主観である。人民は、自らの生命と財産の維持のために国家をつくり、もっとも賢明な者を君主として選び、彼に統治権を委ねた。したがって君主は、人民の幸福と公共の福祉の維持を自らの最大の義務として統治しなければならない。これが彼の国家論の要旨である。これによって君主の絶対権はいささかもゆるぎはしないが、しかし国家はいまや、国王とは区別されて、抽象的で客観的な制度として理解されるようになった。国王はそのような国家に奉仕す

フリードリヒ大王のマニュファクチュア視察　フリードリヒ大王は精力的に市民や農民の生活を視察し，経済振興政策をとった。

る「第一の下僕」とされたのである。王権神授説や家産的国家観との決別である。彼は自らを国家に奉仕する存在と理解することにより、すべての国民にたいしても国家への奉仕を強制することができた。原理的には、さまざまな中間団体や社団のもつ伝統的で自立的な諸特権の体制から、諸特権をなお維持しながらもそれぞれの立場で国家に奉仕する体制への、質的な転化である。

このような自己理解のもとに、フリードリヒ二世は政治的な諸改革を推進した。国家にたいする国民の財政的、軍事的な奉仕は不動のものとなり、他方では農民保護政策、貴族保護政策、マニュファクチュアなどの産業育成政策や国土開発政策をはかって、貴族、市民、農民の維持をはかりながらその経済力を強化しようとした。また、国民の義務教育を法令化し(一七六三年)、宗教の寛容政策を進め、議論の自由を保証するとともに、統一法典の編纂事業(プロイセン一般ラント法としては九四年に発布)をなしとげた。これらは前代までは、不完全かあるいはほとんど手をつけることができなかった分野である。とりわけ上級官僚への試験制度の導入(一七七〇年)は、素人行政から知識・能力・経験をもつ専門官僚による行政への道を開いた。

他方ではフリードリヒ二世の統治の限界もよく指摘されている。国民の義務教育はプランの域をあまりでなかったし、農民保護政策は貴族の反対のために矮小化されたかたちにとどまった。さらに貴族、市民、農民の身分はむしろ固定化されてその流動化は抑制され、一般に身分制的秩序が強化された。このような限界をもちながらも、しかしフリードリヒ二世は、大国の国王として諸改革を生涯精力的に推し進めたがゆえに、他国から模範とみなされ、その与えた影響は大きい。

ヨーゼフ二世の諸改革

オーストリアのヨーゼフ二世はフリードリヒ二世の信奉者で、「国家第一の官吏」と自認していたが、一七八〇年にマリア・テレジアが没して単独統治となると、堰を切ったように改革を強行した。しかも伝統をまったく無視した彼の諸改革は、性急であった。カトリックの牙城オーストリアにおいてだされた「宗教寛容令」（一七八一年）や修道院の解散（八二年）、農民の体僕制の廃止（八一年以降）やツンフト規制の廃止（八五年）、民法典の制定（八六年）や刑法典の制定（八七年）を中心とする司法制度の整備などは、社団の諸特権をくずすものである。さらに従来地方の独自性を尊重して手をつけることのな

ヨーゼフ2世とレーオポルト2世　啓蒙絶対君主ヨーゼフ2世(右)によって6000もの改革立法が発布されたといわれる。

かったハンガリーやネーデルラントにも大幅に介入した。マジャール人のハンガリーでは、国のシンボルである「シュテファンの王冠」をウィーンに移管し、官庁用語としてドイツ語を強制した。また貴族支配の根幹をなすコミタート制を無視した体僕制の廃止などは、地域的慣習との決別を表明したものであった。さらに検閲の緩和は世論の形成に寄与した。ヨーゼフ二世の単独統治の一〇年間に六〇〇〇もの改革法令が発布されたといわれる。上からの改革の極端な例であり、改革絶対主義はここにきわまるといえよう。

このような性急な改革は、身分制社会や地域主義が根づいている時代においては、そのままのかたちでは実現されうべくもない。多民族国家オーストリア(ハプスブルク帝国)ではなおさらのことである。とくにハンガリーやネーデルラントでの抵抗は強かった。ネーデルラントは反乱の結果一七八九年にオーストリアの支配から解放されたし、ハンガリーでは革命的な状況になり、その結果、ヨーゼフは死の直前ハンガリーでの全改革案の撤回でもってそれをおさえねばならなかった。一般にヨーゼフ二世の改革は、その統治の末期には改革案の多くが撤回されることによって旧状に復した。ヨーゼフ二世ののち、レーオポルト二世(皇帝在位一七九〇~九二)もまた啓蒙絶対君主として穏健な改革をおこなうが短命に終わり、そのあとを襲った保守的なフランツ二世(皇帝在位一七九二~一八〇六)が即位すると、オーストリア政府は反動化する。オーストリアの壮大な実験は、総じて失敗に終わった。しかし、マリア・テレジア治下の集権的な体制は定着し、ヨーゼフ二世のもとでの宗教寛容令や体僕制の廃止、修道院の解散や統一的法典なども生きつづけたのであって、十八世紀なかば以来の諸改革が後世に与えた意義はやはり大きい。

中小領邦の啓蒙絶対主義

プロイセンとオーストリアの啓蒙絶対主義はよく知られているが、しかしそのほかの諸領邦でも、両国とタイプは異なるが、同様の諸改革が試みられた。

七年戦争後のザクセン選帝侯国の再建政策がまず注目される。ここでは、選帝侯フリードリヒ・アウグスト三世治下、大臣フリッチュなど市民出身の啓蒙的官僚の活躍が大きい。ザクセンは鉱山業とライプツィヒのメッセで栄えた国であるが、七年戦争後の復興の鍵はやはり鉱山業であった。とくに一七六四年にフリッチュによって設置された「経済・産業・商業委員会」による産業育成政策は効果をあげた。またドイツの中小領邦の大きな特徴である教育の普及の政策は、ザクセンに典型をみることができる。大学のほかに各種専門学校の設置は、他領邦に先駆けてその先鞭をつけ、ヨーロッパのなかでもドイツの教育の高水準のひとつの模範を示した。またジュースミルヒによって基礎づけられた人口統計学は、出生・死亡の統計や体系的な経済統計の実施をもたらし、経済の復興政策に寄与した。ザクセンでは市民層の私的イニシアティヴを刺激・援助して国家の強権をおさえ、また軍事費などを削減したりしてプロイセンの権力国家とは別の道を歩み、その結果、経済復興ではプロイセンをしのぐほどであった。

バーデンでは、辺境伯カール・フリードリヒが重農主義を奉じていたから、啓蒙絶対主義の独自の型を示した。画期的なのは体僕制の廃止(一七八三年)であり、これはドイツでは最初の試みであった。また拷問を廃止し、教師養成学校を設置し、マニュファクチュアをも育成した。

ヴュルテンベルクのカール・オイゲン公も啓蒙絶対君主で、この領邦の特徴であった市民中心の等族制を空洞化する政策をとったが、しかし対等族闘争はここでは結局伝統的な等族の勝利に終わり、一七七〇年の「永代協約」で等族の「古きよき権利」を再確認することとなった。

小領邦でも啓蒙絶対主義がみられる。とくにザクセン・ヴァイマルではカール・アウグスト公のもとでゲーテが大臣となって、経済・財政改革をおこなっているが、小領邦の限界で、経済改革はあまり実を結ばなかった。しかし文化や教育の振興では立派な効果をあげた。首都ヴァイマルにはゲーテのほかにシラー、ヘルダー、ヴィーラントなどが集まり、ドイツの文化の一拠点となるとともに、ヘルダーの指導のもとに学校改革がおこなわれた。

また、カトリックの聖界領における啓蒙絶対主義も注目される。バンベルクとヴュルツブルクの司教フランツ・ルートヴィヒ・フォン・エルタール、トリーアの選帝侯ケレメンツ・ヴェンツェル、ケルンの選帝侯マックス・フランツなどは、病院を建て、職人のための健康保険制度を整備したりして、福祉政策を進めたのである。

ドイツ国内の啓蒙絶対主義は、一七八〇年代の末以降急速に熱がさめ、むしろその反動として保守化した。一七八六年にフリードリヒ二世が没するとあとを襲ったフリードリヒ・ヴィルヘルム二世(在位一七八六～九七)の治下、大臣ヴェルナーによって保守に転化し、八八年の「宗教勅令」と検閲の強化によって、啓蒙思想の弾圧が始まった。オーストリアでも、前述のごとく、ヨーゼフ二世の末期には改革は色あせ、一七九二年のフランツ二世の即位によってはっきりと反動に転化した。バイエルンでも選帝侯カール・テオドールは一七八五年に啓蒙思想の牙城「光明会《イルミナーティー》」を禁止した。しかし啓蒙絶対主義による改革の

「第一波」は、揺り戻し期をへて、やがて十九世紀初頭、もっと大きな「第二波」に受け継がれるのである。

啓蒙絶対主義の位置づけ

啓蒙絶対主義は、国制史の観点からみれば、近代的な国家への転換の重要な一過程であると思われる。

十八世紀なかば以前の古典的な絶対主義国家は、たしかに王権・君主権を強化し、等族の政治的権力を否定ないし空洞化し、軍隊と官僚制度を中心として統一国家の制度的な外枠の体制を形成・整備していった。しかし社会的実態に目を向ければ、いまだ地方の独自性、各身分(社団)の特権、さらには「全き家」の構造、つまり社会の身分制的・社団的な構造はいぜんとして従来どおり機能しており、絶対主義国家は、その構造を否定する意図は毛頭なかった。またそれらを束ねる国家も、君主の個人あるいは王座に体現されていた。官吏は君主の官吏、軍隊は君主の軍隊であり、いまだ公的な国家の官僚や軍隊ではなかった。国家的租税と君主の個人的な御料地収入も明白に分れておらず、国家の性格は家産的な性格を強くもっていた。ルイ十四世のことばとされる「朕は国家なり」は、本当に彼がそのようにいったかどうかは別にして、古典的な絶対主義の実態をよく表現している。

国家の近代化とは、このような人的で家産的な性格を強くもち、また社団的・特権身分的な社会を基盤とした近世国家から、公的で、抽象的な制度国家への移行を意味する。それは国民国家の形成でもって完了するが、啓蒙絶対主義は、その質的な変化の第一歩をなすものであった。それを可能にしたのがすでに述べたように自然法的な国家観と君主観であり、君主の旺盛なエネルギーであった。フリードリヒ二世やそのほかの啓蒙絶対君主の統治は、神権的な統治の限界から解放され、その結果、たんに国家の制度的改革にとどまらず、従来ほとんど手がつけられなかった社会の領域、身分や社団の特権領域までにも国家の行政がおよぶことになった。もとより身分制的な諸特権は原理的に廃棄されたわけではけっしてないので、それゆえその行政は社会の側からの大きな抵抗を受けたが、しかしながら国家の上からの諸改革は、以前と比較して量的・質的な変化をもたらしたのである。

その意味で十八世紀の後半は、政治構造の近代化に向けての大きな過渡期であった。そこで試みられた諸改革は、ある意味ではフランス革命の初期段階においてなされた諸改革を先取りするものであったといえよう。このように考えれば、啓蒙絶対主義を孤立的に考えるのではなく、むしろより大きな動きへの対応の一形態としてとらえなおす視点もでてくる。つまり啓蒙絶対主義は、フランス革命をも含んだ大西洋革命のドイツにおける一形態という視点である。あるいは、前述のごとく、国民国家への移行の第一歩ということもできよう。

3　十八世紀の社会と文化

人口の増大と農村および都市における経済的変化

十八世紀後半のドイツの経済構造は、全体的にみればそれ以前と比して大きな質的変化をみせてはいない。いぜんとして農業が優位を占めており、農村では領主制が、都市ではツンフトに組織された手工業が支配的であった。それゆえ進歩は、部分的で限られた範囲のものでしかなかった。しかしそのような枠内ではあるが、人口の増加とそれに対応するような変化もみられた。

人口は十八世紀のなかば以降急増する。人口史を長期的に概観すれば、十八世紀の前半までは一定の水準を保ちながら増減を繰り返していたが、十八世紀後半以降は、もはや後戻りすることなく恒常的に右肩上がりに増加している。上表(地理的範囲はのちの第二帝政のドイツ)によれば、一七〇〇年から五〇年までは二〇〇万人の増、人口密度にして四人の増であったのが、一七五〇年から一八〇〇年の五〇年間に人口六〇〇万人、人口密度で一一人の増となっている。その増加率の差は歴然である。とりわけ下層民の増加が著しかった。このような人口の変化は、都市と農村における一定の経済的変化をともなわざるをえないであろう。

年	人口(100万人)	人口密度(人／km²)
1600	15	27
1650	10	18
1700	15	27
1750	17	31
1800	23	42
1816	23.5	44
1825	26.8	49
1834	29.3	53
1840	31.5	57
1849	34.8	63

1600年から1849年までの人口と人口密度の推移

まず注目されるのは、農業生産力の向上のための声が高まったことである。人口増による食糧需要の高まりはヨーロッパ全体の大問題であり、そこからベルギーやイギリスなどを中心として農業革命が展開した。その影響はドイツにも波及する。とりわけ知識層は、旧来の農法である三圃制と農民の労働意欲の欠如が生産性の発展を妨げていると認識し、その克服のためのさまざまな改革案がだされた。

休閑地における家畜の放牧にかわってクローバーなどの飼料植物の栽培と厩舎飼育、三圃制から穀草制への移行、農民にたいする人身的支配の解放などである。テーアをはじめとする農学者の農業書がだされ、また各地に農業・経済協会がつくられて、農学の新しい知識が広まった。しかしこのような理論が現実化したのは限られていた。社会における領主制がその発展を妨げており、わずかに君主の御料地や開明的な領主のもとにおける模範農場においてそれが試みられたにすぎない。

農業生産力の発展は、これまでと同様、沼沢地の干拓と外国人の誘致など耕地の量的な拡大に多分に依存していた。フリードリヒ大王によるオーデル河畔や東プロイセン地域の干拓事業が有名である。しかし新しい穀物の栽培も農業生産力の発展に寄与した。とりわけジャガイモが重要である。これは以前は小さな白い花を愛《め》でるために庭に植えられていたにすぎないものが、一七七〇年および七一年の凶作の際に食用作物として見直され、十八世紀の末までにおおいに普及して、主要な栄養源となったのである。このように農業生産の一定の発展がみられるとはいえ、農民解放と営業の自由が認められていないこの段階では、農業生産力の発展には明らかに限界があった。

下層民の増大を可能にした要因として注目されるのは、むしろ農村工業の普及である。手工業は一般に都市で営まれるが、そこではツンフトが生産を独占しており、しかも親方の寡頭化が顕著であるので、営業の自由が認められないかぎり、生産の拡大は不可能であった。そこで手工業組合の規制がとどかない農村に、生産の拡大の新しい道をみいだしたのである。担い手は、資本力のある商人層であり、職種は主として繊維産業であった。とりわけ特別の技術があまり必要でない紡糸が中心であった。商人は農村の住民に原料を提供し、つくられた製品を住民から買いとる。このような生産の方式、つまり問屋制度に依拠して農村での家内工業が広まったのである。これは資本主義的な工業化以前の工業化という意味で、最近ではプロト工業化といわれている。重要なことは、このプロト工業化の普及によって、農村において土地をわずかしかもたないかまったくもたない小農や下層民が、農業以外の副業をえ、それが重要な収入源となったことである。農村人口の増加とプロト工業化の普及は、密接な関連がある。

農村におけるプロト工業化のほかに、都市においてはマニュファクチュアの展開が注目される。これは君主から特権をえることによって、ツンフトの規制を受けずに生産活動に従事することができたのであった。経営者は工場をもち、そこで多くの労働者や貧困化した親方・職人を雇って、市場向けの生産をおこなった。マニュファクチュアにおいてもまだ人間の手作業に頼っており、その点では機械の導入以前の形態ではあるが、ツンフトに組織されている手工業よりも遥かに規模が大きく、内部においてはすでに分業が進んでいた。職種は多様であるが、陶器や絹織物などの奢侈《しゃし》品、毛織物などの大量需要商品、軍服や武器などの軍需産業に多く、その多くは国家の援助のもとに発達した。ベルリンの軍服製造工場などはその代表例であり、それはプロイセンの資本主義の発達に貢献する。ザクセンではプロイセン以上にマニュファクチュアが発展し、ここでは一七六〇年から八四年のあいだに七〇以上のマニュファクチュアが設立された。マイセンの陶器などは、今日でも有名であるし、鉱山アカデミーの設立(一七六五年)が鉱山業の発展にはたした影響は大きい。ドイツにおいてはマニュファクチュアへの移行は大体一七三〇〜五〇年ころと考えられるが、これもまた下層民を労働者として吸収し、都市化をもたらすひとつの要因でもあった。

啓蒙と協会の役割

十八世紀後半のドイツは、経済の発展よりも、むしろ社会や文化の新しい動きという点で注目される。「啓蒙の世紀」といわれるゆえんである。

啓蒙とはなにか。このことばは英語・ドイツ語・フランス語いずれの場合も本来、光、あるいは光で照らすという意味である。その光とは理性の力であり、この理性の力によって、カントによれば、「人間自らに責めのある未熟状態から脱出すること」(『啓蒙とはなにか』)ができるのである。しかし啓蒙の広がりは、その受け皿としての社会の変化、とりわけさまざまなかたちの協会の形成をぬきには考えられない。

まず第一に指摘すべきは、村落や同職組合などの伝統的な共同体=社団とは異なった新しい結社が、多様なかたちで形成されてきたということである。それは貴族や市民などの身分の枠をこえて、関心を同じくする同好の士がつくるサークルである。多様なサークルがあった。サロンは、人望のある知的な主宰者(主として女性)のまわりに集まった男女が、文芸や哲学、政治や経済をテーマに自由に会話を交わす社交の場である。これはとくにフランスで発達したものであるが、十八世紀の後半にはドイツにも広まった。とくにベルリンやウィーンなどではいくつかの有名なサロンがつくられた。ベルリンではヘンリエッテ・ヘルツというユダヤ人のサロンが人気を博したのが注目される。

ドイツでとくに発達したのは、「読書協会」である。その前身は、標準語をめざした十七世紀の「言語協会」にあるが、十八世紀になって言語の問題が解決されると、書籍の共同購入、読書と例会における討論を主要な目的とするようになった。懸賞論文を募集することもあった。会員は教養のある貴族や市民層が中心であったが、会員のあいだでは身分の差がなく、会費をおさめれば、たがいに対等であった。これは啓蒙の時代における新しい共同体の特徴をよくあらわしている。「読書協会」はドイツに広範囲に広まり、一八〇〇年ころには約四〇〇余りも存在したといわれる。

他方、たんに読書や討論などの知的活動のみでなく、社会的な実践へと向かう協会もあった。たとえば、救貧活動や商工業の促進など公共の福利を目的とした「公益・経済協会」である。このような組織は各地につくられた。なかでも一七五六年に設立された「ハンブルク愛国者協会」が有名であり、これはその後リューベックやニュルンベルクにおける同種の結社のモデルとなった。さらにまた、農業の生産性の向上やその商業化をめざす「農業協会」も設立された。とくに一七六〇年代以降は、「農業協会」はドイツのほとんどすべての地域でみいだされ、農業の発展のための啓蒙と知識の普及におおいに貢献した。

啓蒙運動の担い手として無視しえないのが、秘密結社のフリーメーソンである。これはもともとは「自由な石工」の組合にさかのぼるが、一七二三年にロンドンで憲章をもった組織に整えられ、その後他国に広がったのである。ドイツでは三七年にハンブルクで設立されたのが最初であるが、たちまちのうちに北ドイツに広

フリーメーソンへの入会式　フリーメーソンは秘密結社であったが，啓蒙思想の発展に大きく寄与した。

がり、その勢いは中部から南ドイツにもおよんだ。フリーメーソンでは、身分と宗教の差をこえた同胞愛の教えがその根底にあり、宗教的寛容の源泉のひとつでもあった。ただカトリック教会はフリーメーソンを禁止し弾圧したが、しかしそこではフリーメーソンの一分派である「光明会《イルミナーティー》」が広まった。

この時代の新しい思想や文化は、たんに偉大な思想家や文化人の活動にとどまらず、広く国民層に受け入れられていったのであるが、それを可能にしたのがこれらの協会であった。十八世紀が「協会の世紀」といわれるゆえんである。

世論の形成と新知識層の成立

多様なかたちをとった協会では、身分をこえてさまざまな知識層が集まり、共通の関心と相互の議論を通じて、いわば世論なるものが形成されていった。さらに世論の形成にとって不可欠なのは情報であり、情報の普及を基底のところで支えたのが、国民の読み書き能力である。国民の教育水準を推しはかるひとつの基準が、初等学校であろう。

近世のドイツで注目すべきことは、初等教育が広く農村にまで普及したことである。もっともこの時代の初等学校は、キリスト教の教理問答集や賛美歌などを学ぶのが中心であり、十八世紀の後半、ロホウ著『子供の友』のようなより世俗的な性格をもつ教科書もしだいに広まっていったとはいえ、まだ宗教的な性格が強い。また教師も一人しかいないのが一般的で、それゆえクラス分けもされていない未発達なものであった。とはいえ学校の普及は、国民の読み書き能力の水準を向上させた。その普及率については、一八〇〇年以前にかんしては完全な統計は存在しないので、断片的な調査によるしかないが、村落数と教師の比率から割り出したノイゲバウアーの学校の密度にかんする研究によれば、一八〇〇年ころのブランデンブルク・プロイセンでは、左図のごとくである。初等学校の密度は西高東低で、東方の東プロイセンでは二八%、西方のハルバーシュタットでは一〇〇%と相当の偏差があるが、ベルリン周辺のブランデンブルクでは八四%である。当時初等学校は相当普及していたといえよう。

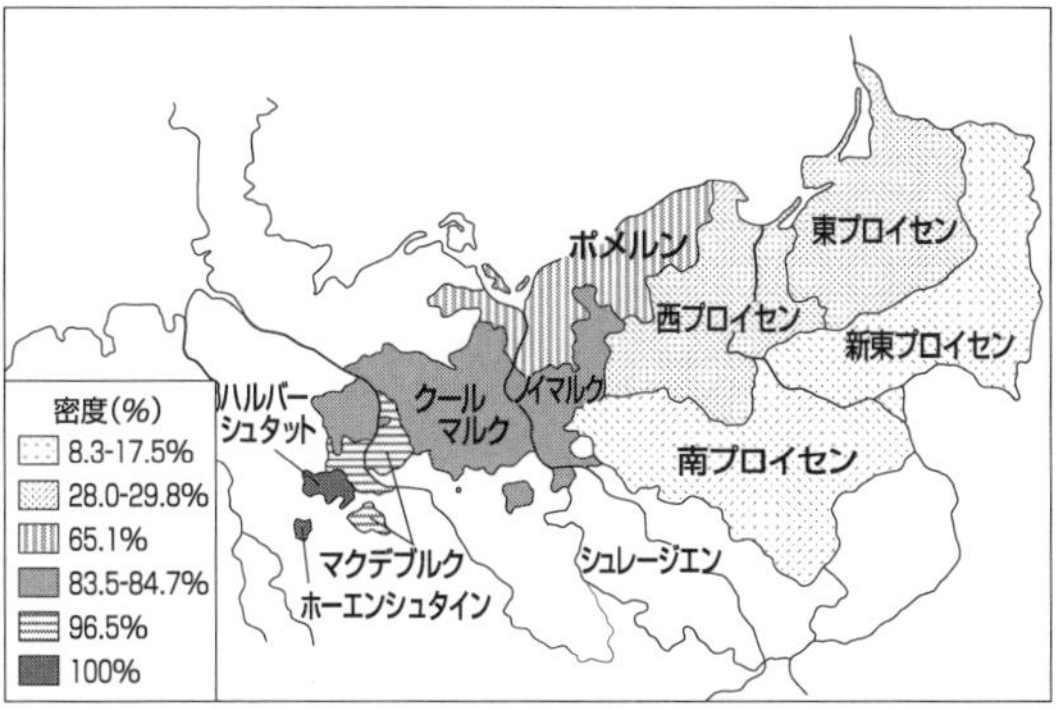

1800年ころのプロイセンにおける初等学校の分布

またドイツでは、就学義務がヨーロッパ諸国のなかでももっとも早く法制化されたことが注目される。すでにそれはザクセン・ゴータやザクセン・ヴァイマルなどプロテスタントの小領邦では十七世紀前半に先駆的なかたちであらわれていたが、十八世紀の後半には大きな領邦でも法制化された。なかでもプロイセンで発布された一七六三年の「一般ラント学事通則」は世界史的な意義を有しているし(就学義務令はプロイセンではすでに一七一七年にだされていた)、ザクセンでは同じ六三年、オーストリアでは七四年に義務教育が導入されたのである。

国民の読み書き能力の向上に支えられて、十八世紀の後半にはメディアが発達した。最大のメディアは雑誌であった。広い読者層を対象にした大衆的雑誌としては、イギリスの『タトラー』や『スペクテイター』などを模範にしてだされた「道徳週報」と一般に呼ばれているものである。多くは局地的な読者をえたにとどまり、一般に短命であったが、ハンブルクの『愛国者』は五〇〇〇人の予約購読者をもったといわれる。「道徳週報」は一七六〇年代以降下火になったが、新しい雑誌が続々発刊された。なかでも有名なのは自ら啓蒙主義的な著作家であり出版業者でもあったベルリンのフリードリヒ・ニコライの『一般ドイツ文庫』、ゲッティンゲンにおけるシュレーツァーの『国家事報』、ヴァイマルにおけるヴィーラントの『ドイツ・メルクール』、オスナブリュックにおけるメーザーの『愛国的幻想』などであった。十八世紀末には雑誌の数は四〇〇〇点に達する。まさに雑誌の氾濫であった。

雑誌のほかに、実用的な情報を提供するのが新聞であった。なかでも有名なのがベルリンの『フォス新聞』であり、『ハンブルク通信員』は二万人以上の読者層を有していたとされる。ある報告によれば、一七八四年にはドイツで二一七の新聞を数えたとされる。

もとより書籍も数多く出版されたのはいうまでもない。これらの発刊はすべて出版社におっているのであるが、先述のニコライの一七八九年の在庫目録には、所在地を記した出版社が一〇五社もあげられている。それによれば、当時の書籍出版の三大中心地は、書籍市場のあるライプツィヒとフランクフルト(アム・マイン)およびベルリンであり、中部・北部であった。しかし出版社を三社以上もっている都市が二二もあり、全国に広く分布していたことがわかる。

協会のメンバーとなり、メディアを担ったのは知識層であった。それは大学教授や法曹などの旧知識層とは異なって、広く国民のなかで活躍した新知識層である。彼らはドイツにおける政治と経済の遅れを自覚し、新しい時代の要請を受けとめた。ドイツのメディアの世界で専門的な評論家は、一七八七年には約六〇〇〇人いたといわれるが、このような新知識層を頂点とし、その周辺に多くの同調者を吸収しながら啓蒙の世界が生まれ、そのなかで私的利害とは異なる公の観念が芽生えて、世論が形成されてくる。啓蒙の世紀におけるこのような文化環境の変化のなかで、「国家」や「社会」や「市民」や「愛国主義」などの日常的に使われることばも今日的な意味内容に変化したのであり、この点は、ドイツの歴史学界の総力をあげて取り組んだ概念史の事典『歴史的基礎概念』が明らかにしているところである。

文学と思想

広くゆきわたった協会やメディアの土台の上に立って、新しい文化と思想が未曾有の発展をとげることとなった。とりわけ文学と哲学は、世界に誇る偉業をなしとげた。

文学の新しい潮流はなんといっても、いわゆる「疾風怒濤《シュトゥルム・ウント・ドラング》」で始まる。それまでは、文学的な作法（とくに「三一致の法則」）にのっとったフランス的な戯曲が中心であった。それにたいしてドイツの若い文学者たちが、ヘルダーをその理論的な指導者として、人間の個性と感性の解放を大胆に主張して反逆したのである。この文学上のいわば革命運動は、一七六〇年代末ころから八〇年代なかばまで続いた。ゲーテの『若きヴェルテルの悩み』、シラーの『たくらみと恋』『群盗』などがその代表作であり、そのほかにもレンツやクリンガーなどが活躍した。

しかし「疾風怒濤」は比較的短命に終わり、やがてゲーテが移り住んだヴァイマルを中心に、「ヴァイマル古典主義」が展開される。これは個人の内面的な形成によって、調和のとれた人間性の実現を求めたものであり、ゲーテの『ヴィルヘルム・マイスターの遍歴時代』のような教養小説にもっともよくあらわれている。ゲーテとシラーの緊密な関係のもとにだされた月刊文芸雑誌『ホーレン』や『文芸年鑑』が、ドイツ古典主義文学の重要な活動の舞台となった。

さらにまた十八世紀末には、フランスの古典主義に対抗しながら個人の生の解放を叫んで、ロマン主義文学が展開する。とくにシュレーゲルがロマン派の雑誌『アテーネウム』をだし、シュライエルマッハー、ノヴァーリスらとともに活躍したベルリンとイェーナが、初期ロマン主義の中心舞台であった。

ドイツにおける文学運動は、もとよりこの三つの運動につきるものではない。啓蒙思想の代表者の一人であるレッシングの『賢者ナターン』や、古典派とロマン派の中間に位置するクライスト、ヘルダーリン、ジャン・パウルなどは、それぞれ個性的な作品でもって、文学界を彩った。一七七〇年代以降のドイツ文学は、堰を切ったように一挙に花開いたのである。

それにたいして思想の領域では、もっと早くから新しい運動が展開していた。すでに十七世紀後半に敬虔主義と初期啓蒙哲学が、宗教と哲学の分野で新しい動きを展開していたが、その両者が十七世紀末に、プロイセンの一都市ハレで合流した。とくに敬虔主義者フランケが孤児院、貧民学校、上級学校、教員養成学校を設立して、本来宗教的な運動である敬虔主義を社会運動にまで高め、その後の教育の普及に与えた影響は大きかった。また一六九三年に創設されたハレ大学で哲学を担当したトマジウスとヴォルフが自然法にのっとった啓蒙的な国家学を体系化したのは、のちにフリードリヒ大王にも大きな影響を与えたのである。

しかしドイツにおける文化と思想界がヨーロッパをリードしたのは、なんといっても一七七〇年ころから十九世紀の初頭であった。すでにふれた文学を除けば、哲学の領域では、カントを祖とし、フィヒテ、シェリング、ヘーゲルへと展開されるドイツ観念論が展開されていたし、音楽においては、宮廷社会から市民の社会にとびだしてモーツァルトやベートーヴェンが活躍した。またレッシングやメンデルスゾーンが啓蒙思想を説き、フンボルトが言語研究を通じて言語類型論を打ち立てたのである。まさに「ドイツ文化」の時代であった。

十八世紀のドイツは、政治的には領邦に分裂し、経済的には後発国であったが、しかし文化的には他国にひいでていた。ゲーテはこの点に注目し、「ドイツが偉大であるのは、驚くべき国民文化が国のあらゆる場所にゆきわたっているからだ。……もしも数世紀来ドイツに二つの首都、ウィーンとベルリン、あるいはただひとつの首都しかなかったとすれば、いったいドイツ文化はどうなっているか、お目にかかりたいものだ」(エッカーマン『ゲーテとの対話』)といっているが、この評価は今日でも妥当するであろう。政治的分裂は、むしろ地方における多数の中心地をつくり、それによって広範な文化の普及を可能にしたのである。その際、文化はたんに偉大な作品という狭い意味ではなく、メディアや初等教育までを含めた文化環境という広い意味で理解されねばならない。

4　フランス革命と帝国の終焉

フランス革命とドイツ知識層

フランス革命はただちにドイツに影響を与えたが、それは主として知識層にたいしてであった。当初は一様に、好意的にむかえられた。自由・平等・博愛のスローガンは、彼らの理想を現実化し、また専制政治にたいして理性の勝利を表現したものとして、彼らを熱狂させた。知識層は、クロップシュトック、ヴィーラント、シラーなどの詩人、カント、フィヒテ、ヘーゲルなどの哲学者をはじめこぞって、革命を新時代の到来と賛美した。新聞や機関誌、サロンや読書協会などの啓蒙の場がこれを媒介したのはいうまでもない。国内の啓蒙絶対主義が一七八〇年代の末以降保守化したがゆえになおさらその反響が大きかったが、自ら革命的な行動に移ることは、一部の例外を除いて一般にはなかった。

しかしやがて革命の現実の進展がジャコバン派の恐怖政治に移行すると、知識層の大半は革命を嫌悪するようになり、逆に一部は急進化して、ドイツの世論は分裂する。恐怖政治への移行は誰もが予想しなかったし、人々を驚愕させた。理想と現実の政治のギャップに失望して、革命自体に嫌悪を感ずる者もいれば、カントのように革命にはいぜんとして信頼をおいていても現実のテロルを否定する者もいたが、もはやフランスの事態の進行に熱狂する者はいなかった。

フランス革命がドイツの民衆運動にまったく影響を与えなかったというわけではない。ニュルンベルク、アウクスブルク、ローテンブルクなどの帝国都市では、市参事会に抗議する市民運動が起こっている。また農民暴動ではザクセンにおける一七九〇年の蜂起が大規模で、一万人が参加したといわれるし、九二〜九四年にはシュレージエンで暴動が起こっている。これらは明らかにフランス革命の影響を受けたものであるが、地域的、散発的に終わり、大きな反響をもたらさなかった。

むしろライン川周辺や南ドイツにおけるドイツ・ジャコバン派が注目される。オーストリア、バイエルン、ライン左岸地方、北ドイツにもジャコバン派の動きがみられた。知識層のなかの急進派であるが、しかしこれもけっして一枚岩ではなく、南ドイツにおけるように、古い等族的批判も含めた反政府勢力の総称として語られる場合もある。この運動も大体は弾圧されて終わるが、一七九二・九三年の「マインツ共和国」と九七年のライン左岸においては、短期間ではあるが共和国が宣言された。とくに「マインツ共和国」ではフォルスターの指導のもと、住民投票まで実施したが、結局プロイセン・オーストリアの連合軍によってつぶされたし、ライン左岸の独立共和国運動は、フランスのライン左岸の併合によって、そのなかに解消されてしまった。

しかし西ドイツ・西南ドイツが、ドイツ・ジャコバン運動の中心であったというのは、フランスとの距離が近いがゆえに影響も大きかったという点では当然であるが、従来ここは帝国改革運動の中心であり、「ドイツの自由」を擁護した反絶対主義的な運動の中心であったという点を考えあわせれば興味深い。旧自由主義と新自由主義の親和力であろうか。

干渉戦争から帝国の終焉へ

フランス革命がドイツの諸国政府に与えた影響は、保守化の傾向に拍車をかけるものであった。諸政府は国内のジャコバン派にたいしては敏感となり、弾圧を強化した。とくにプロイセンとオーストリアでは激しかった。さらに両国は一七九一年に反革命的なピルニッツの宣言を発してフランスを驚愕させ、逆に革命の進展をうながして、翌年にはフランスの対オーストリア宣戦布告をもたらしたが、両国のフランス国内問題への干渉は、けっして真剣なものではなかった。むしろオスマン帝国やポーランドへのロシアの侵出のほうが両国にとって大きな問題であり、それにたいする対応の結果が、第二次・第三次のポーランドの分割であった。

しかしフランスにおいてはピルニッツの宣言は、フランス亡命者への警戒とも重なって、革命の防衛から革命の輸出へと転化させ、ひいては大陸制覇戦争へとかり立てていった。プロイセン・オーストリア連合軍にたいする一七九二年のヴァルミの戦いの勝利がその転換点である。さらにライン川に向かい、一七九四年秋までには「自然国境説」に従ってライン左岸一帯を支配下においた。その間にイギリスも加わって一七九三年には第一回対仏大同盟が結成され、帝国もそれに加わるが、早くもプロイセンは九五年にはフランスのライン左岸領有を認めてバーゼルの単独講和を結び、逆にオーストリアは孤立する。勢力の逆転である。

フランスの強みは、祖国と革命の防衛という心意気と、国民軍の形成である。一七九三年にしかれた一般兵役義務は、軍事史上画期的な意味をもつ。それは兵力の無尽蔵な供給を可能にしたが、強みはそれだけではない。国民軍の場合は傭兵とは異なって安くつくし、脱走の心配が少ない。それはまた食糧の現地補給ともあいまって、機動力を可能とする。さらにそれは王朝戦争から国民戦争への転化をも意味し、国民による軍隊という、政治史上のフランス革命にも匹敵する軍事の革命であった。それはにわか兵士の弱点を補ってあまりある。この国民軍が、軍事的天才ナポレオンに受け継がれるのである。

ナポレオンは対イタリア戦争の勝利ののち、アルプスをこえて南下し、オーストリアは単独でそれに立ち向かわねばならなかったが、結局オーストリアは一七九七年のカンポ・フォルミオの講和ならびに一八〇一年のリュネヴィルの講和でフランスのライン左岸の領有を認めることになった。バーゼルの講和からリュネヴィルの講和にいたる過程で「自然国境説」とフランスのライン左岸領有が確定するが、これはルイ十四世の「再統合政策」の継続であり、その完成である。ここにはフランスの領土拡張の意図が明白であるが、この国家利害の精神は、同時に領土の取引というかたちでドイツの全諸領邦を虜《とりこ》にする。それを決定的にしたのが、一八〇三年の帝国代表者会議の主要決議であった。

これは、ライン川左岸で領土を失った大中諸領邦が、その損失をどのように補塡するかを定めたものであり、その結果、マインツ以外の全教会領が接収され(「世俗化」)、また帝国都市や小侯国などあわせて一一二の帝国等族の所領がとりつぶされた。帝国都市はわずかに六つに減少し、すべては大中諸領邦に併合された(「陪臣化」)。約一万平方キロメートルの領域と三〇〇万人以上の住民が、所属国家を変えることとなったのである。いまやドイツの領域地図は大幅に書き換えられ、約四〇の中規模の邦国に編成された。「領域的革命」といわれるゆえんである。領土をもっとも多く獲得したのはプロイセンであり、ついでバーデン、バイエルン、ヴュルテンベルクがこれに続く。

大国の領土的利害が前面にでてくれば、小国の運命はひとたまりもない。ここに「ドイツの自由」というヴェストファーレン条約以来のドイツの国制の原則は完全に死滅した。また帝国を支えていた西南ドイツの弱小諸領邦の消滅は、帝国の魂とその担い手を失ってしまった。もはや帝国はもぬけの殻である。

ナポレオンは最終的に帝国の解体に取りかかった。つまり西南ドイツで中規模国家に編成替えされたバイエルン、ヴュルテンベルク、バーデンなど一六邦が、一八〇六年にナポレオンを保護者としてライン連盟(第二次ライン同盟)を結成し、帝国議会にたいして正式にドイツ帝国からの分離を表明したのである。もはやそれを押しとどめる勢力もなければ、その動きもまったくない。その五日後の八月六日、フランツ二世はドイツ皇帝を退位する(彼はすでに一八〇四年以来、オーストリア皇帝の称号をおびていた)。ここに九六二年以後八五〇年の長きにわたって存在した「神聖ローマ帝国」はその歴史を閉じたのである。

第五章　自由主義と保守主義

1　ナポレオンのドイツ支配と自由主義的諸改革

一八〇六年ころのドイツ

ナポレオンの侵出はドイツを震撼させた。ライン左岸のフランス併合の最終的確認(一八〇一年)、帝国代表者会議主要決議による領域的再編成(〇三年)、そしてナポレオンを「保護者」とするライン連盟の結成と帝国の解体(〇六年)は、その序曲である。問題はプロイセンとオーストリアであった。プロイセンは一七九五年のバーゼルの講和以後中立的な態度をとり、その間「世俗化」と「陪臣化」のなかで支配領域を大幅に拡大したが、いつかはナポレオンとの対決は避けられなかった。ハノーファーの支配をめぐる問題で両国の利害が対立し、ついに決戦の時がきた。一八〇六年十月のイェーナとアウエルシュテット近郊での戦いである。その戦闘でプロイセンは大敗した。ナポレオンはさらにベルリンに進軍し、ここで同年十一月大陸封鎖令を発令する。プロイセンは政府を東方の東プロイセンに移し抵抗の余地を残すが、すでに勝負はついており、一八〇七年のティルジットの講和条約では屈辱的な条件をのまされた。エルベ川以西と第二次・第三次ポーランドの分割でえたすべての領土の放棄、一億二〇〇〇万フランの賠償金の支払い、兵力の四万二〇〇〇人への削減と一五万人のフランス駐留軍の承認である。いまや領土は半分に減り、独立の保証の代償はあまりにも大きかった。

フランスにとって、残るはオーストリアのみである。オーストリアは一八〇五年のアウステルリッツの戦いに敗れてティロールなど領土の一部を失っていたが、その後外相シュターディオンのもとで軍制改革をおこない、正規軍のほかに民兵軍を組織して、反撃の機会をうかがっていた。スペインが反ナポレオンに立ち上がったのを契機に、オーストリアも一八〇九年フランスに宣戦を布告したが、しかし同年七月ヴァグラムの戦いに大敗し、シェーンブルンの講和を結ばざるをえなかった。これによってオーストリアは、ザルツブルクや旧ポーランド領西ガリツィアなどを放棄し、八五〇〇万グルデンの賠償金を課せられた。オーストリアもフランスの軍門に落ちたのである。

これでナポレオンのドイツ支配は完成した。いまやドイツは五つの地域に分れる。フランスに併合されたライン川左岸と北ドイツ、ナポレオンを「保護者」とあおぐライン連盟、ナポレオンの弟ジェロームが統治するヴェストファーレン王国やナポレオンの義弟ミュラ将軍に与えられたベルク大公国などのナポレオンの従属諸国(これらもライン連盟に参加)、ならびにナポレオンと同盟関係に立つプロイセンとオーストリアである。これらの地域で、今後国家の再興をかけた自由主義的改革がおこなわれるが、とくに重要なのはプロイセンとライン連盟諸邦国である。

ナポレオンのベルリン入城　うしろにブランデンブルク門が見える。このベルリンで，ナポレオンによって大陸封鎖令が発布された。

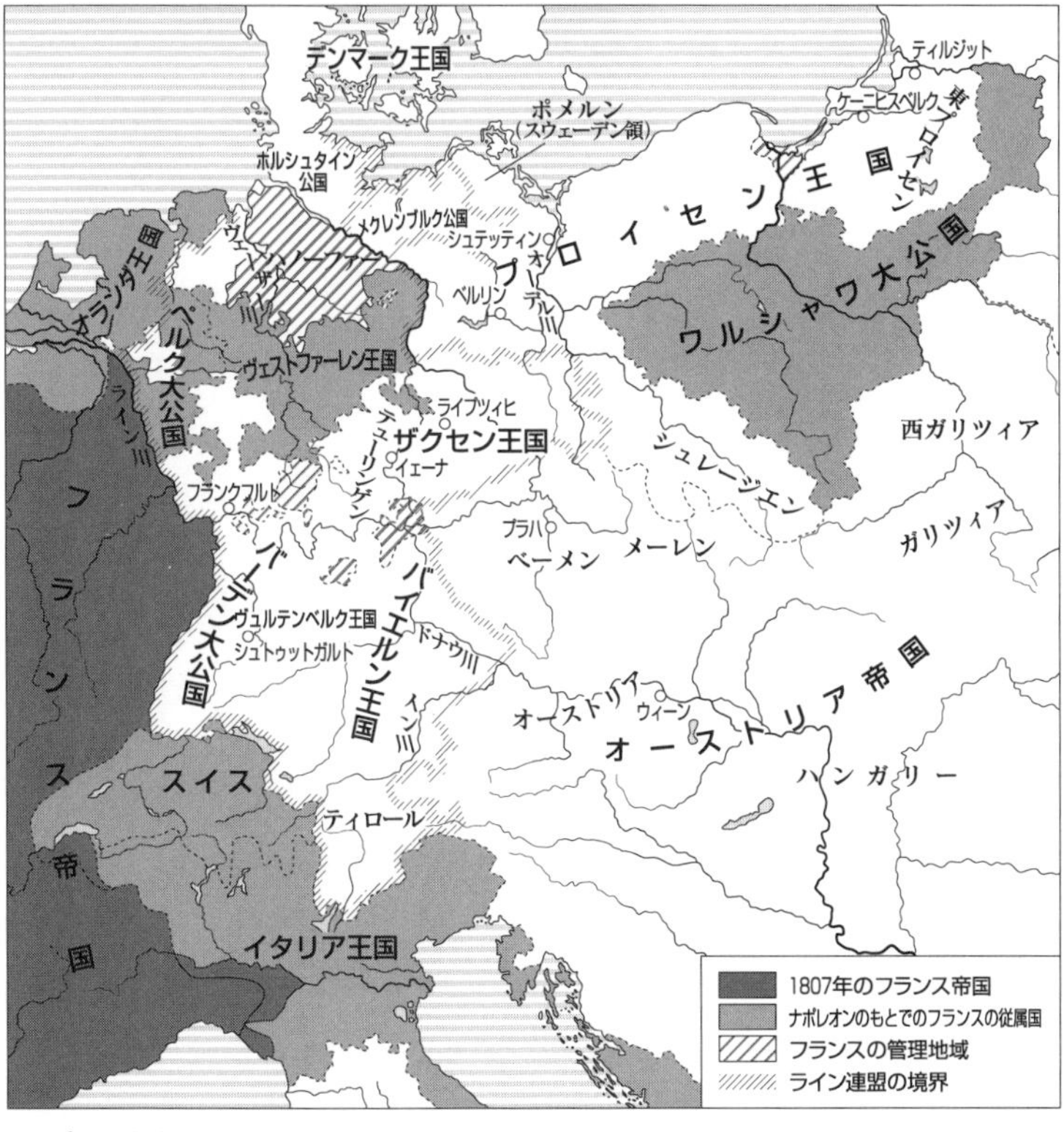

1807年のドイツ

プロイセン改革

プロイセンは不名誉なティルジットの講和を強いられたが、国内に駐留する一五万人のフランス軍を追い出し、そのための条件とされていた賠償金を支払うには、国民の総力を国家に結集する体制をつくることが必須であった。しかしそのためには、フリードリヒ大王の国家体制がもっていた限界を突きぬけて、農民と都市市民にたいする封建的・身分制的束縛を打ち破り、抜本的な自由主義的改革を遂行することが必要である。明治維新以降の日本にも匹敵するこの国家存亡をかけた難事業に取り組んだのが、シュタインとハルデンベルクを中心とする改革官僚たちであった。シュタインは「ナッサウ覚え書」(一八〇七年)で、ハルデンベルクは「リガ覚え書」(〇七年)で、すでに彼らの改革の理念とプログラムをまとめていたが、改革はもとよりこの二人によってのみおこなわれたのではない。農民解放におけるシュレッターやシェーン、都市改革におけるフライ、教育改革におけるフンボルトやシュライエルマッハー、軍制改革におけるシャルンホルストやグナイゼナウなど有能な改革官僚がつぎつぎと登場して、その手腕を発揮した。文字どおり、かがやかしき改革の時代である。

まず行政改革では、一八〇八年の「行政組織令」で国王側近の「官房統治」に終止符が打たれ、それにかわって五省からなる内閣制度が確立した。これは、それまでの中央行政官庁である総監理府の発展的な解消であるが、あらゆる法令は大臣の副書を必要とすると定めて、大臣の責任を明確化した。さらに一八一七年にはハルデンベルクのもとで、大臣も加わった国務参議会(枢密院)が設けられ、この機関が立法機能を有した。中央における内閣の下に、州の長官、県の政庁、さらにその下に郡長と自治都市が段階的に位置づけられ、このようにして国家行政体制を整えた。この行政組織にたいして、貴族の力が強い身分制議会がミックスされることになる。興味深いことには、州と郡の行政レベルには行政官僚として長官一人しかいないが、そのかわりにここに身分制議会が維持され、中央と県のレベルでは議会は設置されず、そのかわりに行政官庁内では合議的に審議・決定すると定めて、行政における長官の独走を防いだ。このような内部チェック機能をもちながら、中央では内閣と国務参議会という行政と立法にわたる最高国家機関が生まれ、大臣がそれを担うという、西欧諸国の議会主義的内閣とは異なった、ドイツ特有の官僚絶対主義的な体制がつくられたのである。

農村の改革は農民解放につきる。まず一八〇七年の「十月勅令」で世襲隷農制の廃止、土地売買の自由などの原則が定められた。これは理念的には、封建的束縛の廃止である。しかし現実には、その後の諸法令(一八一一年の「調整令」、一六年の「調整布告令」、二一年の「償却令」)によって、フランスとは異なる有償撤廃の原則が明らかとなり、土地の三分の一から二分の一を領主に割譲するか、賦役や地代の価値の二五倍の償却金を支払うことによって封建的負担から解放されるというものであった。しかも畜耕能力のない零細農民は、償却の対象外とされた。これらは明らかに領主に有利であって、これによって領主は資金と直轄地をふやし、グーツヘルシャフトのもとでの農民賦役による封建的な「領地経営」が、いまや農業労働者による資本主義的な「ユンカー(大土地貴族)経営」に転化したのである。さらに領主は、直轄地内部では領主裁判権や警察権をいぜんとして維持しており、封建制の廃止は不徹底であった。もっともこの償却を通じて、隷農から自立的な農民となった者が多い。十九世紀のなかばには、土地の約半分はすでに農民の所有のもとにあったのであり、農民解放の効果は、過小評価してはならない。しかしそれ以上に、償却の能力がなくて土地を取り上げられ、労働者に転化した者が多かった。ユンカーは保守勢力として、その後も十九世紀を通じて地方社会を支配するのである。

都市改革では、都市の自治権と営業の自由が重要である。一八〇八年の「都市条令」によって、中世的な都市の裁判権や警察＝行政権は廃棄されるとともに、あらたに選挙による市議会が形成され、市民の自治団体として、都市が再編された。さらに都市の内部では、一八一〇年の「営業税令」によって営業の自由が保障され、ツンフトの営業独占が廃止された。誰もがいまや、営業証書を取得して営業税を支払えば、どこでも手工業を営むことができるようになった。さらに一八一八年の「関税法」により、国内関税を廃止して国境関税に変えたこととも重なって、ここにのちの自由貿易の発展の基礎をつくった。プロイセンはその後も、ドイツのもっとも進歩的な経済政策をとりつづける。

軍事面では、鞭打ち刑の廃止や市民の将校登用というような個別改革にとどまらず、国民軍の創設という、国の根幹にかかわる改革を遂行した。従来は徴兵区《カントン》制度による主として農民と都市下層民の徴兵、および外国人の傭兵からなっていたが、いまや国民が国を守るという原則のもとに、一八一三・一四年に「一般兵役義務」(二十歳以上の国民男子の兵役義務、三年の現役、二年の予備役、各七年の第一・第二後備役)を導入した。これは兵役代行制を認めない点で、フランスの徴兵制以上に徹底したものであった。国民の一般兵役義務は、平等な市民権の理念と結びついた民主的な性格をもっているがゆえに保守勢力からの抵抗もあり、のちには正規軍と後備軍の対立となってあらわれる。

教育の分野では、人文主義的な中・高等教育の導入、子供の素質の発展を重視する初等教育の普及が、改革の指導理念である。このために、個人の才能の開花と古典の教養を重視したギムナジウム令が発布され(一八一二年)、人文主義的なベルリン大学が創設され(一〇年)、さらに初等学校にはペスタロッツィの教育理念が取り入れられた。教育国家プロイセンの基礎が、ここにつくられたのである。

プロイセン改革は、もとよりすべてが成功したわけではない。産業・通商改革や軍事改革、教育改革などによって、プロイセンはその後ドイツ全体をリードすることになるが、農業改革ではユンカー支配のかたちで領主的な性格が残ったし、憲法や国民代表議会の導入は、一八一五年の国王の布告によって約束されたにもかかわらず、実現しなかった。またウィーン会議以後ドイツの保守化にプロイセンもさからえなかったし、一八一九年には改革派官僚の中心人物であるフンボルトやボイエンなどの追放によって改革の精神は消え去り、二二年のハルデンベルクの死によって、自由主義的なプロイセン改革の時代、激動の時代は最終的に終わった。しかしその成果はけっして無に帰したのではなく、その後の発展の基礎をなしたのである。

フランス領ドイツとライン連盟諸国の改革

十九世紀初頭の自由主義的な改革は、もとよりプロイセンには限らない。むしろプロイセンに先立って、ほかの地方で改革が始まっていた。いち早く変化が生じたのはフランスに併合されたライン左岸の地方であり、ここではフランスの制度がそのまま導入されたのである。

まず第一に、かつてこの地で独立して存在していた九七の聖俗諸侯領が一挙に取り壊され、それにかわって、あらたにフランス的な県─郡─市町村の制度が打ち立てられた。この集権的な行政体系のもとで、フランス革命のすべての成果がこの地にも適用された。身分制の廃止と法の前での平等、領主制の廃止とナポレオン法典の適用などである。それらを指導する上層幹部はフランス人であり、フランス語が公用語となった。

ライン左岸はナポレオンの没落後はふたたびドイツに復帰するが、注目すべきは、改革期にこの地方で芽生え、成長した新しい勢力がのちのドイツに与えた影響である。とりわけ、封建的束縛から解放された商工業市民の成長が重要であろう。彼らに担われたライン地方の工業、とくに鉄・石炭業が、のちのドイツの工業化にはたした影響は大きい。

しかしフランスにたいするこの地の人々の心情は複雑で、解放を歓迎しながら、「外国支配」の現実には幻滅もした。指導的なジャーナリストであったゲレスなどはその好例で、彼は当初はフランス革命に熱狂しながら、その後は政治的な『ライン新聞』を創刊し、反ナポレオンの論陣を張って解放戦争に大きな影響を与えたのである。とはいえフランスの影響はなんといっても大きく、のちのウィーン体制期において、この地は自由主義や共和主義の温床となったのである。

ライン左岸においてほど直接的ではないが、ヴェストファーレン王国やベルク大公国においても、フランス的な改革がおこなわれた。とくに両国で、ナポレオン法典が適用されることとなった。一八〇七年に制定されたヴェストファーレン憲法は、ドイツで発布された最初の憲法として注目される。またルール川沿いのベルク大公国における「営業の自由」などの諸改革は、ライン左岸地方と同様、その後の工業の発展に寄与し、ドイツにおける工業化の最先進地方となったことが重要である。ただこの二国は、まもなくナポレオンの没落とともに解体したので、改革の影響は、その後に所属する諸邦国の国策に左右された。

フランス領ドイツ以上に重要なのは、中部・西南ドイツ地域のライン連盟諸国、とりわけバイエルン王国、バーデン王国、ヴュルテンベルク王国における諸改革であった。これらの国々は、一八〇三年以来支配領域を大幅にふやしたのであって、ヴュルテンベルクは約二倍に、バーデンにいたっては四倍にも拡大した。かつては独立し、宗教も歴史的伝統も異なる多くの旧諸領邦を併合した結果、まったく新しく国家と社会の体制を整えねばならなかったのである。しかもフランスの制度を直接導入した地域とは異なり、独力でそれをなしとげねばならない。その帰趨は、ドイツ史のその後の展開に大きな影響を与えることになるであろう。

バイエルンは南ドイツの雄邦であるが、ここでの改革遂行の指導者は、大臣モンジュラであった。啓蒙のなかで育ったモンジュラは、すでに大臣になる前から広範囲におよぶ改革案「アンスバハ建白書」(一七九六年)を作成していたが、大臣に就任すると、まず拡大した王国を統治するための行政改革をおこなった。そのために一方では官吏にたいする試験制度を実施して、優秀な官吏を登用した。他方では制度改革をおこなって、中央では内閣制度を導入し、地方では郡—市町村の行政機構を整えて、それらを集権的に組織化した。この体制のもとで、公的諸権利の国家独占が進められた。かつての中間諸権力がもっていた領主裁判権や警察＝行政権などは、改めて国家から委任されるというかたちをとったのである。

特筆すべきは一八〇八年の憲法で、これはヴェストファーレン王国のそれを除けば、ドイツ人によって制定された最初の憲法であった。これによって、身分制の廃止と法の前の平等、財産権の保護、信仰と出版の自由などが保障され、さらに「国民代表議会」の設置が定められた。この議会は結局招集されなかったが、バイエルン憲法は、西南ドイツ全体におけるその後の立憲運動に与えた影響は大きい。さらにまた国内関税の撤廃や教育改革などは、プロイセンに先立っておこなわれた。

もとより憲法の諸規定は理念や原則を打ち立てたものであるが、社会改革や経済改革などは一挙に実現するようなものではない。とりわけ農民解放や営業の自由などにたいしては抵抗も大きく、それが貫徹するにはさらに半世紀の時間が必要であった。

バイエルン以外では、バーデンとヴュルテンベルクが重要である。バーデンは十八世紀の後半においては典型的な啓蒙絶対主義国のひとつで、いち早く体僕制の廃止を定めたことで有名であるが、改革期の政治をリードしたのは、開明的な大臣ライツェンシュタインであった。またヴュルテンベルクはそれまでは都市市民中心の身分制国家として知られているが、ここでは改革のイニシアティヴをとったのは、国王フリードリヒ一世自身であった。両国とも国政の改革がまずもって重要であった。内閣制度を導入し、領主裁判権などを破棄して、集権的な行政機構を確立した。また身分制を廃止し、思想や信仰の自由が保障された。それゆえここでの改革の基本線は、バイエルンにおけるそれと類似であると考えてよい。

中部ドイツでは、ナッサウが注目される。とりわけここでは一八一四年に憲法が発布され、イギリス型の二院制議会が導入されたのである。

一般にプロイセン改革がその後のドイツ史に与えた影響からとくに注目され、研究も進んでいるが、西南ドイツの諸改革もそれに劣らず重要であろう。とりわけウィーン体制下、オーストリアとプロイセンの協力によってドイツが保守化するなかで、この地方が「第三のドイツ」として自由主義の温床になりえたのも、この時期における諸改革の成功の賜《たまもの》であった。

国民意識の高揚と解放戦争

ナポレオンのドイツ支配は、ドイツの諸邦国にとっては存亡の危機に立たされた時代であり、それゆえ改革にたいする真剣度も、その規模や内容も、啓蒙絶対主義のそれを遥かにこえたものであった。そしてその真価のほどは、解放戦争のなかで試された。

その運動を支えたのが、ドイツの国民意識の高揚である。ドイツ人にとってはそれまで祖国とはブランデンブルクやバイエルンなどの領邦であり、抽象的なドイツの観念は、知識層や啓蒙思想家のなかにはあったとしても、歴史具体的な場としては存在しなかった。しかしフランスによる直接・間接の支配のなかで、一般のドイツ人にたいする愛国的な感情を訴え、またそれを受容する状況が盛り上がったのである。哲学者フィヒテの講演「ドイツ国民に告ぐ」や、当時もっとも大衆的な影響力をもっていた愛国詩人アルントの『時代の精神』などは、その代表的なものであった。ただ、無敵のナポレオンにたいする武力による抵抗は無謀というものであり、どの政府もそれを考えたことはない。

好機は外からやってきた。ナポレオンのロシア遠征(一八一二年)とその撤退である。ロシア遠征ではラ

諸国民戦争の指導者のライプツィヒ入城　ライプツィヒにおけるナポレオンへの勝利は，ドイツの運命を決定的なものとした。

イン連盟諸国のみならず、プロイセンもオーストリアも軍事的にフランスを援助せねばならず、それぞれ軍隊をナポレオンのもとに送っていた。しかしそれとは別個に、私的レベルではプロイセンのシュタインはロシア皇帝のもとに参じて皇帝の顧問となり、『戦争論』の著者クラウゼヴィッツはロシア軍に身を投じて、対ナポレオンの構えをみせていたが、それらはもとよりまだドイツ諸政府を動かすものではなかった。ところが常勝のナポレオン軍がロシア遠征で手痛い打撃を受け、モスクワからの撤退の途上、プロイセンのロシア遠征軍司令官ヨルク将軍が、独断で一八一二年十二月にロシア軍とタウロッゲン協定を結んでナポレオン軍から離脱したのである。おりしもシュタインは、ロシア皇帝から全権を受けて東プロイセンにはいり、そこでヨルク軍を支援するとともに、そのための東プロイセン国民軍の組織に成功した。

この動きはプロイセン国王と政府を動かし、プロイセンは一八一三年三月にロシアと結んで、正式にナポレオンに宣戦を布告した。このときの一般兵役義務の規定が戦時の時限立法として発布(翌一八一四年には恒久的な立法となる)されたのは、その後の軍制に画期的な意味をもった。改革官僚シャルンホルストとグナイゼナウが参謀として作戦を指導し、ブリュッヒャーが主力を率いる対ナポレオンの体制は、プロイセンの命運をかけた賭であり、プロイセン改革の試金石を問うものであった。

プロイセンのこの反旗は、諸国民戦争への引き金となった。ロシア・プロイセン同盟軍にスウェーデン、イギリスが合流し、やがてオーストリアが加わり、バイエルン、ヴュルテンベルク、バーデンもライン連盟を離脱して同盟軍に合流した。雪崩《なだれ》のような連鎖反応であるが、ドイツ国民意識はこのなかで未曾有に高まった。政府軍のみならず、義勇軍もかけつけた。決戦は、一八一三年十月十六日から三日間も続いたライプツィヒの戦いであり、ナポレオンはそこで歴史的な敗北をきっした。運命はここに決した。その後同盟軍は一八一四年にパリに入城し、ナポレオンはエルバ島に流された。一八一五年、ナポレオンはもう一度エルバ島を脱出して軍隊を組織するが、ワーテルローの戦いでの敗北は、たんなるエピローグにすぎない。

2　ウィーン体制と初期自由主義運動

ウィーン会議とドイツ連邦の成立

ヨーロッパの再建のための会議が、一八一四年九月からウィーンで始まった。ここにはヨーロッパのほとんどすべての国王・君主またはその政府が参加し、ヴェストファーレン条約以来の大国際会議となった。

会議をリードしたのは、オーストリア外相メッテルニヒである。しかし各国の思惑はなかなか一致しない。とくにロシアの旧ポーランド領併合の要求と、プロイセンの全ザクセンの併合の要求をめぐって紛糾

ウィーン会議(ジャン・バプティスト・イサベの水彩画)大規模な国際会議であったが,「会議は踊る,されど進まず」といわれた。

し、舞台裏の駆引きに終始して、「会議は踊る、されど進まず」であった。そのあいだにナポレオンがふたたび軍事行動を起こす隙を与えたが、結局一八一五年六月のウィーン議定書に調印することによって、各国は妥協に達した。そこでの基本的な精神は、革命の再発防止と、フランス革命以前の諸王朝の復位をめざす正統主義であり、大国間の勢力均衡に基づく平和の維持であった。つまり、フランス革命とナポレオン支配がもたらした影響の完全な否定である。

ドイツにかんするものとしては、フランスはドイツにおける支配地域をすべて放棄し、一七九二年当時の領域に戻った。またプロイセンはラインラント、ヴェストファーレン、ザクセン北部など経済的に豊かな領土を獲得し、オーストリアはネーデルラントと西南ドイツ所領を放棄するかわりに、ガリツィアや北イタリアの一部などをえて、国土を一円化したのである。

領土問題以上に重要なのは、ドイツの今後の国家のあり方についてであった。ここでは各邦国の国内状況が異なっているので、合意はまことに困難であったが、結局、プロイセン案にオーストリアからの修正を織り込んだ両国共同案が、「ドイツ連邦規約」として一八一五年六月に調印された。

ここに成立したドイツ連邦は、三九の邦国(三五の諸侯国と四自由都市)からなるゆるやかな連盟であり、その基本原則は、諸邦国の独立と不可侵性を保障したうえで、ドイツ内外の安全と平和を求めたものである。つまり、主権をもった邦国の連盟の性格をおびたものであって、統一国家とはほど遠いものであった。そこに、かつての神聖ローマ帝国の影をみることも可能であろう。

連邦規約においては、解放戦争のなかで著しく高揚した、自由とドイツ統一の精神は完全に無視された。このような事態になったのは、主催国オーストリアの国内事情もおおいに反映している。自由主義と民族主義は、多民族国家であるオーストリアでは、国家の否定につながる危険を秘めているのである。改革期当初、オーストリアでも外相シュターディオンの指導により自由主義的改革が試みられたが、すぐに保守的なメッテルニヒに取ってかわられたことにも、オーストリアの国内事情がうかがわれる。ドイツの戦後処理は、プロイセンのハルデンベルクを例外として、いまや改革期における改革の推進者の手を放れ、旧政府の代表者によって進められたのである。

ドイツ連邦は、フランクフルトに連邦議会をもっており、オーストリアがその議長国であった。議会では各邦国が勢力に応じて四票から一票の議決権をもち、連邦規約の改正には全会一致が定められていたが、実質的にはオーストリアとプロイセンが強大な力をもっていた。この両国がメッテルニヒの指導のもと一致した行動をとっているかぎり、ドイツ連邦の一体性がなんとか保たれたのである。

ブルシェンシャフトと初期自由主義運動

改革期に目覚めた自由主義的エネルギーは、しかしウィーン体制下でも消えることはなかった。初期自由主義運動は、とりわけ学生の運動と、西南ドイツにおける立憲運動のなかにみられる。

学生たちが解放戦争に参加し、国民感情をいだいて故国に戻ったとき、彼らは「名誉、自由、祖国」を合言葉とし、戦場での一義勇軍の旗であった黒・赤・金(今日のドイツの国旗)を掲げて学生組合ブルシェンシャフトを結成した。自由と統一と愛国心が彼らの目標であった。一八一五年、イェーナとギーセンの大学に最初のブルシェンシャフトが設立されたが、この運動はたちまちドイツ全土に広まった。一八一七年十月、宗教改革三〇〇年とライプツィヒの戦勝記念をかねた祝祭が、ルターゆかりのヴァルトブルクで開かれたとき、一四の大学からブルシェンシャフト団員がかけつけたが、それは学生運動のピークであった。彼らのなかには、保守派から急進派まで含まれていた。しかしこの祭典のなかで一部の急進派が、寸劇で反動的な書物を火に投じたとき、その成り行きはメッテルニヒと諸邦国の政府を驚愕させたのである。

同時期、中部ならびに西南ドイツでは、立憲主義運動が展開された。きっかけを与えたのが、連邦規約の文言である。その第一三条では、「連邦を構成するすべての個別邦国には、ラントシュテンデ制が施行される」という曖昧な規定があるが、その取扱いについては個別邦国に委ねられていた。ラントシュテンデという概念自体は中世後期以降の身分制議会であるが、自由主義者はこれを、国民を代表する立憲議会制の方向で理解したのであり、この取扱いがその後の大きな問題となった。とくに自由主義的伝統の強い地域では、立憲議会制の方向で動いた。一八一四年のナッサウをはじめとして、一六年にはザクセン・ヴァイマル、一八年にはバイエルンとバーデン、一九年にヴュルテンベルク、二〇年にはヘッセン・ダルムシュタットがそれぞれ憲法を制定して、立憲議会制に移行した。もっとも、ヴュルテンベルクでは革命以前の身分制議会を基礎としているし、そのほかの憲法は、君主から与えられた欽定憲法であった。しかしそれでも国民の政治参加の道がともかく与えられたのであった。これはメッテルニヒの保守主義とはあいいれないが、彼の干渉は西南ドイツの諸邦国、つまり「第三のドイツ」では拒否されたのである。それだけに強力な対抗措置が必要であった。とりわけプロイセンとの協力が大前提である。

ヴァルトブルクでのブルシェンシャフトの集会
この集会は，ウィーン体制下でも自由主義運動が死滅したのではないことを示した。

プロイセンにおいても、一八一五年に国王による憲法制定の約束があり、政府内でも改革派によって憲法の構想が練られていた。しかしプロイセンの協力を必要とするメッテルニヒは、国王フリードリヒ・ヴィルヘルム三世(在位一七九七～一八四〇)に近づき、全国議会ではなく州単位で、しかも古い身分制議会の道をとるように説得した。これが功を奏して、ついに一八二一年には全国議会の創設の無期延期が宣せられ、二三年には、貴族、都市市民、農民からなる身分制的な州議会が実現した。メッテルニヒ外交の勝利というべきであろう。このような動きと並行してプロイセンでは、改革期に前面にでていた開明的な中央官僚たちは後退し、かわりに保守勢力が台頭してきたのである。

カールスバートの決議とウィーン最終規約

プロイセンを味方にしたメッテルニヒは勢いをえて、ドイツ全体で自由主義運動の弾圧に乗り出した。その契機は学生運動の弾圧である。時あたかも一八一九年三月、過激派の学生ザントが、保守的劇作家コッツェブーを殺害したとき、メッテルニヒはこの契機を見逃さなかった。彼は同年八月、プロイセン政府の同意をえて、主要一〇カ国の大臣会議をカールスバートに招集し、ブルシェンシャフトの禁止、検閲の強化、扇動者の取締りを目的とした捜査委員会を設置するという、「カールスバートの決議」を採択することに成功した。この決議はその後連邦議会に提案され、連邦法として発効された。この経緯のなかで、オーストリアとプロイセン両国の保守的共同歩調が、ドイツ全体の運命を左右することが明らかとなった。ここに、ドイツの自由主義運動は大きな曲り角をむかえることになる。

メッテルニヒはさらにこの余波をかって、立憲運動の拡大をくいとめるためにも動いた。彼はドイツ連邦規約を補完すべく、一八一九年十一月に、主要国代表者会議をウィーンに招集した。この会議でドイツの政体が論ぜられ、一八二〇年五月にはウィーン最終規約が取り決められた。その第五七条では、「すべての国家権力は邦国の元首のもとに統括されねばならない」と規定されている。つまりドイツのとるべき政体は君主制原理である、との原則が明記されたのである。ここに立憲運動は頓挫することとなった。

一八一九年から二〇年にかけて定められたこの二つの決定は、メッテルニヒの反動体制の確立をもたらした。それによって一八二〇年代のドイツ全体の動きが規定され、「デマゴーグ狩り」が大規模に進められるとともに、自由と統一の動きをおさえこんだ「静穏な二〇年代」が到来したのである。

七月革命の影響

一八三〇年におけるフランスの七月革命とベルギーの独立は、ドイツにも影響し、「静穏な二〇年代」は終わりを告げた。まず第一に、北ドイツにおける立憲化の動きが注目される。早くも一八三〇年には、ブラウンシュヴァイク、ザクセン、クールヘッセン、ハノーファーなどで暴動が起こり、旧君主を退位させて開明的な君主をむかえいれている。三一年から三三年にかけて、これらの邦国は新しい憲法を獲得していった。また西南ドイツでも、知識人を中心にふたたび自由主義運動の声が高まった。その中心はバーデンで、ここでは七月革命の影響でライツェンシュタインの自由主義内閣が成立し、また自由主義的な『国家学事典』(一五巻、一八三四〜四四年)の編者として有名なフライブルク大学教授のロテックとヴェルカーが下院議員として活躍していた。彼らは検閲制度の廃止を定めた新聞法を採択したのである。

思想と出版の弾圧についてのカリカチュア(1825年ころ)　1820年代にはデマゴーグ狩りが大規模に展開された。

穏健な自由主義者のみでなく、急進派も動いた。そのピークがハンバハ祭である。一八三二年、「自由と統一」を旗印に急進派はバイエルン領プファルツの古城ハンバハで約三万人を集めて民衆祭典をおこない、フランス革命のシンボルである「自由の樹」を立てて、人民主権に基づく臨時政権を求めた。しかし内的結束がえられないまま最後にはお祭り騒ぎとなり、数日後には解散したので持続的な運動には連ならなかったが、同時期ハンバハ祭に呼応して、南ドイツの各地でも「自由の樹」の民衆運動がおこなわれた。

メッテルニヒはこのハンバハ祭に大きな衝撃を受け、連邦議会をうながして大学、出版、集会にたいする弾圧を強化した。「デマゴーグ狩り」がふたたびあれくるい、またしてもドイツは「冬の時代」にはいった。マルクスやハイネらはパリに、ヘルヴェークらはスイスに亡命し、以後急進派は、外国に活動拠点を移さざるをえなくなった。

さらに弾圧は、たんに学生や急進派だけではなく、自由主義的な大学教授にまでおよび、西南ドイツの自由主義思想の代表者である上述のロテックとヴェルカーは、フライブルク大学を追われた。また北ドイツでも教授陣への圧力が強まった。ここでは自由主義思想の中心がゲッティンゲン大学であったが、そこで論陣を張っていた歴史学教授ダールマンらは、ハノーファーの新国王エルンスト・アウグストが一八三三年の憲法の破棄を宣言すると、グリム兄弟ら同僚に呼びかけて三七年に立憲制擁護に立ち上がった。いわゆる「ゲッティンゲン七教授事件」であるが、その結果彼らは弾圧され、大学から追放された。北ドイツでも自由主義運動は窒息したのである。

3　十九世紀前半の社会と経済

領主制の解体と営業の自由

十九世紀前半は、身分制社会から市民社会への大転換期であった。すでに領主制は、十八世紀後半の啓蒙絶対主義的改革を通じて部分的には動揺していた。プロイセンでは一七七七年以来、王領地農民を対象に体僕制を廃止し、また農地の世襲保有権を保証しており、一八〇七年ころまでにはその過程は完結していた。またオーストリアでは一七八一年に、バーデンでは八三年に、貴族領地をも対象に、同様の解放を断行したのである。

農民解放の政策はその後、直接・間接のナポレオン支配の影響下、どの邦国でも大規模に推し進められた。それはたんに時代の要請であるのみならず、フランスに押しつぶされてしまわないためには、ほとんど至上命令でもあった。とくにプロイセンにおける一八〇七年の「十月勅令」が画期的で、グーツヘルの農民にたいする世襲隷農制は一夜にして崩壊した。

これにたいして、地代や賦役の撤廃と、土地所有権の農民への譲渡は容易ではない。ドイツにおいては、フランスに併合されたライン以西の地域を除いて、一般に有償撤廃であったので、その実行は農民の償却能力に左右されざるをえなかったのである。したがってその過程は長期にわたる。プロイセンでは、零細農民を償却の対象から除外しながら、領主にたいする土地の一部の割譲や償却金の支払いを通じて所有権を譲渡する道を歩んだ。この償却過程は、一八三〇年代には事実上完了したと考えられる。

プロイセン以外の地域では、償却は、土地の一部割譲を通じておこなわれたのではないので、もっと長い時間がかかった。この点では、ハノーファー、ザクセン、クールヘッセンなどで一八三一・三二年に農村信用金庫が設立されたことが注目される。農民にたいする資金の貸付によって、償却を援助しようというのである。農民にとっては、地代から利子の支払いにかたちを変えたにすぎないが、それでもその負担は減少したのであった。一八四八年革命が領主制の廃止の長い過程の最終局面である。とりわけオーストリアやバイエルンそのほかの邦国において、償却法が公布された効果が大きい。

いまやかつての隷属農民から、一方では自由な独立農民が、他方ではこれまた自由な労働者が生まれた。領主制の残滓として改革期以降も維持されていた諸特権なども、基本的には一八四八年革命のなかで最終的に消滅したのである。

都市においても、前近代にあまねく認められていた社団的な自治権は、啓蒙絶対主義期における国家の行政機構の強化を通じて、かなり空洞化されていた。それを徹底したのが、十九世紀初頭の改革期における行政改革である。そのなかで都市がもっていた裁判権や行政権などの公権力は国家に集中され、改めて国家から都市に地方自治権として委任されたのである。

しかしもっとも困難なのは、各都市の同業組合がもっていたツンフト規制の廃止と営業の自由の問題であった。これもすでに部分的には、啓蒙絶対主義の段階で、特権をもったマニュファクチュアや農村における問屋制家内工業の普及というかたちでくずれてきてはいたが、営業の自由が原理的に認められたのは、十九世紀になってからである。

直接フランスの支配下にはいった地方では、それは改革期に迅速に実施された。ライン左岸地方では一七九五年までに、ヴェストファーレン王国では一八〇八年に、ベルク大公国では〇九年におこなわれたのである。それ以外の地域では、模範的なかたちでそれを貫徹したのはプロイセンである。前述のように一八一〇年の「営業税令」によってツンフト規制は完全に排除された。今後誰もが自由に、都市で手工業を営むことができるようになったのである。

そのほかの諸邦でも同様な試みがなされた。しかしそこでは必ずしもスムーズに事が運ばれたのではなかった。たしかにバイエルンやそのほかの諸邦でもツンフトは廃止されたが、そのかわり国家による許可体制が導入された。したがって、営業の自由とはまだほど遠いものであった。

営業の自由は農村から都市への人口流入を容易にし、旧来の親方層の零落をもたらすがゆえに、親方層からは反対の声が強かった。とくに西南ドイツにおいては、その傾向が顕著であった。ようやくバーデンとヴュルテンベルクでは一八六二年、バイエルンでは六八年に最終的に営業の自由が貫徹したという事実が、その困難さを物語っている。しかし一進一退を繰り返しながらも、営業の自由は十九世紀前半を通じて浸透していったのは事実である。

農村と都市において、数世紀にわたって維持されてきた身分制、領主制、社団的支配が、十九世紀のなかばまでには基本的には消滅したといえよう。それとともに、その基底において存在していた家の構造、消費とともに生産の場でもあり、血縁以外に奉公人をも含んだ「全き家」の構造は、徐々に夫婦・親子の血縁的愛情に結ばれた近代的な家族に移り変わっていったのである。

人口の増大と工業化への道

社会の変化の背景には、人口の急増と、大衆的貧困化と呼ばれている事態がよこたわっていた。十九世紀になると統計の数字もかなり正確になるが、人口は一五五頁の表にみるように、持続的に右肩上がりで増大しているのである。十八世紀後半の五〇年間の人口六〇〇〇万人増に比して、十九世紀前半の五〇年間には約一二〇〇万人増で二倍のスピードである。人口密度も同様であり、十八世紀後半は一平方キロメートル当り一一人増であったのが、十九世紀前半には二一人増と二倍にふくれている。すでに十八世紀なかば以降、人口動態はそれまでの前近代的なパターンとは異なり、持続的な増大という近代的な新しい段階にはいったことについてはすでにふれたが、十九世紀にはその増大のスピードが急速化しているのである。

なぜこのような事態が可能であったのかについては、まだ満足すべき答えがだされていないが、出生率の増加というよりも死亡率が減少したこと、農民解放のなかで農民は領主による結婚の制限から解放され、自由に移動できるようになったこと、三圃制から輪作制への移行やジャガイモの栽培などを通じて農業生産力が増大したこと、ツンフト規制が緩和され、ベルリンなどの大都市においては都市化がみられることなどが指摘できよう。

ここでも注目すべきは、人口の増加は、もっぱら都市と農村における下層民の増加を意味したということである。農村においては、農民層以下の農業労働者であり、都市においては、零落した職人や日雇い労働者などである。あるいはそれ以下の失業者や乞食の層である。それは、生命を維持するに最低の、あるいはそれ以下の収入でもあまんじなければならない大衆が著しく増大したということである。このような「大衆的窮乏化」の危機は、アーベルによれば、一八三〇年代から五〇年代がピークであった。

人口の増大と大衆的な窮乏化にたいしては、究極的には経済の発展、とくに工業化の進展によってしか対処することができない。しかしながら一八〇〇年ころのドイツは、西欧諸国と比して経済的な後進国であった。イギリスではすでに海外の植民地市場にも支えられて国民経済が順調に展開し、十八世紀の後半には早くも産業革命に突入していたし、フランスにおいてもイギリスよりは遅れていたとはいえ、重商主義政策に支えられて国民経済はある程度発展し、植民地競争にも加わっていた。ところが当時のドイツは、まだ圧倒的に農業国であった。人口の九割以上が村落、あるいは村落類似の都市に住んでいたのである。また工業の部門でも、まだ機械が導入されておらず、手工業の段階であった。それはマニュファクチュアにおいても同様である。工業化への道のりは遠い。そもそものための前提が欠けていたのである。

ドイツにおけるこの「工業化」の過程を、経済史家ヘニングは三つの段階に分けて考えている。つまり、第一期は「工業化への準備段階(一七八〇・一八〇〇～三五年)」、第二期は「第一次工業化(一八三五～七三年)」、第三期は「第二次工業化(一八七三～一九一四年)」である。就業人口において、農業などの第一次産業部門と、工業などの第二次産業部門の比率が逆転するのが一九〇〇年ころであるから、農業社会から工業社会への転化はおよそ一〇〇年余りかかったことになる。

ヘニングのいう第一期、つまり工業化への準備、あるいは工業化のための前提条件の整備としては、農民解放と営業の自由が含まれているが、それについてはすでに述べたので、第三の条件として、通商の問題をつぎに概観しよう。

関税統一への歩み

工業化へのなによりも重要な前提条件は、関税による障害を排除し、商品の自由な交流を可能にすることである。しかしこれは領邦的分裂のドイツにおいては、とくに困難な課題であった。この点で指導力を発揮したのは、プロイセンである。

十八世紀には、たんに領邦ごとに関税の体系があったというにとどまらず、領邦内に複雑な国内関税が存在した。つまり、道路や河川の要所で徴収される関税、都市の城門で徴収される消費税である。したがって商品のより自由な流通のためには、まずもって国内関税を撤廃し、国境関税に統一せねばならない。プロイセンでこれを実現したのが、一八一八年の「関税法」である。改革期の立法では遅い試みであったが、これをドイツ全体にまで押し広げることが、その後のプロイセンのもっとも重要な経済政策となったのである。

邦国への分裂がドイツの最大の問題であった。経済学者フリードリヒ・リストが一八一九年に創設されたドイツ商工業協会の請願書のなかで、「ドイツのなかの三八の関税・通行税線は、国内の通商を麻痺させている。……ハンブルクからオーストリア、ベルリンからスイスに向けて通商をおこなうには、一〇の国を横切り、一〇の関税制度を学び、一〇回通過関税を支払わなければならない」と、関税による障害を訴えているが、とりわけそれを痛切に感じていたのがプロイセンであった。ここでは、せっかく「関税法」を発布して国内の自由な商品流通を保証したにもかかわらず、プロイセンの領域が東西に伸びていて、東部と西部がハノーファー、ヘッセン・ダルムシュタット、クールヘッセン、テューリンゲン諸邦国によって分断されていたがゆえに、東西間の自由な商品の流通が妨げられていたのである。他方この地域は、ドイツの東西と南北の商業路の要所であった。それだけにイギリスやオーストリアは、ここがプロイセンの関税地域に編入されるのを警戒していた。この地域がプロイセンの関税圏に取り込まれるのかどうかが、焦眉の問題となったのである。

この問題にかんしては、プロイセンの蔵相モーツの精力的な活動の結果、一八二八年二月、プロイセンとヘッセン・ダルムシュタットが協約を結び、ここに「北ドイツ関税同盟(プロイセン・ヘッセン関税同盟)」が成立した。関税の収入は、人口比で配分することで合意された。それはたんに二国間協定であり、またこれによってプロイセンの東部と西部が接続したのではけっしてないけれど、その後の関税統一への大きな画期となった。

プロイセンのこのような動きに対抗して、南部では一八二八年一月にバイエルンとヴュルテンベルクが「南ドイツ関税同盟」を結び、追うようにして同年九月には、ザクセン、ハノーファー、クールヘッセン、ナッサウ、テューリンゲン諸国などが「中部ドイツ通商同盟」を結成した。ここに三つの関税同盟が、ドイツ内で併存することになったのである。

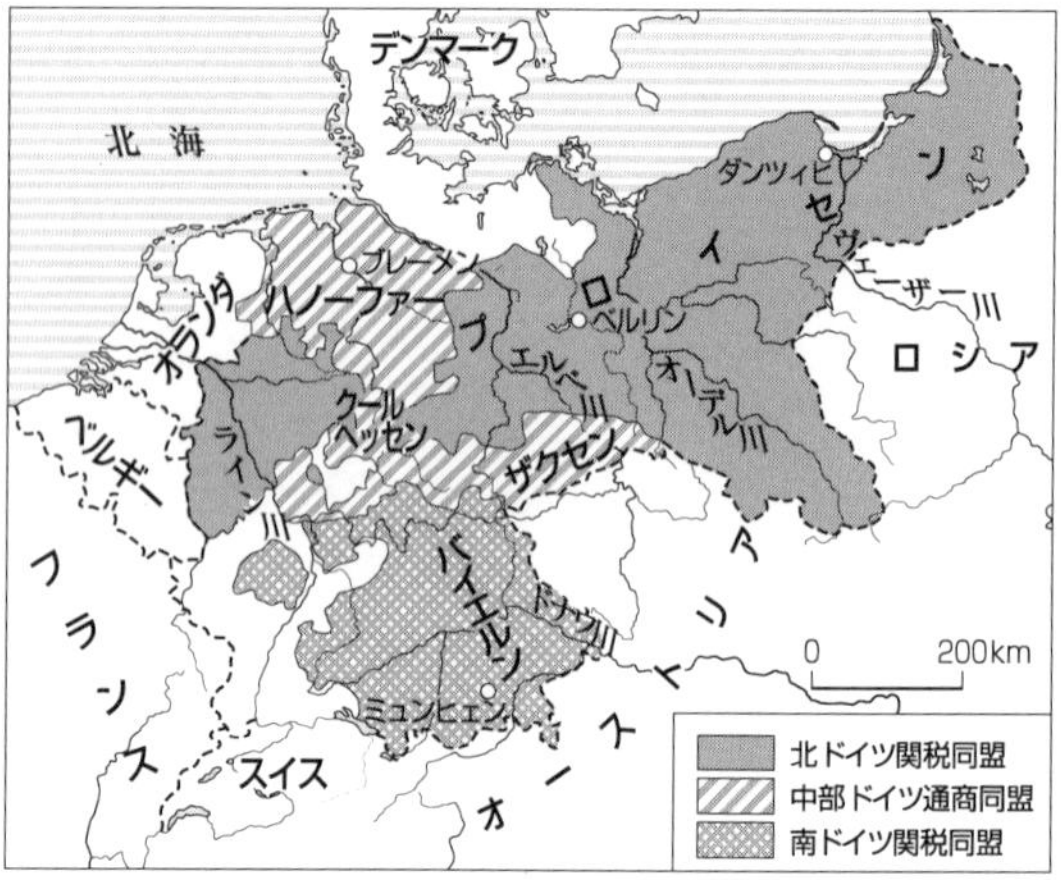

3つの関税同盟

ドイツ関税同盟

しかし鼎立する三つの同盟は、かえって「関税戦争」を起こす始末であった。なかでも経済的に優位に立つプロイセンは他国の切崩しにかかった。まずテューリンゲンの小邦国が動揺した。さらに一八二九年には「北ドイツ関税同盟」と「南ドイツ関税同盟」のあいだで通商条約が結ばれた。とくにクールヘッセンが一八三一年にプロイセンと同盟して「中部ドイツ通商同盟」を脱退し、「北ドイツ関税同盟」に加盟するにいたって、大勢が決した。一八三三年三月には、南北両関税同盟が「ドイツ関税同盟」条約を締結して合体し、ザクセンやテューリンゲン諸国もこれに加わって、三四年一月一日に正式に「ドイツ関税同盟」が成立したのである。その後一八三六年にはバーデンやナッサウなどがこれに加わったので、オーストリアとハノーファー、ホルシュタイン、メクレンブルクなど北ドイツの一部を除いて、ドイツの大部分を包含する統一的な関税同盟地域が成立したのであった。

この同盟においては、関税問題を決定する関税議会が毎年一回開催される。加盟国は等しく一票を有し、全会一致で決議された。加盟国はまた脱退も自由であり、外国との通商条約締結権をもっていたので、それらの主権は完全に保証されていたが、実質的にはプロイセンがイニシアティヴを発揮していた。関税の統一は、その後の政治的な統一の大きな推進力となるであろう。ドイツにおいては、政治の統一は経済の統一から始まったのである。それは一九九〇年の東西ドイツの統一においても同じであった。

注目すべきは、この関税の統一にオーストリアがまったく参加していないことである。オーストリアは、むしろプロイセン主導の関税の統一化にたいしては終始警戒していた。ただメッテルニヒは政治的にプロイセンの同調を必要としていたがゆえに、表面的には敵対行為にでることはできなかった。しかしこの両国の対立は、やがて一八四八年革命以降は公然化してくる。

プロイセンの国内関税の撤廃を定めた一八一八年の「関税法」から、「ドイツ関税同盟」によって諸邦国間の関税を撤廃するまでわずか一五年のあいだに、驚くべき通商上の変化がもたらされた。工業化のもっとも大きな前提条件が、ここに整えられたといってもよい。

鉄道の建設と重工業の発展の基礎

農民解放や営業の自由や関税同盟によって工業化のための条件が整えられたといっても、それはあくまでも前提にすぎず、工業化そのものの開幕ではない。たしかにドイツでも、とくにライン・ルール地方、ザクセン地方、シュレージエン地方などが、鉱山業や繊維産業の発展によって、工業の中心地として形成されてきた。機械化もすでに試みられ、一七八〇年代前半にドイツではじめて紡績機が、デュッセルドルフ近郊のラティンゲンで使用されて以来、木綿や羊毛などの繊維産業部門で、一八三五年までにはおおむね

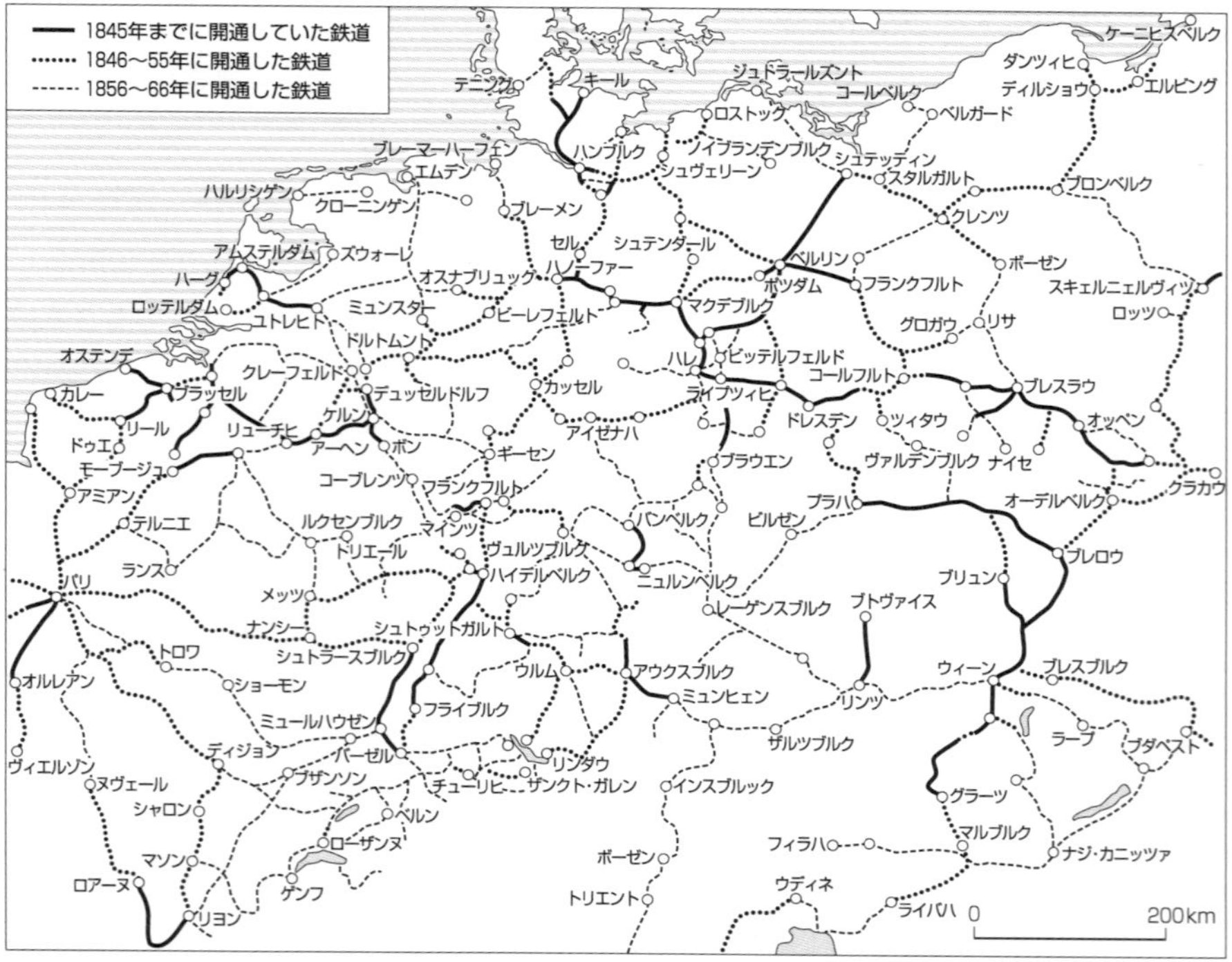

1845年までに開通していた鉄道
1846〜55年に開通した鉄道
1856〜66年に開通した鉄道
ケーニヒスベルク
ダンツィヒ
エルビング
ディルショウ
ジュドラールズント
コールベルク
ベルガード
テニング
キール
ロストック
ノイブランデンブルク
ハンブルク
シュヴェリーン
シュテッティン
スタルガルト
ブロンベルク
ブレーマーハーフェン
エムデン
ハルリンゲン
クローニンゲン
ブレーメン
クレンツ
セル
シュテンダール
ベルリン
ポーゼン
アムステルダム
ズウォーレ
ハーグ
オスナブリュック
ハノーファー
ポツダム
フランクフルト
スキェルニェルヴィッツ
ロッテルダム
ユトレヒト
ミュンスター
ビーレフェルト
マクデブルク
グロガウ
リサ
ロッツ
ドルトムント
ハレ
ビッテルフェルド
オステンデ
クレーフェルド
コールフルト
カレー
ブラッセル
デュッセルドルフ
カッセル
ライプツィヒ
ブレスラウ
リール
リューチヒ
ケルン
アイゼナハ
ドレスデン
ツィタウ
オッペン
ドゥエ
アーヘン
ボン
ギーセン
ブラウエン
ヴァルデンブルク
ナイセ
モーブージュ
コーブレンツ
クラカウ
アミアン
フランクフルト
プラハ
オーデルベルク
テルニエ
ルクセンブルク
マインツ
バンベルク
ピルゼン
トリエール
ヴュルツブルク
ブレロウ
ランス
ハイデルベルク
ニュルンベルク
ブリュン
パリ
メッツ
レーゲンスブルク
ブトヴァイス
ナンシー
シュトゥットガルト
トロワ
シュトラースブルク
ウルム
アウクスブルク
ウィーン
プレスブルク
オルレアン
ショーモン
ミュンヒェン
リンツ
フライブルク
ミュールハウゼン
ラーブ
ブダペスト
ディジョン
バーゼル
ザルツブルク
ヴィエルゾン
リンダウ
ブザンソン
チューリヒ
ザンクト・ガレン
インスブルック
グラーツ
ヌヴェール
ベルン
シャロン
マルブルク
ローザンヌ
フィラハ
ボーゼン
ナジ・カニッツァ
マソン
ロアーヌ
ゲンフ
ウディネ
トリエント
リヨン
ライバハ
0
200km

鉄道網の発達

機械が導入されていた。しかしドイツの工業化をもたらした推進力は、繊維産業ではない。それは、鉄道の建設と、それによって引き起こされた重工業の発展である。ヘニングのいう第一次工業化の開始である。

ドイツで最初に鉄道が開通したのは一八三五年で、バイエルンのニュルンベルク―フュルト間であった。また一八三七～三九年にはライプツィヒ―ドレスデン間が開通し、フリードリヒ・リストの計画案に従った鉄道建設が進められた。その結果一八四五年までには、いくつかの地方で近接諸都市を結ぶために、鉄道が敷設されていった。もっとも進んでいるのがベルリン・ライプツィヒ・ドレスデンを中心とする北・中部ドイツであり、そのほかケルンを中心とする西ドイツ、ハイデルベルクなどの西南ドイツ、ブレスラウを中心とするシュレージエン、ウィーン・プラハを結ぶ南東ドイツ、バイエルン地方、ハンブルク・キールを結ぶ北ドイツである。これは当時の経済の中心地域を反映している。さらにその後一八六六年までには、鉄道の敷設は急ピッチに進み、右図にみるように、ドイツの重要な諸都市は縦横に結ばれて、全国的な鉄道網の骨格ができあがったのである。すでに鉄道にかんしては、十九世紀なかばにはフランスを凌駕した。

鉄道建設のもたらした影響は大きい。まず第一には、それによって迅速な物資の輸送が可能となり、それゆえ関税同盟とあいまって、ドイツ国内市場の統一の条件が整えられたことが重要である。

しかしより直接的には、レールや蒸気機関車の製造である。蒸気機関車は、最初のころはもっぱらイギリスから輸入されていたのであるが、しかし一八四〇年代には早くも自国産がふえた。一八五一年にはすでにドイツに存在する蒸気機関車一〇八五台のうち、ドイツ製が六七九台で半分以上を占めており、イギリス製はわずかに二八一台にすぎなかったのである。蒸気機関車の製造では、ボルジヒ製作所がその先頭を切っていた。またアルフレッド・クルップもこのころ各種鉄道部品や大砲を製造して、その後のクルップ会社の発展の基礎を築いた。

レールや機関車に限らず、繊維工業においても紡績工場がふえて蒸気機関の使用が進んだが、それはまた鉄鋼や石炭の需要を高め、さらに労働力や銀行を必要とした。このようにドイツでは、鉄道の普及が工業化を引き起こす原動力となった。しかしその本格的な展開は一八五〇年代以降である。

教養市民層と官僚の役割

すでに述べたことから明らかなように、改革期以降一八四八年革命までのいわゆる三月前期のドイツにおいては、政治的にはウィーン体制の保守主義が支配的で、自由主義運動は弾圧された。しかし経済的には自由主義政策を推進し、社会の面でも市民社会への移行が進んだ。つまり、政治の保守主義と経済・社会の自由主義が、まさしく離反していたのである。そのようななかで、社会と政治の架け橋、経済・社会の動向と今後とるべき道を先取し、それを政治に反映させるような役割を誰が演じたのであろうか。君主やその側近には、長期的な展望に立った政策はない。またイギリスにおけるような経済市民層が未成長で、しかも議会や政党がまだ一部の地域にしか形成されていなかったので、社会の側からの、政治へのパイプもない。このような当時のドイツで、誰が公共の諸問題を看取しながら政治のイニシアティヴをとったのであろうか。これは十九世紀前半のドイツを理解するうえで重要なポイントであるが、その担い手が官僚であった。もっと広い概念でとらえれば、教養市民層であった。

教養市民層は、大学で学び、人文主義的な教養を共有し、国家試験に合格することによって権威づけられた公認のエリートである。具体的には官僚、司法官、法律家、医師、大学教授とギムナジウムの教師たちである。彼らこそが解放された市民社会における上層の社会層を形成し、政治をリードした。彼らがそれぞれの分野における専門職を担い、教育を普及し、大学において近代的な学問を発展させた。なかでもそれらを代表していたのが、官僚たちである。

改革期における官僚の指導的な役割はいうまでもない。そこでは彼らは、上からの革命の担い手であった。しかしその後のウィーン体制のもとでも、官僚の役割は重要であった。彼らは、一方では自由主義的な運動を抑圧して秩序の維持をはかりながらも、他方では自由主義的経済政策を推進したのである。一定の限界を示しながらも、農民解放や営業の自由をなしとげ、関税同盟政策を推進したのは官僚層であった。彼らこそが社会の要請をくみとり、公共の利害を体現し、また社会からの信頼をも受けていた。

しかし一八四〇年代になると、時代は大きく変化する。一方では社会主義思想が、他方では大衆的な蜂起や労働運動が展開されるようになると、官僚支配体制そのものがゆらぎ、攻撃の対象となってくるのである。それは一八四八年革命に連なる動きである。

第六章　近代社会の形成と国家統一

1　一八四八・四九年革命

三月革命の拡大

一八四八年二月末、フランス二月革命勝利の報が伝えられると、西南ドイツのバーデン大公国のマンハイムでは市民の大集会が開かれ、大公への請願書を採択した。そこでは、社会の全階級に平等に「繁栄、教育、自由」を与えるという目的のもとに、将校の自由選挙をともなう国民の武装、出版の自由、イギリス式の陪審制の導入、全ドイツ議会の即時設立の要求が掲げられていた。請願という形式ではあったが、要求の内容は三月前期体制の否定にほかならなかった。これが三月革命の口火を切る動きとなり、ここで示された諸要求は「三月要求」と呼ばれて、その後の各地域の革命運動の共通の目標となった。三月一日、集会代表団が公国首都カールスルーエに到着すると、彼らをむかえたのは首都の市民だけでなく、公国各地から集まった市民、職人、学生の集団であり、その一部はすでに武装していた。彼らの圧力のもと、公国下院は先の要求にさらに封建的諸権利の廃止、責任内閣制をつけ加えて承認し、その後立憲自由主義者を入閣させた新内閣、いわゆる「三月内閣」が樹立された。南ドイツのバイエルン、ヴュルテンベルク、中部ドイツのヘッセン、ザクセンなどの中小諸邦国でも、バーデンと同じような経過で政治的転換が起こった。ここまでの展開はほとんどが事実上無血革命であり、愛人問題でかねてから国民の不評をかっていたバイエルンのルートヴィヒ一世を除けば、退位した君主はいなかった。

ベルリンでの三月革命の始まり　1848年3月18日，王宮前に集まった市民を騎兵が力で排除しようとして，衝突になった。

しかし、ドイツ全体の革命の帰趨は、ドイツ連邦の二本柱オーストリアとプロイセンでの動向にかかっていた。

三月十三日、ウィーンで三月要求の請願書を審議中の下オーストリア州代表会議議事堂前で、すみやかな審議とメッテルニヒの退陣を求める市民、手工業者、職人などの集団と軍との衝突が起こった。これをきっかけに市内には市民らが武装してバリケードを築き、軍と市街戦を繰り広げ数十名の死者をだした。武装した市民の数は翌日には三万人にのぼり、市外では民衆による工場占拠や機械破壊、商店略奪が広がった。この状況を前に当時北イタリアでの民族革命に直面していた皇帝と政府は譲歩し、旧体制の象徴となっていたメッテルニヒはイギリスに亡命した。しかし、その後成立した新政府には自由主義者が登用されず、急いで起草され四月末に示された憲法も欽定憲法であったため、ウィーンの市民層と政府との緊張関係はその後も緩和されなかった。

一方、プロイセンの首都ベルリンでは、国王が革命の波及に備えて市内の軍を増強していたが、ウィーン革命の知らせを受けると、十八日急遽《きゅうきょ》検閲廃止、連合議会招集の勅令を発して、譲歩の姿勢をみせた。ところがこの日の午後王宮広場に集まった人々に軍が発砲する事件が起こると、都市下層民や市民は武装して軍とのあいだで激しい戦闘になった。翌日、国王は軍を市外に撤退させて、三〇〇名以上の市街戦犠牲者の棺に表敬し、武力制圧を主張した王弟はイギリスに逃れた。三月末、著名な自由主義者であったケルンの銀行家カンプハウゼンを首相に、アーヘンの企業家ハンゼマンを蔵相とする新政府が成立する。

首都を中心にした三月前期体制打倒の運動と並行して、各地域の中小都市や自治体でも、市長職や市政の主導権が保守派から自由主義者の手に移行する政治的変革が進行した。さらに農村地域、とりわけ世紀初め陪臣化して各邦国に編入されながら、なお独自の支配権や封建的特権を保持して「国家のなかの国家」として残存していたシュタンデスヘル(旧帝国等族)支配地域では、かつての農民戦争を連想させるような農民蜂起が広がった。農民はシュタンデスヘル地域外の農民と同等の地位や負担軽減を求め、シュタンデスヘルの居館や管理事務所に押しかけて契約文書を焼却させた。この状況をみて、土地貴族層の抵抗で翌年にずれこんだプロイセンを除いて、ほとんどの邦国の三月政府は、残存していた封建的負担の廃棄を承認した。その結果、ドイツの農民解放は一応の完結をみたのである。三月末には、広範な社会層に支えられた運動による政治的変革、すなわち狭義の三月革命の第一局面はさしあたり終息に向かった。

革命の位置づけと性格

ドイツ三月革命は、一八四〇年代後半から表面化した全ヨーロッパ的な政治・社会危機の一部であった。前章で述べられているように、この危機は、人口増による大衆貧困の拡大、伝統的手工業の衰退と「社会問題」の出現という前近代的社会秩序の動揺、市民諸階層への立憲自由主義の浸透といった近代的要因が絡み合った複合的な構造をもっていた。打開策を求める市民・手工業職人らは、改革を頑《かたく》なに拒否する君主・政府への不信を強め、閉塞感が蔓延していた。さらに一八四〇年代なかばの深刻な不作と物価高騰、経済不況やコレラなどの伝染病の流行、ハプスブルク帝国内での民族運動の台頭などが重なり、現状批判のエネルギーは著しく蓄積された。

一八四七年末のスイス分離同盟戦争での自由主義勢力の勝利、四八年初めの一月から始まったイタリア各地の立憲革命と反ハプスブルク蜂起などの動きも、ドイツの世論に影響を与えていた。フランス二月革命はドイツでの革命への最後のひと押しであったのである。ドイツでの革命の波及のはやさ、諸君主・政府側のすばやい後退と譲歩は、旧体制不信や改革の必要性の認識がすでに支配層のなかにも共有されていたことを裏づけている。革命運動の要求をまとめ、三月政府に指導的に加わって発言したのは、経済・教養市民層など圧倒的に社会上層の代表であった。しかし、革命運動の大衆基盤や市街戦を直接担った者の多くは、都市では手工業親方、職人、労働者であり、農村では農民であったことが示すように、革命運動は立憲自由主義をめざす政治革命だけではなく、貧困や社会的地位低下に抗議する多様な、そして多方向的な社会運動で構成された複合体であり、そのなかには一部の民衆による反ユダヤ主義行動も含まれている。

三月革命のなかでドイツ連邦議会は出版の自由を認め、各邦国で検閲が廃止された。それにうながされて、ドイツ各地では新聞、政治パンフレット、ビラ、カリカチュアなどの出版活動が急成長した。プロイセンでは一八四八〜四九年のあいだに新聞の数が五割も増加し、ベルリンで四八年中にだされたパンフレット類は二〇〇〇点にもおよんだ。この「情報革命」は新しい公論の形成をうながし、さまざまな自発的結社や利益団体を生み出した。そのなかには自由主義的市民層の政治団体だけでなく、バイエルンやプロイセンでかなりの勢力を集めた保守派の組織や、バーデンだけで一〇万人が参加したといわれ、十月に全ドイツ会議を開いたカトリック教徒の「ピウス協会」、ボルンの指導する労働者・職人組織「労働者友愛会」、あるいは保護関税を要求する経済団体など、多様な性格や次元での組織を含んでいた。

フランクフルト国民議会選挙

革命が始まったばかりの三月初め、西南ドイツ地域の自由主義者・民主主義者がハイデルベルクに集まり、将来のドイツ国家問題を協議するためフランクフルトでの準備議会に代表を派遣するよう各邦国議会に呼びかけた。これに応えて三月末、五七〇名以上の各邦国議会代表が、フランクフルト・アム・マインのパウロ教会に集まり、準備議会を形成した。会議では国民議会の選挙法や将来のドイツ国家のあり方をめぐって、すでにハイデルベルク集会でみられた立憲自由派と民主派との、さらに民主派内部の議会主義

フランクフルト国民議会　議場となったパウロ教会は，1833年に完成した比較的新しい建物であった。

派と急進的共和派の対立が表面化した。ヘッカー、シュトルーヴェらの急進民主派は、君主政廃止とアメリカ合衆国をモデルにした共和国樹立を主張し、ドイツ連邦議会との即時絶縁を提案した。それが拒否されると、ヘッカーら四〇名程のメンバーは準備議会を離脱し、四月中旬バーデンで共和政を宣言して武装蜂起を試みたが、連邦軍によって壊滅させられた。

一方準備議会で多数派を形成したバッサーマンらの立憲自由派は、邦国君主など既成権力との合意のもとに連邦制的ドイツ国家樹立をめざす方向をとり、ブルームらの議会主義的民主派とともに、成人男性の選挙による国民議会の招集を決定した。準備議会の決定に法的根拠はなかったが、ドイツ連邦議会がこの決定を連邦決議としたことで合法的決定になった。選挙資格者からは「独立」の生計がないとみなされた奉公人や住込み徒弟などが排除されたり、その具体的実施が各邦国に委ねられたため間接選挙制となったところもあったが、かなりの数の職人・労働者を含む成人男性の八割近くに投票権が認められた。実際の投票率は邦国によって四〇～七五％とかなり変動があったものの、全体からみれば当時としては比較的民主的な性格をもっていた。

五月に実施された選挙をチェコ人はボイコットし、結局全体で六五〇名程の議員が選出された。議員の社会的出自をみると、貴族は一割程で、圧倒的多数は市民層出身者であった。しかも、議員の九割近くが大学教育を受け、半数以上が行政官、裁判官、大学教授などの公職勤務者であり、経済活動にたずさわる営業市民層より教養市民層が圧倒的に多かった。そのため当時から「教授議会」と揶揄《やゆ》され、非現実的な観念的議論に熱中する議会という否定的イメージをのちのちまで残すことになったが、実際の活動からみるとこの評価は正しくない。議員のこうした社会構成は、世論における市民層の指導的役割からきているが、同時に長期間居地を離れてフランクフルトで議員活動をおこなうことができる生活基盤が必要であったことも影響している。

この時点では近代的な政党はまだ存在していないが、それでも国民議会では共通の目的や個々の政策によって結ばれたゆるやかな議員のグループ分けができた。保守派や急進民主派は少数派であり、中道の立憲自由主義者が約半数を占め、残りの三割程が中立的な議員であった。

暫定中央権力の成立と国民議会の活動

国民議会ではまずドイツの暫定中央政府樹立に着手したが、これをめぐって早くも各派間で紛糾が続いた。国民議会議長に選ばれたガーゲルンは、中央政府の長である帝国摂政に、市民出身者を配偶者にもち、市民層に理解があるとされたオーストリアのヨハン大公を推す妥協案をだして支持され、この危機を乗りきった。ガーゲルンの調停能力はその後も国民議会をまとめるうえで重要な役割をはたしている。ヨハンは就任を受諾し、そのもとで暫定中央政府が発足した。それまでのドイツ連邦議会はその権限をこの中央権力に委譲して解散した。議会はついで将来のドイツ憲法の基本権の起草にはいり、早くも六月なかばには最初の法案が提出された。それはアメリカの独立宣言、フランス革命の人権宣言を引き継ぎ、個人の自由を前面に打ち出すとともに、さまざまな結社、自治体、教会などの社会的中間団体や少数民族の権利も擁護するというドイツ独自の要素も含んでいた。

いうまでもなく国民議会の最重要課題は、ドイツ統一問題であった。しかし、すでに革命前からドイツ連邦とデンマークとのあいだでシュレースヴィヒ・ホルシュタインの帰属をめぐる紛争が起きていて、国民議会もそれに巻き込まれることになった。三月末シュレースヴィヒ併合のため軍を送り込んだデンマークにたいし、プロイセンはシュレースヴィヒ支援の軍を派遣した。この処置はドイツ連邦議会から承認され、またフランクフルト国民議会からも追認された。市民層は戦争を熱烈に支持し、それはドイツ統一への推進力となったが、他方で統一ドイツを国際的な権力政治のなかでとらえ、ポーランド人やチェコ人など少数民族の独立に反対する議論も生み出している。

バルト海入り口での軍事紛争はロシア、イギリスの注目するところとなり、その圧力を受けてプロイセンは軍を後退させてデンマークと交渉にはいり、八月末マルメー休戦協定を結んだ。協定の一部は国民議会・中央政府が求めた条件に反していたため、国民議会では僅差で協定差止めが決議され、政府が退陣する事態となった。再度の投票で協定は認められたが、フランクフルトでは抗議集会が開かれ、蜂起に発展して軍と衝突した。その過程で保守派の国民議会議員が蜂起派に殺害されるという事件が起きた。蜂起は鎮圧されたが、この混乱は国民議会の権威を傷つけた。

反革命の巻返しと革命運動の急進化

フランクフルトの九月蜂起は、都市下層民を主体とする武装蜂起という内容や、国民議会議員の殺害という逸脱行動によって、立憲自由主義者や市民層多数派のなかに「民衆」にたいする恐怖と不安を呼び起こし、彼らを「秩序確立」の方向に傾斜させた。他方、中下層手工業者や職人層は、国民議会への不信を強め、急進民主派と提携した。

市民層と社会下層間の分裂と対立は、ウィーンの八月の事件以後急速に進んだ。ハプスブルク帝国は北イタリアでの独立運動やスラヴ系諸民族の自立要求に直面していたため、これまで革命運動より民族運動への対応を優先していた。しかし、八月に北イタリアの運動を武力でおさえこむと、政府・軍は自信を取り戻し、ウィーンから脱出していた皇帝も首都に戻ってきた。八月末、下層民向けの失業者対策として実施されていた市の公共土木事業で賃金切下げがおこなわれると、それに抗議する労働者がデモを組織した。デモ隊は市民層出身者で構成される国民衛兵と衝突して、死傷者三〇〇名以上をだした。この事件をきっかけに、市民層は政府に接近し、民主派や下層民の蜂起に備えるようになる。

ハプスブルク帝国下のハンガリー人は独立をめざして、かねてから皇帝や中央政府と対立していた。一方ハンガリー支配からの自立を求めるスラヴ系諸民族は、皇帝・政府を支持して彼らの目的を実現しようとした。九月、クロアティア軍がハンガリーに侵入して武力衝突が起きると、皇帝はクロアティア軍支援のためウィーン駐屯軍の派遣を命じた。これに反対してハンガリー支持のドイツ系民主派と軍の一部が蜂起し、十月初めウィーン全市を支配下においた。その際陸相が革命派に処刑され、皇帝・政府は再度ウィーンから逃れた。フランクフルト国民議会からは、ブルームら民主派が連帯のためにウィーンにやってきた。

しかし、ウィーンの革命は帝国内では孤立していた。十月末、政府側はヴィンディシュグレーツ将軍指揮下の帝国軍にウィーン攻撃を命じた。激しい市街戦ののち、蜂起側は二〇〇〇名以上の死者をだして敗北した。首都の民主派・民衆による政治・社会革命運動と、自治・自立を求める民族主義運動のずれ、民族運動相互の対立が、反革命派の反撃を容易にしたのである。勝利した政府は、ブルームを蜂起指導者の一人として議員特権を無視して処刑し、フランクフルト国民議会への対決姿勢を示した。その後、新首相シュヴァルツェンベルク、若い新皇帝フランツ・ヨーゼフ(在位一八四八〜一九一六)のもとで、帝国議会は憲法草案完成直前に解散させられ、皇帝権の強化と中央集権を前面にだした欽定憲法が一方的に発布された。

一方、プロイセンでも王権と邦国議会の関係は夏以降緊張度を増していた。邦議会で検討していた憲法草案の内容は、民兵制への移行、議会主義的統治体制の導入、グーツヘル支配の無償廃棄など、フランクフルト国民議会が検討していたドイツ憲法案より急進的な内容をもっていた。六月に起こったシュレージエンでの軍の発砲事件を機に、議会は将校が立憲的法体制に拘束されることを決議したが、国王はこれを拒否した。このころから、議会内部でも市民軍の範囲をどの社会層まで認めるかで自由派と民主派の溝が深まり、九月には市民軍が労働者に発砲する事件が起こった。市民層の秩序志向、国家との協力重視をみて、国王は反動派として知られる叔父のブランデンブルク伯を首相に招き、さらにヴランゲル将軍指揮下の軍をベルリンに呼び入れて戒厳令をしき、政治結社の解散、反対派新聞の禁止を命令した。これにたいして市民側の抵抗はほとんどなかった。さらに議会も十二月には解散させられ、欽定憲法が一方的に公布された。その内容は議会の憲法草案をある程度反映していたものの、王権制約条項は含まれていなかった。

大ドイツと小ドイツ

統一ドイツ国家の構成範囲について、フランクフルト国民議会の大多数の議員は、大ドイツ主義、すなわちドイツ系のオーストリアがハプスブルク帝国から分離して、ほかのドイツ連邦諸邦と統合すべきことで一致していた。十月末、国民議会は大ドイツ主義統一案を圧倒的多数で決議したが、ハプスブルク帝国政府はこれを拒否した。苦境に陥った中央政府首相は辞任し、当面オーストリアを除いてプロイセンを中心に統合をめざす方向、すなわち小ドイツ主義を主張する国民議会議長ガーゲルンがそのあとを継いだ。

この間ドイツ憲法案の審議もようやくまとまり、翌年三月、世襲皇帝のもとでの連邦制、普通選挙制の下院をもつ二院制議会を定めた憲法が採択された。四月、議会は半数近い議員の棄権のもとで、プロイセン国王フリードリヒ・ヴィルヘルム四世(国王在位一八四〇〜六一)を皇帝に推挙した。しかしベルリンに派遣された国民議会代表にたいし、議会からの帝位申し出をきらったプロイセン国王は、諸邦国君主の同意を条件として、事実上受諾を拒否した。国民議会は帝国憲法支持を各邦国議会に求める決議を採択して抵抗したが、各邦国の多くは自邦出身議員の引上げを命じ、残部国民議会も六月に活動を停止した。

こうしてドイツ統一問題は国民議会からふたたび諸邦国の外交次元に引き戻された。君主の合意による小ドイツ的統合をめざしたプロイセン国王は五月、ザクセン、ハノーファーなど二七邦国の同意をえて、「エアフルト連合」を結成した。しかし、バイエルンはこれに抵抗し、さらにハンガリー蜂起を鎮圧して対外的影響力を回復したオーストリアが、「七〇〇〇万帝国(中部ヨーロッパ帝国)」統合構想で対抗した。一八五〇年十一月、プロイセンはロシアの支持をとりつけたオーストリアの圧力に屈服し、オルミュッツ条約で「連合」構想放棄を約束させられた。一方オーストリアの「七〇〇〇万帝国」構想もまもなく挫折し、結局ドイツ連邦と連邦議会が復活して、ドイツ統一方法の決着は先に延ばされた。

革命の終息と結果

ドイツ統一は不成功に終わり、プロイセン国王も五月、先に認めたプロイセン憲法での普通・平等・秘密選挙権を廃して、不平等・公開・間接選挙権による三級選挙制にすることを布告するなど、各邦国での政治的後退があらわになってきた。これに対抗してザクセン、バーデン、プファルツなどでは、五月から七月にかけて帝国憲法を支持する「帝国憲法闘争」があらたな武装蜂起に発展した。この「五月革命」を指導したのは、前年秋に民主派を軸に組織され、支部数九五〇、会員五〇万人といわれた中央三月協会であり、その背後には多くの自治体や議会の帝国憲法への支持や期待があった。蜂起派はザクセン、バーデンで一時臨時政府を組織する勢いを示したが、市民層の多くは武装蜂起といった急進的行動から距離をおくようになって、蜂起の主体は兵士や職人層など社会下層に集中し、各地の蜂起を調整する組織も指導者もなかった。蜂起はいずれもプロイセンなどの強力な軍事的支援で制圧され、これによって一八四八・四九年革命は終わった。

一八四八・四九年革命は、民主派の期待した共和政も、立憲自由派も含めて推進したドイツ統一国家樹立も実現できなかった。挫折の主因として、革命運動自体の基盤が弱く、そのうえ運動内部での市民層と都市下層大衆との対立が早くからあらわれて分裂したことが指摘されている。換言すれば、三月革命の初期の成功は、革命運動の強さより、むしろ旧体制側の弱さと譲歩によるものであったということであり、そのため行政機構・軍・外交といった重要な分野が旧体制側の手に残されて、彼らの反革命的巻返しを容易にしたのである。さらに革命が、立憲自由主義的改革、社会問題の解決、統一国家建設など多次元にわたる困難な課題に一挙に直面した状況もその一因にあげられる。

一八四八・四九年革命は当時から失敗した革命と決めつけられ、その後この否定的評価は定説化してきたといえる。しかし、革命が農民解放を完成させ、また当初の期待からは後退したとはいえ、プロイセンはじめほとんどの邦国で立憲政治を実現させ、三月前期体制に終止符を打ったことはやはり画期的であった。また革命によって市民層をはじめ、都市下層大衆や農民などのあいだで政治的・社会的流動化をうながしたこと、すなわち政治組織だけでなく利益団体などの非政治的団体、文化的結社による横断的結合が始まり、市民社会への転換の助走路をつくったことも見逃せない。国民議会議員の半数近くは、その後も自治体や邦議会で活動を続けるか、あるいはつぎの「新時代」の政治の場に再登場している。革命の遺産のひとつには、財産と教養をもつ名望家という新しい政治家集団の形成があった。そしてなによりもドイツ統一という目標は、革命を通じてはじめて諸社会階層に広く浸透しえたのである。

2　工業化の進展と統一国家への道

政治的反動と経済的好況

一八五〇年代は全ドイツで政治的反動期となった。フランクフルト国民議会が採択した憲法の基本権は否定され、各邦国の三月政府が発した諸法令の多くも撤回された。また各邦国の憲法も王政原理を強調する内容のものにかえられた。その程度は邦国によって違いがあったが、シュヴァルツェンベルク首相のもとで憲法を全面的に撤回したハプスブルク帝国がもっとも顕著な例になった。シュヴァルツェンベルクの死後、内相バッハは近代的行政機構の整備を指導しつつ皇帝専制体制を維持し、「新絶対主義」といわれた時代をもたらした。プロイセンでも三級選挙法を導入した内相オットー・フォン・マントイフェルが一八五〇年首相になり、軍と王権の結合は強まった。オーストリア・プロイセン両国の主導のもとに、連邦機関「反動委員会」が各邦国の内政を監視し、必要と思われたときには介入して、三月革命の残滓《ざんし》の払拭につとめた。事前検閲制は復活し、たとえばバイエルンでは一八五〇年以降八年間で二五〇〇件以上の出版物押収があったし、またユダヤ人の法的解放ももとに戻された。主要邦国が結成した「警察連合」のもとで革命派や民主派は厳しく追及され、彼らのなかにはスイスやアメリカに逃れる者が少なくなかった。自由主義者のなかで「現実政治《レアルポリティーク》」ということばが苦い思いで語られたのも、この時期であった。

しかし、反動は主として政治的次元の運動の抑圧に集中し、三月前期状況の全面的な復権にはならなかった。この時期に都市・自治体レベルでは、救貧行政の改革(エルバーフェルト方式)やベルリンの消防隊の設置などが進んだことも注意しておく必要がある。革命以前からあった体操協会、射撃協会あるいは合唱協会は市民の交流の場として活動を続けたし、全ドイツ歴史・古代協会、ドイツ・アルコール製造業者協会などの新しい非政治的文化団体や経済団体をとおして、全ドイツ的な交流や結集がはかられた。ドイツ市民層の家庭向け絵入り雑誌『ガルテンラウベ』も、一八六〇年には発行部数が一〇万部に達していたが、これも趣味や志向の共通性が進んでいる証左のひとつである。

また経済活動も活発であった。一時的な不況はあったものの、一八五〇〜七五年の四半世紀間、経済成長は年平均二・五％を維持し、六〇年代後半から七〇年代初めまでは、四・四％という高い水準になった。とくに注目すべきはなお労働人口の過半数が従事し、国内生産の四五％近くを占める農業が好況であったことで、この時期は「ドイツ農業のもっとも幸福な時代」といわれた。都市化など国内市場の拡大や輸出の好調に支えられて、穀物と牧畜を含めた農業生産は一八五〇年代初めには世紀初めと比較してほぼ倍増し、これが七〇年代前半までにさらに四割近く増加した。農民の封建的負担の消滅、チリ硝石などの化学肥料の採用や機械化などがこの背景にあった。しかし、この農業の安定的な発展の最大の受益者は、穀物輸出で大きな利益をあげたユンカーなど貴族層を中心とした大土地所有者・大農業家層であり、彼らの政治的影響力の源泉のひとつはその経済力にもあったのである。

すでに一八四〇年代から鉄道建設を梃子《てこ》として成長した工業も、五〇年代には一層劇的に上昇した。一八五〇年からの二〇年間で、ドイツ連邦の鉄道総延長は三倍強にふえ、しかもこの間、レールや機関車の大部分は自前で生産できるようになった。それは鉄道建設を牽引部門として、製鉄・石炭工業や機械工業などの関連工業部門が著しく発達したことを示している。事実、同じ期間に粗鋼生産が六倍に、鉄鋼生産と石炭生産は五倍になっている。工業化後発地域という不利は、この段階では技術革新をいち早く取り入れ、大規模工場を適切な場所に建設できるという利点になっていた。こうした急速な工業化、それに付随する金融制度の整備が市民層の自信を支えた。工業化の爆発的進展を象徴するルール工業地域をもつプロイセンは工業化の最先端を進み、オーストリアとの差を圧倒的に広げた。それはドイツ統一をめぐる主導権争いにも影響を与えずにはおかなかった。

1860年代のケムニッツの機械製作所の内部　すでにかなり大規模な工場ができていることがわかる。

しかし、工業の飛躍的進展にもかかわらず、ドイツは全体としてなお農業が優位であり、農村地域からの離村者、都市下層民を吸収することはできなかった。一八四〇年代なかばからふえ始めた渡航移民の流れは五〇年代になっても持続し、五四年には二四万人とひとつのピークに達した(二三三ページの表参照)。一八五〇年代全体ではドイツ地域からの移民総数は一一六万人で、そのほとんどはアメリカ合衆国に向かった。なかには政治的・宗教的迫害を逃れるために移民となった者もいたが、大部分は南部やライン地域からの小農民や手工業職人であった。一八五四年は食糧価格が高騰した年であり、それは移民の動機が経済的理由にあることを間接的に裏づけている。

ドイツ連邦でのヘゲモニー争い

復活したドイツ連邦内で、オーストリアとプロイセンは反動政策や中小諸邦国の統制では共同歩調をとったが、一方でプロイセンはオーストリアの単独優位を打ち破り、対等の地位を確保するため力を注いだ。その陣頭指揮にあたったのが、ドイツ連邦議会のプロイセン代表となったビスマルクであった。三月革命期に保守強硬派として名をあげた彼は、連邦議会でのドイツ政策で外交官として頭角をあらわした。オーストリアとの対決は、一八五三年に更新予定のドイツ関税同盟をめぐって先鋭化した。オーストリアはドイツ関税同盟をオーストリア主導の中欧関税同盟に転換させるため、更新を機に関税同盟への参加を求めた。両大国を相互に牽制させて、第三勢力としての自己の地位を守ろうとするバイエルン・ザクセンなどもこれを支援したが、プロイセンはオーストリアの参加を断固として拒否した。その後オーストリアは一八五四年、クリミア戦争にフランス・イギリス側で参加したがうるところがなく、また五九年のイタリア統一戦争では敗れて北イタリア領土を割譲するなど、大国としての威信を低下させた。

一八五九年十一月、ザクセンはプロイセン、オーストリアを除く中小諸邦国代表をヴュルツブルクの会議に招き、連邦改革を提案して合意をとりつけ、六一年に具体案を示した。それはドイツ連邦をオーストリア、プロイセン、中小諸邦国の三本柱で構成しようとするものであったが、プロイセンはそれに対抗してオーストリアを除くドイツ連合案をふたたびもちだした。どちらも受け入れられなかったが、プロイセンはイタリア新国家と国交を結んでオーストリアを牽制し、さらに一八六二年フランスと通商条約を締結して、オーストリアの関税同盟参加の道を封じた。これにたいして、オーストリアは一八六三年八月、ドイツ君主会議をフランクフルトに招請し、君主同士の決定で一挙にオーストリアの望む連邦改革を実現しようとした。しかし、プロイセン国王が出席をとりやめたため、オーストリアの外交攻勢は失敗に終わった。

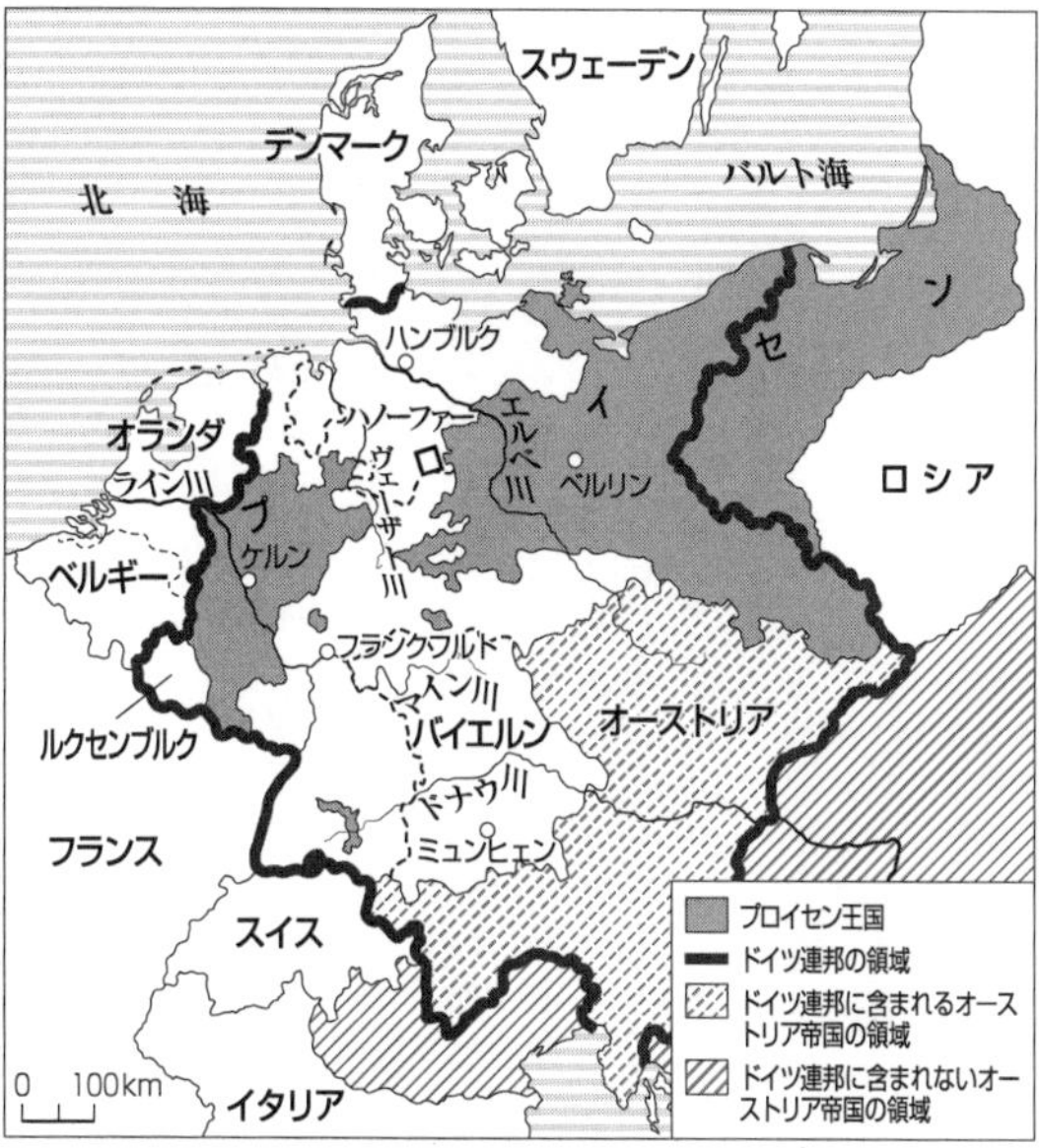

1816～66年のドイツ

「新時代」とプロイセン憲法紛争

一八五八年秋、プロイセンでは病気の国王

フリードリヒ・ヴィルヘルム四世にかわってヴィルヘルムが摂政に就任した。彼はマントイフェル内閣を罷免して、あらたな改革内閣を任命し、「プロイセンは賢明な立法、関税同盟のような統合要因をとらえて、ドイツを道義的に征服しなければならない」という告示をだして、内政改革とドイツ統一への意欲を示した。彼の登場は「新時代」の幕開けと受け取られた。一八六〇年代にはいるとバイエルンやザクセンでも改革や和解重視の政府が成立し、イタリア統一戦争に敗れたオーストリアも立憲政治へと転じた。

多くの規制緩和策が実施され、言論出版活動はふたたび活性化した。イタリアの国家統一に刺激されて、自由主義者・民主主義者は一八四八・四九年革命の挫折を取り戻そうと、五九年プロイセン主導の小ドイツ的統一を求めるドイツ国民協会を結成した。これにたいして、連邦の改革によってオーストリアの指導性の確保に期待する勢力は、一八六二年改革協会を結成して対抗した。一八五九年に催されたシラー生誕一〇〇年記念行事は、全ドイツ共通の文芸的基盤を強調して統一の気運を盛り上げた。一八六〇年代にはいると全ドイツ合唱祭などの祭典事業、トイトブルクの森のヘルマン像建立のための募金活動など多面的な運動が展開された。こうした共通の歴史や文化を「再発見」してドイツ人の一体感をつくりだそうとする運動は、かなり以前から大学人、とりわけ歴史家に担われて広げられてきた。フランクフルト国民議会の自由主義諸党派議員にドロイゼンのような歴史家がいたが、一八六〇年代にもモムゼンやトライチュケのような歴史家兼政治家があらわれたのは偶然ではなかった。

プロイセンではヴィルヘルムが就任直後、軍制改革を命じた。軍の規模は人口増にもかかわらず過去五〇年まったく変わらず、現状に適さなくなっていたからである。陸相ローンは一八六〇年、議会に平時兵力の増強、二年現役制の三年制への延長、国土防衛軍の分割を柱とする改革案と、それに必要な予算案を提出した。議会側は軍の増強それ自体は認めたが、市民出身者が指揮する国土防衛軍の弱体化などに反対し、その修正を予算承認の条件とした。軍の兵力や編成は国王の専権事項と考えるヴィルヘルム(一八六一年一月に正式に国王に即位、国王在位一八六一〜八八、皇帝在位一八七一〜八八)と軍首脳はそれを拒否し、反発した議会は予算の承認を拒んだ。左派自由主義者たちは妥協を探る穏健自由主義者と分離して一八六一年ドイツ進歩党を結成し、同年末の議会選挙に臨んだ。政党が選挙にでたのはこれがはじめてのことで、結果は進歩党が第一位になり、穏健自由主義者などとあわせて圧勝し、保守派は壊滅的敗北をこうむった。

勢いづいた自由主義者は責任内閣制の導入を求めて国王と対決し、事態は膠着状態に陥った。国王は議会を解散して打開を模索したが、選挙後の新議会では進歩党はさらに躍進して自由主義勢力は過半数を制した。こうして王権と議会の全面的な対決「憲法闘争」が始まった。国王も一時退位を考えたというゆきづまり状況のなかで、一八六二年九月、当時駐パリ公使であったビスマルクが新首相に起用された。彼は就任早々議会が軍事予算を否決すると、「現下の重要問題は演説や多数決ではなく、鉄と血で解決される」という挑発的な演説で対決姿勢を明らかにした。これによってビスマルクは「鉄血宰相」の呼称をえることになるが、政府・議会はともに譲歩せず、たがいに相手を非難しつづけた。ビスマルクは議会の予算承認をえられないまま、財政執行と統治を強行した。

連邦の内戦と大ドイツ主義の終焉

内政の危機からビスマルクを救ったのは、対外的危機と戦争であった。一八六三年末、デンマークは国王の交代を機に、ドイツ連邦の規定に違反して新憲法でシュレースヴィヒ編入を決めた。これにたいし翌年連邦議会はデンマークに軍事制裁を発動した。連邦軍の攻勢にデンマークは敗れて十月ウィーン講和条約を結び、シュレースヴィヒ・ホルシュタインをドイツ連邦に譲渡した。自由主義者らは住民の期待するシュレースヴィヒ・ホルシュタイン公国の設立を求めたが、プロイセンとオーストリアはガスタイン協約で両国のみでこの地域を分割管理することを決定した。しかしまもなく、プロイセンはオーストリアが反プロイセン運動を放置していると非難し、一八六六年四月オーストリア管理下のホルシュタインに軍を進め、同時にオーストリアを排除するドイツ連邦改革を提案した。オーストリアが抗議すると、プロイセンは北ドイツの一九の諸邦国と同盟を結び、ドイツ連邦から分離した。ここにドイツ連邦は事実上解体した。

オーストリアはプロイセンへの制裁を求めて連邦軍の動員を要請し、バイエルン、ザクセン、ヴュルテンベルク、ハノーファーなどの諸邦国がこれに応じた。六月なかば、プロイセン軍は先手を打ってこれらの諸邦国に進撃し、戦争が始まった。この経過が示すように、プロイセン・オーストリア戦争(普墺戦争)という呼称は誤解を生じやすい表現で、実際にはプロイセンと北ドイツ諸邦国対オーストリアと中部・南ドイツ諸邦国との戦争、ドイツ連邦構成国間の一種の内戦であった。戦争ではモルトケ指揮下のプロイセン軍が、七月初めケーニヒグレーツでオーストリア軍を打ち破り、この唯一の会戦で事実上プロイセン側の勝利が決定した。ビスマルクは、ウィーン入城やベーメン併合を主張する国王や軍をおさえて、ウィーン講和条約ではヴェネツィアのイタリアへの割譲を除いてオーストリアの領土には手を着けず、ドイツ連邦の解散とオーストリアを除外したドイツ再編を受け入れさせるだけにとどめた。これによって、ドイツ統一の選択肢としての大ドイツ主義的方向は最終的に閉ざされた。

すでにこの戦争中に、プロイセンは北ドイツ諸邦国と新しい連邦の結成に着手し、翌年七月憲法が正式に発効して、北ドイツ連邦が成立した。諸邦国同盟のもとに、連邦構成国代表からなる連邦参議院と男性普通選挙による連邦議会の二院制という国制は、のちの統一ドイツのそれを先取りしていた。一方、新連邦に含まれないバイエルン、バーデンなどマイン川以南の諸邦国とは、攻守同盟とあらたな関税同盟が結ばれ、事実上北ドイツ連邦と共同歩調をとらせる枠組みがつくられた。

こうした結果をもたらしたのは、戦勝だけでも、あるいはプロイセンの強力な経済力だけによるものでもなかった。クリミア戦争以来の列強体制の一時的消滅、ヨーロッパ主要国家の内政改革への集中といった国際環境も、有利に作用した要因であった。また、ビスマルクの政治指導が重要な役割をはたしたことは確かだが、ビスマルクに事前の計画があって、それを一貫して追求したのではなかった。彼の目的があったとしても、それは政治主導権を議会に委ねないという行動原則とプロイセンのヘゲモニーの確保以上のものではなかった。

政治化の進展と諸党派の形成

ケーニヒグレーツ会戦の当日、プロイセン下院の選挙がおこなわれた。戦争による世論の高揚とプロイセンの優位という状況のなかでの選挙は、保守派の議席の四倍増、政府と対立していた進歩党ら自由派の後退をもたらした。しかし予想に反して、ビスマルクは新議会にたいしてこれまでの予算執行の事後承認とひきかえに、今後は法手続きどおりに予算の議会承認を求めると保証して、和解を申し出た。この事後承諾法の諾否をめぐって、進歩党・自由主義陣営は分裂し、国家統一を優先して政府支持に転じた一部の自由派と保守派の支持で法案は採択され、「憲法闘争」は終息した。

反政府路線からの転換を宣言した自由主義者は、翌年国民自由党を結成した。国民自由党は現実の統一政策を受け入れてビスマルクを支持し、そのもとでの「自由」の実現をめざすことを掲げた。ここに、以後一〇年以上にわたってビスマルクと国民自由党が連携する「自由主義時代」が始まった。しかし、それには軍を議会の統制できない領域とするという代償がはらわれたのであった。一方、進歩党は一八四八年革命の原則を堅持して、ビスマルクの「上からの統一」に批判的立場を継続した。

事後承諾法に賛成した保守派のなかにも、保守主義原理に反するハノーファーなど伝統的邦国のプロイセンへの併合には厳しい批判があり、以後正統保守派とビスマルクの関係は疎遠になった。それにたいしビスマルクを支持する保守派内の少数派は自由保守派を形成したが、保守主流派の離反はビスマルクを一層国民自由党との連携に向かわせた。なお、これまでカトリックの後ろ楯であったオーストリアが排除され、北ドイツ連邦議会で政府と国民自由党が協力して近代化立法をつぎつぎと成立させることに危機感をつのらせたカトリック教徒も、プロイセン議会のカトリック中央派議員団のまわりに結束を強めた。

同時に、これまで自由主義者・民主主義者の指導下におかれていた職人・労働者運動も、自立するようになった。一八六三年ラサールによって設立された全ドイツ労働者協会（ラサール派）がそのさきがけで、やがてマルクス・エンゲルスの思想的影響を受けたベーベル、リープクネヒトらが一八六九年に社会民主労働者党(アイゼナハ派)を結成した。また自由主義者や社会主義者の指導で、のちの労働組合に発展する自助団体や協同組合の結成もうながされた。統一国家成立の前から、さまざまな政治党派の核が形成されるという早期政治化はドイツの特徴的な現象のひとつである。

普仏戦争とドイツ帝国の成立

この間のプロイセンの伸張を隣国フランスのナポレオン三世は警戒の目で眺めていた。一八七〇年空席であったスペイン王座の候補にホーエンツォレルン家傍系の公子が推されると、フランスはそれに反対して辞退させ、ホーエンツォレルン家の長としてのプロイセン国王にその確認を求めた。ビスマルクはこれをプロイセン国王への侮辱と演出して(エムス電報事件)、反フランス世論をあおった。この挑発に反発して、ナポレオン三世は同年七月プロイセンに宣戦した。

世論の圧倒的支援を背景に、北ドイツ連邦と南ドイツ諸邦国は一体となってフランスと戦った。したがってここでも普仏戦争という従来の呼称は不正確であり、実態はドイツ・フランス戦争にほかならなかった。モルトケ指揮下のプロイセン軍は迅速に進撃し、九月初めスダンでフランス軍主力を包囲し、ナポレ

普仏戦争後の講和交渉　勝ち誇るビスマルク(左)と椅子に沈むフランス代表ティエール(右)。1875年制作のこの絵は，統一後のドイツ人の過剰な自信を表現している。

オン三世を捕虜にした。これによってフランス第二帝政は崩壊した。この時点でドイツ側の勝利は確定したが、戦争は翌年まで続けられた。パリに国防政府が樹立されてフランス側の抵抗が続き、さらにドイツ側の軍・政治指導者や世論が、国防上の理由や住民がドイツ系であるとの理由から、エルザス・ロートリンゲンの併合を要求したため、完全な勝利が必要となったからである。翌年一月、パリは開城して休戦条約が結ばれ、五月のフランクフルト講和条約でフランスはエルザス・ロートリンゲンの割譲、五〇億フランの償金支払いを受け入れた。

この間、一八七〇年秋から南ドイツ諸邦との統一ドイツ結成交渉が進められていた。バイエルンの自立性への譲歩などを認めたものの、基本的には北ドイツ連邦を拡大し、諸君主の永続的同盟の形式をとった連邦国家で合意をみた。あらたなドイツ帝国の憲法も、北ドイツ憲法に必要最低限の修正をほどこしたものが採用された。

新帝国の正式な成立はドイツ帝国憲法が発効した一八七一年一月一日であったが、一般的には一月十八日、敵地のヴェルサイユ宮殿でドイツ諸邦国君主と将官・政府高官を前に、プロイセン国王がドイツ皇帝と宣言された式典が帝国誕生の日と記憶されている(口絵参照)。そして一般国民や議会代表が一人も出席していない「帝国創設式典」は、たしかに「上からの建国」という統一過程のある側面を象徴していた。

3　ビスマルク体制下のドイツ第二帝政

帝国の社会・政治構造

新ドイツ帝国は、神聖ローマ帝国を引き継ぐという意味から第二帝国、第二帝政と呼ばれる。しかし、それは神聖ローマ帝国のような多民族国家を否定し、ドイツ人の国民国家であることを正統性の根拠とした、まったく新しい国家であった。もっとも実際には多くのドイツ人を排除し、国外に残す一方、国内にはポーランド人・ソルブ人などのスラヴ系諸民族やデンマーク人を少数民族としてかかえる点で、実態としてはいぜんとして多民族構成国家であった。あらたに併合され、帝国直轄地となったエルザス・ロートリンゲンの住民の多数も、自分たちをすぐにドイツ人と認めたわけではなかった。プロテスタント優位のプロイセンが、その経済力と軍事力を基礎に、三度の戦争をとおしてつくりあげた国家は、自由主義的なプロテスタント系市民層から熱狂的な歓呼をあびたが、南ドイツ諸邦国の住民、カトリック教徒、非ドイツ系少数民族や社会主義者からは複雑な感情でむかえられた。

この国家をプロイセン拡大版のドイツであり、ビスマルクの上からの強引な指導によって創設された帝国と性格づけることがあるが、それは一面的である。そうした側面は否定できないとしても、非プロイセン諸邦国はたんなる脇役ではないし、やがてプロイセン自体が帝国に飲み込まれ、その意義を縮小させて

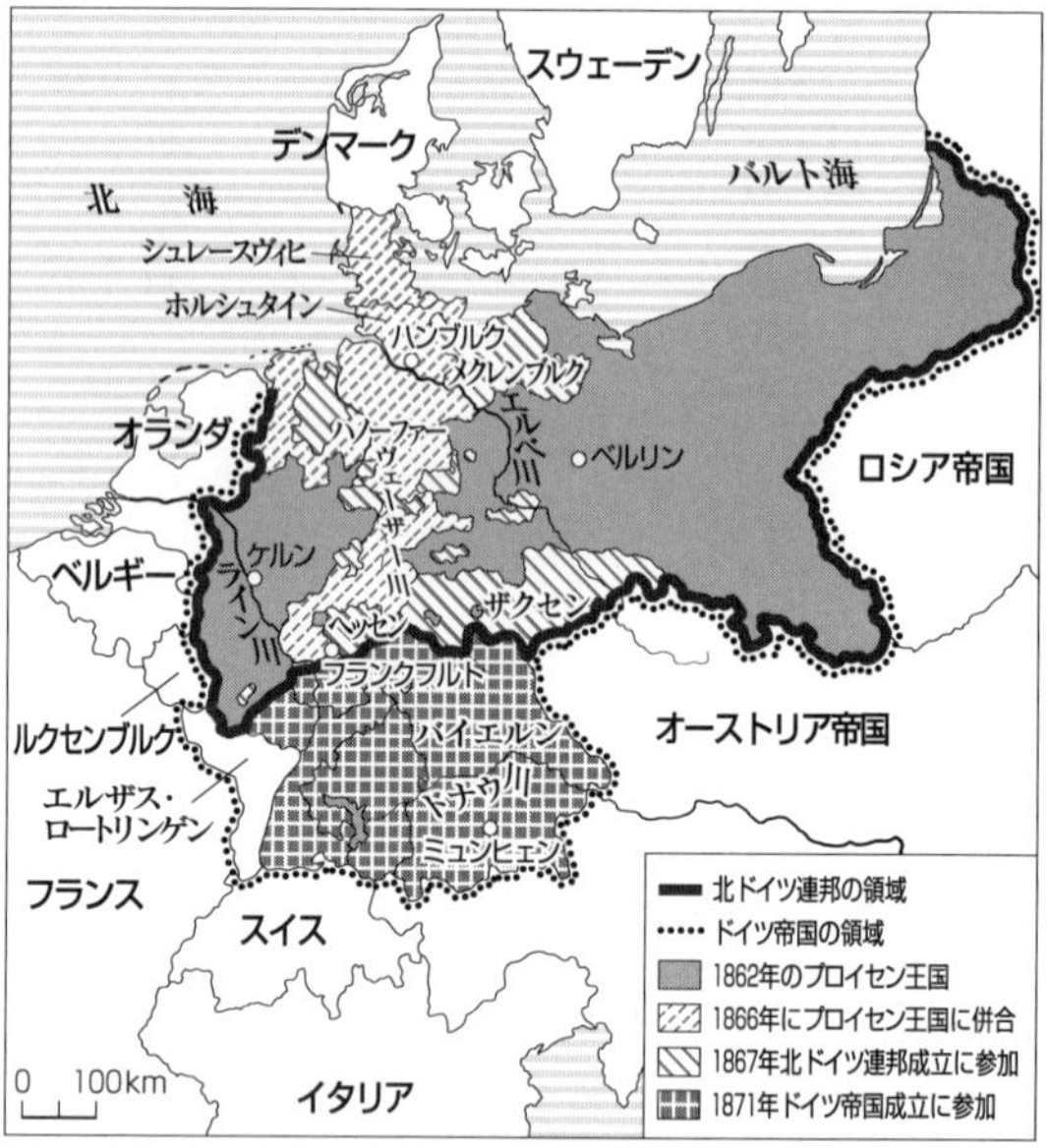

1866〜1918年のドイツ

いくからである。既存体制を維持するために、革命的手段を使うという意味で「白色革命家」と評されるビスマルクの「上からの革命」も、それを支える市民層など下からのナショナリズム運動があってはじめて、現実的な力をえたことにも留意しておく必要がある。

帝国創設時、ドイツの人口は約四一〇〇万人で大陸有数の大国であり、人口・領土ともにその五分の三をプロイセンが占めていた。キリスト教宗派別ではプロテスタントとカトリックがそれぞれ六二%、三六%で、カトリックが明瞭な少数派に転落したことも新ドイツ国家の特徴のひとつとなった。工業力はすでにフランス、ロシア、オーストリアを上回っていたが、国民の六割が人口二〇〇〇人以下の自治体の住民であったことが示すように、工業化・都市化の本格的展開はまだ始まったばかりであった。

帝国の政治構造は北ドイツ連邦のそれを拡大したもので、軍事・外交・人事にわたり広範な専権をもつドイツ皇帝職はプロイセン国王が兼任し、立法府は連邦参議院と帝国議会の二院制で、中央(帝国)政府は

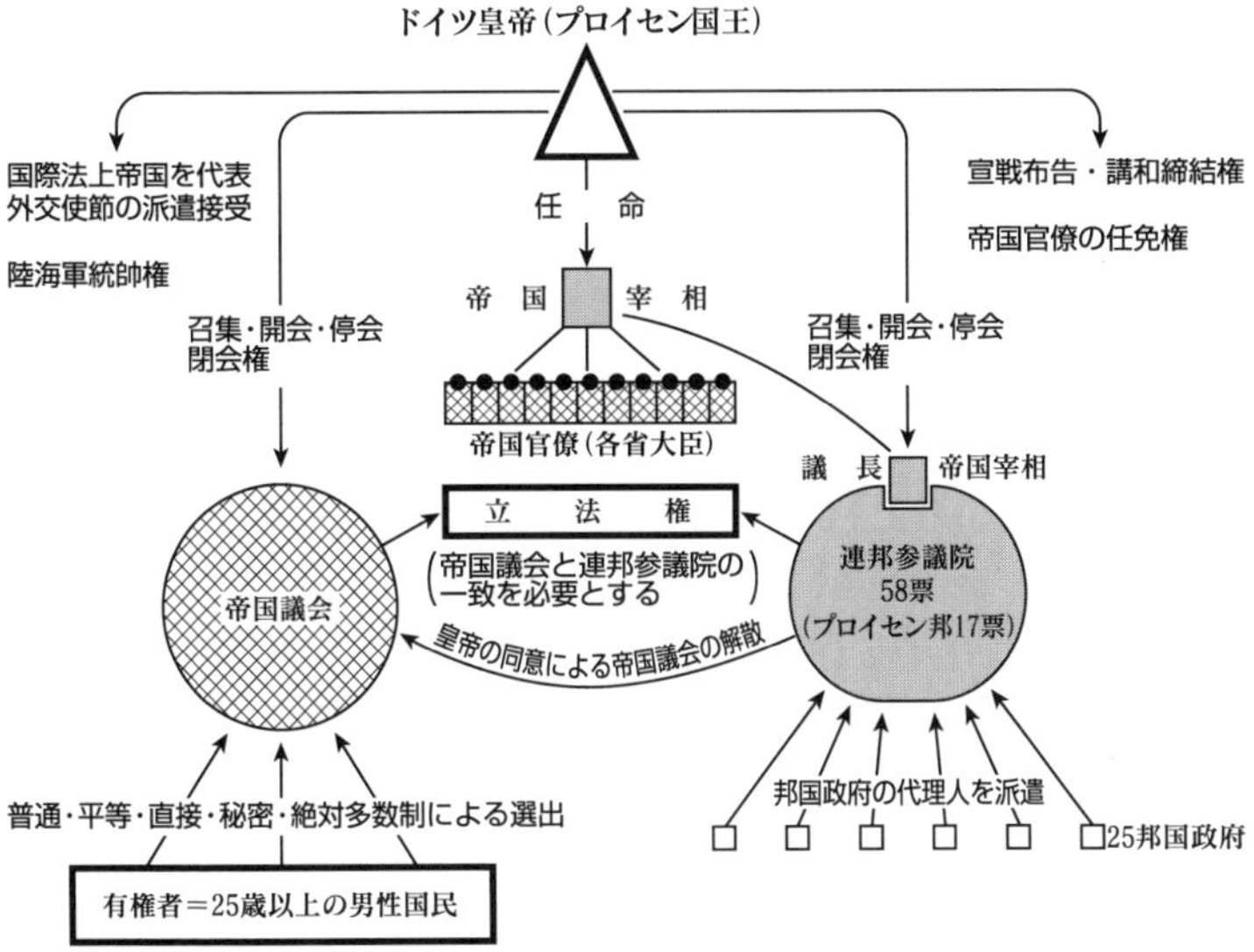

帝政期の国家機関

連邦構成邦国の既得権をおかさないという条件で設置された。そのため正式には帝国政府ではなく帝国指導部と呼ばれ、大臣は帝国宰相ただ一人でほかは正式には事務次官(本書では慣例に従って大臣と呼ぶ)であり、また最初は中央省庁の数も少なく、法案検討や実務処理ではしばしばプロイセンの関係省庁に依存した。中央政府の財源は主として間接税と各邦国からの分担金に依存する仕組みになっていた。つまり、中央政府は財政基盤の貧弱な、小さい行政府であり、宰相も皇帝の信任が頼りであった(上図参照)。

したがって、各邦国の統治システムや選挙制は帝国においても変化はなく、帝国議会が男性普通選挙制を採用していても、プロイセンをはじめ各邦国・自治体では不平等選挙制が一九一八年まで維持されていたし、行政機構や軍での貴族層の優位はその後も続いた。このような伝統的制度と近代的制度の混在、その重層的構造は新帝国の特徴のひとつである。なお、帝国議会は予算審議権をもつものの、軍事・外交領域での発言を封じられ、政府側の提案に反応する受動的機関であった。さらに軍事費にかんしては、毎年ではなく七年ごとに議会で審議承認する七年制が政府の要請で決まり、軍にたいする議会の予算面での影響力もほぼ遮断された。こうしたことから帝国議会の地位の弱さを強調する見方がある。しかし、国民の意思を唯一合法的に反映する場としての帝国議会は、憲法の条文以上の政治的影響力をもち、また為政者もそれを意識せざるをえなかった。事実、帝国憲法にもかかわらず、帝国議会の権威と国民統合機能は時とともに高まっていった。

こうした構造にもかかわらず、最初の十数年における帝国宰相ビスマルクの権力はきわめて大きかった。その理由は、強力な権力をもつ皇帝ヴィルヘルム一世が高齢もあって皇帝権力をふるわない象徴的存在に終始し、ビスマルクに大きな裁量権を許したこと、さらにプロイセン首相を兼任し、多くの分断線や対立に満ちた統一国家の統合力を強めるために、強力な指導を受け入れる用意が行政・議会のなかに存在したこと、そしてビスマルク個人がもっていた統一を実現した指導者という権威の力であった。

建国・創設ブームの暗転

帝国創設直後、前年に北ドイツ連邦で会社設立許可制が撤廃され、さらにフランスからの償金が大盤振舞いされたこともあって、投資熱や会社設立ブームが広がり、バブル状況が到来した。一八七〇年当時の製鉄・機械加工企業数が五年間で倍増した例はその一端を示している。ドレスデン銀行やゲルゼンキルヒ

ブレーメンの外港ブレーマーハーフェンで乗船を待つ移民　1880年代初期の光景である。

期間	渡航移民(−)	大陸内への移民・ドイツへの受入れ合計	総計
1841-1850	−419	−92	−511
1850-1860	−1088	+175	−913
1860-1871	−938	−144	−1082
1871-1880	−550	−184	−734
1880-1890	−1342	+23	−1319
1890-1895	−403	−46	−449
1895-1900	−127	+212	+85
1900-1905	−147	+194	+47
1905-1910	−133	−18	−151

ドイツからの移民送り出し(−)と移民受入れ(+)の推移
(単位＝1000人)

エン鉱業など、のちに指導的企業となっている企業もこの時期に設立されているから、すべての新会社が泡沫的起業であったわけではなかった。とはいえ、議会でも取り上げられたロシア鉄道建設債券をめぐる不正事件のようないかがわしい事例も少なくなかった。

一八七三年五月、ウィーンの証券取引所から始まった株価暴落と金融危機は、深刻な経済恐慌となり、多数の企業倒産と生産低下、価格低落を導いた。これまで、この恐慌が一八九〇年代なかばまで続く「大不況」の始まりとされてきた。しかし一八七三年不況での生産落込みは七六年には回復し、その後工業生産は成長率こそ低いが着実に上向きになった。このことから長期の「大不況」というより、恐慌後、低成長期に移行したとする見方が有力になっている。一八八〇年代が、十九世紀を通じてアメリカへの移民の最大のピーク時となったことも、この連関でみるべき現象である。さらに、交通革命によって輸送コストが大幅に引き下げられた結果、一八七〇年代なかばころから、ドイツの穀物輸出先であったイギリス市場に安価なアメリカ産小麦が進出して、ドイツ産を圧迫し、ロシア産小麦もドイツ市場に食い込むようになった。もっとも、高水準の成長率に慣れた同時代人が突然の景気変動を「大不況」と受け取り、自由主義経済への不信を強めたことは確かで、それが社会不安や反ユダヤ主義出現の下地になったといわれている。いずれにしても楽観的な創設ブームは一八七〇年代なかばには悲観的な空気にかわっていく。

自由主義時代と「文化闘争」の挫折

一八七一年は、国内政治的にみれば大きな節目ではなかった。一八六〇年代後半の北ドイツ連邦の「自由主義時代」、すなわちビスマルクと与党化した国民自由党の連携は、新帝国においてもリベラルな内相デルブリュックの起用によって引き継がれた。一八七一年の選挙で第一党になった国民自由党は、ライヒスバンクの設立、通貨統合などの統一的国内市場整備にかんする諸立法や、出版法など市民社会原理の法制化を推進した。それは新政府にとっても、国家の統合力を高める観点から歓迎すべきものであった。

ところで、すでに一八六〇年代から、バイエルンやオーストリア、バーデンなどで、政教分離政策の推進をめぐってカトリック教会と国家との紛争が多発していた。教皇庁はイタリア統一後ヴァティカンを除く教皇領を奪われ、また各国の近代化・世俗化の進行で既得権を失ったことから、近代化と自由主義など近代思想に敵対的な姿勢を強めていた。

一八七一年三月の帝国議会選挙の結果、カトリック中央党は単独で第二党になったが、皇帝への謝辞演説に教皇領回復要求が含まれなかったことに抗議して議会開会式を退席し、また帝国憲法にカトリック信仰擁護条項をいれるよう提案して、自由主義者の反発を招いた。ビスマルクはカトリック教徒を敵視してはいなかったが、彼らが国家統一事業から距離をおき、また東部のポーランド系住民がカトリック教徒であるなどの事情から、教会が信徒大衆を政治的に動員することを警戒していた。一八七二年初めプロイセン文相に国民自由党系のファルクが任命されると、公教育での政教分離政策が進められ、それとともに五月法による宗教教育における聖職者の規制、イエズス会取締り法など、より鮮明な反カトリック路線があらわれた。ビスマルクもやがてカトリック聖職者を「帝国の敵」と呼ぶようになり、一八七四年以降には抵抗する大司教や神父たちを逮捕して裁判に付し、信徒集会禁止や出版物押収など、全面的な対決政策に移行した。著名な医学者で国民自由党議員のフィルヒョウが、これを「文化闘争」、つまり近代文化のための闘争と呼んだことは、当時の自由主義者の高揚した文明化使命感をよく示している。

しかし聖職者と信徒間の分断は起こらず、それどころか危機感をいだいたカトリック教徒の結束・連帯はかえって強固なものになった。一八七二年に結成されたドイツ・カトリック信徒協会はさまざまな教会関連の信徒組織と連携して中央党の大衆動員組織となり、中央党を大衆基盤をもつドイツ最初の国民政党に成長させた。一八七四年の帝国議会選挙では中央党はその歴史のなかでもっとも高い得票率を獲得し、議席を三分の一も伸ばした。

事態打開の展望がないまま、「文化闘争」はプロテスタント系保守派からも批判され、さらに反プロイセン感情の強い少数民族やハノーファーの住民などもカトリック側を支援した。「文化闘争」によって国民自由党への依存が増すことをきらったビスマルクは、一八七〇年末に「文化闘争」を終息させた。「文化闘争」は近代化の賛否をめぐる国家と教会の争いだけではなかった。多くの信徒は反近代化のためだけに教会を支持したのではなく、工業化・国民国家建設といった激動する環境で精神的拠り所を求め、自己の生活を防衛するために大衆的抗議運動に参加したのである。

社会主義者鎮圧法と党派「ミリュー」の形成

その後ビスマルクは、一八七五年ラサール派とアイゼナハ派が合同して結成したドイツ社会主義労働者党に矛先を向けた。党は一八七七年選挙で九・一％をえて、六年間で得票を三倍に、党員を一〇倍にふやす成長ぶりを示した。ビスマルクはかねてからアナーキスト・社会主義者の処罰を構想していたが、一八七八年、皇帝暗殺未遂事件を利用して帝国議会に社会主義者鎮圧法を提出した。自由主義諸党派がこの例外法を拒否すると、宰相は議会を解散した。選挙の結果、自由主義諸派は後退し、保守派が躍進した。十月、鎮圧法は議会を通過し、社会主義労働者党は非合法化されて大打撃を受けた。しかし、党は選挙そのものには参加することはできたので、関連組織の名称を変えて活動を続け、また党紙の全国的な秘密配布組織をつくりあげて党員の結束をはかった。一八八〇年代なかば以降、帝国議会選挙での党の得票率は鎮圧法施行以前のそれを上回るようになった。

党は一八七五年のゴータ綱領でマルクス主義を基礎にしたが、党内でのマルクス主義の理解は必ずしも十分でなく、マルクス自身からも綱領にラサール的主張が混在しているとの批判を受けていた。しかし、社会主義者鎮圧法はマルクス主義理解とは無関係に多数の一般党員や労働者にも、現実の国家が階級国家であり、社会主義と労働運動の敵であることを実感させ、マルクス主義の権威を受け入れさせた。

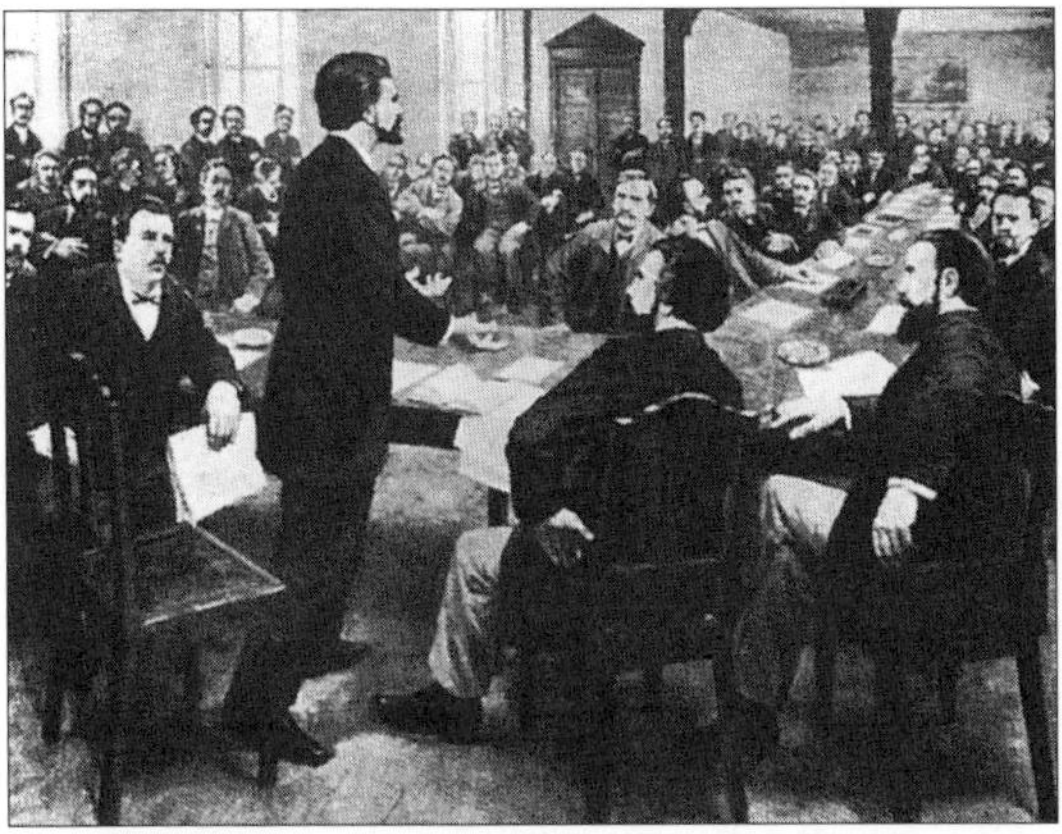

ゴータでの両社会主義運動の合同大会　ゴータは中部ドイツの小邦国，ゴータ公国の首都であった。

ビスマルクの第一の目的は労働運動を社会主義者の影響から切り離して国家の統制下におくことにあり、一八八〇年代には疾病・災害・老齢など社会保険制度を整備して、労働者の国家統合をはかった。この社会保険制度は他国に先んじた画期的なものではあったが、内容はなお不十分で反発も強く、彼の期待した労働者の社会主義離れは実現しなかった。しかし、ビスマルクは社会政策の導入によって、ドイツ帝国に、社会に介入し国民の生活にはいりこむ干渉国家(介入国家)という新しい性格を付与したのであった。

「帝国の敵」とされたカトリック教徒と社会主義的労働運動は、体制からの迫害だけでなく、日常的な交流や文化活動の場でも自由主義的市民層から排除された。彼らは信仰や政治的信念といった世界観を共通項として、政党から労働組合、協同組合のような相互扶助組織をへて合唱団など趣味や娯楽の分野にいたるまで自前の組織や結社を拡充させ、それぞれ独自の世界をつくると同時に、外部の世界とのあいだに境界を設けていった。こうして一八七〇〜八〇年代にかけて、まずカトリック教徒と労働者のなかに独自の世界が構築され始め、それに反発し、対抗するなかで非カトリック系農村部を基盤とする保守勢力、都市のプロテスタント・ユダヤ系市民層を核とする自由主義勢力などの政治・社会区分が徐々に形成された。このように共通の宗教(世界観)・地域・職業・社会層を媒介として成立した特有の文化環境は「ミリュー」と呼ばれ、各政治党派を支える基盤となり、ドイツの政治・社会の動向を長期にわたって規定するようになる。

内政の保守的転換とビスマルク外交

一八七三年恐慌とその後の経済的停滞によって、鉄鋼業を中心に国内市場を守るため自由貿易主義から保護主義への転換を要求する動きが強まった。当時保護関税はイギリスを除くアメリカなど多くの国々で採用され始めていた。一八七五年に設立されたドイツ工業家中央連盟などの利益団体や業界組織は工業製品保護関税を要求し、農業界の一部も穀物関税導入を提唱した。ビスマルクにとっても、関税収入の増加は中央政府の財政基盤を拡大させるうえで望ましいものであった。保護関税導入をめぐって国民自由党は分裂し、結局ビスマルクは、一八七六年にプロイセンを基盤に成立した保守党と中央党の支持で、八九年七月、農業・工業保護関税を認めさせた。これによって自由主義時代は終わり、政府の議会基盤は保守派に移った。

この保守的転換は、下からの社会主義・革命運動の抑圧を共通項に、保護関税によって工業家とユンカーなど大農業家層を「鉄と穀物の同盟」に結びつけてドイツ帝国の支配体制の根幹をつくりあげたとして、「第二の帝国創設」ともいわれる。結果としてそうした体制に近いものができたとしても、それがビスマルクの当初の意図であったかは疑問であるし、「同盟」自体安定したものでなく、必ずしもビスマルクの意向どおりに動くものでもなかった。保守への転換は、帝国創設後一〇年にわたってさまざまな分野で新しい統一的制度が導入され、全体的に息継ぎ期を必要とした政治・社会状況も背景にあった。

その後一八八〇年代なかばの自由主義諸政党（国民自由党と進歩党）の統合の試みが失敗し、国民自由党はふたたび与党路線に復帰したため、ビスマルクの支持基盤は表面的には強まったかにみえた。しかし、実際には議会基盤は不安定で、中央党は一八八〇年代なかばの陸軍増強案に反対してビスマルクと対立した。それにたいしてビスマルクは、ドイツ東部のポーランド系住民への強硬な同化策(ゲルマン化政策)を強めたり、一八八〇年代後半の陸軍増強では、ロシアの脅威やフランスのブーランジェ事件を利用して戦争の危機を演出してナショナリズムをあおるなど、その場しのぎの強引な手法に立ち戻るようになった。

ドイツ帝国の成立を「革命」と評したのはイギリスの政治家ディズレイリであったが、ヨーロッパ中央部における統一ドイツの出現、とくにオーストリア、フランスという伝統的大国を戦争で打ち破って達成されたその成立の過程は、国際的にもドイツにたいする警戒のまなざしを強めさせた。このことを承知していたビスマルクは、一八七〇年代統一実現後のドイツを「現状に満足した」国家とみせることにつとめ、また予定より早く償金支払いを完済してその国力をみせつけたフランスの報復を警戒して、これを孤立させようとした。一八七三年にはロシア、オーストリアと保守的な三帝同盟を結び、七七・七八年のロシアとオスマン帝国の戦争の事後処理にかんしては、「公正なる仲介者」としてベルリン会議を主催し、列強中心の現状維持体制の構築につとめた。

しかし、やがてビスマルクはドイツにとってオーストリアがロシアより重要であると認め、一八七九年にはドイツ・オーストリア二国同盟を締結した。一八八〇年代初めには、ヨーロッパから目をそらすためフランスの北アフリカでの植民地拡大を支援する一方、八一年これを警戒したイタリアを引き込んで、オーストリアとともに三国同盟を結成した。バルカン地域や植民地などの周縁地域に列強の関心を向けさせ、ヨーロッパ中心部での安定をはかる政策はコンゴ会議開催にもみられるが、その直後ドイツ自身が西南アフリカなどの植民地を獲得したことで、そうした政策は徐々に困難になった。ビスマルクの植民地獲得への方向転換の理由は、なお十分に明らかにされていない。国内に植民地を要求する運動はあったが、あまり大きなものではなく、国内の不満を海外に向けさせ国民統合を強める「社会帝国主義」的意図を重視する解釈は必ずしも説得的ではない。当時目前にあった帝国議会選挙向けのナショナリズム動員のためとか、イギリスへの牽制などさまざまな動機が指摘されているが、どれかというより、複合的な要因があったとみるべきであろう。

一八八〇年代後半になると、三国同盟ですらイタリアの要求で防衛的なものから一部攻勢的な性格をおび、またロシアとの関係悪化を調整するため、八七年には別個に再保障条約を結ばなければならなくなった。外交面でも一八八〇年代末にはビスマルクの現状維持政策はほころびが目につくようになった。

ビスマルクの退陣

一八八八年ヴィルヘルム一世が九十一歳でなくなり、あとを継いだフリードリヒ三世も三カ月で病死したため、若いヴィルヘルム二世(国王・皇帝在位一八八八〜一九一八)が即位した。このためこの年は「三皇帝の年」と呼ばれたが、一挙に孫の世代の新皇帝が登場したことで、国内には刷新ムードが広がり、ビスマルクの政治手法の「古さ」と長期政権のよどみが新時代への障害とみなされるようになった。

一八八九年、ルール地方での炭鉱労働者の大ストライキ運動にビスマルクは強硬な対応を求めたが、即位直後の強硬策をきらう皇帝は鉱夫の要求に一定の理解を示した。この食い違いは社会主義者鎮圧法を強化して社会主義活動家の公民権剝奪をめざす前者と、鎮圧法の限界を指摘する後者の対立へと発展した。その結果一八九〇年三月、ビスマルクは解任され、鎮圧法は期限切れのまま失効した。さらに外交面での行動の自由をふやすため、ロシアとの再保障条約の更新も見送られた。

一八八〇年代にはいってから、ビスマルクが国民に新しい目標を提示できなかったつけが、彼の解任の背景にあった。「ビスマルクの政治では、われわれは若くして金利生活者だ」という若い世代の感想は、当時多くの国民に共有され、ビスマルクの解任に反対する動きはその当時はほとんどなかった。大政治家ビスマルクという「神話」が誕生するのは、しばらくたってからであった。

第七章　新興工業国家の繁栄と社会の亀裂

1　加速する近代化と成長する経済

近代的経済・社会構造への転換

ビスマルク退陣後の一八九〇年から一九一四年の第一次世界大戦勃発まで、世紀交を挟んだ四半世紀はとくにヴィルヘルム時代と呼ばれている。この名称は皇帝ヴィルヘルム二世からきているが、この時期区分はたんに国家指導者の交代によるものだけではなく、すでに同時代人からも、国民経済の停滞と発展、内向きの現状維持政治と外向きのダイナミックな政治という対比で明瞭な時代基調の違いがあったと認識されていた。

帝国創設後最初の二〇年間で人口は約八〇〇万人増加したが、つぎの二〇年間ではそれは倍の一六〇〇万人になり、大戦直前のドイツの人口は六七〇〇万人に達した。急速な人口拡大によって、この時期のドイツはまた文字どおり若いドイツになった。一九一〇年の時点では、ドイツ国民の過半数は三十歳以下の人々によって構成されていたのである。

　こうした人口増、労働力増を吸収できたのは、工業を軸とする経済・貿易の持続的な向上であり、この期間の年平均成長率四・五％という数字がそれを端的に示している。世界経済は一八九〇年代なかばようやく長期の低成長期を脱して、以後大戦直前まで、一九〇〇〜〇一年、〇七〜〇八年の二度の短い景気後退を挟みながらも、ほぼ二〇年にわたる歴史的な好況期にはいった。ドイツはこの好況を先導した国のひとつであり、またその最大の受益者の一人であった。ドイツの鉄鋼生産は世紀交にはイギリスを凌駕し、石炭・鉄鋼の生産は大戦までに三〜四倍になり、また輸出の伸びも四倍になっている。

　とくに注目すべきは、ドイツが石炭・鉄鋼といった伝統的基幹重工業部門だけではなく、ジーメンス・ハルスケとA《アー》・E《エー》・G《ゲー》という二大企業の独占で知られる電機工業、さらに合成染料や各種の化学製品を生み出した重化学工業という、技術革新をともなう先端産業部門でも驚異的発展をとげたことである。近代科学の成果と結びついたこれらの新工業部門では、ドイツは技術輸出国であり、世界市場を支配する地位を築いた。また拡大する貿易を支えるドイツ商船隊の成長もめざましく、一八八〇年にはスペインの保有船舶量を下回る海運弱小国であったドイツは、三〇年後にはイギリスにつぐ世界第二位の海運国家の座についた。

　この結果、一八八〇年代末には、生産額において鉱工業が農業にかわって首位につき、一九〇五年には就業人口でも鉱工業は農業をぬいた。こうして一九〇〇年代後半には、ドイツは工業国へとはっきりと重点を移した。工業の拡大を支えたのは、ドイツ銀行、ダルムシュタット銀行、ドレスデン銀行、ディスコ

業　　種	1867年 人数	1867年 比率	1913年 人数	1913年 比率	成長率
第一セクター(農林漁業)	8,333	51.5%	10,701	34.6%	28.4%
第二セクター(鉱工業)	4,380	27.1%	11,720	37.8%	167.6%
第三セクター(サービス・運輸)	3,458	21.4%	8,547	27.6%	147.2%

産業部門従事者数の推移(単位＝1000人)

A・E・Gの電灯のカタログ　電気の世紀の幕開けは，ドイツ経済にとって追い風となった。

ハンブルク・アメリカ郵船会社の誇らしげな広告(1900年)　創設から半世紀で世界最大の汽船会社になった。

ント・ゲゼルシャフトの四D銀行に代表される金融界であり、銀行と工業の特徴的な結びつきはマルクス主義経済学者のヒルファディングによって注目され、「金融資本」の概念を生み出させている。

工業の飛躍の影に隠されがちであったが、ドイツ農業も立ち遅れていたわけではなかった。農業では機械化がひきつづき進行しており、化学肥料の使用などの近代化・合理化によって、生産は着実に上がっていたのである。とりわけ都市化や消費生活の変化に対応して、この期間だけでも食肉生産は二倍以上にふえ、中小畜産農家にも恩恵を与えた。もっとも、一方では、機械化や合理化は資本を必要としたため、資金調達の困難さや負債増に悩む農民の不満を増加させた側面もあった。

一八九二年まで、ドイツは年一〇万人をこえる移民を海外に送り出していたが、九〇年代なかばから移民数は激減し、逆にロシア領ポーランドやオーストリア領ガリツィアから、五〇万人以上の農業向けの季節労働者をむかえる、労働力受入れ国へと転じた。外国人居住者も一九一〇年で一二五万人をこえている。国内でも東部の農業地域から西部のルール工業地域やベルリンなどの大都市圏への移動の波はやまず、帝国創設時人口一〇万人以上の都市は八であったが、一九一〇年では四八になって都市化のピークをむかえていた。

要するに、ヴィルヘルム時代はさまざまな分野で近代化とその付随現象が全面的に出現した時期、イギリスとならぶ経済大国への道を進んだ時代であり、他方では近代化と伝統的価値基準の後退への反発がさまざまな対抗運動を生み出したというダイナミックな時代であった。

カプリーヴィと「新航路」政策

ビスマルクの後任は、軍人出身のカプリーヴィであった。彼は貴族であったがいわゆるユンカーとはちがって自己の領地を所有せず、能力と業績によって昇進を重ね、陸軍のほか海軍本部長の地位も歴任してきた。そのため、農業利益を重視する土地貴族的な価値観から比較的自由で、工業発展にも理解を示す開明官僚の伝統を引く人間であった。統治スタイルにおいても、ビスマルクの専断的、高圧的な姿勢に批判的で、政府内での職務分担を尊重し、とくにプロイセン内閣では協議による合意形成を重んじて、各閣僚に比較的大きな裁量権を認めた。

ヴィルヘルム二世は「国政の航路は以前と同じ」と述べたが、社会主義者鎮圧法の廃止などによって世論は転換を感じとり、それを「新航路」政策と呼んだ。「新航路」がもっとも明示的なかたちであらわれたのは、対外政策、通商・関税政策であった。ロシアとの再保障条約を失効させる一方、世界市場を握るイギリスとの関係改善をめざし、北海のイギリス領小島ヘルゴラントと東アフリカ、ザンジバル地域のドイツの利権を交換するヘルゴラント・ザンジバル協定を結んだ。協定は内容的にはイギリスに有利であったが、これは「ドイツは工業製品を輸出しなければならない」として工業の発展と通商国家の道にドイツの将来をみようとするカプリーヴィの姿勢の現れであり、それは一八九一年からオーストリアをはじめ、スイス、スペイン、ルーマニア、ロシアなどとあいついで締結された一連の通商条約にも反映されていた。これらの通商条約ではドイツの農業関税を引き下げるのとひきかえに、相手国の工業関税を引き下げさせて、ドイツ工業製品の輸出市場拡大がめざされた。

一方、国内政策では社会政策の分野で、日曜労働の禁止、少年・女性の労働時間制限、さらに労使紛争の調停機構として営業裁判所の設置などが実現し、労働運動への配慮や社会対立の緩和をうながす方向が打ち出され、さらにエルザス・ロートリンゲンやプロイセンのポーランド系住民への差別的規制も一部撤回された。この関連でいえば、農業関税の引下げも都市消費者にとって食糧価格の低下につながるもので、とりわけ社会下層の生活を扶助する側面があったことも見逃せない。

国内の諸階層の和解を進める一連の政策の背景には、ドイツ帝国の国民統合体としての実質が徐々に形成され始めたという現実があった。一八九二年には黒白赤の三色旗が正式に帝国旗と定められ、翌年にはドイツ全土が中央ヨーロッパ標準時に統一されたし、さらに九六年にはドイツ民法典がまとまり、一九〇〇年から施行された。ヴィルヘルム二世もプロイセン国王としてより、ドイツ皇帝としての役割に注目が集まるようになった。

しかし、カプリーヴィの内外にわたる新政策は、すぐに既得権に執着する勢力や社会主義運動を敵視する勢力から激しい批判と反発を招いた。それには解任に不満をもち、自己の政治の正当化をはかって歴史的名声を確保しようとする、前宰相のビスマルクも手を貸していた。最初の亀裂はプロイセン政府で表面化した。カプリーヴィが認めた各大臣の大きな裁量権は、ビスマルク時代にはおさえられていた税制、宗教教育、地方自治など個別要求を一挙にもちださせ、かえって閣内の統一を困難にした。一八九二年、カプリーヴィは宗教教育をめぐる混乱の責任をとって、プロイセン首相職を保守派のオイレンブルクにゆずった。帝国宰相とプロイセン首相の兼任の解消はカプリーヴィの権力基盤を弱め、結果としてプロイセン政府内の保守派の影響力を拡大させた。
また、ヘルゴラント・ザンジバル協定も、ドイツの植民地拡大と帝国主義的発展を期待する市民層やナショナリスト勢力から激しい批判を呼び起こした。この動きのなかからやがて全ドイツ連盟が成立する。全ドイツ連盟は人種主義的国粋主義を掲げ、広大な植民地とヨーロッパでのドイツの覇権確立を要求して、市民層や中間層への宣伝活動を展開し、新しい急進ナショナリズム運動の思想的中心となった。他方で、農業関税引下げにたいしては、大農業家層のみならず、中小農民のあいだからも反発が起こり、一八九三年、東部のユンカー層の指導で農業家同盟が結成され、激しい政府批判と農業保護関税再引上げのキャンペーンを繰り広げた。

「親政」の開始

社会主義者鎮圧法の廃止や社会政策の進展によっても、皇帝が期待した労働者の社会民主党からの離反は起こらなかった。これに失望した皇帝はふたたび弾圧策に立ち戻り、一八九四年新版の社会主義者鎮圧法として転覆法案提出を政府に求めた。カプリーヴィは反対して辞表を提出し、後任にはバイエルン首相を務め、当時はエルザス・ロートリンゲン総督であったホーエンローエ・シリングスフュルストが任命された。就任の時点で辞任時のビスマルクより高齢であった彼は、ほとんど指導力を発揮できず、つぎの後継者までのいわばつなぎ役の名目的宰相であった。ビスマルク神話が生まれ、彼の彫像設立ブームが広がったのはこの状況が大きく作用している。

一八九〇年代後半は、ヴィルヘルム二世とその保守的側近から、繰り返しだされる社会民主党への例外法・ストライキ規制の要求や、「クーデタ」と評された帝国議会選挙権の制限の試みなど、反動的な方向が強まった。同時に社会政策も停滞した。これには、社会政策の推進は結局社会主義にいきつくとみなすザール重工業の支配者で、皇帝とも親しかったシュトゥムの影響があり、そのためシュトゥム時代とも呼ばれている。一八九六年、ザクセン邦国で社会民主党の増大を前にして、保守・自由主義政党がこれまでの比較的平等な選挙権にかえて不平等な三級選挙権を一致して採用したのも、こうした政治的雰囲気の現れである。

この状況は、皇帝の個人的意向が強く政治に反映したかにみえ、そのためこの時期の政治はしばしば皇帝の「個人統治」あるいは親政と呼ばれることが多い。しかし、ヴィルヘルム二世の国民を意識した強硬な言動や派手なパフォーマンスにもかかわらず、彼が主張したさまざまな反動的立法は帝国議会では多数の支持をえられず実現しなかった。また彼が追求しようとした政治目的は明確さに欠け、旅行好きで首都に不在がちであったことからもその指導力には疑問があり、「親政」を過大視すべきではなく、むしろ皇帝は時代の鏡とみるべきだという指摘もある。

にもかかわらず、ヴィルヘルム二世の政治的役割をまったくとるにたらないものとすることもまた極論である。具体的な政治方針を掲げなくとも、政府高官や軍上層の人事権を行使して、ビスマルク世代と比べてより若い世代、皇帝の見解にそった政策をおこなう用意がある人々を登用するという間接的なかたちで、意向をとおすことができたからである。一八九七年夏、中央政府の外相となったビューロー、内相のポザドフスキ、海相に任命されたティルピッツはその典型であり、たとえばビューローは皇帝の「政治的参謀長」を自認していた。

政党と利益団体の結合

一八九〇年以降、経済利益団体の組織化は著しく増加した。しかも、それらはそれぞれの主張や担い手にもっとも近い既成政党と結びついて、その大衆基盤、選挙動員組織となった。前述した党派別のミリューはこれによってますます強固なものになり、同時にドイツの政党の利益団体化をも促進したのである。以下にそのおもな例をみておこう。

ヴィルヘルム２世(左)とティルピッツ(中央)　両者は海軍拡張の原動力であった。

社会主義者鎮圧法失効後、社会主義労働者党は党綱領をマルクス主義で体系化されたエアフルト綱領に改め、党名もドイツ社会民主党と改称して活動を開始した。一八九三年の国政選挙では党は前回の得票をほぼ倍増させ、以後一九〇七年選挙を唯一の例外として、国政選挙では一貫して勢力を拡大しつづけた。これを支えたのが、社会主義系の多数の職能別・産業別労働組合を傘下におさめ、一八九〇年に結成された自由労働組合であった。一九〇五年には組合員は一五〇万人をこえ、大戦直前には二五〇万人に達した巨大組織は、労働条件の改善という本来の任務だけでなく、「社会主義の学校」としてもっとも重要な党の大衆基盤であり、自由労働組合幹部は党の議員をかねて、党内の改良主義の浸透にも大きな影響力を行使した。

前述の農業家同盟はドイツ保守党と結びつき、やがて保守党は農業家同盟の政治代表に変容したといわれるほど強力な影響力を行使する。伝統的重工業優位のドイツ工業家中央連盟に反発して、輸出志向の製造業を中心に一八九五年に結成された工業家同盟は、国民自由党ないし自由主義左派勢力を支持した。一九〇九年に創設されたハンザ同盟は、農業家同盟に反対して世界市場を重視する輸出工業、金融界などがおもな担い手で、自由主義左派・民主派を支援した。中央党は、自由労働組合に対抗するキリスト教系労働組合をもち、また一八九〇年にあらたに創設されたカトリック・ドイツ国民連盟によってその大衆基盤を強化した。

しかし、全国的な規模で組織できる大農業・重工業・労働運動とちがって、多様な経済的利害が交錯する中間層や農民の組織化は困難で、それが成功した場合でも個別利益を掲げる小規模で、地域的にも限定された運動にとどまり、中央へ直結する回路と結びつくことはむずかしかった。そのため彼らの不満は一八九〇年代のヘッセンの農民のように、反ユダヤ主義政党や、地域的政治運動への支持となってあらわれることがあった。農民、中小自営業者などの中間層は近代化のなかでも国民のなかでいぜんとしてかなりの比重を占め、さらに流通部門や公共サービス部門の拡大によって、事務職(いわゆるホワイトカラー層)という新中間層が加わって重要な社会層を構成し、その動向はヴィルヘルム期の政治にも大きな影響を与えた要因のひとつであった。たとえば、社会民主党の選挙での得票の半分近くは労働者以外の層、すなわち中間層からのものであったともいわれている。

2　世界政策と大衆ナショナリズム

艦隊法と結集政策

「アフリカ(への関与)は、少なければ少ないほどよい」、カプリーヴィはドイツの植民地を要求する勢力にこう反論して、通商政策を擁護した。しかし、彼の失脚と、時を同じくして起こったイギリスの強引な南アフリカ政策(一八九六年のクリューガー電報事件)への反発は、こうした路線を放棄させた。

一八九七年三月、ホーエンローエは帝国議会で、ドイツが世界政策を遂行するのは決定済みの問題だと語って積極的外交姿勢を示唆したが、九八年末、新外相ビューローは帝国議会の最初の演説で、「ドイツが他国に大地と海洋を委ねた時代は終わった。われわれもまた陽のあたる場所を要求する」と帝国主義的進出方針を明確にした。ここにドイツ版帝国主義を意味する世界政策の推進が新しい国策として提示され、ドイツの追いつくべき目標にイギリスが想定されるようになった。いうまでもなく、これは唐突な転換でも、また皇帝とビューローの独断でもなかった。すでに全ドイツ連盟結成が示すように、帝国主義的進出を求める声は教養市民層や産業・金融界で広くあったし、社会学者マクス・ヴェーバーも一八九五年、フライブルク大学教授就任演説において、帝国主義政策による国民統合を提唱していた。ドイツの支配層や市民層は、統一達成後ドイツ帝国が落ち着き始めたことからつぎの世代の国家目標を模索し、それを世界政策にみいだしたのであった。

世界政策の具体化は、まずティルピッツの指揮で推進された海軍の大拡張計画、艦隊建設としてあらわれた。それまでドイツ海軍はフランスを敵と想定した近海向けの小規模な艦隊でしかなかったが、ティルピッツはこれを一挙にイギリスを想定した外洋向けの大艦隊に増強しようと意図したのであった。多額の予算を必要とする艦隊法に世論と帝国議会の支持を調達するため、海軍は多面的な広報活動を展開するという新しい政治手法を用いることも辞さなかった。海軍省の肝入りで設立されたドイツ艦隊協会はその一環で、この組織はやがて会員数が三〇万人をこえる第二帝政下の最大の大衆宣伝団体のひとつとなった。

ドイツが中国の膠州《こうしゅう》湾を強引に租借地とし、欧米列強のなかで最初に中国領土に手を着けたのは、この艦隊法の採決直前であった。これには偶発的要因があったとはいえ、やはり艦隊法の必要性を示すための行動でもあった。こうして艦隊法は一八九八年に議会を通過したが、ティルピッツは一九〇〇年さらに艦隊規模の倍増をはかる第二次艦隊法を提出して、認めさせた。この間、ドイツはアメリカ・スペイン戦争で敗れたスペインからマリアナ・カロリン両諸島を買収し、さらにサモア諸島の一部をも手にいれて、太平洋地域に足がかりをつくった。

政府が世界政策を支える議会勢力を確保できたのは、プロイセン蔵相ミーケルが一八九七年に提唱したいわゆる結集政策によってであった。これは社会民主党を主敵として押し出して、保守党から中央党、国民自由党まで、つまり右から中間までの諸政党を「国家保持勢力」として糾合したもので、海軍拡大に必ずしも乗り気でなかった保守党、中央党を艦隊法支持に引き入れることができた。結集政策はその後も議会での多数派形成を達成するためにしばしば試みられ、そのためこれを第二帝政の支配体制の基本構造と理解する考えもある。しかし、結集政策は否定的な面での一致はあったが、積極的な政策という点では亀裂が多く、とくに近代化の進展で経済的利害が多様化し、社会集団の独自の行動がふえてくると安定した基盤となりえなかった。したがって、それを持続的な長期支配体制とみることには留保が必要である。

そのことは、艦隊法が通過したあと、ライン川とエルベ川を結ぶミッテルラント運河建設計画が挫折したことに示されている。計画には皇帝の熱心な後押し、工業界の強い要望があったにもかかわらず、それが安価な外国穀物の輸入ルートに使用されることを恐れる東・中部の大農業家層を中心とする農業界の頑強な抵抗で二度にわたって阻止され、結局かなり遅れたうえ、計画を縮小してはじめて認められた。それすら保守党と農業界の望む穀物保護関税の再引上げを一九〇二年に実施し、さらに〇五年以降の各国との通商条約改定時に関税を二倍以上に引き上げることではたされたのである。

ビューローと世界政策の本格的展開

一九〇〇年十月、ホーエンローエにかわって、ビューローが宰相となった。この交替はかねてから予想されていた人事であったが、それが「義和団」蜂起鎮圧のための中国への派兵が決定し、しかも遠征軍出発に際して、皇帝が力の誇示と露骨な中国人蔑視を含む演説をおこなって、内外の批判をあびた事件直後であったことは象徴的であった。ビューローはより攻撃的な世界政策の遂行を期待されていたのである。

当時のドイツ外交は、ファショダ事件などが示すように、イギリスがフランスあるいはロシアと植民地や勢力圏をめぐって対立しているという現状認識のもとで、ドイツはその争いを利用できるように自由な立場にいるべきであるという方針をとっていた。この判断の基底には、ドイツの国力への過大評価とイギリスの過小評価があった。世紀交を挟んで、イギリスとのあいだで進められた植民地分割の協議、さらに一九〇〇年に結ばれた中国の門戸開放をうたった英・独揚子江協定などの両国の接近によって、一時両国の同盟構想すら議論になった。しかし、ドイツ側は自国の行動の自由にこだわり、さらに南アフリカ戦争でドイツの世論はブール人を支援して反英感情を強めたため、結局それ以上進むことはなかった。

太平洋・東アジア地域への進出と同時に、ドイツはオスマン帝国への関与を強めていた。世紀末のヴィルヘルム二世のオリエント旅行はドイツ人の関心をこの地に向け、一八九八年にはドイツ銀行を中心とする銀行団に、バグダード鉄道建設の認可が与えられた。ドイツは以後、非公式帝国主義といわれる、経済的浸透を軸にこの地域への影響力をねらう間接的方法で、中央ヨーロッパ経済圏の確立をめざすことになる。ダーダネルス・ボスフォラス海峡航行権のほか、オスマン帝国自体にも関心をもつロシア、インドへの道として東地中海地域を重視するイギリスにとって、ドイツの中東進出は神経をいらだたせた。

一九〇三年の英仏協商成立は、それ自体この時点では積極的に反ドイツ的目的をもつものではなかったが、少なくともドイツの期待を裏切るものであった。しかし、日露戦争は列強状況をふたたびドイツに有利にしたとみなされ、同盟国ロシアが行動不能のうちにフランスに一撃を加えるという構想が軍部のなかで登場した。このときにつくられた作戦計画がのちのシュリーフェン計画の原案となったのである。この予防戦争論は取り上げられなかったが、フランスの苦境を利用しようとする構想は、一九〇五年三月、第一次モロッコ事件(タンジール事件)として実行された。同時にドイツは敗北したロシアへの接近をはかり、両国皇帝の直接協議でドイツ・ロシア同盟の合意をとりつけた。この同盟案はロシア政府の反対で実現しなかったが、こうした多方面でのドイツの攻勢は、ほかの列強はもとより、国際社会においてもドイツへの警戒心を高めずにはおかなかった。

一九〇六年、第一次モロッコ事件でのドイツの要求を協議する国際会議が、スペイン南部のアルヘシラスで開催された。会議では、ロシア、イギリス、さらにイタリア、アメリカまでもがフランスを支持し、ドイツの孤立が明らかにされた。ドイツは形式的な譲歩をえたものの、その目論見《もくろみ》は大きくはずれた。

ドイツの植民地統治の実態については本国ではあまり知られていなかった。小規模な蜂起や衝突はすでに世紀末から散発していたが、一九〇四〜〇七年ドイツ領西南アフリカと東アフリカで、ドイツの統治方法と経済的搾取、現地の文化的伝統の無視などに抗議して、大規模な蜂起が広がった。西南アフリカ領ではヘレロ・ナマ人が、また東アフリカ領ではマジマジと呼ばれる伝統医療・宗教で結束した集団が蜂起の主体となった。ドイツは軍を投入して、民族絶滅をも辞さない過酷な方法で蜂起を制圧した。鎮圧費による植民地財政の膨張と、露呈された植民地行政の失敗は、本国世論からも批判され、帝国議会でも大きな争点となった。植民地行政は内政問題とみなされたが、このころにはベルギー王室領のコンゴ植民地での行政当局による残虐行為が国際的に糾弾されていただけに、ドイツの植民地における鎮圧行動はドイツの体面を傷つけた。その後、ドイツは植民地行政の責任者に民間の経済人を起用して、経済的効率を重視した間接的搾取にきりかえた。

ドイツの艦隊建設はイギリス本国にたいして直接的な軍事的脅威となるものであったから、イギリスはそれに対抗して日本、フランスなどと同盟や親善関係を結んで、世界帝国支配のコストを分担させ、海軍力の増強につとめた。画期的なドレッドノート型戦艦の建造はその一環であった。ドイツはただちにこれに応じて、一九〇六年、〇八年と連続して艦隊法を改正し、イギリスを追った。ドイツの期待はイギリスが建艦競争の財政的負担によって追いつめられ、ドイツに譲歩することであったが、実際にはむしろドイツ側が財源に苦慮することになった。しかもイギリスは一九〇七年にはロシアと協商関係を結んで、ドイツに備えた。

ドイツの自由行動の優位という方針と、世界のいたるところで攻勢にでる「目的なき帝国主義」は、諸列強を既存利益擁護で結束させることになるが、それをドイツ支配層はイギリス、フランス、ロシアによるドイツ包囲網と受け取ったのである。ドイツの包囲ということばが登場するようになったのが、アルヘシラス会議のあとからであったのは偶然ではなかった。イタリアの三国同盟離れが表面化するなかで、ドイツにとって残された唯一の同盟国オーストリアの重要性が高まっていくのである。

ドイツの横暴な植民地支配を皮肉った戯画　むちをふるう男は，「ドイツの植民地政策はなんといわれようと今後も続ける」と話している。

「議会主義化」の進行と親政の動揺

世界政策・艦隊建造・農業保護関税の三位一体に基づく結集政策は、皇帝・軍部・政府・議会多数派の関係を一時的に安定させた。しかし、好況は経済利益や財政負担の配分をめぐる争いをますます激化させ、社会対立を強めた。

艦隊建設による軍事費の増大は、結果として予算審議権をもつ帝国議会の役割を高めることになった。さらにすでに指摘したドイツ帝国の統合進展も、それを促進した。二十世紀にはいると帝国議会選挙の投票率は著しく高まり、とくに一九〇七年・一二年選挙は八五％近いかつてない高率に達して、大衆政治時代にはいりつつあることを物語っていた。とはいえ、帝国議会が重要な政治決定の場のひとつとなり、そのかぎりで「議会主義化」が進んだとはいえても、それは民主化とは違うことは確認しておかなければならない。「議会主義化」は、政治の経済問題化と対になっているのである。

中央党や社会民主党のような世界観政党・イデオロギー政党内部でも、カトリックの擁護や社会主義の目標より、支持者の現実的な利害を重視することが求められた。世紀交から、社会民主党内部で資本主義の早期崩壊の展望が失われるにつれ、マルクス主義の「修正」を求めるベルンシュタインの「修正主義」があらわれて、党内をゆるがす大論争になった。それがおさまると、労働組合や協同組合から、日常的な生活の改良や労働条件の改善の積重ねを労働運動の目的とする「改良主義」が、党の社会主義社会実現の目標に対置されるようになった。一九〇六年、それまで社会民主党の指導を受け入れていた自由労働組合は、党と対等の立場であることを党に認めさせた。また中央党内でもエルツベルガーのようなキリスト教系労働組合出身者の若手が、政府との協調に傾くそれまでの指導部に挑戦した。

一九〇六年、ビューローが東アフリカでの蜂起鎮圧費を計上した予算を帝国議会に提出すると、中央党ではエルツベルガーらが植民地行政の失態を攻撃して反対した。これには社会民主党も加わり、予算は否決された。ビューローはただちに議会を解散して、選挙に訴えた。第一次モロッコ事件での挫折もあって、世界政策の継続が危ういと考えたビューローは、選挙を「国民の名誉と財」を守り、「社会民主党、ポーランド人、中央党」に反対する戦いと宣言してナショナリズムを動員し、同時に世界政策推進を掲げて保守党から自由主義左派までを「ビューロー・ブロック」にまとめた。植民地政策・世界政策が前面に押し出されたはじめての国政選挙は、当時の西南アフリカ領住民の呼称から「ホッテントット」選挙と呼ばれた。結果は「ビューロー・ブロック」の勝利で、中央党は勢力を維持したが、社会民主党は得票自体は微減にとどまったものの、決選投票で敗れたため議席を半減させた。このはじめての大敗にこりて、社会民主党は以降ナショナリズムや植民地問題に慎重な姿勢をとるようになったといわれている。

一九〇八年十月、イギリスの新聞『デイリー・テレグラフ』はヴィルヘルム二世との会見記を掲載した。皇帝の意図は、イギリスの対独世論が硬化している状況を改善するところにあったといわれているが、会見での皇帝の発言は、南アフリカ戦争では皇帝がひそかにイギリスを支援していたとか、ドイツ海軍は日本向けであるといった無思慮な発言が含まれていたため、イギリス世論だけでなく、ドイツの世論からも厳しい批判を受けた。とりわけドイツでは、事件は「親政」の恣意的な側面を暴露した実例として、ほとんどの党派から非難され、一部には皇帝の退位を求める意見すら表明された。ビューローは会見記の原稿を皇帝から事前にまわされていたが、十分に検討せずに認めていた。にもかかわらず彼は帝国議会にたいして皇帝を擁護せず、今後は皇帝に発言の慎重さを求めると約束したため、孤立した皇帝は憲法上の責任を守るとの声明を発表せざるをえなくなった。ビューローは批判の激しさから帝政的秩序が危ういと考えて、譲歩によって事態を乗りきろうとしたのである。一時は結束したようにみえた議会諸党派もこれによって分裂し、自由主義党派による皇帝権力の制限や議会に責任をもつ宰相などの憲法改正の試みも挫折し、ビューローの思惑はさしあたり成功した。しかし皇帝の権威は傷つき、皇帝は背後に退くことをよぎなくされた。皇帝はビューローへの信頼を失い、早い機会に彼を更迭することを考えるようになった。

指導なき体制

皇帝との関係が冷却したあと、ビューローは艦隊政策などで悪化し、赤字必至となった帝国財政の改革に最後の望みを求めた。財政改革はあらたな財源の設定、すなわち新税の導入による歳入増しかなく、問題はそれが主としてどの経済分野に課せられ、どの社会層の負担にするかであった。政府が用意した新税案は消費税と土地などの不動産相続税の組合せであったが、大土地所有者や大農業家層の利害を代弁する保守党は相続税に断固反対の立場をとった。これによってビューロー・ブロックは分裂し、先の選挙で与党からはずされて以来ふたたび政治決定の場に復帰する機会をねらっていた中央党が保守党に接近して、

辞職してベルリンを離れるビューローと見送る後任のベートマン(後ろ向き)

両党による「黒・青ブロック」(黒はカトリックを、青はプロイセンすなわち保守党をさす)が成立した。それによって不動産相続税ではなく、商業界などの市民層に負担となる有価証券など動産税が導入されることになった。先にあげた金融・商業界の利益団体ハンザ同盟が結成されたのは、この決定への反発からである。もとより黒・青ブロックは便宜的な結合にすぎなかったから長続きするものではなく、政府が帝国議会に依拠できる安定した多数派は存在しなくなった。

財政改革の失敗直後、一九〇九年七月ビューローは辞職し、後任には内相のベートマン・ホルヴェークが就任した。ベートマンは行政官僚として順調な昇進を重ねてきた人物であったが外交経験はなく、強力な政治的指導力を発揮するタイプではなかった。皇帝が背後に退いたあと、政府・諸官庁の調整と軍の統制は宰相の手を放れ始め、しかも政党間、とくに保守党と自由主義諸政党間の溝が広がり、議会との関係もその場しのぎの対応が基本になった。個別の政策ごとにそのつどそれを支持する多数派を形成しなければならない方法を、ベートマン自身「(諸政党の一致線だけを進む)対角線政策」と呼んでいた。こうしてドイツの統治体制は、明確な指導のみえないまま官庁や軍、議会がそれぞれの利害にそって行動する不安定な構造に移行し、その結果もともと一貫した姿勢がみえにくかった政治路線は、ますますジグザグの軌跡をたどるようになった。

政府がプロイセン議会に提出したプロイセン三級選挙法改革案が、保守党の強硬な反対で撤回をよぎなくされたが、他方で帝国議会に提出された帝国直轄領エルザス・ロートリンゲンにほかの邦国なみの自治を認める法案は、男性普通選挙権を含んでいたため保守党が反対したにもかかわらず、社会民主党の賛成をえて採択されたのは、こうした状況の典型的な例である。

一九一二年一月の帝国議会選挙は、社会民主党に諸政党のなかで唯一、一〇〇議席をこえる勝利をもたらして党を第一党の地位に押し上げ、進歩人民党として統一された自由主義左派勢力を伸張させて、「赤い選挙」と呼ばれた。帝国議会の勢力分布は左に傾斜したが、全体としてみればそれによって政治的主導権を握る勢力が登場したわけではなく、社会民主党もいぜんとしてなかば隔離された存在でありつづけ、議会多数派の形成はますます困難になった。

急進的ナショナリズム運動の拡大

二十世紀にはいってからのヴィルヘルム期の政治文化を形成した特徴的な要素に、議会外の急進的ナショナリズム運動の展開がある。その先駆はすでに指摘した植民地協会、全ドイツ連盟、艦隊協会であった。

艦隊協会を除けば、全ドイツ連盟を含めてこれらの諸組織の会員は二、三万から数万人の規模をこえなかったが、会員の多くは知識人・教師など大学教育を受けた市民層出身者で、国家官僚、自治体行政官と

選挙年	ドイツ保守党	自由保守党	国民自由党	進歩党	中央党	社会民主党
1893	144	65	84	20	95	0
1898	145	59	71	35	100	0
1903	143	60	79	33	97	0
1908	152	60	65	36	104	7
1913	148	54	73	40	103	10

注　社会民主党は三級選挙法下では当選の見込みがないとして1898年までは候補を立てず，1903年から参加した。

プロイセン下院選挙の政党別議席配分(1893年以降)　帝国議会選挙と比較すると，三級選挙法が社会民主党を阻止するうえでいかに効果的であったかがわかる。

いった公職保持者も少なくなく、地域のオピニオン・リーダーとしてその影響力はけっして小さくはなかった。急進ナショナリズム団体の指導的メンバーは、地域の名望家として射撃協会や合唱団体、あるいはキフホイザー同盟のような在郷軍人団体などの市民的社交団体や非政治的とされる結社の役員をかねていることが多く、地域社会のなかで間接的なかたちで支援や協力を動員することができた。

世紀交以降、ドイツ東部でのポーランド系住民の影響力拡大阻止を目的として設立されたオストマルク協会、一九〇七年選挙での活動で注目された反社会民主党全国連盟、全ドイツ連盟の後援を受けて陸軍増強をめざした国防協会など、つぎつぎと新しい宣伝・大衆動員団体が設立された。その多くはルール重工業界などから財政的支援を受け、時には政府と協力して世論誘導を企てた。彼らの宣伝のなかには、艦隊協会がおこなったようなセーラー服を流行させて市民層の海軍への関心を高めるといったイデオロギー色をださないキャンペーンもあったが、中心はドイツ民族の優秀さを唱えて帝国主義的拡大を正当化し、国内では社会主義運動とユダヤ系・スラヴ系市民の排除や規制を主張する排外主義や人種主義、軍国主義イデオロギーであった。

なかでも反ユダヤ主義は、軍国主義とならぶ急進的ナショナリズムのイデオロギーの重要な構成要素であった。第二帝政下では、以前からある宗教的・経済的理由からの反ユダヤ主義（「ユダヤ人嫌い」）に加えて、一八七〇年末からは生物学や遺伝学などの近代科学で装った新しい人種主義的反ユダヤ主義（反セム主義）が登場した。伝統的反ユダヤ主義が改宗による同化を認めるのにたいし、人種主義的反ユダヤ主義は同化を原理的に否定し、ユダヤ人の隔離・排除あるいは追放を要求する点に特徴があった。新・旧両反ユダヤ主義は融合しながら、政治的反ユダヤ主義へと移行していった。一八七〇年末からシュテッカーのキリスト教社会派運動は社会下層や中間層獲得のため反ユダヤ主義を利用し、九〇年代には保守党にも浸透するようになった。また、大学人など教養市民層の一部にも反ユダヤ主義を受け入れる素地があったことは、歴史家トライチュケの例が示している。とりわけ学生団体では、早くからユダヤ系学生を排除する規約を掲げたところが多かった。

しかし、政治的反ユダヤ主義が市民層・中間層・農民のなかに本格的に広がるのは、急進的ナショナリズム運動の活動によってである。農業家同盟も農民層動員のために反ユダヤ主義を取り入れた。反ユダヤ主義を主要イデオロギーとする政治運動は一八九〇年代に十数名の議員を帝国議会に送ったが、それ以上勢力を伸ばすことはできなかった。しかし、それは反ユダヤ主義が退潮したからではなく、好況という環境と、反ユダヤ主義がほかのナショナリズム・イデオロギーのなかにとけこんだためであった。ドイツ陸軍の将校団にユダヤ系将校が一人もいなかったのは、ユダヤ系市民にたいする見えない差別の壁の存在をよく物語っている。もちろん、他方では急進的ナショナリズム団体・反ユダヤ主義に反対する勢力や運動も存在した。トライチュケも同僚の多くから彼の反ユダヤ主義を批判され、社会民主党や自由主義左派は反ユダヤ主義を厳しく糾弾している。

急進的ナショナリズム運動は政府と協力し、当局から支援されたが、にもかかわらずそれは官製大衆動員組織ではなく、ある程度自立した「下からの」運動であった。第二次モロッコ事件への失望、帝国議会での社会民主党の躍進に抗議して、彼らは議会外の運動としての性格を強め、また政府にたいして「国民的反対」の立場を宣言して、激しい批判も辞さず、クーデタによる議会排除すら公言した。

内・外での手詰まり

一九一一年四月フランスがモロッコの首都を占領した事件を好機として、ドイツは同年七月、モロッコのアガディールに砲艦を派遣してフランスを牽制し、ふたたび植民地問題での譲歩を迫った。この第二次モロッコ事件に際し、外相キダーレン・ヴェヒターは政府を支援する世論を演出するため、全ドイツ連盟に宣伝活動を要請していた。この文字どおりの砲艦外交は、社会民主党と一部の自由主義左派を除く諸政党から喝采を博したが、国際社会からは露骨な権力外交として批判された。結局ドイツはフランス植民地の一部をえるのとひきかえに、モロッコを事実上フランスの勢力圏と認めさせられたばかりか、必ずしも対ドイツ向け性格のものではなかった三国協商を、はっきりとドイツの行動抑制をめざすものにした。ドイツの帝国主義政策が、隣接列強にドイツを包囲させるよう仕向けたのである。とはいえ、これでドイツとイギリスの対立が決定的になったわけではない。一方では、バグダード鉄道問題やポルトガル植民地のドイツへの譲渡の合意など、第三者の犠牲のうえで解決できる領域では、両国間の妥協はなお可能であったのである。

第二次モロッコ事件、一九一二・一三年の第一次・第二次バルカン戦争、イタリア・トルコ戦争は、ヨーロッパにおける戦争の危機をはじめて実感させ、軍上層部や政府のなかに戦争不可避論が台頭し始めた。ティルピッツはイギリスとの建艦競争調停が失敗したこともあって、これを好機としてあらたな海軍拡張を要求した。ベートマンはこれを正面から拒否できなかったため、対抗案として陸軍増強をもちだし、財源不足を理由にそれを抑制しようとした。しかし皮肉にも、結果は陸・海軍ともに増強を認められることになった。そのため政府は財源としてははじめて直接税である財産税の導入をはからざるをえず、保守党の抵抗にもかかわらず、中央党から社会民主党の中間・左派勢力の支持で実現した。これに反発した保守党は、以降反政府の立場に移行した。

軍事費補塡財源はさしあたり解決したが、一九一三年末に起きた軍による一般市民への権力的干渉事件として、帝国議会においても取り上げられたツァーベルン事件は、またも議会と政府の関係を緊張させた。皇帝は軍を支持したため、軍の行動をゆきすぎとみなしていた宰相も軍を擁護せざるをえなかった。それへの抗議として、帝国議会はベートマン宰相への不信任決議を保守党の反対のみの圧倒的多数で採択した。しかし、ここでも議会多数派はそれ以上の行動に踏み出すことを躊躇《ちゅうちょ》し、具体的な改革にはいたらなかった。

この間、社会民主党・自由労働組合の拡大にたいする工業界の危機感が強まり、労使対立激化の兆候があらわれた。一九一二年、ルール地方を中心に大規模な炭鉱労働者のストライキが起こると、経営側は結束していかなる譲歩も拒否し、労働組合側の不統一もあってストライキを敗北させた。工業界は政府にスト権規制を要求し、また自由労働組合などに対抗して、クルップなどルールの石炭・製鉄企業では、「黄色組合(会社組合)」を設立する動きが広まった。さらに主要な工業・農業利益団体は全ドイツ連盟ら急進的ナショナリズム組織と連携して、「生産者カルテル」を結成して議会外から圧力をかけた。

たしかに大戦直前のドイツは、国内・国外において差し迫った危機に直面していたわけではなかった。しかし、世界政策はゆきづまって、三国同盟は実質的にはオーストリアとの二国同盟にかわり、ドイツの国際的孤立が明確になり、しかも打開策はみえなかった。一方、国内では諸政治勢力は自己の利益に反する提案を相互に阻止しあって、あらゆる改革を中途で挫折させていた。帝国議会が国民統合の中心へと移行する一方で、それに対抗して議会を見限り議会外勢力を動員しようとする急進ナショナリズム運動が台頭してきた。経済・科学の発展に支えられた国力や軍事力への自信が深まる一方、将来の見通しが不分明になり、悲観論や閉塞感が広がるというアンビヴァレントな「安定した危機」ともいうべき状況があらわれた。そのなかで、支配層のなかに諸問題の一挙的解決策としての危機待望論が浮かび上がってくるのである。

3　社会の多元化と市民文化の成熟

身分と階級の交錯

ドイツの代表的電機企業A・E・Gの二代目経営者で、鋭い時代観察者でもあったラーテナウは、帝政ドイツ社会に「古い封建的秩序」と「資本主義的秩序」という二系列の階層区分体系が併存していると指摘した。これは人々のなかにある身分意識と階級意識の併存と読みかえることができる。

しかし、身分秩序はたんに古い秩序の残存だけによるものではなかった。ヴィルヘルム二世は多数の新貴族を積極的に創出し、枢密顧問官、商業顧問官などの各種の栄誉官職号や勲章を名望家市民層や経済人に与えて、彼らの名誉心を満足させ、身分意識の涵養につとめた。ドイツはフランスやイギリスのような宮廷文化の伝統に乏しいといわれたが、ヴィルヘルム時代になってはじめて首都ベルリンを中心にした宮廷社会の萌芽があらわれた。それは宮殿での舞踏会や晩餐会にとどまらず、皇帝を中心に繰り広げられる記念祝典(一八九八年のヴィルヘルム一世死後一〇年祭は第二帝政のもっとも豪華な祭典であった)、王族の結婚式、数々の記念碑の除幕式や壮麗な公共建築物の落成式、年中行事となった閲兵式・軍事演習などは、身分的価値序列を見せつける機会として利用された。

「古い封建的秩序」の代表であった貴族層は第二帝政の支配機構において、いぜんとして重要な構成要素でありつづけた。帝国官僚やプロイセンの州知事・県知事・郡長といった高級行政官僚、外交官(第二帝政の全外交官の七割近くが貴族出身者で占められていた)、さらに陸軍将校団での貴族の優位は圧倒的で、しかも地位が上がるほど貴族の占める比率は高くなっていた。ドイツ統一過程での軍事力の決定的役割とそれに基づく軍人の権威の高さ、軍国主義的風潮の強さも、貴族の存続を後押ししていた。もっとも貴族層はまったく閉鎖的であったわけではなく、ある程度上層市民層に開かれた集団であり、必要な場合には市民的価値観を受け入れて時代に適応しようとしていた。

一方、市民層は中央次元の行政機構では貴族に主役をゆずったが、地域支配ではヘゲモニーを握っていた。自治体議会の多くはプロイセン三級選挙制よりも不平等な選挙法によって選出されていたため、市政は事実上市民層が独占し、労働者など都市下層の意向はほとんど反映されなかった。また作家ハインリヒ・マンの指摘した「臣民」意識も市民層のあいだにはしばしばみられたが、それは王朝的・貴族的価値観への同化志向というより、むしろ国家との距離を価値基準にする、より能動的性格をもつ態度であった。市民層がほぼ占有する医師、弁護士、教師といった自由業的専門職においても、その資格を国家による認定に裏打ちされることにこだわる姿勢(イギリスなどとは異なる専門職観)も、その一端とみることができる。とはいえ、国家の栄誉や公的肩書、あるいは予備将校の地位にこだわる傾向は、教養と財産を基準にする身分意識に支えられた教養市民層においてより顕著で、ルール重工業界の大立て者アルフレート・クルップ、キルドルフ、テュッセン、あるいはシュレージエンのフルジンスキといったいわば実力でその地位を築いた工業家つまり経済市民層には、叙勲や称号を辞退する例が少なくなく、実績主義的価値観が優位であった。

作曲家リヒャルト・ヴァーグナー像除幕式(ヴェルナー，1908年)　市民名士層が主催する式典にも、王族(中央右の軍服の人物)は不可欠の存在であった。

第二帝政後期には、企業や行政における事務系・技術系職員、営業担当職員、つまりホワイトカラー層のいわゆる新中間層が激増した。固定俸給を受ける彼らは独自の身分意識を強め、時間給賃金で支払いを受けるブルーカラー層の労働者とのあいだの分離を主張し、労働者とは別個の職能団体・職員組合を結成したばかりか、一九一一年には彼ら独自の社会保険制度を導入させることにも成功した。

もちろんこのことは、資本主義的秩序、すなわち階級社会が基本的な分断線として大きな意味をもっていたことを否定するものではない。労働者と中間層に属する職員とのあいだには、収入において二・五倍から三倍の開きがあり、それによって居住環境、健康、教育、家庭、人生の展望にいたるまでこえがたい階級的断絶線が引かれていた。第二帝政期の労働者の社会的上昇が、労働者階級内部の狭い移動に限定されていたことは、階級社会を裏づけるものであった。多くの都市では労働者居住区と豊かな市民層の高級住宅街は明瞭に区分され、それぞれ別の生活空間・生活世界を形成していた。経済的には好況が続き、社会保険制度が整備されても、それは個々の労働者に安定した生活基盤を保障するものではなかった。したがって、労働者はよりよい労働条件を求めて、職場をかえて「足による賃上げ」を実行しなければならず、それが住居の頻繁な引越しとなって、地域や自治体と労働者の結びつきを弱めていた。社会民主党・自由労働組合など労働運動が提供するさまざまな組織や人的なネットワークは、労働者の不安定な生活を支える安全網として重要であった。その意味で、労働運動の基盤にあったのは、貧困と社会的隔離・政治的排除を共通体験とする一体意識であり、社会主義という目標の共有による結集という側面はきわめて限られていた。

しかし、二十世紀にはいるとこうした一体感にも多くの亀裂が生じる。たとえば相対的に高い賃金をとり、都市生活に慣れて政治意識も高い金属労働者と、農村部の農業労働者とのあいだには、収入の差以上に文化の違いが生まれ、専門性の強い熟練労働者と非熟練労働者とのあいだにもしばしば大きな溝があった。そして、個々の労働者の内部にも階級意識と身分・国民意識の共存があった。当時の労働者の住まいには社会民主党指導者ベーベルの肖像画とならんで皇帝の肖像画も壁に掲げられていたという指摘は、そうしたアンビヴァレントな心性の存在を告げてくれる。急速な近代化が社会層の分化、価値体系の多元化と重層化を促進し、状況を不透明なものにしていたのである。

近代科学の発展とモデルネの登場

すでに指摘したように、ドイツが近代諸科学の体系化や諸発見で先導的役割をはたしてきた事実は、ドイツの支配層や市民の自信を支えていた。十九世紀前半では、哲学、言語学、歴史学、経済学、法学といった人文・社会科学(ドイツでいう精神科学)で大きな業績がなしとげられ、世紀なかばからは、コッホ、フィルヒョウなどの活躍で医学、生理学の分野で進展があった。一八六〇年代からの二〇年間でなされた七〇の主要な医学的発見のうち、五五はドイツでなされたといわれている。一八八〇年代以降からはヘルツ、レントゲンなどの発見によって、物理学、化学、応用諸科学分野が発達した。ドイツの電機・化学工業の圧倒的優位は、そうした産学協同の成果にほかならなかった。世紀末には、社会科学の分野で新しい領域としての社会学が確立した。一九〇一年に始まるノーベル賞受賞者がドイツからは、文学賞も含めて、第一次世界大戦まで一八人もでていた。この数字は近代科学確立者としてのドイツの役割をなによりも雄弁に物語っている。

学術発展の場となったのは大学であった。ドイツの大学は研究・教育機関として整備され、相互に競合して成果をあげる近代的システムに改良されて世界の高等教育モデルとなり、各国の留学生を集めた。統一時に一九あった大学は第二帝政下でさらに三大学が創設され、大学生の数は四〇年間で四倍にふえ、なかでも学生数八〇〇〇人をこえたベルリン大学は当時大衆大学との評すら受けた。もっとも、これは教育水準の低下や就職への不安を表現したものであって、学生そのものは市民層以上の階層の子弟で独占され、労働者の子弟が大学にはいることは、経済的にも不可能に近かった。ヴィルヘルム時代になって注目されるのは、自然科学の振興である。それまで博士号授与権を認められず、総合大学より一段低い地位におかれた工科大学は、一八九九年に総合大学と同格と承認された。さらに一九一一年には、巨大プロジェクトを担う国策的自然科学振興機関として、カイザー・ヴィルヘルム協会が設立された。その資金を提供したのはクルップをはじめとする工業・金融界であり、科学や大学は市民層のアイデンティティの柱のひとつになっていた。

国家と市民層とが協力し、大学を中心に発達した諸科学とは対立する側の立場でも、ドイツは前衛的位置にあった。マルクス主義とそこから発展した社会主義思想がそれである。十九世紀末には社会主義思想はほぼマルクス主義を基礎にするようになったが、カウツキーは難解なマルクス主義をわかりやすく解説してその普及を助け、ヒルファディング、ローザ・ルクセンブルクはそれぞれマルクス主義を二十世紀の現実のなかで検討して、国際社会主義運動にも影響を与えた。

ヴィルヘルム期はまた、モニュメント的建築のブームであり、そこから新しい現代文化の胎動が始まった時代でもあった。ベルリンがドイツ帝国の首都にふさわしい都市景観をもつようになったのも、一八九〇年代からである。一八九二年に帝国議会議事堂が、一九〇一年に中心部の目抜き通りジーゲスアレーが、一九〇四年には新大聖堂が完成した。ライプツィヒの帝国裁判所など壮麗な公共建築物がつぎつぎと建てられる一方で、コーブレンツのドイッチェ・エッケに代表される記念碑や、ヴィルヘルム一世の彫像、各地のゲルマーニア女神像、中世の神聖ローマ皇帝フリードリヒ赤髭王を記念するキフホイザー記念塔、対ナポレオン戦勝一〇〇周年記念として一三年に完成したライプツィヒの諸国民戦争記念碑など、ドイツの歴史的伝統を掘り起こして国民統合のシンボルにしようとする巨大なモニュメントが、多くは市民層の寄付をもとに建てられた。公的文化の性格の強い記念碑や公共建築物は新古典主義的な石造建築が大部分を占めたが、諸国民戦争記念碑のように一八九〇年代なかばからあらわれたモダンなユーゲント様式を取り入れたものもあった。

ドイツ版アールヌーヴォーであるユーゲント様式は、官製文化の中心であるベルリンではなく、ミュンヒェンやドレスデンを拠点として発展し、上層市民の個人邸宅などに普及した。建築や美術から生まれたこうした新しい核はモデルネと呼ばれ、現代文化の原点となっていく。一九〇七年に設立されたドイツ工作連盟は、伝統的な工芸と現代の工業生産方式の結合をめざした美術家、建築家、デザイナーと企業が加わった組織で、やはりモデルネの担い手のひとつになった。もっとも、こうした動きはなお萌芽にとどまり、第二帝政下で全面的に開花することはなかった。

芸術・建築といった高級文化のモデルネとちがって、商業的大衆文化、都市文化の分野ではモデルネは急速に受け入れられた。とりわけ世紀末に大陸最初の地下鉄が建設されたベルリンでは、ほかの都市に先駆けて大衆消費文化が発展した。一八九〇年代末には巨大デパートが誕生し、新聞・雑誌の種類・発行部数も飛躍的にふえ、速報性をねらって一日に三～四回も発行される大衆紙があらわれて、新しい情報時代を開いた。労働時間は一九一〇年ころには平均すれば一日一〇時間程度に短縮されたが、職種によってその差が大きく、一般的に労働者の余暇の拡大を語ることはむずかしい。それでも、新しい大衆娯楽としての映画はまだ無声映画で技術的にも内容的にも問題があったが、一九〇〇年代に急速に普及し、一四年までに全国で二五〇〇、ベルリンでは約三〇〇の映画館ができたといわれており、一日一五〇万人の観客がいた。また、自転車やサッカーなどのスポーツも、このころから大衆の関心を集めるようになった。

てておこう。

ジェンダーと世代

最後にヴィルヘルム時代になって出現した新しい社会的亀裂を、女性運動と青少年運動の例から検討しておこう。

ドイツ第二帝政社会が男性優位社会であったことはとくに説明するまでもない。参政権が男性だけに付与されている事実が端的にそれを示している。母性主義的女性観を基底として、家事・育児・信仰(ドイツ語のそれぞれ頭文字から三Kと略称される)が、女性の当然の任務とする見方は、男女平等・女性参政権を掲げている社会民主党のなかですら根強く残っていたし、市民的女性団体の多くはそれを否定せず、むしろその点を前面に押し出して保護を訴えるという方針をとった。伝統的女性観に棹さすものであったとはいえ、一八九四年にドイツ婦人団体連合が設立され、市民的女性団体の統合をはかったことは女性運動にとってひとつの前進となった。連合は一九一四年までに二〇〇〇団体、五〇万人の会員を擁するまでに拡大し、救貧事業・社会福祉領域などで活動した。

就業女性はヴィルヘルム期には増加し、一九〇七年には工業部門での女性労働者は二一〇万人に、女性事務員・商店員の数も六四万人に達したが、なお家事奉公人という伝統的な職種にたずさわる者も多く、一九〇〇年の時点でベルリンだけでその数は一〇万人におよんだといわれる。

二十世紀にはいるまで、ドイツの大学は女性の正規学生登録を認めなかった。しかし一九〇〇年代にはその姿勢を改め、一四年までには全ドイツで四〇〇〇人、学生総数の六・七%が女性となった。しかし、女性学生は男性学生と同様すべて市民層以上の社会階層の子女であり、女性のあいだでも階級分断線は明僚に存在していた。

一方、世代問題がとくに青少年問題として表面化してきたのは、二十世紀になってからである。一九〇一年にベルリンで設立されたワンダーフォーゲルは、青少年の自立した運動の最初の事例であった。それは、父親世代の保守的姿勢に不満をもつ市民層出身の若い学生たちが、急進ナショナリズム運動の体制批判行動から刺激を受けながら、立ち上げたものであった。しかし彼らは政治運動としてではなく、都市を離れた自然での同世代間の共同体的活動を目的とした。それによって精神の「浄化」を期待したのである。

1900年ころの電話交換所の光景　電話の普及は交換手という新しい女性の職場をつくりだした。

運動は大きな反響を呼んでのちにはオーストリアにも広がり、さらに女性や年少の学校生徒の加盟も認めたため、一九一三年には約二万五〇〇〇人の会員をもつまでになった。同じようなかたちの、大学生やギムナジウム生徒による青少年団体はつぎつぎと設立され、その内容も急進ナショナリズムに近い団体から、禁酒・禁煙など生活改革運動的なものまで多様であった。一九一一年には、ワンダーフォーゲル、ボーイスカウトなど三六団体が「愛国的精神の涵養」を掲げて青年ドイツ同盟を結成し、一三年にはカッセル近郊のホーエ・マイスナーに一三の青年団体が集まって共同宣言を発した。

将来のエリートの予備軍である市民層の子弟の反抗は世論の

注目を集めたが、青少年問題が市民層特有の問題でないことは、社会民主党が一九〇三年青年労働者組織設立を認め、カトリック教会でもこの時期に青少年の組織化に力をいれたことからも明らかである。青少年運動は、大都市の「悪影響」と「アスファルト文化」への批判、都市にたいする郷土の自然・文化の対置などと結びついて、複雑で多様な現れ方をした。それは急進的社会主義運動の基盤ともなったし、環境保護運動の先駆けとなった部分もあり、また非合理的な反近代主義、「血と土」につながる国粋主義運動に向かった場合もあった。

第八章　両世界大戦と現代《モデルネ》の暗転

1　第一次世界大戦

開戦と「城内平和」

一九一四年八月一日、ドイツは総動員令を発して、ロシアに宣戦し、その後フランス、イギリスにも宣戦した。これによって、オーストリア・ハンガリー帝国とセルビアとの局地戦争は、ヨーロッパ主要列強同士の戦争に拡大した。

オーストリアはフランツ・フェルディナント皇位継承者夫妻暗殺事件を機に、セルビアに軍事的一撃を加え、国内のスラヴ系民族運動を封じ込めて、帝国の統合力回復をはかろうとした。しかし、セルビアの背後にいるロシアを牽制《けんせい》するためにはドイツの支持が不可欠であり、オーストリアの開戦の決断はドイツの態度にかかっていた。要請を受けたドイツでは、皇帝をはじめ政府・軍指導者が一致してオーストリアの軍事制裁を支持した。この決定はドイツ支配層が切迫した危機に直面していたからではなく、戦争が内・外の閉塞《へいそく》状況の打開策になることを期待して下されたのである。戦争が「第三次バルカン戦争」に限定され、オーストリアが勝利すれば、ドイツの同盟国も安定し、ロシアの国際的地位が低下することが期待され、もし大陸規模の戦争に発展してもドイツはロシア・フランスを打ち破り、大陸のヘゲモニーを握れると考えた。

ベートマン・ホルヴェークらドイツ帝国首脳は、社会民主党の反ツァーリズムと国民のなかにある反スラヴ感情を利用するために、ロシアの動員令発令を待ってドイツの動員令をくだした。開戦直前には、市民層出身の青年やナショナリスト団体のオーストリア支援デモがベルリンなどの大都市に出現し、それに対抗して社会民主党は反戦デモを組織したが、開戦がきまると防衛戦争という建前のもとに、戦争中は党派抗争や労使対立を凍結して、挙国一致で戦争を支えるという「城内平和」が成立した。そのシンボルとなったのは、八月四日、社会民主党議員の帝国議会での戦時公債賛成投票であり、そのスローガンとなったのは皇帝の開戦時の演説「ドイツにもはや党派なし、ドイツ人あるのみ」であった。帝国議会は半年ごとに提出される新規の戦時公債審議以外は休会となり、労働組合も戦時中のストを停止した。また開戦とともに、平時の徴兵区域である軍管区の司令官が行政組織への命令権を掌握して、検閲を実行し、出版物・集会の許認可を指示した。「城内平和」と軍管区体制は、大戦下の政治・行政を支える柱となった。

短期戦の失敗と戦争の拡大

ドイツ軍は、シュリーフェン計画に従って行動を起こした。それは、ロシア軍の集結が遅れることを前提に、軍主力を中立国ベルギーに侵攻させ、フランス軍を背後から包囲殲滅《せんめつ》させたあとロシアに向かう短期戦として構想され、中立国侵犯のような国際法違反もそこから正当化された。イギリスはこのベルギー侵攻を理由にフランス・ロシア側(協商国側、アメリカ参戦後は連合国側という)について参戦した。しかしドイツ軍の進撃は九月のマルヌの戦いで阻止されて短期決着は失敗し、スイスからイギリス海峡まで双方が塹壕《ざんごう》にこもって対峙する西部戦線が成立した。東部ではロシア軍が予想より早く侵攻してきたが、ヒンデンブルク、ルーデンドルフの指揮でロシア軍を押し戻し、以後ドイツ軍はロシア領内に進撃して、占領地を拡大した。オーストリア軍はその多民族構成などで早くから戦力を失い、東部戦線でもドイツ軍が主体となった。ロシア軍の膨大な損失にもかかわらず、ロシアの広大な国土と厳しい冬の気候のために、ドイツ・オーストリア(同盟国)軍の決定的勝利の見通しは立たなかった。

一五年五月、三国同盟にもかかわらず中立を保っていたイタリアが協商国側について参戦して、あらたにイタリア戦線が形成され、他方で、オスマン帝国、ブルガリアが同盟国側についたため戦場は小アジア(アナトリア半島)、近東にも拡大し、またアフリカ、中国のドイツ植民地・租借地でも戦闘があった。この間、参謀総長モルトケは辞任し、後任にはプロイセン陸相のファルケンハインが就任した(第二次最高軍司令部)。彼はドイツの軍事的勝利がむずかしいことを認め、フランス軍を消耗させて脱落させることをねらって、一六年二月にヴェルダン戦を開始した。しかし、フランス軍の抵抗でヴェルダン戦は所期の目的を達することなく打ち切られた。ヴェルダン戦では兵員と物資の消耗は膨大な量に達し、戦争が物量戦・経済戦となったことを印象づけた。

同年八月、ファルケンハインは解任され、かわって東部戦線の「救国の英雄」ヒンデンブルク、ルーデンドルフが第三次最高軍司令部として指揮を委ねられた。この間、ドイツ海軍はイギリス軍の優位の前に大規模な作戦行動をとれず、イギリスの経済封鎖を打破することができなかった。期待された潜水艦もアメリカの抗議(ルシタニア号事件)を受けて行動を限定され、成果をあげなかった。第三次最高軍司令部は総力戦体制確立のめどがついた一七年二月、アメリカ参戦のリスクを承知で、イギリスの弱体化をねらう無制限潜水艦作戦を開始した。これに抗議してアメリカはドイツと断交し、四月には連合国の一員として参戦したが、アメリカ軍が前線に派遣されるまでにはまだ時間がかかり、東部戦線ではロシア三月革命によって帝政が倒されて、戦況は同盟国側に有利になった。

戦時統制経済と総動員社会

短期戦は銃後社会を戦争に巻き込まないことを前提にしていた。しかし、開戦後三カ月で備蓄弾薬は底をつき、急遽大増産が必要になった。陸軍省に戦時原料局が設置され、その指示のもとに各産業部門で戦時会社が設立されて、原料の配分や生産割当てをおこなった。これが戦時統制経済の始まりで、最初は一部の金属原料統制に限られたが、戦争が長期化し、イギリスの経済封鎖が厳しくなるにつれ、ほとんどの産業分野に拡大された。もともと政府や軍には戦時経済の準備がなく、専門家もいなかったため、原料局や戦時会社の要員には経済界出身者が登用された。したがって、発注は政府や軍がおこなうが、その実施は産業界の自主管理組織が担うというのが統制経済の構造であった。このため価格設定においても企業側の主張がとおりやすく、企業の利益は巨額にのぼった。武器弾薬や軍需品生産は迅速な大量供給が必要であったから、発注や原料配分は大企業が優先され、中小企業は大企業の下請けとなって生き残るか、あるいは閉鎖に追い込まれた。

戦時統制経済の影響は労働市場にもおよんだ。開戦に際して、軍は職種に関係なく兵役該当者を招集した。このため軍需生産が本格的に始動すると、労働者不足が深刻になった。企業が求める若く健康な労働者は、軍にとっても兵士として必要な人間であったから、産業界と軍との「人的資源」をめぐる争いは激しくなった。軍務に就いた男子労働力の穴埋めには、非軍需産業からの労働力転用、女性・青少年労働者や戦争捕虜の投入、ベルギーやロシア領ポーランドなど占領地からの労働者の強制徴募などが試みられたが十分でなく、招集した兵士をふたたび労働者として工場に送り返すこともおこなわれた。結局、第三次最高軍司令部が兵器・弾薬の大増産と労働力の根こそぎ動員を要求した結果、一九一六年末帝国議会は愛国的労働奉仕法を採択して、軍需工業からの労働者移動禁止、軍務従事者以外の男性の労働義務が定められた。これによってドイツの総力戦体制は一応整ったのである。

軍需工業では女性労働者の比率は高かったが、全体としては女性労働者の数は大戦中目立って増加していない。そのことは、大戦中に軍需工業をはじめ運輸、公共部門などに進出した女性労働者の多くは、大戦になってから働きにでた人々ではなく、繊維工業、農業などほかの非軍需産業部門から移動した人であったことを示している。しかし、女性はけっして家庭に閉じこもっていたわけではなかった。近年注目されているのは、もっぱら男性を対象にした軍事動員と労働動員という「公的な」動員以外にも、銃後での戦争支援活動が第三の動員ともいうべき規模をもっていた事実である。それは慰問《いもん》活動(慰問品発送、駅頭での出征兵士の接待、病院での傷病将兵の看護)をこえて、出征兵士家族・遺族への扶助、戦時公営食堂の運営、戦時公債募集運動や士気高揚宣伝活動、金属回収や食料配給などの支援など、社会・福祉活動の全領域におよんでいた。そのおもな担い手は女性であり、教会や赤十字、さまざまな慈善・福祉団体、女性団体といった社会的中間団体をとおして動員され、志願というかたちをとるものが多かったが、実態はフルタイム勤務と変わりはなかった。この社会動員とも呼ぶべき広範な動員を視野にいれてはじめて、戦時社会が総動員社会であった状況が明らかになる。

食糧配給制と社会的な亀裂の広がり

食糧配給制の導入は戦時統制経済の一環ではあるが、国民の日常生活に直結し、しかも個々人の生存にかかわる点で独自の問題領域をかたちづくった。ドイツは戦前、農産物の三割近くを輸入していたが、当局や国民にその認識は薄く、備蓄もおこなわれていなかった。開戦後大都市でパンなど食糧不足と価格高騰があらわれ、最高価格令による価格統制が発動された。しかし、労働力不足、軍馬供出による役畜の減少、肥料供給の途絶、政策の失敗などから農業生産の増加の見通しはなく、一九一五年初めにはパンの配給制が導入された。配給制はやがてジャガイモや肉などほとんどの食料品におよび、さらに靴や衣料、石鹼といった生活物資全般にも拡大された。

食糧配給制の影響は大きくみて二つある。ひとつは、それが国家による国民の生存保証であり、それによって国家に社会国家的性格を与えたことである。大戦が現代社会国家(福祉国家)の原点といわれる理由はここにある。国家と国民の距離が縮まり、国民の支持が国家の正統性の基礎になる方向がみえ始めた。

他方で、食糧配給制を含む戦時食糧政策は、国民の内部に生産者と消費者、農村と都市、軍需産業と平時産業など多様な対立・分断線を社会のなかにつくりだした。主要な消費者である都市住民は食糧不足の原因を農民の出し惜しみのせいではないかと疑い、生産者である農民は作付け・出荷強制、自己消費規制などの国家の介入に反発し、都市住民が優遇されていると批判した。消費者内部でも、統制経済下で必然的に生まれる高価なヤミ市場を利用できる豊かな上層や戦時利得者と、配給だけに依存する社会下層の階級対立が、飢える者と満ちたりた者というもっとも原始的なかたちで視認化された。

パンの配給を待つ行列　雨の日も厳しい冬も，この光景はドイツの都市の日常生活の一部となった。

食糧要求デモは一五年から各地であらわれ始め、さらに戦時下の労働条件の悪化(労働保護規定の停止、労働時間の延長、インフレによる実質賃金の低下)もあって、労働者の反戦ストの主因となった。一六〜一七年の冬は、不作と燃料・輸送危機のため、食糧事情は危機的状況(「かぶらの冬」)になり、一七年四月には配給量切下げに抗議して、職場活動家集団に組織された大規模な工業労働者のストが起きている。

1917年10月，誕生日の祝意を表するためにヒンデンブルクを訪問したヴィルヘルム２世　立ち去る皇帝と見送るヒンデンブルク(後上段)は，伝統的権威と新しい国民的権威の交代を象徴するかのようである。

城内平和の破綻と敗北

一九一四年末、カール・リープクネヒトが単独で戦時公債に反対票を投じて以来、社会民主党内の戦争協力批判派(反戦派)は徐々に勢力を増し、戦争協力路線の主流派との溝は深まった。一七年四月、反戦派は社会民主党から分離して独立社会民主党を結成した。一方、一五年には産業界や全ドイツ連盟などのナショナリスト団体が大規模な併合を戦争目的として要求するようになり、防衛戦争という建前もほころびかかった。

総力戦の様相が濃くなり、国民のあいだに自分たちが戦争を支えているという自覚が高まると、戦争の目的のみならず、戦時社会のあり方、義務の平等と権利の不平等(プロイセン三級選挙法)という帝政的秩序への反発や疑問が広がった。総力戦体制がもたらした公式・非公式の動員、統制経済が露呈した社会矛盾は、家族・青少年・ジェンダー観を含む帝政的価値体系を打ちくずす作用をはたしたのである。帝国政府は戦後の政治改革を約束してそれをおさえようとしたが、三級選挙法改革は保守派の抵抗で頓挫した。ヒンデンブルクらが皇帝の反対をおして最高軍司令部に招かれたのは、それによって国民の早期戦争終結の願望に応えて、戦時体制を維持しようとしたからであった。

一七年夏には、それまでの城内平和体制の破綻は明らかになり、社会民主党、中央党など帝国議会多数派は、交渉による和解の平和を求めた平和決議を採択し、国民の支持をつなぎとめようとした。しかし、ドイツの軍事的勝利による決着まで戦争遂行を主張する保守派、ナショナリスト団体は、議会外大衆組織である祖国党を結成して軍部の支持のもとに巻返しをはかり、弱腰とみなされたベートマン宰相を失脚させた。以後ヒンデンブルク、ルーデンドルフら軍部の意向はそれまで以上に政治的重みをもつようになり、政府や議会多数派は政治的主導権を失った。しかし、この過程で皇帝がなんの役割も演じられなくなったことが示すように、それは帝政的秩序の再建ではなく、むしろその弱体化に連なる動きであった。

ロシア三月革命で成立した政府は戦争を継続したが、十一月革命で権力を握ったボリシェヴィキらの新革命政権はただちにドイツと休戦協定を結び、さらに講和交渉にはいった。ドイツは軍事力を背景に、覇権確立とロシア解体を追求した。ドイツの軍事的圧力にさらされたロシア革命政府は一八年三月、ドイツ側の要求を盛り込んだブレスト・リトフスク講和条約に調印した。しかし、ドイツ側の強硬な交渉姿勢、防衛戦争論とは相容れない広大な支配圏奪取や巨額な償金要求は、連合国側の継戦意志を強めたばかりか、ドイツ国内でも一八年一月には労働者による大戦中最大の抗議・反戦ストライキを引き起こした。

軍部はストライキを力でおさえこみ、三月末からの西部戦線での大攻勢にすべてをかけた。攻勢は部分的成功をおさめたが、新来のアメリカ軍の増援と豊富な兵器・物資に支えられた連合軍を破ることはできなかった。八月に連合軍が大量の戦車を使って反撃に転じると、疲弊したドイツ軍は後退を重ね、戦意を失った兵士の集団投降もみられるようになった。当初の成功に戦争終結を期待した国民も、最後の希望が消えて戦争への関心を失った。軍部の権威も失墜し、戦時体制は解体し始めた。

九月になるとオーストリアが講和交渉を求め、ブルガリアもそれに続いた。九月末、軍部は戦線の崩壊が目前と考えて、政府に帝国議会多数派に依拠した新政府樹立、アメリカ大統領ウィルソンの十四カ条提案に基づく講和交渉の即時開始を要求した。それを受けて十月初め、社会民主党を含めた議会多数派が参加したバーデン公マクス政府があわただしく成立し、ウィルソン大統領に講和交渉を打診した。新政府が真の国民代表政府であることを示すために、政府と帝国議会は憲法を改正して議会主義的帝政へ移行した。しかし、国民のあいだでは、上からの政治改革より、一刻も早い戦争終結を求める「講和ムード」が広がり、反戦派も活動を再開し始めた。十月末には、講和への障害であると目された皇帝の退位も公然と要求されるようになった。

このとき海軍将校団は全艦隊による最後の出撃によって、海軍の名誉を救おうとする無謀な作戦を企てた。十一月初め、乗組員はこの「提督たちの反乱」に抗議してキール軍港で蜂起し、兵士評議会を結成した。兵士の運動はドイツ各地に波及し、それは労働者なども加わった革命に発展した。十一月九日、ヴィルヘルム二世はオランダに亡命し、首都ベルリンで共和政が宣言され、帝政は消滅した。十一日、ドイツ代表団はコンピエーニュで休戦協定に調印し、大戦は終結した。大戦におけるドイツの人員の損失は、軍人だけでも二〇〇万人をこえる死者と四〇〇万人以上の負傷者を数えた。

2　ヴァイマル共和国

危機の常態化と現代化の進行

両大戦間期のほぼ二〇年間、ドイツの経済力は戦前の水準を回復できなかった(左表)。一九二八年の工業生産指数は一三年にほぼ等しいから、ヴァイマル共和国期で戦前の水準に達したのは、わずか二年間しかなかったことがわかる。大戦における戦死者や戦後の領土割譲で減少した人口はその後回復し、共和国末期には戦前の人口をこえた。さらに重要なのは、出生率の高かった大戦前の数年間に生まれた「団塊の

年	工業生産指数(1928年＝100)	労働人口における失業率(年平均%)
1919	37	—
1920	54	—
1921	65	1.8
1922	70	1.1
1923	46	4.1
1924	69	4.9
1925	81	3.4
1926	78	10.0
1927	98	6.2
1928	100	6.3
1929	100	8.5
1930	87	14.0
1931	70	21.9
1932	58	29.9
1933	66	25.9
1934	83	13.5
1935	96	10.3
1936	107	7.4
1937	117	4.1
1938	125	1.9

工業生産指数と失業率

世代」が二〇年代なかばから労働市場に登場したことである。その数は二五年で六五〇万人をこえ、これはドイツの歴史のなかで例のない高い数値であった。その結果、十五〜六十五歳までの労働可能人口は、戦前の一〇年が六一％弱にたいして、二五年で六八・五％、三三年で六八・八％と一割近く増大していた。

つまり、共和国は戦前を下回る経済力で、戦前を上回る労働力を吸収しなければならなかったのである。当時の状況でそれは不可能であり、戦間期は初期を例外として、恒常的に高い失業率を記録することになった（大戦前数年間は、失業率がほぼ三％以下であった）。二〇年代なかばに社会にでた青年にとって安定した就職は困難で、多くの者は長期失業の犠牲になった。低迷する経済は、政治・社会の動向に規定的影響を与えた。

にもかかわらず、世紀末から始まった現代的社会構造への移行は、戦後も着実に進行した。社会層のなかで労働者の占める比率は、一九〇七年から二五年で五五％から五〇％へと後退して、量的拡大を志向する工業化のピークが過ぎたことを示す一方、商業・交通・金融などのホワイトカラー層、あるいは行政機構の公務員などの新中間層が伸張し、この分野で女性の占める割合も倍増した。都市化は続いたが、特徴的なことはそれは都市の増加ではなく、人口一〇万人以上の大都市への人口集中としてあらわれたことで、ベルリンは大戦後周辺の自治体を統合して一挙に四〇〇万人をこえる大ベルリンへ発展し、ハンブルクもベルリン以外ではじめて一〇〇万都市の座についた。さらに、少子化傾向の広がりも現代化のひとつに数えることができる。戦前ではおもに市民層家族の特徴であった少子化は、戦後は労働者の家庭にも波及した。

しかし、現代化は一方的に浸透したわけではない。たとえば少子化を民族衰退の危機ととらえて警鐘をならす学者、ナショナリストや教会勢力の声はけっして少数ではなかった。反現代化思想や運動、現代文化への反動は、この時期の重要な政治・社会運動であり、現代化とのせめぎ合いから活動のエネルギーを引き出していた。不安定な経済基盤と現代化の進行、それへの反動の交錯が時代の基調であった。

ドイツ革命

一九一八年十一月初め、水兵蜂起の成功後、兵士運動は陸軍兵士や労働者を加えて急速に拡大し、各地に労働者・兵士評議会(労兵レーテ)が成立して権力を握り、首都ベルリンを包囲した。七日にはバイエルンの首都ミュンヒェンで大衆デモが組織されると、翌日には国王は退位を宣言し、独立社会民主党・社会民主党の政府が成立した。各邦国の王政もあいついで廃されて共和政に転換した。この事態をみてマクス宰相は九日、独断でヴィルヘルム二世の退位を発表し、社会民主党のエーベルトに宰相職を委ねて辞任した。エーベルトら社会民主党指導部は、ベルリンでも労兵評議会成立が目前であることから、独立社会民主党との連立政府樹立による事態収拾策を決意した。翌十日、ベルリン労兵評議会の委任を受けたという形式をとって、両社会民主党から三名ずつで構成される人民委員政府が発足した。

ここまでの政治体制の転換はほとんど抵抗にあうことなく、わずか数日間で完結した。それは国民の圧倒的多数が講和確保を切望し、軍部や保守派のあいだですら帝政的秩序の正統性が失われていたからであった。しかし、共和政の具体的内容はまだ明らかでなく、それはそのあとの革命の過程で確定されることになる。この過程は同時に、連合国との休戦協定条件の履行、講和条約の準備といった外交課題、国内における軍事的・経済的動員解除と平時体制への移行問題と密接に絡み合っていた。

革命の方向については、社会主義党派のあいだで三路線が対立していた。ルクセンブルクらのスパルタクス団は年末にドイツ共産党となり、社会革命をもっとも急進的に追求しようとしたが、労働者への影響力は限られていた。独立社会民主党は反戦という共通目的を失って内部の不統一が表面化したが、ベルリン・中部ドイツ・ドイツ西部の有力工業地域を拠点とし、議会主義を否定はしないが、労兵評議会を存続させ、炭鉱など基幹産業の社会化と、軍・行政機構の民主化の早期実行という大枠では一致していた。一方、社会民主党は、将来にかんする決定は憲法制定国民議会に委ね、当面は連合国への対応と復員促進を優先することを主張した。社会民主党にとって、革命の進展は国内の混乱を助長し、再建を妨害するものにほかならず、革命運動のなかにある民主化への潜在力を評価する視点は乏しかった。

社会民主党は全国組織を維持していたばかりか、その方針を支援する体制や機構があったことで優位に立った。ひとつは復員庁の新設と中央労働共同体の成立である。中央労働共同体は敗戦と革命に脅威をみた工業界が、自由労働組合などに歩みより、労働組合を労働者代表として認め、八時間労働制を受け入れることを条件に、資本主義経済の維持と戦後の経済的復員での協力を求めたものであった。労働組合はこれを受け入れ、この労使の合意を国家の指針とすべく調整に当たったのが復員庁であった。こうして事実上戦後の経済体制は、労使協議によって先取り的に決定されてしまった。さらに、軍将校団の存続を認めた「エーベルト・グレーナー同盟」がある。グレーナーはルーデンドルフ失脚後その後任になったが、革命後軍が解体するなかで、ヒンデンブルクの留任・将校団の存続・社会革命の阻止を条件に、エーベルトに政府支持、休戦協定履行への協力を申し出て認められた。第三の柱は、中央行政官僚から地域の自治体行政担当者にいたる行政専門家群の協力である。休戦・講和交渉は帝政期からの外務官僚が引き続き担当し、地域行政においても行政官僚の更迭はほとんどなかった。彼らは日常業務を遂行したが、さまざまな行政的手段や情報操作によって、労兵評議会の活動を妨害し、革命の進展を阻止しようとした。

しかし決定的であったのは、十二月の全国労兵評議会大会が圧倒的多数で議会制民主主義を支持したことであった。その結果、男女普通選挙権に基づく国民議会選挙が一九年一月に実施された。この間、反革命義勇軍を組織して、革命運動の武力制圧をねらう軍部の策動に抗議して、独立社会民主党は人民委員政府を離脱し、政府は社会民主党単独で構成された。一九年一月ベルリンで革命派と政府軍との市街戦が起こり、ルクセンブルク、リープクネヒトら共産党指導者が殺害された。それに続いてブレーメンなど各地で試みられた革命派によるレーテ政府樹立の試みは、四月のミュンヒェンでの例を最後に、政府軍・義勇軍によって制圧された。

革命後、社会的・経済的改革が進まないことに失望した労働者は、一九年にはいると労働現場での改革、社会化を求めてゼネストなどで政府に圧力をかけた。社会化運動あるいは経営評議会運動とも呼ばれる運動は、ルールや中部ドイツの鉱山を中心に五月ころまで断続的に続くが、政府は軍を派遣してこれをおさえこんだ。こうして革命運動は終息に向かう。革命は社会化や民主化の深化には失敗したが、帝政的身分秩序の崩壊を決定づけた意義は小さくない。共和国期を通じて、帝政への復帰が政治的選択肢として現実性をもたなかったのは革命の所産である。

共和国の成立とヴェルサイユ条約

一九一九年一月の国民議会選挙には、両社会民主党と中央党を除く帝政期の自由・保守諸政党が再編され、人民・国民を意味するフォルク(Volk)を付した新しい党名で参加した。選挙の結果、社会民主党は第一党になったものの、過半数には遠くおよばなかった。国民議会は革命派の強いベルリンを避け、暫定的に中部ドイツの古都ヴァイマルに招集された。二月、議会はエーベルトを大統領に、同じく社会民主党のシャイデマンを首相に選び、社会民主党、中央党、自由主義左派を主体に形成された民主党の三党連立政府(「ヴァイマル連合」)が成立した。

議会はすでに人民委員政府が依頼していた自由主義的法学者プロイスの憲法草案を審議し、八月に採択した。ヴァイマル憲法は、国民の参政権を男女平等選挙権と直接立法権で保証し、比例代表制で国民の意思を議会に正確に反映させる一方、非常事態を想定して、国民から直接選ばれ、緊急立法権を行使できる強力な大統領を対置するという二頭的国制を採用した。国民の基本権にかんしては、生存権、社会権を含む広範な権利が認められたほか、青少年、母性、家族の保護などが国家の社会的任務とされ、新国家の社会国家的性格を明示した。中央集権的性格は帝政より強められ、中央政府の財政基盤も安定したが、州については中部ドイツの小邦をまとめたテューリンゲン州が新設されただけで、プロイセンの分割には失敗し、また新国家の国旗に四八年革命の伝統を引く黒赤金旗が採択されたものの、黒白赤帝政旗もドイツ商船旗として認められるなど、帝政期からの継続面も少なくなかった。

憲法審議中の五月、連合国はドイツに講和条件を提示し、受諾か拒否かを迫った。条件はドイツの予想をこえる厳しいもので、とくに開戦責任や戦犯引渡し、賠償支払い義務などの道義的条項はドイツ国民を憤慨させ、政府は抗議して辞任した。しかしドイツには受諾以外の選択肢はなく、新政府が国民議会の承

第一次世界大戦後のドイツ

ヴァイマルの国民議会会議場のバルコニーにならんだ大統領エーベルト(▲)と議員(1919年２月)

認をえて六月末条約に調印した。ドイツはすべての海外領土・植民地を失い、エルザス・ロートリンゲンをフランスに返還し、ポーランド独立にともないドイツ東辺部をポーランドに割譲した。軍事面では徴兵制禁止、陸軍兵力の一〇万人への制限、航空機・戦車・重砲などの保有禁止などが課せられた。条約によってドイツは人口の一三%、有力な炭鉱・鉄鉱地域を含む領土の九%を喪失した。なお、賠償総額の決定は将来にもちこされた。

ドイツがもっぱら条約の負の面のみを強調したのは、ドイツ政府や国民のあいだで敗北の認識が急速に薄れ、戦前のドイツを当然の基準にして講和条件を判断したことにも原因があった。一九年後半にはドイツ軍は戦場で敗れたのではなく、本国の社会主義者のストやユダヤ人の裏切りで敗北したのだという「背後からの一撃」説が広まり始めたことも、それを後押しした。以後、共和国の外交は、ヴェルサイユ条約の修正、最終的にはその廃棄を最重要の課題とする重荷を背負って進むことになる。

内外の試練

一九二〇年一月一日から講和条約が発効し、数十万人規模に増強された軍の縮小が着手された。これに反対するリュトヴィッツなど一部の軍指導者は、カップなど反共和国保守派と協力して、三月クーデタを起こした。しかし、社会主義諸政党・労働組合によるゼネストと、ルールなど工業地域での武装労働者の反撃で、クーデタは短期間で打倒された。これを機会に民主化の徹底を求める声があがったが、内閣交代以外はほとんど変わらなかった。それどころかバイエルンでは一揆に呼応する保守派と軍事団体が社会民主党州政府を退陣させ、保守的な権威主義政府が樹立された。その後、バイエルンは反共和派の拠点となって中央政府と対立した。

六月の総選挙でヴァイマル連合は大敗し、一方国民自由党を継いだドイツ国民党や、保守党の後継のドイツ国家国民党などの自由主義右派や保守派の反共和勢力は伸張した。社会民主党は主導権を放棄し、二二年まで中央党を主体にした政府が続いた。

二一年五月、懸案であった賠償総額が、連合国のロンドン会議で一三二〇億金マルクと決定された。ドイツ政府は支払い不能と抗議して辞職したが、結局中央党のヴィルトを首相とするヴァイマル連合政府が登場して受諾した。ヴィルトは「履行政策」によってドイツに支払い能力がないことを納得させようとした。しかし、十月にはオーバーシュレージエン帰属問題でドイツに不利な裁定がくだされ、年末には外貨不足から支払いが困難になったにもかかわらず、連合国は譲歩しなかった。苦境に立ったヴィルトは二二年四月、ヴェルサイユ体制から疎外されているソ連とラパロ条約を結んで外交上の選択肢を広げようとした。一方、国内では履行政策は反共和勢力から激しい攻撃をあび、二一年に元蔵相エルツベルガーが、二二年には外相ラーテナウが急進右翼によって暗殺された。政府は共和国保護法をだして取締りにあたったが、司法界には反共和派が多く十分な効果をあげなかった。二二年夏、ヴィルト内閣は辞職に追い込まれ、後任首相には非政党人で、ハンブルク・アメリカ郵船会社総支配人クーノが任命され、閣僚に専門家を多くいれた非議会主義的内閣が成立した。

クーノは履行政策を放棄し、二二年後半からの急速なマルク下落にも積極的な対策をとらなかった。大戦中から始まった通貨インフレは戦後も緩慢に進行したが、それには労使が労働者の急進化を防ぐために賃上げを認め、それを価格に転嫁させる方法をとったことにも原因があった。しかし、賃上げはもはや急激な通貨下落に追いつけず、労働者の実質賃金は低下して、労使紛争が激化した。二二年は共和国期で最多のストライキ、ロックアウト数を記録している。

二三年一月、フランス・ベルギー軍は、ドイツの賠償支払い一部不履行を理由に、鉱山・工業地帯であるルール地方に侵入し、直接取り立てに乗りだした。ドイツは進駐軍への協力を拒む消極的抵抗策で対抗したが、それを支える巨額な費用を紙幣増刷でまかなったため記録的な通貨インフレが起こり、億マルク単位の紙幣がつぎつぎと発行されて、二三年夏以降には通貨は事実上その機能を失った。賃金・給与で生活する労働者・ホワイトカラー層、利子生活者、預貯金で財産を蓄えていた中間層は大打撃を受ける一方、製品や生産物など現物をもつ企業や農民は大きな利益をあげた。ルール工業界の大企業家シュティネスは利益をつぎつぎと再投資して一大コンツェルンを組織し、農民は負債を一掃したといわれる。国家もまたインフレ受益者であり、二二年に六六七五億マルクあった負債(国債など)は、二四年にはわずか二七億マルクにまで減少した。

ルール占領に最初は結束した国民も、クーノ政府への批判を強めた。八月、労働者のスト攻勢で政府は倒れ、あらたにシュトレーゼマンを首班とし、社会民主党から国民党までを含めた大連合政府が成立した。シュトレーゼマンは消極的抵抗を停止し、共産党の蜂起行動をおさえるためザクセン・テューリンゲン両州の社・共連立政府を罷免した。保守的反共和派も政府打倒をねらっていたが、十一月初め、ミュンヒェンでナチ党(国民社会主義ドイツ労働者党)の蜂起(ヒトラー一揆)が起こって足並みの乱れを露呈した。ヒトラー一揆は失敗したが、反共和派の企図も放棄された。

通貨インフレは十一月中旬のレンテンマルクによる通貨改革で劇的に終息した。連合国も賠償支払いの前提はドイツの経済的再建であると認め、賠償支払いの政治的性格を薄め、経済次元の問題として処理しようとした。それを受けて翌年八月、ドイツへの外資導入・支払い軽減を定めたドーズ案が合意された。これによってドイツ経済はさしあたり安定を取り戻した。しかし、インフレは共和国政治への中間層の不信を強め、また有効に対処できなかった労働組合から労働者を離反させ、その影響力を弱めた。

共和主義者なき共和国政治

一九二三年十一月末、シュトレーゼマン政府は退陣し、中道右派をまとめたマルクス少数政府が成立した。シュトレーゼマンは外相にとどまり、二九年の死までその地位にあって外交を指導した。しかし国会ではどの党派も主導権を握れず、二八年まで中道右派少数内閣が続く事態となり、議会主義の機能不全が常態化した。二五年エーベルトが急死し、選挙で保守派が推すヒンデンブルク元帥が当選した。彼の登場ですぐに政治に変化が起こったわけではないが、旧帝政旗を商船旗としてだけでなく、在外公館にも共和国旗とならべて掲揚させる指示に象徴されるように、保守的傾向は否定しようもなかった。二五年、社会民主党の提案した憲法公布日祝日化案が国会の支持をえられなかったことに、この時期の政治的雰囲気が表現されている。

外交的には、シュトレーゼマンの努力で二五年ロカルノ条約が結ばれ、フランスとの関係が好転した。また国際連盟への加盟が実現したほか、関税自主権も回復して通商政策を通じて国際的地位を改善することも可能になった。二九年には、賠償支払い最終案ヤング案が提案され、ドイツにたいするヴェルサイユ条約の規制処置のほとんどはこの時点で撤廃された。しかし、外交的成果もシュトレーゼマンが期待した議会主義の安定にはつながらなかった。

二八年五月選挙では、社会民主党が伸びて保守派が退潮し、社会民主党のミュラーを首相とする大連合内閣が成立し、表面的には議会制民主主義が定着したかのような印象を与えた。しかし、選挙の投票率は共和国期を通じて最低であり、しかも保守派のみならず、自由主義諸党派も後退し、その支持票は個別利益政党や泡沫的な地域政党に分散した。労働者政党や中央党を除いて、既成政党の分解が進んでいたのである。政党の分解は既成政党への不信であって、政治活動の否定ではなく、政党や議会とは違うかたちの政治の模索であった。そのことは、この時期に共産党の赤色前線兵士同盟、社会民主党の国旗団、ナチ党の突撃隊(SA)など疑似軍事団体的な大衆組織が設立され、さらに政党化した在郷軍人団体「鉄かぶと団」なども加わって、街頭での示威行進やパレードが繰り返されるようになったことに端的に示されている。党勢の衰退を前に、各政党は妥協を拒んでそれぞれの政治原則を強調するようになり、議会での合意形成の道はいちじるしく狭められた。

一時は共和国政治を受けいれた経済界も、二七年の失業保険制度の導入や増税などの負担に危機感をもつようになり、とくに重工業界は共和政治からの離脱を要求し始めた。なかでももっとも早く共和政治の拒否を表明したのは、世界的な農業不況の影響を受けて深刻な負債をかかえた農民であった。税の滞納や破産によって土地や家屋を競売に付される農民の数はふえ、二七年ころからドイツ東部や北部のシュレースヴィヒでは農民の急進的な抗議運動が広がった。これまで「相対的安定期」と規定されてきた二五〜三〇年は、政治的には共和政治の空洞化に向かって「静かな地滑り」が起こっていた時期なのである。

現代大衆文化の開花と分裂した社会

大戦後、新しい文化運動として注目されたのが、既成の価値観を破壊しようとするダダイズムや、政治的左翼と結びつき、文化革新を唱えて大衆への働きかけを重視した前衛文化(アヴァンギャルド)であった。後者にはグロピウスのバウハウスにつながる現代建築や美術工芸の新しい運動が含まれ、ブレヒトの民衆演劇もその流れのなかに位置づけられる。これらの運動はベルリンを中心に展開され、二〇年代のベルリンはパリ、ロンドンにかわる現代文化の発信地になった。しかし、これらは文字どおり「文化の実験」であり、同時代の文化人や知識人、のちの文化運動に刺激を与えたが、大衆的ではなかった。二〇年代前半の政治の季節が過ぎると、やがて事物をそのものとして観察する新即物主義が美術・文学界にあらわれる。思想の「熱」から距離をおこうとするこの思潮は、ドイツ革命と二〇年代前半の模索への反動でもあった。

大衆文化の分野では、まず労働運動によるさまざまな文化・余暇活動の大衆化が注目される。しかし二〇年代なかばから、階級文化としての労働者文化とならんで、大都市を舞台に不特定多数の大衆を対象に

ベルリンの繁華街クアフュルステンダムにあるウニヴェルズム映画劇場の入り口　映画は大衆娯楽であったが，映画館は豪華なつくりになっている。

した現代大衆文化（モデルネ）が台頭する。大衆文化の核のひとつは、戦前から広がり、プロパガンダや広報活動での効果的メディアと評価されて、第一次世界大戦中も活動を継続できた映画であった。二〇年代なかば、八時間労働による余暇時間の拡大、経済の回復によって、映画のみならず、二二年に放送を開始したラジオ、あるいはサッカー、自転車競技などの大衆スポーツ、チェーン店形式の大衆食堂などの都市型消費文化が一挙に広がった。ラジオ登録受信者は二九年には三〇〇万人に達した。大衆音楽でも伝統的な民謡やオペレッタだけではなく、アメリカからのジャズがチャールストン・ダンスとともに広まった。

現代大衆文化は伝統的な保守的価値規範に打撃を与えたが、同時に労働運動が依拠した階級的連帯の基盤もほりくずす側面もあった。それだけに大都市大衆文化への反発や批判は、「アメリカ的画一化」として非難する保守派はもちろん、「堕落したブルジョワ文化」を警告する社会民主党や共産党まで幅広い勢力から唱えられた。イデオロギー的な反発だけでなく、大都市に集中する現代文化は、農村住民との格差を広めるものとして農民の反感を招いたし、現代文化を歓迎し、その主役でもあった青年層と、戦前の文化になじんだ中高年世代との対立を深めた。一方、官界、経済界、大学、教会などの分野を支配するエリート層では、なお帝政期の市民文化規範が圧倒的に優位であり、政治的には反共和派の牙城《がじょう》であった。

共和国の文化・思想状況は、政治・社会の分断状況を反映した新旧文化の多元的・重層的混在に特徴があった。まさにそれゆえに、他方ではこの分断を接合しようとする思想や運動も出現させた。国際主義と社会主義という伝統的組合せを否定して、ナショナリズムと「社会主義」を結びつけた運動(ナチ党)や、保守主義と対立する革命を結合した保守革命(革命的保守主義)思想はその代表的事例であった。

別の共和国への道

一九二九年の世界恐慌は、ドイツの労使対立・政治対立を一層先鋭化させた。急激な失業者の増大に失業保険制度の赤字がふくれあがると、その対策をめぐって社会民主党と国民党が激しく対立し、三〇年三月ミュラー内閣は閣内不一致で倒壊した。しかし、その背後には、軍備拡大と大国化実現のために議会主義からの離脱を考える国防軍指導部、とくにシュライヒャー将軍の策動があり、それにはヒンデンブルク大統領も賛成していた。

後継首相には中央党国会議員団長ブリューニングが任命された。彼は憲法第四八条の大統領緊急立法権の使用も視野にいれて、政党や議会の拘束を受けない内閣をめざした。恐慌の破壊的影響によってすでに工業生産は前年の三割以上も低下し、三〇〇万人近い失業者が生み出されていた。歳入不足は深刻であったが、国会が増税に反対したので、ブリューニングは大統領緊急令による増税を強行した。国会が緊急令を否決すると、ブリューニングは国会を解散した。九月選挙の結果、ヤング案反対闘争以来州次元の選挙で躍進を続けたナチ党が社会民主党に次ぐ第二党に上昇した。これをみて社会民主党はブリューニング政府を「(ナチ党に比べれば)より小さな悪」として協力する「寛容政策」に転換した。これ以後政府が大統領緊急令で必要な法令をだし、それを国会が否決しないという方法での統治が始まった。このためブリューニング内閣は大統領内閣と呼ばれる。

ブリューニングはヴェルサイユ条約の負担一掃をめざす修正主義外交に重点をおいた。三一年三月、政府は各国と協議することなく突然オーストリアとの関税同盟構想を発表した。これは失敗したが、こうした強引な手法はドイツ経済にも悪影響をおよぼした。同年五月のオーストリア最大の銀行の破産はドイツの金融危機を誘発し、外国資本はドイツからいっせいに引き揚げられた。アメリカ大統領フーヴァーが、一年間の債務支払い猶予(フーヴァー・モラトリアム)をだしたのはこのときである。ブリューニングは外貨管理を厳しくする一方、国内では公務員の給与削減、失業保険の支給制限など徹底したデフレ政策を実行したので、消費は減退し、景気はますます落ち込んだ。彼はドイツにいかなる財政的余裕もないことを示し、賠償支払い廃止を勝ちとろうとしたのである。三二年になると、彼の要求はようやく各国の受け入れるところとなり、六月のローザンヌ会議で認められた。

しかし、その代償は恐慌の長期化と失業者の増大、社会的混乱の蔓延であり、政府と国民のあいだの断絶であった。反共和諸党派は三一年秋には政府退陣を要求して、ハルツブルクに結集して勢力を誇示した。三二年三月、任期満了による大統領選挙が実施された。選挙はヒンデンブルクとヒトラーの対決となり、ブリューニングの努力もあってヒンデンブルクが再選された。しかし、ヒンデンブルクを支持したのは社会民主党、中央党などの共和派陣営であり、この七年間に共和国の政治的内実がいかに変容したかを示していた。再選に成功すると、大統領グループはブリューニングの突撃隊禁止令や農業界への支援不足を非難して、五月末彼を辞任させた。なおこれまで、ブリューニングの最終的政治目的は彼が回想録に書いた帝政復活であろうと考えられてきた。しかし、最近ではこの説の信憑《しんぴょう》性は再検討する必要があると指摘されている。いずれにせよ、ブリューニングを民主的議会主義の最後の守り手と評価することはできない。政府を国民から切り離し、反議会主義的大統領内閣にしたことが、大統領やシュライヒャー、あるいは各種の利益集団が直接政治に介入できる場を提供したからである。

ブリューニングの後任には、シュライヒャーの推薦で中央党プロイセン議会議員パーペンが登用され、国民を驚かせた。パーペンは政治的にはほとんど無名であるばかりか、彼を含め九人の閣僚中七人を貴族で構成する時代錯誤ぶりを示したからである。パーペンは就任直後、突撃隊禁止令を解除し、国会を解散した。選挙戦は各党派の疑似軍事組織が衝突を繰り返す内戦的様相を呈し、プロイセン州だけで数百名の死傷者をだした。政府はプロイセン政府に治安維持能力がないとして、七月プロイセン政府を罷免し、中央政府の代理を派遣した。社会民主党が一二年以上統治し、ヴァイマル民主主義の砦《とりで》といわれたプロイセンはあっけなく反共和派に明け渡された。社会民主党指導部は党内の実力抵抗論を退け、最高裁に訴える合法路線をとった。

七月末の選挙の結果、ナチ党は第二党に一〇〇議席近い差をつけて第一党となった。ヒトラーの政権要求を大統領は拒否したので、ナチ党は政府との対決路線をとった。パーペンは「新国家」構想を唱えて、大統領独裁を公言した。国会が議員の九割以上の賛成で政府の不信任を可決すると、パーペンはまたも国会を解散した。選挙は十一月におこなわれ、ナチ党は前回より二〇〇万票を失って後退した。政府支持派は一割しかいなかったが、パーペンは意に介さなかった。シュライヒャーは大統領独裁構想には反対でなかったが、なんらかの大衆基盤は必要と考え、パーペンへの協力を拒んだ。

十二月初め、パーペンは辞任し、シュライヒャー内閣が発足した。彼はドイツ労働総同盟やナチ党の有力者シュトラッサーを引き込んで政権の大衆基盤をつくろうとしたが、失敗に終わった。この間、パーペンはシュライヒャーを失脚させて、復帰する機会をねらい、ヒトラーに首相職を与えるよう大統領を説得した。それは皮肉にも形式的には議会第一党党首を首相にするという議会主義の原則に立ち返ることであった。三三年一月末、シュライヒャーは国家非常事態宣言で独裁的統治を続けることを大統領に要請し、拒否されると辞任した。大統領はヒトラーに組閣を要請し、一月三十日ヒトラー内閣が成立した。

3　ナチズム体制

ナチ党の台頭と拡大

ナチ党は第一次世界大戦後になってはじめて登場した政治団体で、政党というよりヒトラーという指導者個人のまわりに結束した大衆的政治運動であるという点で、それまでのドイツの政党にはみられない特徴と構造をもっていた。それだけに、ナチ党への警戒感は左翼に劣らず保守派にも強く、ヒトラー政権は、大統領内閣、大統領独裁、軍事独裁などさまざまな脱議会主義的な選択肢が潰え去ったあと、最後の選択として生まれたものであった。ナチ党の台頭はヴァイマル体制崩壊の結果であって、その原因とはいえないのである。

ナチ党の前身は、一九一九年ミュンヒェンで創設された小さな政治団体ドイツ労働者党である。労働者党は、第一次世界大戦後半からドイツ革命期にかけて、ドイツ各地で多数結成された反ユダヤ主義的・反革命的国粋団体のひとつであった。ヒトラーはオーストリア出身であったが、第一次世界大戦勃発をミュンヒェンでむかえ、そのままバイエルン軍に志願して、四年間を西部戦線ですごした兵士であった。彼は一九年の秋にこの党のメンバーとなり、やがて大衆演説能力によって頭角をあらわした。党は翌年、二五カ条の党綱領を掲げ、国民社会主義ドイツ労働者党と改称し、二一年、ヒトラーを全権をもつ党指導者に選任した。

初期の党メンバーはヒトラーを含め前線世代が多く、義勇軍などからも支持者を獲得した。活動の中心はミュンヒェンであったが、バイエルン政府や軍、社会主義運動との対決意識が強まった市民層による支援が、ナチ党の拡大に有利な環境をつくっていた。党は、急進的なヴェルサイユ条約・共和国批判で党勢を拡大し、二三年初めには党員は二万人を数え、バイエルンで一目おかれる存在となった。しかし、党は選挙には参加せず、この段階では軍や保守派の反共和国クーデタを支援する政治宣伝組織と疑似軍事団体の混合体でしかなかった。

ヒトラー一揆の被告たち　中央がヒトラー，その左がルーデンドルフ将軍，右がレーム。レームはヒトラーと俺，お前で話せるただひとりの人間であった。

二三年十一月初旬、ヒトラーは保守派クーデタを先導するために、ミュンヒェンで武装蜂起(ヒトラー一揆、ミュンヒェン一揆)を試みて失敗し、裁判にかけられた。保守的な司法は短い禁固五年を宣告し、しかも獄中の扱いはきわめて寛大で、ヒトラーはこのときに『我が闘争』を口述筆記できたのである。二四年、獄中生活わずか八カ月で釈放されたヒトラーはナチ党の再建に着手し、選挙による合法的戦術で党勢拡大をめざす方針に転じた。ほかの国粋団体の多くが綱領論争や指導者争いで分裂を繰り返し、武力による権力奪取に執着して時流から取り残されるなかで、ナチ党はヒトラーの権威に従う指導者原理を基軸に全国的な組織網を構築して、中核的活動家層を育成することに専念した。

当初の都市労働者の獲得戦術は成功しなかったが、市民的・保守的既成政党が分解し始めた二〇年代後半、まずプロテスタント地域農村部で支持を広げ、大恐慌とともに都市市民層、中間層、さらに一部の労働者層からも票を集めた。既成政党に失望した保守層や青年などの新規投票者は、ナチ党がいわば手が汚れていない未知数の政党であることや、ゲッベルスなどが採用した現代的宣伝方法、党や突撃隊の若さに惹かれたのである。事実、ナチ党が制した最初の分野は学生組織であり、また三〇年の時点で党員の七割近くは四十歳以下であった。

共和国末期までナチ党の支持が低かった社会層は、ミリュー構造が比較的残存している中核的工業労働者層とカトリック教徒であった。ナチ党の掲げた政策は、徹底した現状批判と、すべての社会階層が調和ある生活を送れる理想社会としての民族共同体建設であった。つまり、ナチ党は抗議政党であり、同時に特定の社会層に依拠しない国民政党でもあるという両面で支持を集めたのである。民族共同体という漠然とした目標も、現実に政府や諸政党の具体策が失敗するか、展望を示せない状況では、大きな効果を発揮した。一方、反ユダヤ主義はヒトラーとナチ活動家層を結びつけるうえでは重要であったが、選挙戦では第一に強調されたスローガンではなかった。

ナチ党は二九年から、州・自治体選挙レベルでかなりの票を集めて注目され、三〇年にはテューリンゲン州政府で最初の閣僚ポストをえた。三二年秋までには、ほとんどの州議会で第一党の地位につき、四つの州の首相の座を獲得した。たしかに、ナチ党は自由選挙では有力な州においても過半数を制したことはなかったが、短期間でここまで急伸した政党もなかった。このことはナチ党投票者の流動性がきわめて高く、投票者を安定した支持者として統合できなかったことを示唆している。三二年夏、ヒトラーが首相職獲得に固執したのにたいして、党の有力者シュトラッサーがそれにこだわらずに入閣すべきだと提案したのも、この流動的支持層への不安からであり、三二年末で党の支持票は限界に達していたとみなされている。しかし、ヒトラーはシュトラッサーを排除して、自己の方針を貫いた。

三三年一月、ナチ党は小州リッペの選挙に総力をあげ、前年十一月の退潮を食い止めた。これを背景に、党は保守派の支持を取りつけることに成功した。ナチ党は自力だけでは権力獲得は困難で、なによりも国家機構を握る保守派の支持が不可欠であった。

上と下からのグライヒシャルトゥング

ヒトラー内閣は保守派との連立内閣で、ナチ党員はヒトラーを含め三名の入閣者しかなく、ヒンデンブルク大統領との仲介の功績を認められて副首相になったパーペンをはじめ、経済相・農業食料相を兼任した国家国民党党首フーゲンベルクなど保守派や専門家が多数を占めていた。パーペンらはナチ党を政府に「取り込み」、大衆基盤として「飼い慣らし」、議会を事実上排除して強権的独裁体制を樹立することを構想していたが、ヒトラーらは政府権力を利用してナチス単独支配を確立しようとしていた。つまりヒトラー内閣は保守派には「目的」であったが、ナチ党には「手段」にすぎなかったのである。

ナチ党のさらなる拡大を恐れて総選挙に反対するフーゲンベルクらを押し切って、ヒトラーは国会を解散し、総選挙を公示した。ナチ党はこれまで政治的利用を控えられていたラジオを利用し、公権力を使って社会民主党、共産党はもちろん、与党以外の政党の集会を妨害し、彼らの機関紙の発行を差し止めるなど選挙活動を封じ込めた。なかでもプロイセン内相となったゲーリングは、突撃隊、親衛隊幹部を警察幹部に登用し、突撃隊・親衛隊・鉄かぶと団隊員を補助警察に任命して、事実上彼らのテロを合法化した。二月末、国会議事堂がオランダ出身の共産主義者に放火される事件が起こると、政府はこれを共産党の全国蜂起の企てと断定して、「国民と国家の防衛のための大統領緊急令」を布告した。この緊急令は集会・

出版の自由、人身の保護など憲法の基本権を広範に停止したもので、ナチズム体制のテロ支配のもっとも重要な法的基礎となった。共産党員や反対派と目された人々の逮捕、拘禁は、夏までに二万六〇〇〇名をこえた。

自由選挙とはほど遠い状態での選挙にもかかわらず、ナチ党は過半数を獲得できず、連立与党の票をあわせてかろうじて過半数をえた。しかし、政府はこれを大勝利と宣伝して、国会に全権委任法を提出した。この法案は改憲条項を含むことから国会の三分の二の賛成を必要としたため、政府は共産党議員を逮捕し、中央党などに圧力をかけて、結局社会民主党の反対のみで、採択させた。全権委任法は四年間の時限立法であったが、政府に立法権を与えたのみならず、制定される法が違憲的内容を含むことを認めたもので、ヴァイマル民主政の抹殺にほかならなかった。この法によって、政府は大統領への依存から自由になり、権限を失った国会はヒトラーの重要演説の舞台のひとつにすぎなくなった。

ユダヤ人商店ボイコット運動のため，店の入り口に立つ突撃隊員　突撃隊は街頭での実力行使でつねに先頭に立ち，市民からは恐れられ，敬遠された。

選挙結果が明らかになると、突撃隊・親衛隊をはじめ、ナチ党組織は各地で政敵やユダヤ系市民にたいする「私的強制収容所」への恣意的拘束やテロ行為、さらにまだナチ党が支配していない州や自治体の権力掌握をめざして、下からの「国民革命」を開始した。選挙後あらたに設置されたゲッベルスを大臣とする国民宣伝啓蒙省がメディアを指導して、そうした動きに拍車をかけた。こうした下からの行動を受けて、その目的を合法化するために、三三年四月一日にはユダヤ人商店ボイコット運動が全国的に組織され、さらに公務員からユダヤ人や反対派を排除する職業官吏再建法も公布された。ナチ学生団体を先頭にした「非ドイツ的文献の焚書」キャンペーンやゲッベルスによるジャーナリズム・文芸部門の統制などによって、思想・公式文化面でもグライヒシャルトゥング(強制的同質化)が進行した。こうした動きは、やがて私企業から趣味・スポーツ団体などの余暇組織にいたるまで拡大され、政治的反対派やユダヤ人が放逐された。一方、長期政権となることが予想されると、ナチ党には便乗組も含め、あらたに入党する者が殺到したため、党は五月新党員登録を停止しなければならなかった。

州は自律性を否定されて、中央政府の派遣する総督(地方長官)が支配し、ドイツははじめて中央集権体制になった。五月にはすべての労働組合は解散させられてドイツ労働戦線に統合され、七月にはナチ党以外の政党は禁止された。ヒトラーは「革命」の終了を告げ、下からの行動を抑制し、主導権を国家に集中するよう指示した。

ナチ・保守体制とレーム事件

国内ではナチ党一党体制が確立したが、外交の主導権は保守派が握り、カトリック教徒を満足させたローマ教皇庁との政教条約が三三年七月に調印された。十月には軍部の要請でジュネーヴ軍縮会議と国際連盟から脱退し、反ユダヤ主義政策の影響もあって、ドイツは国際的に孤立した。

ヒトラーは軍の動向を重視し、首相就任直後、軍指導者と会見して国家の唯一の武力保持者としての軍の地位を認め、軍需拡大を約束した。三三年末には、軍、行政、経済界、あるいは学界や教会など伝統的国家機関や分野は保守派がおさえ、政治警察・宣伝組織といった新規の国家機関、自治体行政、労働組織や社会事業などの新設の社会組織はナチ党とその関連組織が握るという、棲み分け的共生構造ができつつあった。

経済界は、一部の急進的ナチ活動家の標的になったが、有力大企業はすでに献金などでナチ党指導部と結びつき、さらに景気浮揚と軍拡の柱と期待されていたこともあって、大きな変化をこうむらなかった。経済相フーゲンベルクが三三年六月末に失脚したとき、その後任はやはり経済界の有力者であった。ただ農業界は、共和国末期に、すでに主要な農業団体にナチスが浸透していたことから、五月には、ナチ党内の「血と土」イデオロギーの信奉者ダレが全国農民指導者となって農業組織を支配し、農民を全国食糧身分に統合することに成功した。中規模専従農家は民族の源泉とされ、世襲農場法によって保護された。

このナチ・保守体制の輪郭が明らかになると、大衆動員装置、集票組織として活動し、いまや数百万人の巨大組織に膨張した突撃隊は、そのなかに占めるべき場がなくなり、隊員の不満は高まった。むき出しの暴力組織であった突撃隊は、「革命」期には保守派や市民層から必要悪として受け入れられたが、体制が安定すると厄介者視され始めた。三四年になっても失業者の数は多く、そのなかには突撃隊員も多数含まれていた。突撃隊指導者レームは突撃隊が将来の軍の中核となるべきだと考え、保守派がなお重要な部署を握っていることに不満をいだいて、公然と「第二革命」を要求した。軍指導部はこれに脅威を感じ、レームの指揮から離脱して独立組織となることを願うヒムラーの親衛隊に接近した。

ヒトラーも、軍拡を前にレームらの存在が体制の不安定要因であることを認めたが、さらにパーペンら保守派の一部がナチスのテロ支配を批判し、帝政復活を求めたのを知って危機感をつのらせ、三四年六月末、軍の支援を受けた親衛隊によってレームら突撃隊幹部を急襲し、射殺させた。同時にベルリンをはじめ全国で、保守的反対派、ヴァイマル共和国時代の旧敵など八〇名以上が殺害され、そのなかには前首相シュライヒャー夫妻もいた。

諸外国を驚かせたこの行動は、特別立法によって合法化された。軍はこれを歓迎したが、真の勝利者はヒトラーと親衛隊であった。ナチスの暴力装置の代名詞であった突撃隊の統制は国民の不安感を取り去り、その行動を「決断」したヒトラーは国民から圧倒的な支持を受けた。ヒトラーをナチ党すらこえた特別の存在とみる「ヒトラー神話」の誕生に、レーム事件は決定的役割をはたした。また、親衛隊はヒトラーに直属する独立組織に昇格し、武装師団の設置も認められた。

八月、ヒンデンブルク大統領が死去すると、ヒトラーは首相の権限に大統領の権限をあわせ、国家元首、首相、軍最高司令官、ナチ党最高指導者の地位をえて、総統兼首相を名乗った。こうしてヒトラーによって統合されるナチ・保守体制が確立された。だがヒトラーの最高存在が示すように、この体制はナチ勢力と保守派が対等の立場で結びついたのではなく、ナチスが優位になった体制であった。政権掌握以来、政府が公布した法律の多くは、ヴァイマル共和国の大統領内閣時代に保守派や保守派官僚が構想し、あるいは準備していたが、さまざまな懸念や反対から陽の目をみなかった法案がもとになっていた。ヒトラー政府はヴァイマル共和国時代にあった法案への歯止めを取り去り、それをいわば「引き出しのなかから」だして実現させたのである。景気浮揚政策や失業対策、軍拡の準備などもその一部であった。しかし、これからはヒトラーないしナチ党指導者に主導権が移っていく。そのことは三四年以降の閣議開催数の激減ぶ

年	1933	1934	1935	1936	1937	1938	1939-45
開催数	70	21	11	2	6	1	0

ナチス・ドイツの閣議開催数

ベルリンの街路を行進する突撃隊　レーム事件以後も，突撃隊は「国民感情」を表現する手段として利用された。

りからもみてとることができる。

景気対策と軍備拡大

政権獲得直後、ナチスがもっていた政治的資産は、民主主義から軍事独裁までの多くの選択肢が失敗し、ヒトラー政府以外の方向が容易にみつからないという状況それ自体にあった。また経済面でヒトラー新政府に有利であったのは、恐慌がすでに底を打ち上向きになっていたこと、ナチスが特定の経済政策を約束しなかったため、役に立つどのような政策も採用できたことである。

ヒトラー政府の景気浮揚・失業者減少政策では、アウトバーン建設のように鳴り物入りで宣伝された事業や、それより目立たないがはるかに巨額な費用が投じられた軍拡といったすでに以前の政府が検討していた公共投資の拡大が取り上げられ、それに労働奉仕団の設立、結婚貸付金(事実上、結婚奨励金的性格をもつ)による女性労働者の退職促進などの青少年政策と社会政策が組合わされて推進された。まもなく、ますますふくれあがる軍拡費は、二つの障害に直面した。ひとつは軍拡費の財源確保の問題であり、もうひとつは海外に依存する原料を購入するための外貨調達であった。

この問題に取り組んだのがライヒスバンク総裁で、三四年から経済相も兼任したシャハトであった。シャハトは、ドイツの四大企業が資金を拠出した冶金研究所(メフォ)が振り出すメフォ手形をライヒスバンクが割り引くという方法で、軍拡資金を捻出した。この国家歳費には計上されない、いわば隠された借金の累積は、三八年で一二九億ライヒスマルクという巨額にのぼった。一方、ドイツの外貨保有はもともと少なかったため、シャハトは「新計画」によって徹底した管理貿易体制をしき、必要なもの以外の輸入に外貨を使わせなかった。それでもボーキサイトや石油など重要な戦略物資の輸入には多額の外貨が必要であった。そこで彼は外貨を使わない二国間のバーター貿易(ドイツの工業品と相手国の原料の実物交換取引)協定を利用した。相手国は恐慌で輸出が停滞したため、工業品を輸入できなくなっていた農業国か発展途上国であり、とくに南東欧やバルカン諸国が対象になった。こうした通商協定でドイツはハンガリー、ユーゴスラヴィア、ルーマニアの経済に大きな影響力をおよぼすようになった。

しかしドイツの軍需拡大を支えるには、これらの方法でも十分ではなかった。陸軍の軍拡計画は共和国末期から作成されていたが、当初はなおヴェルサイユ条約を意識して、漸進的拡大による方法が考えられていた。しかし、ヒトラー政府のもとではこうした配慮は取りはらわれた。三三年末に、陸軍は三八年までに平時兵力を二一個師団三〇万人とする計画を提出して、ヒトラーの承認をえた。この平時兵力は動員後の戦時兵力では六三師団になるものとされたから、その分の軍備も準備する必要があった。三五年三月、ヒトラーは徴兵制の導入と空軍の存在を発表し、さらに平時兵力は三六師団を目標とすることが示された。シャハトは、軍だけでなく、農相のダレからも国民の生活向上の期待に応えるため、畜産物輸入用の外貨を要求されていた。軍需と民需の板挟みにあったシャハトは、ヒトラーにどちらかを優先することを求め、ヒトラーは三六年の党大会で「四カ年計画」を発表し、そしてゲーリングをその全権に任命してこれに応えた。

四カ年計画は、四年以内に石油、ゴム、繊維、さらに鉄鋼などの戦略物資を国内で自給できるアウタルキー体制に移行することを掲げていた。それは石油・ゴム・繊維は人造品でまかない、鉄鋼は国内産の低品位鉱を使用することを意味した。これらは技術的には可能であったが、製品価格では国際競争力がまったくなく、資金や製品購入で強力な国家支援が不可欠であった。ナチ体制と癒着していたI《イー》・G《ゲー》・ファルベン・コンツェルンは人造製品を引き受けたが、鉄鋼業はこの要請に消極的であった。そのためゲーリングはヘルマン・ゲーリング工業所を設立し、自ら鉄鋼生産に乗り出した。この国営企業は戦争が始まると六〇万人の従業員をかかえるヨーロッパ最大の企業にふくれあがることになる。ナチ指導者は、シャハトの描く、国際競争力のある国民経済には関心がなく、戦争遂行能力のある経済を求めていたのである。これを機に経済の主導権はナチ指導者の側に握られるようになった。四カ年計画は三九年まで計画の半分しか実現できなかったが、それでも欠乏原料の自給率はそれなりに上昇した。

　軍需景気とニュルンベルク党大会会場などの記念碑的建築ブームによって、三七年にはドイツは他の諸国に先駆けて恐慌を脱して完全雇用状態を達成し、一部では労働力が不足し始めた。この時期のドイツの対外膨張政策に経済的動機が大きな部分を占めたのは、原料や労働力の深刻な不足のためであり、オーストリア併合やチェコ解体の推進役がゲーリングであったのは偶然ではなかった。

ナチ民族共同体の形成

　ナチ党の同質的民族共同体の具体的内容は明らかではなかった。したがってそれはさしあたり、民族共同体から排除されるべき人間や集団は誰かという否定的な規定から出発していくことになったが、これにかんしては三三年にまず二つの集団が名指しされた。ひとつはユダヤ人で、ほかは非健常者・「反社会分子」であった。

その声高な人種主義イデオロギーにもかかわらず、ナチスはユダヤ人をユダヤ教の信者という思想・信条レベルでしか規定できなかったが、いずれにせよ、ユダヤ人とされた人々にはナチスの民族共同体に居場所はなかった。もうひとつのカテゴリーである心身障害者と「反社会分子」については、七月の閣議で決定された「遺伝病の子供の出生を予防する法」が最初の規定を与えた。この法は遺伝的疾患をもつとされた心身障害者、「反社会分子」に強制的に不妊化手術をほどこし、その子孫を断つことを目的としていた。同じような法がアメリカ合衆国や北欧諸国の一部でも実行されていた事実が示すように、これはナチ・イデオロギーからではなく、近代科学技術によって社会や人間は改造できるという社会工学的発想に由来していた。

つまり、ナチスの民族共同体建設は、人種主義イデオロギーと近代的社会工学の相互補完的組み合わせのもとで推進されたのである。長期の経済的危機のもとで、ドイツ国民のなかに、国家や社会に「役に立つ」人々だけに資源を配分するのは仕方がないし、「合理的」であるとする考えが共有されたこともそれをあと押しした。

ナチスの反ユダヤ主義政策は、初期の段階ではユダヤ人の国外移住を促進することにおかれた。三三年の時点で、ユダヤ系市民はほぼ五〇万人で、国民全体の一％にも達しない少数派であった。ユダヤ人にたいする日常化したボイコットやテロ行為、職業禁止・制限によって、三五年まで八万人以上が出国したが、移住には受入れ先の同意や生活をやり直せる資産や若さが必要であり、その数はナチ当局が期待したほどではなかった。三五年、ふたたび突撃隊によるユダヤ人攻撃が強まると、九月にニュルンベルク法が公布され、ユダヤ人の公民権剝奪、ドイツ人との通婚・性交禁止が定められ、ユダヤ人は二級国民の地位に貶められた。その後、ユダヤ人の経済活動からの締め出し処置がつぎつぎとだされて収入源が断たれ、彼らの福祉扶助の受給資格も剝奪された。三八年にはユダヤ人用特別身分証と旅券のユダヤ人識別マークが導入された。

三八年十一月、パリのドイツ大使館員がユダヤ系青年に殺害される事件が起こった。ナチ指導部はこの報復に全国でポグロム(集団的迫害)を指示し、ユダヤ教会・ユダヤ人商店の放火、破壊とユダヤ人への襲撃、大量拘束が突撃隊によって実行された。この「水晶の夜」事件は反ユダヤ主義政策の急進化への転機となった。ユダヤ人は全経済分野から追放され、巨額な償金支払いを命じられた。ユダヤ人は貧困化・高齢化に加え、特定の地域や住居に集団居住を強いられた。こうして、ナチスの政策自体によって、なんらかの対策を必要とするユダヤ人問題が現実にあらわれたのであった。また、ドイツ国内のシンティ・ロマ(「ジプシー」)も異民族として、特定地域に囲い込まれた。反ユダヤ主義政策はたんにナチスの人種主義イデオロギーの実行というだけでなく、一部のドイツ人には経済的、物質的な利益をもたらした。商売敵や競争相手としてのユダヤ人が排除された小売業者、医師、弁護士、あるいはユダヤ人所有不動産の強制売却によって、土地・家屋を手にいれたナチ党組織、自治体はその例である。

三五・三六年には共産党や社会民主党などの政治的反対派はおさえこまれ、「異民族・異分子」の排除が進むのと並行して、国民を民族共同体に統合する政策も実行された。体制初期には、党組織集会やマスメディアをとおしての思想的教化、党大会をはじめ、各種の記念祝祭典による一体感の育成に力が注がれた。体制支持への流れは、失業が解消に向かうと顕著になった。労働者の賃金は三三年の水準で凍結されていたが、完全雇用状態に達すると企業は労働者の移動を防止するために、さまざまな手当てで実質賃金を上げるようになった。労働者はこれによって一〇年以上続いた雇用不安状態から解放され、将来の生活設計や日常的な娯楽や余暇に目を向けることができた。ナチ組織はここに注目し、余暇活動や娯楽を通じて、国民大衆を間接的に体制支持に取り込もうとした。

この点でもっとも成功した例とされるのは、労働戦線の余暇組織「喜びを通じて力を」である。この組

ノルウェーのフィヨルドを巡る「喜びを通じて力を」組織の専用客船　このような旅行は以前には一般の労働者には考えられなかった。

織は、労働者に週末の音楽会や日帰り旅行から専用客船による北欧・地中海の巡航旅行、避暑地や冬の観光地の長期滞在などを低料金で提供して歓迎された。労働戦線は職場環境の改善、労働技能の向上や資格付与にもかなり力を注いでいる。福祉政策を統括する国家機関はナチ体制下には存在せず、かわってナチ民族福祉団などのナチ党の福祉関連組織がボランティア活動という名目でおこなうさまざまな福祉事業(低所得者家族、高齢者、母子家庭への扶助のために毎年大々的におこなわれた冬季救済事業は、そのなかでももっともよく知られた活動である)があらわれた。しかし、それへの協力は事実上強制的であり、ナチ党が福祉活動を独占しようとしたことは、教会その他の慈善団体の活動や募金を厳しく監視し、制約したことからもうかがえる。

ボランティアという名目は、ナチ福祉事業の対象者を、人種、前歴、「心身の健全性」などの基準によって選抜することを容易にした。この選抜をとおった者(ナチ用語では「民族同胞」)だけが、ナチ福祉事業のさまざまなサービスを受ける資格があった。福祉は権利ではなく、上からの恩典となったところに、ナチ社会の特徴がよく示されている。

排除と統合も、監視・抑圧装置があってはじめて効果をあげることができた。ゲシュタポ(秘密国家警察)はヴァイマル時代の政治警察から発展し、ヒムラーが統合した組織で、三四年以降、ほかの行政組織から分離し、司法の統制からも自由な権力機関になった。三六年ヒムラーはドイツ警察長官に任命され、親衛隊全国指導者の地位とあわせて、全監視・抑圧機構を支配した。保護検束によって強制収容所に送られる「体制の敵」は政治犯から「反社会分子」へと重点が移り、ゲシュタポ・親衛隊も警察的機能より、社会の価値規範からの逸脱行動を監視・統制する機能を重視した。それによって、人々の生活全般に目を配る「全能の」抑圧組織というイメージが増幅された。

しかし近年の研究は、ゲシュタポがこれまで考えられてきたような巨大組織ではなく、その監視能力は限られていたこと、彼らの活動を支える情報の多くは住民からもたらされたことを明らかにした。事実、ゲシュタポや親衛隊保安部は一種の世論調査機関の役割ももっていた。しかし、それはすべてのドイツ人がナチスを支持していたということではない。ナチ体制からの利益は受け取りつつ、できるだけ体制にかかわらず、残された安全な領域である私的世界に退却する人も少なくなかったし、青年層のなかにはナチスの規律の押しつけに反発する動きがみられた。

ナチ外交と対外膨張政策

ヒトラーが積極外交に転じたのは、三五年一月、ザール地方が住民投票の結果ドイツへの帰属を決定したあとであった。住民投票はヴェルサイユ条約で規定されていたもので、ヒトラーは投票が予定どおりおこなわれるよう、それ以前の外交攻勢をひかえたのである。住民投票が終わった三月に、彼は徴兵制導入(再軍備)を宣言した。ヴェルサイユ条約への挑戦にたいし、イギリス、フランス、イタリアは非難声明をだす以上の行動はとらなかった。それどころかイギリスは、海軍力をイギリスの三五％以下にとどめるというドイツの申し出を受け入れて、六月にドイツと海軍協定を結び、事実上ドイツの再軍備を追認した。

ドイツとイタリアの関係はこの時期、冷却していた。イタリアはオーストリアの後見役を務めていたが、三四年オーストリア・ナチスが蜂起し、オーストリアのドルフース首相を殺害した事件があったからである。蜂起は失敗したが、ムッソリーニは軍を動かしてドイツを威嚇した。しかし、イタリアがエチオピア侵略を開始すると、ドイツにとって国際状況は有利になった。各国の注意が地中海方面に向けられたのをみて、三六年三月、ドイツはロカルノ条約を破棄して非武装地帯のラインラントに軍を進めた。イタリアはエチオピアを併合したが、国際連盟の制裁を受けて国際的に孤立し、ドイツに接近した。両国はスペイン内戦でもフランコ側を支援して軍を派遣し、これを契機に「枢軸」としての結びつきを深めた。三六年末に結ばれた日独防共協定には、翌年イタリアも参加した。ドイツは孤立状態を脱したばかりか、イタリアにかわってヨーロッパの現状打破外交の推進役になった。

三七年末から、ヒトラーは軍首脳や外相に、武力によるヨーロッパ覇権の奪取、イギリスとの対決を語るようになる。翌三八年二月、ヒトラーは軍事相(国防相)ブロンベルクと陸軍最高司令官フリッチェがスキャンダルにかかわったことを理由に解任し(ブロンベルク・フリッチェ危機)、国防軍統合司令部を設置して、自ら三軍の最高司令官に就任した。同時に、外相も外交官出身のノイラートからヒトラーに忠実なリベントロップに交代させた。すでに前年末、シャハトは経済相を辞任していたから、軍や政府にいた伝統的保守派に属する指導者は一掃されたことになる。これがどの程度事前に考えられていたことなのかは明らかでないが、ヒトラー信奉者の多い若手の人材登用は、ヒトラーにとって戦争準備を進めるうえで都合がよかったことは確かである。

三月、イタリアが後見役をおりたのち、ヒトラーはオーストリアのシュシュニック首相に事実上ドイツの属国になるに等しい要求を突きつけた。シュシュニックが受諾の可否を国民投票で問うと発表すると、ヒトラーはオーストリア併合のために軍を派遣した。オーストリア国民の多くはドイツ軍を歓迎し、国民投票の結果併合は承認された。併合後、ドイツは大ドイツと称するようになった。第一次世界大戦以来ヨーロッパで独立国がはじめて消滅した事件であったにもかかわらず、他国から抗議の声は起こらなかった。

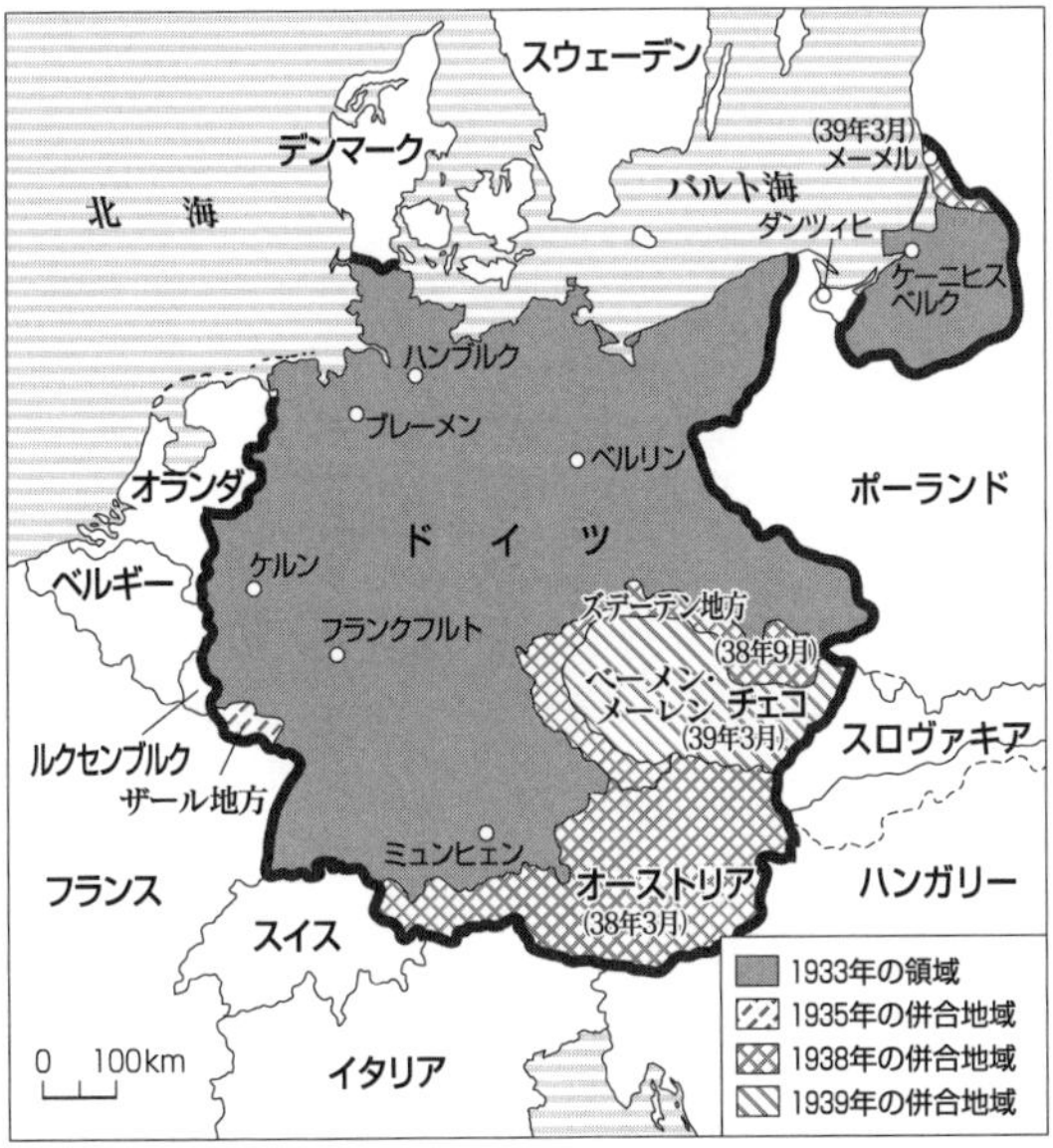

ナチス・ドイツの拡大

これをみてヒトラーは彼の計画のテンポをはやめることを決意し、隣国チェコスロヴァキアにドイツ側国境地域ズデーテンの割譲を要求した。ズデーテン地方はドイツ系住民が多数居住し、かねてから自治運動が起こっていた。ヒトラーの武力恫喝《どうかつ》に戦争の危険をみたイギリス・フランス・イタリアはヒトラーを説得し、チェコスロヴァキアを参加させないまま、十月初めのミュンヒェン会談でズデーテンのドイツへの割譲を認め、チェコスロヴァキアに受諾させた。ヒトラーは半年で一〇〇〇万人の新国民と領土、資源、工業施設と大量の兵器・軍需品を獲得したのである。イギリスの宥和《ゆうわ》政策は、中小諸国を失望させてドイツとの協調に向かわせ、さらにドイツ陸軍内のヒトラー反対派の動きを封じ込めた。

しかし、ヒトラーはこれに満足せず、翌年三月残部チェコを解体して保護下におき、リトアニアからもメーメル地域を割譲させた。この行動はこれまでの併合の理由にあげられた、ヴェルサイユ体制への修正要求や民族統合の主張となんの関係もない、たんなる領土拡大にすぎなかった。イギリス・フランスはそれまでの方針を変え、ドイツのポーランド回廊の要求に反対し、ポーランドへの支援を約束した。これを受けてポーランドもドイツの要求を拒否した。両国の対立は、ドイツが武力で押し切るか、ふたたび大国間の協議で妥協を探るしか解決はなかった。そしてヒトラーは戦争を望み、その準備を命じたのである。もっとも戦争がドイツ・ポーランド間の局地戦にとどまるか、大陸戦争に発展するかはまだ不明であった。

イギリス・フランスはここにいたって、ソ連との共同行動を模索した。しかし、チェコスロヴァキアの同盟国でもあったソ連は、ミュンヒェン会談での両国の態度に不信をいだき、むしろドイツとの関係改善に関心をもっていた。ソ連の真意がどうあれ、ドイツにとって当面ソ連への接近は好ましいものであった。

三九年八月下旬、リベントロップ外相はモスクワで独ソ不可侵条約に調印した。条約には両国で東・南東欧をそれぞれの勢力圏に分割した秘密議定書がついていた。この条約でヒトラーがポーランドとの戦争を決断したわけではなかったが、それを楽にしたことは疑いなかった。

4　第二次世界大戦

西と東の戦争

一九三九年九月一日、ドイツ軍はポーランドに侵攻した。三日、イギリス、フランスがドイツに宣戦し、戦争はヨーロッパ戦争になった。ドイツ軍はポーランド軍を圧倒し、まもなくソ連軍も東からポーランドに侵入して、一月たらずでポーランドは占領、分割された。ソ連は東部を自国領に編入し、ドイツは西部を併合し、中央部に総督府を設けた。

西部戦線ではフランス軍がマジノ線によって攻勢にでず、戦闘のない「奇妙な戦争」状態が続いた。ドイツはイギリスの機先を制して、四〇年四月デンマーク、ノルウェーに軍を進めて占領した。ついで五月、西部戦線で攻撃を開始し、オランダ、ベルギー、ルクセンブルクを占領、フランスに侵攻して、パリを占領した。フランスではペタン政府が成立し、六月二十二日ドイツと休戦協定を結んだ。短期戦の連続による圧勝は「電撃戦」と宣伝されてドイツ国民に強い印象を与え、ベルリンに凱旋したヒトラーは大歓迎を受けた。軍指導者もこれ以降ヒトラーの権威に屈服するようになった。九月には三国同盟が調印されて、日本とイタリアとの結束強化がうたわれたが、その内実はそれぞれが独自の目標を利己的に追求する関係にとどまり、密接な協力体制ではなかった。

イギリスはなお戦争を続けたが、ヒトラーはヨーロッパ東部での「生存圏」建設のため、夏にはソ連との戦争の決意を語り、十二月、正式に対ソ作戦「バルバロッサ」の準備を命令した。四一年にはいると、ドイツは北アフリカ、バルカン半島でのイタリア軍の敗退を阻止するため軍を派遣し、バルカン半島ではユーゴスラヴィア、ギリシアを占領した。

ここまでの戦争では、東欧・バルカン圏のポーランド、ユーゴスラヴィアを除けば、北・西欧での占領地域での国家の消滅や解体はなかった。それには戦略的理由と人種主義的イデオロギーからくる理由があった。ドイツはこの地域の工業力・農畜産物供給能力を今後の戦争に利用しようとして、基本的には旧行政機構を存続させ、軍政のもとで現地協力者を登用するか、傀儡《かいらい》政権を樹立させて統治する方法をとった。また北欧諸国やルクセンブルク、オランダはドイツ民族の系統とみなし、将来ドイツに包摂することを構想していたことも、この地域の占領・支配方法に影響を与えていた。

四一年六月、ドイツは不可侵条約を無視して、イタリア、ルーマニアなどの同盟軍とともに、三〇〇万人の兵力でソ連を奇襲した。ヒトラーは対ソ連戦がこれまでの戦争と質的にちがい、戦時国際法の枠外にある「世界観戦争、絶滅戦争」であると強調し、ソ連軍政治将校の殺害、ドイツ軍兵士の住民にたいする犯罪行為の免責などを事前に指示した。バルバロッサ作戦はドイツがはじめて電撃戦として構想した作戦で、三～四カ月で終わることになっていた。しかし、広大な領土とソ連軍の抵抗によってドイツ軍の進撃は遅れ、十二月、ソ連軍の反攻でバルバロッサ作戦は破綻した。そのなかで、日本がアメリカなど西欧諸国に宣戦すると、ドイツもアメリカに宣戦した。

その後、ドイツ、ソ連両軍は北極圏から黒海までの長大な戦線で激戦を繰り広げた。しかし、四三年一月、ヴォルガ河畔のスターリングラードの戦いでドイツ第六軍が降伏すると、以後主導権はソ連側に移った。四三年は東部戦線だけの転機ではなかった。この年五月に、北アフリカ戦線でチュニジアまで後退していたドイツ軍が降伏し、イギリスを苦しめていた大西洋のUボート作戦も打ち切られた。さらに七月、ムッソリーニが失脚し、ドイツは事実上単独で戦争を続けなければならなくなった。四四年六月、連合軍のノルマンディ上陸によって、ドイツはヨーロッパ大陸で東西からはさまれ、無益な退却戦を重ねて四五年五月、ドイツ本土を占領されて降伏した。

人種序列社会とホロコースト

ヒトラーは戦争とともに、ドイツ民族共同体の完成とヨーロッパの人種主義的国際秩序確立をめざそうとした。開戦直後、ヒトラーは国内の心身障害者を民族共同体の「重荷」とみなし、彼らを抹殺して「民族浄化」をはかる「安楽死」行動を許可した。全国の養護・医療施設から患者が集められ、四一年夏に停止されるまで国内六カ所の殺害施設で七万人がガスで殺害された。ここにはナチスの人種主義イデオロギーと、科学・近代技術によって人間や社会を改造できるという社会工学的近代主義の結合が典型的にあらわれている。

一方で、ドイツは開戦後、イタリア、ソ連、ルーマニアなどと協定を結び、それぞれの国に少数民族として居住していたドイツ人を、彼らの意志を確かめることなく、ドイツ本国に引き取った。この「回収された」ドイツ人は全体で一〇〇万人にもおよんだ。彼らの多くは農民であったから、ドイツ本国に定住できる土地はなく、そのためドイツの征服地に入植させられることになった。最初の入植地はドイツに併合されたポーランドで、ポーランド農民を追放し、彼らの土地家屋を接収したのである。こうした入植はウクライナにおいても一部実行された。この行動の責任者は開戦後の九月、ドイツ民族性強化委員に任命されたヒムラーであった。こうした民族回収と彼らの入植によって立ち退かされたスラヴ系農民には、ユダヤ人を追放して空いた居住区や住宅があてがわれた。ここにはナチスが考える、ドイツ人、スラヴ系諸民族、ユダヤ人という民族序列が明瞭にあらわれている。

ポーランド人にたいしては民族的再興を阻止し、労働力としてのみ利用するため、教師・政治家などの指導層の大量殺害、文化施設の破壊がおこなわれた。しかし、もっとも悲惨であったのはいうまでもなく民族序列最下位におかれたユダヤ人であった。東欧のドイツ占領地ではユダヤ人はゲットーと呼ばれる狭い居住区に押し込められ、ドイツ本国でも四一年九月、ユダヤ人には「ユダヤの星」マークの着用義務が課せられ、まもなく東欧各地のゲットーに移送された。独ソ戦では親衛隊・警察によって編成された特別部隊が、開戦直後から占領地域の治安維持を名目に組織的なユダヤ人の大量殺害を繰り返し、犠牲者は一年で六〇万人にのぼった。ヨーロッパの全ユダヤ人の殺害がいつ決定されたかは、四一年後半の時期であろうという推測以上のことは、現在も明らかになっていない。いずれにせよ、この年の秋にはベルゼック、トレブリンカなどガスによる大量殺害をおこなう絶滅収容所が建設され、アウシュヴィッツ強制収容所でも準備が始まった。四二年一月「ユダヤ人問題解決」の責任者ハイドリヒが、関係各省代表を招集したヴァンゼー会議の時点では、すでにユダヤ人殺害方針は決定済みであった。大戦終結までに犠牲になったユダヤ人は六〇〇万人をこえた。

しかし、ドイツが支配地域に与えた被害は、テロや蛮行による犠牲だけではない。ドイツはたとえば対ソ戦開始前に、数百万の現地住民が餓死することを承知で、ソ連から膨大な量の食糧調達を予定していた。そして実際、各地からの農産物や軍需産業用の工業原料の収奪、資産押収は巨額にのぼった。さらに、ドイツの軍需産業や農業のための労働力も占領地から力ずくで集められた。ソ連だけでも、二八〇〇万人がドイツ本国に連行され、六四〇〇万人が現地で働かされ、さらに捕虜も農業などに使われた。大戦後期には強制収容所のユダヤ人も労働力として企業に貸し出された。

対等の民族を認めず、一方的な収奪に終始するナチス支配は、各地でパルチザンなどの抵抗運動

ハナウからチェコのテレージエンシュタット収容所への移送を待つユダヤ人　移送された600名のうち，生き残ったのは３名であった。左の女性は胸にユダヤの星をつけているのがみられる。

を呼びおこした。ドイツはそれにたいして人質や住民の大量処刑によって押さえつけようとした。こうした報復は、フランスのオラドゥール、チェコのリヂッェなど全村民を殺害する事件を数多く引き起こしたが、それは抵抗を一層広めることにしかならなかった。

銃後の社会

開戦後、ドイツ本国では食糧配給制が実施され、ハイドリヒの指揮下に警察・親衛隊を統合した全国保安本部が生まれ、監視・抑圧システムも拡充された。外国放送の傍受にも死刑判決がくだされた。三八年の死刑執行数が九九件なのにたいし、四二年には約三四〇〇件、四三、四四年はいずれも五六〇〇件をこえていることからも、厳罰主義の実態がわかる。しかし、ナチスは第一次世界大戦の経験から、国民の生活水準を低化させると危険であることを知っていたから、配給量をあまり引き下げず、また賃金凍結処置も撤回した。

こうした状況が変わるのは四二年からである。電撃戦の失敗により、兵器の一大増産が要求された。四二年初めに就任した軍需相シュペーアは軍需生産体制を再編し、労働配置全権委員ザウケルがドイツ支配地域から外国人労働者を強制的に徴用して労働力を確保した。ドイツ本国に連行された外国人労働者は七〇〇万人をこえたといわれている。この結果、兵器・武器弾薬生産は四四年後期までに三~五倍も上昇した。四二年五月以降、イギリス空軍は一〇〇〇機規模でドイツの諸都市を爆撃するようになった。ドイツの大都市の破壊が進み、翌四三年六月のハンブルク爆撃では死者三万人という大きな被害を受けた。都市

1943年２月18日の党集会　ゲッベルスはこの大会で総力戦への移行を宣言した。

の学童疎開も始まり、四四年までに二〇〇万人の学童が全国五〇〇〇の疎開施設に逃れていた。スターリングラードの敗北の危機を、ゲッベルスは総力戦スローガンの浸透に利用したが、すでにドイツはこの段階で総力戦のまっただなかにあったのである。

大戦後半になると、配給量の削減が始まり、アメリカ軍も加わって空襲は激しさを増した。国民の関心は、姿を消したユダヤ人の隣人や、全国で一二〇〇カ所もあった企業向け労働力のための強制収容所の光景、工場で酷使される外国人労働者ではなく、空襲や前線にいる身内、さらに日々を生きぬくことに向けられた。スターリングラードの敗北によって「ヒトラー神話」の威力は衰えたが、空襲やソ連軍の接近という現実が、ナチ党の宣伝以上に国民のなかに祖国防衛というナショナリズムや抵抗意識を生み出したといわれている。しかし、そこには、ナチズム体制の受益者、協力者であったという共犯意識も混在していた。

ナチズム体制の抑圧や蛮行の大きさとドイツ国民の体制への抵抗や反対の少なさは、その際立つ対比から、現在もさまざまな議論を投げかけている。抵抗運動はたしかに多くはなかったが、三八年チェコスロヴァキアとの戦争を阻止しようと結束した軍上層部の動き、あるいは開戦後の三九年十一月、ミュンヒェンでヒトラー爆殺をねらったエルザーの単独行動、ミュンヒェン大学の学生グループから生まれたショル兄妹の白バラ運動などの例があった。しかし、最大の抵抗運動は、四四年七月二十日、東プロイセンの総統大本営でヒトラーの爆殺をはかり、ベルリンやパリで軍が蜂起してクーデタによる権力奪取を試みた七月二十日事件であった。軍の一部とゲルデラーら保守政治家によるクーデタは、ヒトラーが軽傷をおっただけで健在であったことから失敗に終わり、二〇〇名以上の処刑者をだした。クーデタ参加者の構想については批判もあるが、彼らがドイツ社会のなかからあらわれたということは重要である。

四五年にはいるとドイツ軍は総崩れになり、東部ではソ連軍から逃れようと大量の難民があふれ、ドイツ国内では親衛隊・警察・裁判所が占領地で使った即決裁判と公開処刑という方法で、国民を戦争遂行に駆り立てようとした。四月には、ナチ指導者のなかには連合国と取引を始める者が出て、ナチ支配集団も分解した。ヒトラーは海軍総司令官デーニッツを後継に指名したのち、四月三十日、ベルリンの総統官邸地下壕でゲッベルス夫妻などとともに自殺した。戦闘そのものはなお続いたが、五月八日ドイツ軍は無条件降伏文書に署名した。戦争によるドイツ人の死者は、軍人が約五〇〇万人、民間人は五〇万人と推定されている。

第九章　分断国家の成立・安定・変容

1　占領と分断

占領体制

一九四五年五月八日、ついにナチス・ドイツが連合国に無条件降伏した。ヨーロッパ大陸における第二次世界大戦は終結し、翌月にはドイツ占領が開始された。アメリカ、イギリス、ソ連は、戦時中から戦後処理にかんする協議を始めていたが、各国の戦後構想は交錯し、ようやくポツダム会談をへて成立した協定も多くの対立の芽をやどしていた。

ソ連は、ポーランドとのあいだに新国境を画定するために、オーデル・ナイセ線をドイツとポーランドの国境とする承認を迫ったほか、実物による賠償の厳格な取立てを主張した。これにたいして、イギリスは、同じくヨーロッパ大陸の勢力圏分割には関心をいだいたものの、第一次世界大戦後の賠償取立て決めの失敗を重くみてソ連の賠償要求には難色を示した。また、交渉にたずさわっていたチャーチルの保守党は戦後直後の選挙において敗北し、政権はアトリーが率いる労働党に委ねられた。

一方、戦後におけるアメリカの優位を想定したローズヴェルトは、開かれた国際秩序という観点から勢力圏や国境の画定には強い関心をいだかず、問題を先送りする姿勢を示した。ドイツの国内秩序にかんする構想の具体化も遅々として進まなかった。四四年には、財務長官モーゲンソーが、ドイツを全面的に非武装化し、分解して農業国とする計画を発表したが、その後、解体されたドイツはかえってヨーロッパを不安定化させる、という認識が強まったのである。

たしかに、連合国は、ナチ党と集権的国家機構を解体し、軍国主義を根絶して社会を根底から民主化する、という点においては一致していたものの、占領事務を分担しながらともに民主化を進めていけるかどうかは未知数であった。実際、ポツダム協定は、ドイツを経済的統一体としてみなすことを定めたが、占領手段としては占領地区に区割りされた分割占領方式を想定したのである。すなわち、ドイツの最高統治権力は、フランスを加えた連合国四カ国の最高司令官が構成する管理理事会(ベルリンにおかれた)に帰属する一方、四つの占領区においてはそれぞれの最高司令官が最終的決定権をもつ、と明記された。そのうえ、当初の方針に反して占領区ごとにドイツ側行政部局の設置が認められ、占領実務の進展とともに各国の占領政策のあいだに相違が広がることが予想された。

連合国にとっては、食糧の供給や治安の維持など、差し迫った課題に対処するためにドイツ側から行政上の協力をえることが不可欠であった。地方レベルでは、非ナチ化に本格的に着手する前に旧体制の行政職員がそのまま用いられた。また、いずれの州においても、州首相や政府長官が占領軍によって直接任命

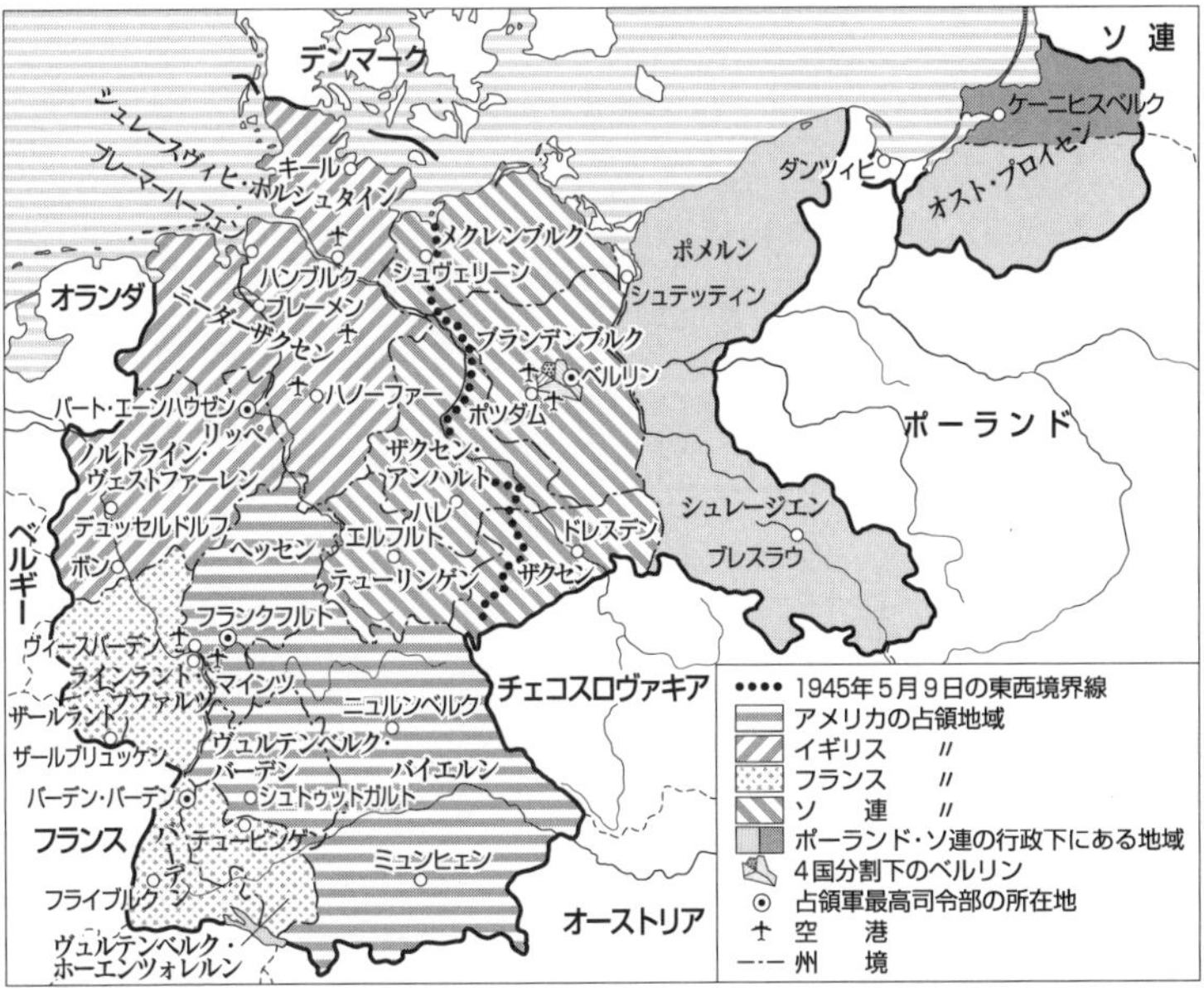

占領下のドイツ(1945〜49年)

された。しかし、占領軍にたいするドイツ側機関の構造は占領区ごとに異なった。アメリカは、いち早く州の設立を許可し、州首相が定期的な調整をおこなう州評議会を設置してドイツ側に広範な権限を委ねた。これにたいして、イギリスは、占領軍独自の中央官庁を設立し、ドイツ側の行政機関や州首相会議がこれに対峙した。両者のあいだに設けられた地区諮問委員会には政党や職能団体の代表も参加したが、これが軍政府のたんなる諮問機関の地位を脱して実質的な権限をもつためには時間の経過を要した。ドイツ側行政がもっとも制限されたのはフランス地区であり、特別なかたちでザール地域がフランス本国に統合されたほか、三つの州が協力関係を制度化することは認められなかった。

以上の西側の三地区とは異なり、ソ連占領

区では早くから中央主権的な展開がみられた。州は早期に設立されたが、実質的な行政機能は州の上に設置された中央行政機関がはたした。また、西側の地区に先駆けてその活動を許可された政党は行政の優位を許さず、なかでも軍政府から特別の支援を受けた共産党が、行政の拠点を占めるにいたった。

崩壊社会

占領された側に目を転ずれば、そこには戦災によって瓦礫と化した社会があった。空襲によって各地の大都市の家屋が受けた被害はとくに甚大であった。同じく損壊が著しかったのは寸断された輸送・交通システムであった。空爆は、ルールからの石炭搬出を妨げることによってナチス・ドイツの軍需生産を致命的に損ない、戦後も修復を思うに任せぬ輸送体系は、一九四六年の厳冬をむかえて復興への歩みを鈍らせた。ソ連地区では、占領が開始するやいなや鉄道網も闇雲な押収の対象となり、複線が単線化されてしまった。押収がとだえたのちには、主要企業が「ソヴィエト所有株式会社」とされ、それらの生産から賠償が確保された。しかし、ソ連地区での著しい押収は例外であり、生産設備が受けた被害はむしろ軽微であった。三〇年代なかばから旺盛な設備投資がおこなわれていたドイツ工業にはようやく終戦間際となって戦災がおよんだにすぎなかったからである。

このような戦争による破壊とならび、膨大な数のドイツ人「被追放民」の流入が、占領区に大きな課題を突きつけた。東欧諸国に居住していたドイツ人が、赤軍の侵攻に追い立てられるようにして流入してきた。その総数は一〇〇〇万人以上にもおよんだとされる。都市部から農村部に疎開していた人々の帰還の流れがこれに拍車を加えた。また、戦時中にポーランドをはじめとする周辺諸国から強制労働への従事を目的としてドイツ国内に移住を強いられた、八〇〇万から一〇〇〇万人に達する「難民」を故国に移送する問題も生じた。多くの戦死者にもかかわらず、四八年十月までには英米占領区の人口が、三六年の水準よりも四分の一程も増加した、といわれている。

戦災と被追放民　被追放民の多くは，身のまわりのものをまとめるのに精一杯であった。優良種として名高いトラケーネン馬を引いて西方へ向かう東プロイセンの被追放民。

この結果、食糧と住居を確保し、社会的困窮へ対処することが当面の課題となっただけではない。大規模の人口移動は、ドイツ社会に激変をもたらした。たとえば、バイエルンでは、シュレージエンのプロテスタントがカトリックのズデーテン人が、ニーダーバイエルンへ、そしてカトリック教徒の住むニプロテスタントの多く住む中部フランケンに流入した(ヒトラー・ドイツによってドイツ領とされていたズデーテン地方が、戦後、チェコスロヴァキアに返還されたため)。小都市や農村部において宗派別に形成されていた歴史的な地域共同体に終止符が打たれたのである。

占領行政の進展と制度形成

占領軍は、戦後の混乱から崩壊社会を救うだけではなく、占領の基本的目的とされた非軍事化、非ナチ化、非カルテル化、民主化をも進めなければならなかった。ヒトラー政府、ナチ党と国防軍首脳、幹部五〇〇〇名以上を訴追し、六〇〇人以上を死刑に処したニュルンベルク国際軍事裁判がその最たる例であったろう。

しかし、非ナチ化をはじめとする占領政策の射程は、個人にもおよんだ。ドイツ社会が持続的な影響を受けたとすれば、それは占領区ごとに独自の展開をみせた占領政策によってこそおよぼされたのである。

ソ連地区では、もっとも早くから徹底した諸措置が打ち出された。ユンカーによって所有されていた土地は、土地改革の結果、農業労働者、被追放民や中小農民に分配された(一九五〇年代になって、小農民の多くは農業生産協同組合に加入する)。重工業の多くも、ソヴィエト所有株式会社に移管され、その生産物が賠償にあてられた。残りの企業や銀行、貯蓄銀行は国有化の対象となった。公的職務からの人事粛清も包括的であった。ナチ党員が多かった裁判官、弁護士や学校教員については大量の解雇処分がなされ、かわりに短期の講習をおさめた「人民裁判官」が登用された。もっとも、医者や技術者、教会牧師にたいする処分は甘かったが。全国の学校制度を、八年制の基礎学校とその上の四年制の上級学校ないしは三年制の職業学校に統一する、という文教政策も、ヴァイマル期には未完に終わった改革構想を忠実に実現するものであった。

西側三地区における事態の推移は、ソ連地区と対照的であった。アメリカ地区では、最高司令官クレイが土地改革の実施をおくらせ、ドイツ側もこれに強く抵抗したためにほとんどみるべき成果は残らなかった。同じく大企業の非ナチ化も、手ぬるいものであった。占領軍は数多くの企業を接収したが、石炭や製鉄、製鋼などの資産は社会化されるにいたらず、旧来の財界人が構成するドイツ側の管財団に託された。たしかにI《イー》・G《ゲー》・ファルベン・コンツェルン、石炭鉄鋼コンツェルン、大銀行などはカルテル解体の対象となったものの、のちに復活した業界は寡占的であった。またアメリカは、非ナチ化をもっとも熱心に追求した。多くの人々が解雇され、にわかに設置された非ナチ化裁判所は大量の逮捕者と拘留者であふれ返った。しかし、占領政策全般が変化するなかで非ナチ化政策は後退し、その執行はドイツ人の手に委ねられていった。イギリスやフランスの取組みは、さらに消極的であったといわれている。同様の事情は、学校政策についてもあてはまる。非ナチ化によって一時は教員不足が深刻となった地区もあったが、ドイツ側の抵抗は、宗派学校やギムナジウムという伝統的な学校形態を温存したのである。

予想されたとおり、ドイツの経済的一体性をめぐって連合国のあいだに方針の食い違いがやがて明らかになった。アメリカは、占領費用の負担を軽減し、ヨーロッパ経済の復興を急ぐため、ドイツ経済を弱体化させる占領方針を転換する方向に傾き始めた。とくに、クレイは、占領地区の統合と効率的なドイツ側行政の構築を訴えた。彼は、アメリカ地区での工場の解体と生産設備の押収を中止し、フランスとソ連にも占領方針を転換するよううながしたのである。ドイツにたいする報復ではなく、その復興を助けるべし、と説いて他占領区に経済的合同を呼びかけたバーンズ国務長官のシュトゥットガルト演説も同一線上にあった。占領区から輸出の拡大を求めたイギリスも、アメリカに同調した。イギリスは、フランスとソ連が要求するルールの国際管理化を妨げるために、四六年七月、旧プロイセンでは別々の行政単位に属していたラインラントとヴェストファーレンを統合し、ノルトライン・ヴェストファーレン州を設立させた。

バーンズ演説のさらなる帰結は、翌年に成立した米英経済合同地区であった。バーンズの呼びかけがソ連にたいしても向けられたように、合同占領区は、分断国家成立への展開を決定づけるものではなかった。しかし、そこで形成されていった行政構造や共同決定の仕組みは、のちの連邦共和国の制度を先取りすることになった。

英米の占領地区では、ドイツ側内閣、議会や個別の官庁に相当する機関が設置されていたが、それらは四七年には経済評議会として整理され、さらにその翌年には権限を強化され、州の機関から明確に独立した組織にまで拡充された。これに呼応して、ソ連占領区においても中央行政機関としてドイツ経済委員会が設立された。

また、四七年から四八年にかけ、イギリスがルールの鉄鋼業カルテルを接収し解体する過程において、従業員代表は、経営側と対等の立場で監査役会の決定に参加する権利を勝ちとった。イギリスが、当初に予定した社会化こそアメリカの反対によって延引されはしたが、この決定はのちの共同決定制度を準備するものとなった。個別企業の意思決定における従業員参加の仕組みとならび、労使双方の側に団体の形成が進んだ。労組は、戦時中の再建構想を踏まえ、戦前にみられた政治的対立を乗りこえて統一労組を結成し、産業別労組を束ねるかたちで全国組織をつくることを決定した。一方、経済界は、占領軍によって重用された商工会議所を足場として組織を再建し、やがて労組側の容認のもとに団体交渉の担い手としての使用者団体の形成も進めた。こうして、国家から自立した団体交渉と協約自治の枠組みが準備されたのである。

連邦共和国と民主共和国の成立

英米占領区の合同は、米ソ間の対立を決定的なものとはしなかったが、ヨーロッパ全体では冷戦の輪郭が明らかになりつつあった。一九四七年三月、トルーマン大統領がソ連にたいする「封じ込め」政策を打ち出したのに続き、六月、マーシャル国務長官は、ヨーロッパ経済を再建するためにアメリカが経済援助をおこなう用意があることを発表し、援助の受入れを希望する国々は、配分された援助を活用して生産を回復し、相互に貿易を自由化し、支払いを円滑におこなうための体制を整えるよう求めた。ソ連は、援助対象国として予定されたものの参加を拒否し、申し出に応じようとしていたチェコスロヴァキアにも参加を断念させた。

マーシャル・プランは、ドイツの弱体化に固執するフランスにも軌道修正をうながした。フランスは、四八年三月に締結されたブリュッセル条約を、ドイツを仮想敵国とする軍事同盟にとどめおいたが、四月にはマーシャル・プランの受け皿機関として発足するヨーロッパ経済協力機構(OEEC)に、西側三地区を含める点を容認したのである。そのうえ、六月には配給制と闇市場の横行に終止符を打つべく西側三地区を対象に通貨改革が断行されたから、分断された西側占領区の西側陣営への経済的帰属が明白となった。

ソ連は、通貨改革に対抗してソ連占領区でも新通貨を導入していたが、西のドイツ・マルクが西ベルリンにも適用されたことを契機として、西ベルリンを封鎖し、陸の孤島とする挙に打って出た。すでにソ連は、西欧同盟の結成に抗議して管理理事会から脱退し、チェコスロヴァキアでは共産党クーデタを成功さ

ベルリン空輸　ベルリン封鎖にたいし，アメリカは救援物資を空輸して対抗した。約28万便におよぶ空輸によって210万トンの物資が西ベルリンに運ばれた。

せて東側陣営を固めつつあった。しかし、アメリカも、封鎖に対抗して空輸作戦を展開し、西側の結束を誇示した。こうして、ベルリンを舞台として米ソが対立するなか、東西ドイツの建国が進められることになった。

英米仏にベネルクス三国をまじえたロンドン会議における協議を踏まえ、四八年七月、西側三地区の長官は、州首相にたいして建国の準備に着手するよう勧告した。手渡されたフランクフルト文書の内容は、連邦主義にのっとって民主的国家を規定する憲法を制定し、州境界の改訂を検討し、さらに占領規約を起草することを求めるものであった。将来の国家統一に含みを残したいドイツ側は、連合軍がこの占領規約によって一定の権限を留保し、その結果、主権が完全には回復されないことを理由として、制憲会議開催による通常の憲法制定手続きをとることには難色を示した。そこで、「議会評議会」による「基本法」の採択、すなわち、州議会から党派別に選出された議員が構成する議会評議会が基本法を起草し、国民投票ではなく州議会が草案を承認する、という形式が選ばれた。

シューマッハーとSPD　戦後，もっとも著名な政治家はSPD党首シューマッハーであった。第一次世界大戦で右腕を切断し，ナチスの強制収容所で10年間近くを過ごした彼の風貌は強烈な印象を与えた。

起草作業は、バイエルンの湖に浮かぶヘレンキームゼー島における専門家委員会に始まった。続いてボンで開催された議会評議会では、ＣＤＵ(キリスト教民主同盟)のアデナウアーが全体の議長を、ＳＰＤ(ドイツ社会民主党)のカルロ・シュミットが専門委員会の議長を務めた。ＣＤＵ／ＣＳＵ(キリスト教社会同盟)とＳＰＤとのあいだには、連邦と州とのあいだに権能や財源をどのように配分するかについて対立がみられたが、封鎖のただなかにあるベルリンから赴いた市長のロイターによる建国支持演説もあり、最終的には妥協が成立した。連合国のあいだにも、当初は連邦制度にかんする規定に不満があったものの、結局はドイツ側の妥協を尊重し、基本法は四九年五月に公布の運びとなった。ボンが暫定首都として選ばれ、連邦共和国(通称、西ドイツ)が成立した。

「社会国家」という規定の例が示すように、基本法は、多くの制度の具体化を将来の決定に委ねた。一部の州憲法によって規定された社会化についての言及もなかった。また、占領規約は、軍政府を高等弁務官府にかえて主権を制約しつづけたが、主権を回復した連邦共和国が、その一部を国際機関に移譲していくのかどうかも今後の外交政策の帰趨《きすう》にかかっていた。しかし、過去の負の経験を教訓としながら、歴史的な遺産を断固として継承した面もあった。ヴァイマル共和国がたどった道を反省し、政党を政治の中心的な担い手として積極的に認め、安易な政権の交代に歯止めをかけた(建設的不信任制度)。あるいは、基本的人権を実体的規範として、裁判所が人権擁護のために幅広く裁判活動をおこなう素地を拡大した。のちに設立される連邦憲法裁判所は、基本法への適合性を国家行為全般にわたって判断する権限を備えた。さらに、神聖ローマ帝国にさかのぼる国家連合の伝統は、近代にはプロイセンが占めたヘゲモニーが消滅することによって、その地理的重心を西にずらし、より均衡のとれた州によって構成される連邦制国家のなかに受け継がれた。

基本法の成立を受けて、八月、連邦議会選挙がおこなわれた。英米合同地区が成立して以来、激しく競合してきたSPDとCDU/CSUが、政権をかけて真向うから対決した。計画経済と社会化を唱えたSPDにたいし、デュッセルドルフ指針で掲げられた「社会的市場経済」を対峙させるCDUが僅差でSPDを制した結果、アデナウアー首相がFDP(自民党)とDP(ドイツ党)を加えた連合政権を率いることになった。

一方、ほかの占領区に先駆けて政党活動が許可されたソ連地区では、早くも四六年四月に共産党とSPDの合同の結果SED(社会主義統一党)が創設されており、軍政府を後ろ楯として優位に立ったSEDが、西側における国家建設の動きに対応して人民議会運動を展開し、ドイツ統一を掲げながら国家建設の準備を進めた。形式上は、SED以外の政党を含む統一リストによって臨時の人民議会が選出され、この議会が四九年十月、民主共和国(通称、東ドイツ)の憲法を採択した。権力は、「共和国の最高機関」たる人民議会に集中され、SEDのグローテヴォール(元SPD党員)が首相に、同じくピークが大統領に就任した。憲法は、マルクス・レーニン主義政党の指導的役割には言及せず、ほかの政党にも副首相や閣僚ポストが与えられたものの、枢要なポストはSEDによって掌握されたのである。

初代アデナウアー首相と内閣　弁務官府をおとずれたアデナウアー首相(右から３人目)は，占領軍とドイツの対等の地位を訴える意図からあえて敷物の上に踏み出し，３人の高等弁務官に閣僚メンバーを紹介した。

占領が終結し、連邦共和国と民主共和国が成立したのちになっても、ドイツ人のあいだに国家統一への希望が忘れられたわけではなかった。実際、東西ドイツの憲法は、ドイツが「不可分の民主的な共和国」であり、統一と自由は、「ドイツ人全体による自由な決定によって実現される」、と記していた。スターリン型の共産主義や英米型の資本主義とは異なる民主的な社会主義社会にいたる第三の道への歩みが期待されてもいた。しかし、米ソの両大国は、ヨーロッパ大陸を分断し、東西両ドイツを前哨にすえて対峙する敵対的二大陣営へと導き、初代首相のアデナウアーとＳＥＤ書記長のウルブリヒトもこれに対応して、相互に競合しながら資本主義国家と社会主義国家の建設を急いだのであった。

2 冷戦に連動する国家建設

アデナウアーの西側統合政策

ラインラント出身で、保守的なカトリックの初代連邦首相アデナウアーが選んだ対外政策の方針は明確であった。伝統的なバランス外交と決別し、対等の立場を回復しながら西ドイツを西欧諸国との緊密な同盟に結びつけることであった。連邦共和国成立後、ルールを国際的に管理する機関への西ドイツの参加を条件として、旧占領国による押収を緩和させた(ペータースベルク協定)アデナウアーは、ザールラントの石炭を求めるフランスの利害を配慮し、ザールラントとならんで西ドイツがヨーロッパ評議会に参加する(準加盟)決定を連邦議会から勝ちとった。この決定を歓迎してフランス側から示された歩みよりが、ヨーロッパ統合史に名高いシューマン・プランの発表であった。フランスは、周辺の小国を含め、二度の大戦において敵国であったドイツと手を携えて石炭鉄鋼市場を共同管理するよう提案したのである。一九五二年には、ヨーロッパ石炭鉄鋼共同体が発足し、ルールの国際管理問題は、ヨーロッパ経済統合のかたちで決着がつけられた。

フランスとの歴史的和解によって弾みをつけられた西側統合政策は、さらに五〇年六月に勃発した朝鮮戦争によってあらたな局面をむかえた。建国後まもない西ドイツのＮＡＴＯ(北大西洋条約機構)加盟が日程にのぼったのである。極東における熱戦に直面したアメリカは、ヨーロッパにおける軍事的介入にたいして消極化し、同盟国としての西ドイツの貢献に期待をいだくにいたった。これにたいしてアデナウアーは、西ドイツが、西欧諸国の経済的復興ばかりではなく、安全保障を分担することによって軍事的同盟においても積極的な役割を担う用意があることを訴えた。しかし、国内では再軍備反対の声があげられたばかりではなく、フランスは、経済的協調はともかくも、再軍備した西ドイツのＮＡＴＯ加盟にはなおも留保する態度をあらわにした。

アデナウアーとシューマン　ヨーロッパ統合を強く支持したアデナウアーは，石炭鉄鋼共同体の設立交渉にあたったハルシュタインを経済共同体の初代委員長に推した。写真は左からシューマン，ハルシュタインとアデナウアー。

そこでフランスは、西ドイツ軍のＮＡＴＯ直接帰属を妨げ、西欧のレベルで一定のコントロールをおよぼすための枠組みとして西欧諸国による防衛共同体の設立を提案した(プレヴァン・プラン)。フランスのこの提案は、一方では石炭鉄鋼共同体に始まるヨーロッパ統合を、一挙に政治的、軍事的な次元にまでおよぼそうとするものであったが、他方では、ドイツ側に国家統一を当面は断念させることを意味した。しかし、対等と占領規約の解消を条件としてアデナウアーがこれに賛成し、西ドイツのＮＡＴＯ加盟と防衛共同体の設立に向けた交渉が始まった。これにたいし、ソ連と東ドイツは、ドイツ再統一と平和条約締結を提案して交渉の進展を阻もうとした。

フランスが条約の批准に失敗したことによって防衛共同体は五四年に挫折したものの、条約案の趣旨がいかされて西ドイツのNATO加盟が実現した(パリ諸条約。一方、挫折した防衛共同体のかわりに、加盟国の軍備管理を目的とする西欧同盟への西ドイツ加盟が承認された)。西ドイツはこうして占領規約を解消し、連合国がドイツ全体にかんして留保する権利などを除き主権国家としての体裁を整えることができたのである(外務省に続く国防省の設置)。また、ザールは、住民投票によって最終的な帰属を決定することと定められたが、五七年に実施された投票の結果、連邦共和国に編入された。

西ドイツは、五〇年にIMF(国際通貨基金)に、五一年にはGATT(関税と貿易にかんする一般協定)に加盟していたから、NATO加盟をもって、アメリカを中心とする西側世界に経済的のみならず、政治的軍事的にもしっかりと結びつけられることになった。そのうえ、五一年にロンドンにおいて結ばれた旧ライヒの債務を清算する協定締結や、ユダヤ人個人にたいする補償とは別にイスラエルにたいして支払われる国家補償の取決め(五二年のルクセンブルク協定)も、西ドイツの国際経済への復帰を促進する効果をもった。また、こののち五七年には、西ドイツは、石炭鉄鋼共同体のほかの加盟国とともにローマ条約を締結し、ヨーロッパ統合を関税同盟と原子力エネルギーの共同開発にもおよぼしていった。アデナウアーは、フランスをはじめとする周辺諸国を相手とする緊密な二国間、多国間関係のなかに西ドイツを埋め込んでいったのである。

以上のような西側陣営への西ドイツの編入に並行して、東ドイツもまたソ連ブロックに組み込まれていった。西側における進展と比較すれば、東ドイツにたいするソ連の影響力は圧倒的であったし、東ドイツ側も、対外政策よりはソ連をモデルとする社会主義国家の建設にこそ主力を注いだ、という相違はあろう。しかし、五五年に、ソ連は東ドイツとのあいだで条約を締結し、その主権を承認した。ワルシャワ条約機構へ加盟した東ドイツは、五六年には兵営人民警察を国家人民軍に改組し、また、四九年にモスクワで設立されたコメコン(経済相互援助会議)は、遥かに低い発展段階にあった東欧諸国の国民経済に限られた効果しかもたらさなかったが、それでも対ソ連を中心とする東欧諸国との貿易圏へと東ドイツを組み込んだ。

社会的市場経済と社会政策

戦争による甚大な被害と大規模な人口移動を前にしたアデナウアー政権が、早急に取り組むべき国内政治の課題もまた明白であった。まず、被追放民や難民にたいしては、一九四九年に発効した緊急援助法が、雇用、住宅、教育、年金などのかたちで援助を提供し、続いて失われた貯蓄についても埋合せをする措置がとられた。追放された一四〇〇万人にものぼる人々のうち、五〇年の段階で七九〇万人が西ドイツ地域にたどり着いており、そのおよそ三分の一の人々がなんらかの意味で被害者に該当したのである。さらに、通貨改革の施行によって生じた不均衡については、補償原則をいかにして定めるかについて与野党が激しい対立をみせたのちに、五二年、負担調整法が可決された。ＳＰＤが主張したような社会的な負担調整にはおよばなかったものの、補償の原資とされた資産課税の規模は無視できないものであり、社会的統合への寄与も大であった。

住宅の著しい不足にたいして、連合軍は、賃料水準の凍結や賃貸人の保護などの措置を早くからとっていたが、住宅の絶対数は五〇年でなお四五〇万戸も不足していた、といわれる。連邦政府は、新設した住宅建設省に権限を集中し、五〇年に第一次住宅建設法を制定して低所得者層を配慮する社会住宅の建設を進めた。建設会社への助成金と貸付けによって、厳格な建築基準にそった社会住宅を年間ほぼ三〇万戸供給することに成功したのである。当該法律は、住宅統制経済を緩和し、個人の住宅建設にたいする優遇措置も含んでいたので、五〇年代のなかばからは社会住宅の建設割合は減少し、かわって個人住宅が増加していった。

以上のような当面の必要に迫られて実施された諸措置に続いて、アデナウアー政府は、社会保険制度の改革にも力を注いだ。ビスマルクによる社会立法の伝統にさかのぼるドイツの社会保険制度は、ソ連占領区やベルリンにおいてこそ人民保険制度として一元化されていたが、保険が対象とする危険の種類、加入者の職業、地域に応じて個別に編成された制度の骨格は、連邦共和国においても継受されることになった。しかし、戦後社会の激動をへて、戦前の制度の不備は明らかであった。イギリスの医療制度やスウェーデンの国民年金制度を引合いにだして社会保険の改革を掲げた野党にたいし、アデナウアーもまた、「包括的社会プログラム」の作成を予告したのである。

改革が、社会保険制度全体にはおよばず、年金改革だけにとどまったとはいえ、財政・経済担当省庁の抵抗を押しきり、賦課制度を採用することによる平均六五%の給付水準の改善は、アデナウアー首相の関与があってはじめて可能であった。もっとも、世代間の連帯によって改善された給付水準は、職種をこえた再配分とは無関係である。実際、アデナウアーは、この改革の原則を個人による自助におき、社会給付を拡大する国家を「援護国家」としてつねに批判していた。また、年金改革後の医療保険改革は、疾病金庫全体と医師会のあいだに交渉を一元化する試みでもあったが、特権の制約を恐れた医師会の抵抗によって挫折する。政府の改革目的は、医療支出の削減にこそあったのである。

したがって、国家支出を一定の水準にとどめおこうとする政策イデオロギーにもかかわらず、高い水準を維持した連邦共和国の社会政策支出(GDPの一五%)は、五〇年代に始まった高い経済成長なしには考えられない。六六年から六七年にかけて戦後はじめての不況を経験するまで、西ドイツの経済は、年平均六・三%の成長を記録した。長期におよぶ成長には、マーシャル・プランをはじめとするアメリカからの援助、朝鮮戦争以降に輸出を円滑に拡大せしめた対外経済環境などのほか、生産設備が被った戦災が軽微であったこと、流入した被追放民や難民が、優秀な労働力として定着したことなどが貢献したであろう。アデナウアー政権によるさまざまな社会政策も、結果として成長を促進する作用をもったにちがいない。

通貨改革の施行にたずさわり、西ドイツの初代経済相となったエアハルトは、「社会的市場経済」というスローガンを強調し、市場への国家介入とみられる政策には異を唱えつづけたが、通貨改革によって経済統制が一挙に撤廃されたわけではなかったし、朝鮮戦争直後には自由化に逆行する政策がとられたりもした。当時は、アメリカの要請に従って、消費材生産を抑制し、原材料、エネルギー部門の生産をあげるために経済団体による生産調整がおこなわれた。実際、「社会的市場経済」のイデオローグであった経済相次官ミュラー・アルマックは、「社会的市場経済」を、国家によって「社会的にコントロールされた市場経済」と説明していたのである。

「社会的市場経済」の現実は、さらに石炭鉄鋼部門における共同決定制度によっても制約された。西ドイツは五一年、同部門の従業員一〇〇〇人以上の大企業における監査役会を労使代表同数によって構成し、取締役会に労務担当重役を設ける趣旨の法律を可決し、すでにイギリス占領軍によって製鉄鉄鋼業に導入されていた制度を受け継ぐ決定をくだした。もっとも、法案の可決そのものは、当事者の利害が錯綜する政治状況のなかで可能となった。シューマン・プランの発足を前にして、アメリカは石炭鉄鋼業カルテルの一層の再編を望んで企業側とのあいだで対立する一方、再軍備にたいする支持をえることを目的とするアデナウアーは、労組側の要求を最大限尊重しようと行動した。したがって、同じく労使関係にかかわる法律とはいえ、その翌年に可決された経営組織法は、個々の職場における労使による共同決定の対象を、職場の労働環境や人事配置上の案件に限定するにとどまった。また、同法は、石炭鉄鋼業以外の業種について共同決定制度を拡大したが、対象企業は従業員五〇〇人以上に限定され、被用者側にとってより一層不利となる権利を定めたにすぎない(監査役会構成員数の三分の一の議席)。

こうして、労働運動が掲げた目標にはおよばなかったものの、共同決定制度は、労使間に協調をうながし、のちには高品質の製品輸出を拡大する原動力ともなり、西ドイツの根幹をなす制度のひとつとして定着していったのである。

民主共和国における社会主義国家の建設

アデナウアー政権の時代において、連邦共和国の基礎固めが対内的、対外的に進められたように、一九五〇年代は民主共和国にとっても重要な国家建設の時期であった。しかし、アデナウアーに当初から成功が保証されてはいなかったように、ウルブリヒトを中心とする支配体制が確立されるには多くの困難がともなった。民主共和国が、東側陣営のなかで相対的な安定に達するのは、六一年に東西ドイツ間に壁が建設されて以降のことである。

ベルリンの壁建設　1961年8月，壁と鉄条網によってベルリンは東西に分断された。写真は，クロイツベルク地区の通り。

民主共和国の成立後、ＳＥＤは、労働者階級組織の最高形態、前衛組織として自己を定式化し、路線に忠実ではない旧ＳＰＤ党員を排除しながら、幹部人事を一元的に管理するノメンクラトゥーラ・システムを導入して国家、経済機構の掌握を一層進めていった。ＳＥＤ以外のブルジョワ政党は、強制的画一化の対象となり、労組(ＦＤＧＢ)、青年組織(ＦＤＪ)や婦人団体などの大衆組織もＳＥＤの意思を下へと伝達する機関へと変えられた。国家行政組織についても、五つの州が廃止され中央集権化が進められた。かわって導入された県・郡の制度は、中央のＳＥＤによる地方統制の手段となったのである。

五一年には、第一次五カ年計画が採択され、中央集権化された経済統制機構を用いてソ連をモデルとする計画経済に着手した。計画には、運輸交通設備の建設も含まれたが、重点は重工業における量的生産におかれ、消費財の生産は軽んじられた。計画の遂行に従って工業就業者が増大したが、その過程で不足した技術者やエンジニアの供給は、統一されていた学校制度を改造し、一〇年制学校をあらたに導入することで改善された。工業生産性を伸ばすために給与が細分化され報奨手当が多用される一方、同時に職場における共同決定権が経済計画のもとに圧迫され、労働者は全体として厳しい労働管理のもとにおかれた。

たしかに、連邦共和国の初期に対応するような一連の社会政策が実行されはした。社会保険は、画一的な人民保険として統合された。住宅の破壊は、西ドイツに比べれば軽微であったものの、不十分であったとはいえ難民、被追放民を統合する一連の措置も打ち出された。逃避行を西にまでおよぼした者たちに比べて老齢であったこれらの人々は、土地改革によって農地を分け与えられたり、工業部門に編入されたりした。

しかし、SEDが急速な社会主義路線を推し進めると、人々のあいだには不満が堆積していった。西ドイツが防衛共同体条約と主権を回復するためのドイツ(一般)条約を調印した五二年には、あらたに農業集団化が進められた(農業生産協同組合の発足)が、これは農村住民のあいだに西側への逃亡を急増させ、食糧事情を悪化させた。しかし、五三年にスターリンが死去したのち、ソ連指導部がウルブリヒトの失脚を画策してSEDの方針変更を急遽迫ったため、SED指導部は、労働ノルマを引き上げる一方で重工業優先の路線を修正し、民生に一定の配慮をするという矛盾した路線転換を告げた(「新路線」の導入)。これをきっかけとして、建設労働者によるデモが六月、ベルリンで発生し、ついでザクセン、テューリンゲンを中心に労働者のストライキとデモが全国に波及したのである。

この労働者による六月蜂起は、ソ連軍の介入によって短時間で収束された。事件後には、大規模な人事の粛清がおこなわれ、ウルブリヒトは、SEDをスターリン主義路線で固めることに成功した。その後、五六年にフルシチョフがスターリンのテロ支配を批判したことに連動し、知識人、大学教授のあいだやSED内部から反対派が声をあげたが、ウルブリヒトの支配はゆるがなかった。むしろ、目的の達成にはおよばなかったものの、SEDは第二次五カ年計画を採択して工業生産のさらなる向上をめざした。五八年にはようやく食糧配給制が撤廃されるなど、国民の生活水準も改善され、西側への逃亡者数も一時的に減少に転じた。五九年にはこの五カ年計画は中断され、ソ連の七カ年計画に連動した七カ年計画がとってかわった。東ドイツは、コメコン内部でソ連につぐ第二の工業国としての役割を担うようになったのである。

3　二つの社会

産業構造と消費

戦後復興とそれに続く急速な経済成長は、西ドイツの産業構造を大きく変化させた。まず、農業人口は、一九五〇年以降の四半世紀のあいだに二三%から三%へと減少した。戦後の混乱期には食糧を供給し、東からの難民や被追放者を吸収した農村も、農業の機械化や合理化の結果、多くの農民が他産業へと流出す

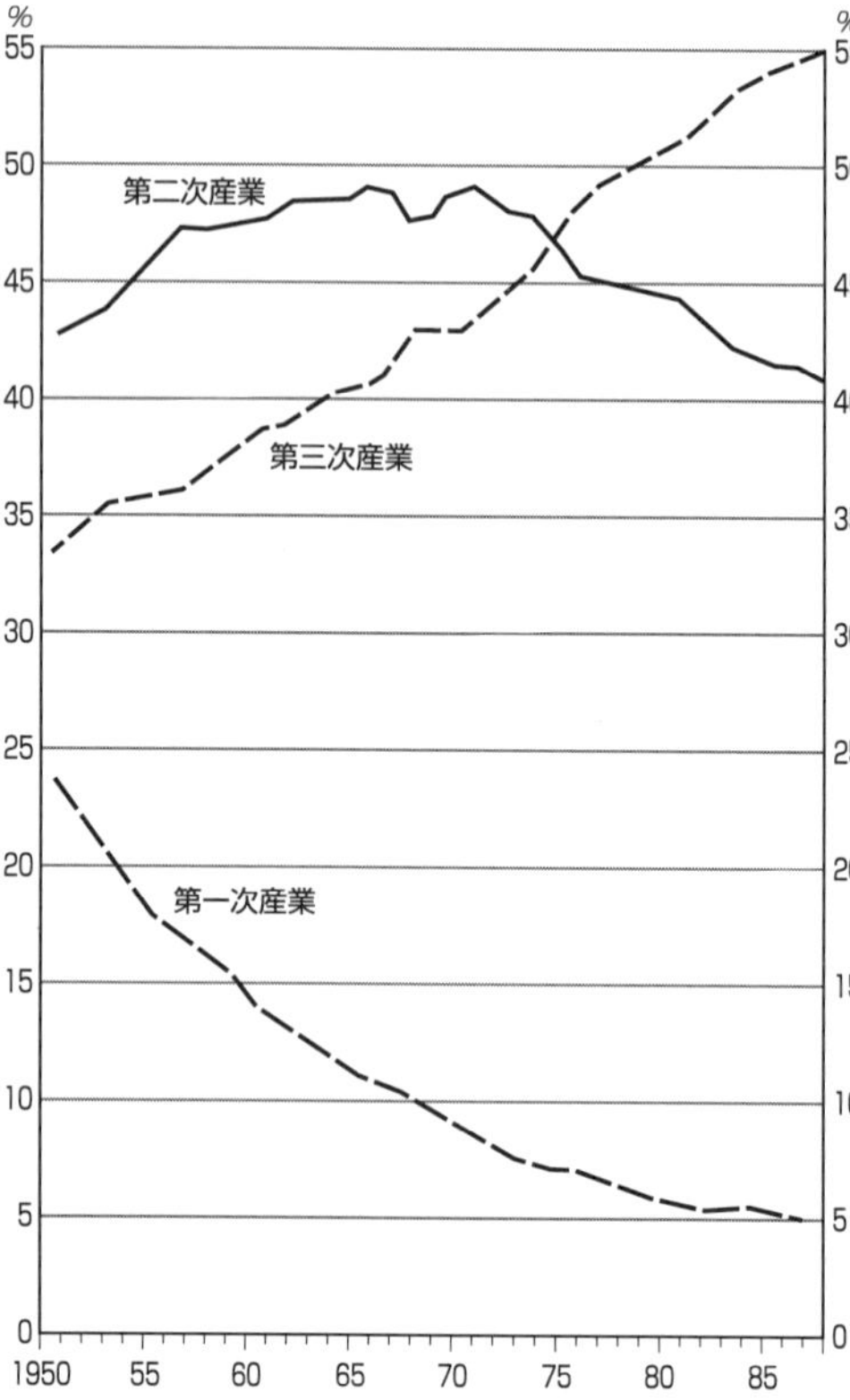

西ドイツにおける産業別就労人口の推移(1950～88年)

る過程のなかで都市就労者の居住圏に変貌していった。

西ドイツのＧＤＰは、五〇年以降の四〇年間において名目で二三倍拡大した。この間、就労人口がおよそ三分の一増大し、生活物価水準が三倍に上昇した点を割り引いたとしても、著しい経済成長は疑う余地がない。このような成長にもっとも大きく貢献したのは、工業部門であった。工業全体を牽引するセクターは、伝統的な石炭鉄鋼、製鉄、繊維からしだいに化学、機械、エレクトロニクスや自動車へと移っていった。六〇年代以降、主たるエネルギー源が、石炭から石油へと徐々に移行し、オイルショック以降は、天然ガスや原子力エネルギーの比重が高まる、という変化がこれにともなった。これらのセクターから生み出される高品質の製品は、国際市場においても高い評価を獲得し、西ドイツ経済は輸出を原動力として拡大を続けた。工業就労人口は、オイルショックにいたるまで増加の趨勢を続けたから(七〇年において四九%)、十九世紀末に生まれた製造業を中心とする産業社会から第三次産業を主流とする社会へと西ドイツが移行するのは七〇年代後半以降であった。

一方、東ドイツ経済は、強権的にゆがめられた発展の道をたどった。まずソ連が、農地改革を断行し、生産設備の押収と主要産業の国営化による賠償の取立てをおこない、さらには技術者を移送させて戦前に連続する産業発展の芽を奪った。ついでSEDが、農業集団化と、資源分布を無視した重工業化を推進した。この結果、一九五〇年から八九年までの時期における産業別就業構成はつぎのように変化した。農業人口が、二八%から一一%へと減少したのにたいし、工業人口は、四四%から八〇年には五一・五%へと増加し、八九年の時点でもなお五〇%の水準にとどまった。他方、第三次産業人口の増加は、頭打ちをして四〇%にとどまった(西ドイツでは、五五%)。就業構造からみるかぎり、東ドイツは、八〇年代末となっても六〇年代なかばの西ドイツの段階に対応していたといえよう。

また、労働時間の短縮や自家用車の普及によって、休暇の長期化や海外旅行の習慣が西ドイツに広がったことと比べれば、物不足から解放されない東ドイツにおける消費生活は、つつましい水準で低迷した。しかし、七〇年代には、冷蔵庫、洗濯機、テレビなどの耐久消費財が普及し、生産が発注に追いつかなかったとはいえ「トラバント」と呼ばれた自家用車も広がった。

社会政策

もちろん、オイルショック以前の段階の東ドイツ社会が西ドイツの産業社会とのあいだにみせた一定の並行性は、表面的なものにすぎない。体制の違いは、働く者個人が職場においてもつ権利や、社会政策として受け取る給付の内容に明らかであった。西ドイツの労働者が享受する、使用者とのあいだで自律的に賃金や労働時間、労働条件について交渉する権利や争議権などは憲法から抹消されたか、そもそも最初から与えられなかった。使用者団体は廃止されたし、労働組合はＳＥＤに従属した。個々の職場においても、東ドイツの労働作業班に許された活動の余地は限定されていた。たしかに、賃金は法定であり、表向きでは、失業は一九五〇年代なかばに消滅し、失業保険も七〇年代末に廃止された。西ドイツでは経営評議会との協議をへなければならない解雇についても、憲法によって働く権利が保証されている東ドイツでは、解雇自体がそもそも例外的であった。しかし、職場の労働条件は生産計画によって決定されており、労働作業班の裁量は、報奨給の配分や労働時間、休暇の調整にとどまるのにたいして、西ドイツの経営評議会には幅広い協議権が認められた。

同じことは、社会保険制度についてもいえる。就労者全体を対象とする一元化された年金制度は、法定された定率の保険料が引き上げられなかったために、事実上国家補助によって運営された。しかし、その給付水準があまりにも低いために、多くの労働者は、支給開始年齢に達しても仕事をやめて給付を受けようとはしなかったし、医師、教師や党、国家機関に従事する者などには特権的な付加的年金制度が設けられていた。また、一元的な医療保険制度は、建前のうえでは国民に平等な医療サービスを提供するものとされたが、病院、医療設備や薬品が十分には備わっていなかった。医師は、職業集団としての特権を奪われ、保険機関も労組を通ずる国家への従属物であった。多元的な保険機関や医師団体によって医療サービスの内容や診療報酬が決定される西ドイツのシステムとは大きく異なっていた。

社会階層と女性の地位

西ドイツにおいては、戦前の教育制度が戦後も維持され、官僚制度が温存されたために十九世紀のブルジョワ社会に起源をもつ社会的な選別の制度が受け継がれた。これらの制度が、ゆるやかに変化し始めるのは、価値観が変化し、教育改革が日程にのぼった一九六〇年代以降である。一方、東ドイツでは、戦前の諸制度が、社会主義建設という目的のために政治的に一挙に解体された。戦前の共産党エリートや戦後の青年世代によって担われたＳＥＤエリートが、政治的行政的支配のために党機構をもって伝統的な職業官僚制にかえ、農業を集団化し、民間企業を人民所有に転換することによって自営業者を減少させていった。こうして、財産と教養を有する近代ブルジョワの伝統は、牧師、医師や大学教師の一部を除いて姿を消した。教育制度は、アカデミックな学習に劣らず労働者の実技向上を目的とするものとなり、現場において職業的知識と技術を習得した「熟練労働者」が東ドイツ社会の主たる担い手となった。大学教員のあいだでさえ、労働者家庭の出身者の割合が徐々に増大した、といわれている。このような「熟練労働者」

によって担われた社会は、かつてザクセンやテューリンゲンに形成された労働者の歴史的サブカルチャーとは異質のものである。

女性がおかれた社会的地位も、東西において大きな差異を示した。東ドイツでは、就労可能な女性人口のなかで、実際の就労者が占める割合は、五〇年で四四%であり、八九年には八〇%をこえた。なかでも、フルタイムで働く母親の就労率が著しく高かった。これは、戦後に女性労働力への需要が高まったためでもあるが、なによりも社会主義イデオロギーが、女性を社会から独立した家族の一員というよりも、生計労働の担い手として社会の直接の構成単位として位置づけ、国家が、さまざまな就労促進策をとったからである。西ドイツに先駆けて、六〇年代には女性の就労を妨げるドイツ民法典の規定が改められたほか、離婚手続きにかんしても有責原則から破綻原則への転換が早い時点でおこなわれたほか、六〇年代以降には、女性の職業教育、訓練が推進された。出生率は、六〇年代末にはいったん低下したが、育児休暇、託児所、育児手当などの勤労女性支援策がつぎつぎに打ち出されたことが功を奏して、七〇年代後半には回復の方向に向かった。

これにたいして、西ドイツにおける女性の就労率は、五〇年では三〇・二%であったが、それ以降も三〇%台でゆるやかな上昇、下降と再上昇を記録したのち、統一前にいたってようやく三七・一%に達したにすぎない。戦後においても伝統的な家族観、女性観が引き継がれ、保守政権期には、キリスト教倫理観の影響もあり、女性の役割は育児、家事や家業の手助けなど、もっぱら家庭のなかに求められたからである。実際、基本法三条が男女の均等をうたったにもかかわらず、既婚女性公務員の解職規定を廃止し、女性に不利な家族法規定の改訂に着手するのにさえ多くの時間が費やされた。さらに、家族や婚姻、離婚にかんする諸規定が、男女対等の観点から完全に改められるのは、女性解放運動の台頭をへた七〇年代後半のことであった(十五歳から六十五歳までの既婚女性の就労率は七〇年に四一%に達し、統一後にさらに増大している)。

もっとも、東ドイツにおいても、党、行政の要職や社会的威信をもつ職業における男性優位はくずれなかったから、国家による女性優遇策にもこえがたい限界があった。また、育児との両立を強いられた女性個人にとって、就労は重荷でしかなかったとしても、家計を維持し、年金の受給権をえるためには必要であったのである。

政党と政治社会

いずれにしても、いかなる要素についてであれ、異なった体制原理のうえに立つかぎり、東西ドイツ社会は根本的に異質な社会であった。これは、なによりも政党のあり方に鮮明にみてとることができる。占領軍によってその活動を許された政党は、主として四つのグループから構成された。KPD(ドイツ共産党)とSPDは、戦前の伝統を忠実に復活させた。他方、CDU／CSUとFDPは、ドイツの政党史にあらたな局面を切り開いた。CDUとバイエルンにおけるCSUは、新旧両派に分れてきたキリスト教政治運動を架橋し、さまざまな地域的伝統を取り込むだけではなく、保守的な労働運動や自由主義者の一部をも加えたまったく新しい政党となった。CDU／CSUやSPDのような国民政党には発展せず、小党にとどまったが、戦前の左右両派の対立を克服して自由主義勢力を糾合した、という意味ではFDPもまたドイツの政党史にひとつの革新をつけ加えた。

名称は異なるが、ソ連占領区において活動を再開したのも以上の四政党である。しかし、そこではまず、共産党の主導によるSPDとの合同からSEDが生まれ、このSEDが権力を独占して他党を有名無実化していった。選挙名簿に党名を連ねられるだけの「ブロック政党」には、農民層と国家統一を求める勢力の利害にも配慮して独自の政党がのちにつけ加えられるが、いずれも形式的な存在にとどまった。東ドイツの諸政党は、ほかの大衆組織と同じく、SEDや国家の意思を社会に向かって伝達する機関でしかなかったのである。ウルブリヒトは、一九六〇年に大統領ピークの死去にともない大統領職を廃止し、かわって国家評議会を設置して自らその長に就任し、国家の最高権力も手中にしたのであった。

これとは対照的に、西ドイツの政党は、代弁する多様な利害を政治的選択肢に集約して選挙民に提示しただけではなく、政党自体が、社会の変化に対応して変容しつづけた。その結果、戦前とは大きく異なり、小党が消滅し、政党によって運営される議会政治が安定していった。もちろん、有名な五％条項は小党を排除する効果をもったし、共産党は連邦憲法裁判所によって禁止された。しかし、五〇年代には、CDU／CSUは、経済運営の成功、社会政策の充実や衰退する農業界にたいする補償措置などによって、右翼政党、難民・被追放民を代表する党をはじめとするさまざまな小党を吸収していった。これにたいし、労働者政党の伝統を再興したものの、選挙に敗北しつづけたSPDは、組織改革と基本綱領の改訂をおこない、西側統合と市場経済を前提としたうえで、望ましい改革を遂行する国民政党としてアピールした。こうして、六〇年代には、SPDとCDU／CSUの左右の大政党と小党たるFDPによって議会政治が運営されるにいたった。

4　六〇年代——第二の建国期

民主共和国の確立

フルシチョフによるベルリン非武装自由都市化提案にたいし、アメリカ大統領ケネディが、西ベルリンを守るべく強い関与を宣言したために始まった「ベルリン危機」が、ベルリンにおける壁の構築と両独間の国境閉鎖によって収束されたのち、東西関係は緊張緩和に向けて動き始めることになった。同時に東西ドイツの国内政治も、それぞれが一定の体制改革に向けて展開する余地を与えられた。一九六〇年代は、東西ドイツが、相互に微妙に影響をおよぼしあって改革を志向する移行期となった。

五九年に始まる七カ年計画による強引な工業生産拡大計画の失敗や農業集団化の再強化によって、農民や熟練労働者を中心とする西側への逃亡者が増大し、体制の正統性が動揺したことを考えれば、ＳＥＤ指導部は、当然、新しい経済政策を打ち出して国民生活の安定に乗り出さなければならなかった。六三年に導入された「計画と指導の新経済システム」は、国家補助を減らして価格を経済の実態に近づけることにより、個々の人民所有企業にコストを踏まえた利潤を追求する誘因を与えようとした。集権的計画経済の分権化をとおして生産の拡大を達成しようとしたのである。また、企業の一定の自立化とならんで、労働者が科学技術を習得する機会の改善もはかられた。たとえば、すでに導入されていた一〇年制の学校は、西ドイツとの対抗意識にも導かれてソ連を規範とする総合技術学校(ポリテクニーク)に拡充されたのである。科学技術の応用による生産性向上や計画の有効性にたいする信仰は、西側にも共通する時代精神であった。

新しい経済政策は、たしかに消費財生産を改善し、国民の生活水準を向上させた。労働者のあいだでは、不満は解消されないものの、壁によって囲まれた国家と折合いをつけようとする気分も生まれた、といわれている。経済生活の安定を反映して、労働法、家族法や刑法など、法制度の整備も集中的に進められた。とくに、六八年の憲法は、旧法に残されていたヴァイマル憲法のなごりを払拭《ふっしょく》し、マルクス・レーニン主義政党であるSEDの指導的立場を明記した。

しかし、西ドイツ経済への「追いつき、追い越し」は、ついに達成されなかった。東ドイツの経済は、エネルギー供給面でのボトルネックによって拘束されていたし、そもそもSED指導部が、路線の変更を経済政策における調整にとどめて政治的改革に踏み込もうとしないかぎり、改革には厳しい限界があった。実際、ウルブリヒトは、民主共和国がソ連とは異質の高度に発達した社会主義社会に到達した、と唱えたものの、政策は停滞をまぬがれなかった。その結果、対ソ関係をなによりも重視する守旧派が、新経済政策とともに台頭した経済テクノクラートを失脚に追いやったのである。

連邦共和国——社会変容と連邦制の改革

ソ連による占領とSEDによる社会主義建設によって、その成立期に全面的な社会変動をへていた民主共和国と比べれば、教育制度や女性の地位など、連邦共和国の社会には、戦前と連続する側面も残されていた。しかし、一九六〇年代は、高度成長をへて豊かとなった西ドイツ社会が全体として変容するだけではなく、変容した社会が要請する課題をめぐって、政党政治がさまざまな改革を試みる時代となった。

アデナウアー長期政権のゆきづまりは、まずその外交政策においてあらわれた。アデナウアーは、西側統合政策の延長線上に、力の政策によって国家統一を実現しようと固執したが、キューバ危機の収束をへた米ソ間ではデタント(緊張緩和)への潮流は抗しがたいものとなった。したがって、アデナウアーは、デタントに傾くアメリカにかえ、国家統一への関与をフランスのドゴール大統領から引き出そうと試み、アメリカとの同盟関係を重視する党内反対派の強い抵抗にあった。そして、イギリスの背後にアメリカの影響力をみたドゴールは、イギリスの加盟に反対し、ヨーロッパ統合自体にたいしても国家主権を守る立場からその進展を妨げたのである。さらに、アデナウアーは、ホイス大統領後継者問題やシュピーゲル事件などに際し、時代の流れに逆行する権威主義的傾向をあらわにし、ついにエアハルトに首相の座をゆずることになった。

しかし、通貨改革の成功神話を背負って登場したエアハルトが、ほかならぬ経済政策の運営につまずいた。エアハルトは、六六年のノルトライン・ヴェストファーレン州選挙において与党ＣＤＵに勝利をもたらすことができなかったばかりか、同年冬に西ドイツを襲った戦後初の不況に直面し、財政問題で連立相手のＦＤＰから譲歩を引き出せずに退陣やむなきにいたったのである。エアハルト政権のあとを襲って後継首班となったのは、同じくＣＤＵのキージンガーであったが、この大連合政権には、これまで野党にあ

エアハルトとキージンガー　アデナウアーの意に反して２人目の首相となったエアハルト(左)と，エアハルトにかわって大連合政権を率いたキージンガー(右)。

まんじていたＳＰＤが加わった。五〇年代末にバート・ゴーデスベルク基本綱領を採択し、階級政党から国民政党への脱皮をはかってきたＳＰＤが、戦後はじめて連邦政権への参加をはたしたのである。

この大連合政権期には、社会を批判する学生運動が勃興し、それが掲げた社会改革の要請に応えようとするブラント政権がのちに成立する。注目すべきことに、エアハルト、キージンガー、ブラント政権のいずれもが、社会と国家のさまざまな主体のあいだに調整をうながす仕組みをつくりだすことによって改革をおこなおうとした。社会を、自由に利害を追求する個々の主体の総和として観念するのではなく、政治の側から各主体の行動に影響をおよぼして一定の方向づけをおこなうことが可能であり望ましい、とする社会工学的発想が広まったともいえる。また、調整のための制度づくりは、しばしば将来に向かってなされる計画の次元をも含み、東ドイツにおけるサイバネティックスの流行にも符合するものであった。

さて、輸出を原動力として順調な拡大を続けてきた西ドイツ経済も、完全雇用が達成されて以降、インフレにたいする圧力が高まりつつあった。対外的には、再度におよぶマルクの切上げにもかかわらず、貿易黒字の拡大が続いたためにさらなる切上げへの憶測が解消されず、対内的には、国防軍の創設や年金改革などによって財政支出が拡張傾向を強めたからである。このため、連邦銀行と同じく、エアハルトは、インフレ対策の観点から制度改革を構想するにいたった。経済の動向を分析し、政府に経済政策の処方箋を提示する経済諮問委員会や、経済構造全体を制御しつつ均衡のとれた発展を確保するための新しい財政、信用政策の手段を構想する財政改革委員会(その長の名をとってトレーガー委員会と呼ばれた)が設置された。

しかし、ネオ・リベラリズムの信条をいだくエアハルトの関心は、国家財政内部の調整に限定されていたのであり、その考えは、経済成長のために機動的に財政を発動し、経済に介入する手段にまではおよんでいなかった。したがって、六六年から翌年にかけての不況に直面した彼にはなすすべがなかったのである。これにたいし、SPDの経済理論家シラーは、ケインズ主義の立場から経済を総体として制御するための制度改革を唱えた。エアハルト政権が準備した「経済安定法」は、大連合政権によって「経済安定成長法」へと拡充されたのである。

この安定成長法は、中期財政計画の開始などとともに大規模な基本法の改正と連動しつつ、政府間のみならず政府と労使団体などの「自律的集団」とのあいだにあらたな調整関係を制度化した。連邦は、中期財政計画を立案するうえで、州の財政当局とのあいだに協議をおこなうようになった(財政計画委員会)ばかりではない。連邦、州、市町村のあいだでは、税源の共有化が進められる一方、大学の新増設、地域経済構造改善、農業構造改善と沿岸部保護、あるいは教育計画や研究奨励など、元来は州の事務に属する領域にかんし、「連邦全体にとって重要であり、生活関係の改善にとって連邦の協力が要請され」れば、連邦が財政支援をおこない、州と共同して遂行する「共同事務」があらたに設けられた。共同事務それぞれには、連邦と州の代表が構成する計画委員会が設置された。

緊急事態法反対デモ　1968年５月，緊急事態法に反対する人々によってボンに向かい星状行進がおこなわれた。

連邦政府は、さらに連邦銀行や、労組、使用者団体をはじめとする「自律的集団」にたいして、マクロ経済の動向と国家財政の方針にかんする情報を共有させる（年次経済報告の発表）とともに、相互の経済行動を調整する場として「協調行動」を制度化した。たしかに、イギリスなどと比較すれば、あらたに連邦政府に与えられたケインズ主義的な政策手段は、著しく限定されていたが、このような一連の財政制度改革は、西ドイツの連邦制をより緊密な政府間調整を要請するものへと変化させることになった。

大連合政権下になされたもうひとつの大規模な基本法改正は、緊急事態をめぐるあらたな諸規定であった。西ドイツは、一般条約（ドイツ条約）によってほかの欧米諸国とほぼ対等の立場を回復していたが、なおも連合諸国が留保していた緊急事態にかんする権利が、いよいよ西ドイツに返還されることになった。

緊急事態にかんする規定を基本法に補充するための法案は、大連合政権の成立以前からCDUによって準備されており、法案をめぐって対立する与野党のあいだに協議が続けられていた。しかし、SPDを加えた議会の絶対多数派による法案の可決が現実味をおびると、時あたかも盛り上がりつつあった学生運動が、法案への反対運動を展開するにいたったのである。たとえば、社会主義ドイツ学生同盟は、イラン国王の西ベルリン訪問(六七年五月)に反対してデモを組織し、そこでデモに参加した学生が警官によって射殺されると、抗議運動を一挙に過激化させた。その後、六八年四月に運動のリーダーを暗殺しようとする企てが未遂に終わると、学生は、多くの都市で路上行動を展開し、運動に批判的な大衆紙を刊行する出版社への妨害行動までを試みるにいたった。

たしかに、当時の運動の体制批判は、観念的な傾向から自由ではなかったし、緊急事態法案にたいしてなされた抗議運動についても、SPDはもちろんのこと、同じく批判活動を展開した労組や知識人とのあいだで共同戦線を形成するにはいたらなかった。しかし、他方で、議会外における学生運動の広がりは、西ドイツにおいても政治にたいする異議申し立ての運動が定着し始めたことを示した点において意義深いものであった。

ブラントとシェール　SPDのブラント(右)と副首相・外相となったFDPのシェール(左)。

もうひとつブラント政権への移行にかかわる点としては、CDUとは異なり、SPDとFDPが学生運動にたいして比較的開かれた態度をとったことがある。学生運動に共鳴した多くの若者の入党によって、とくに七〇年代のSPDのなかでは大きな組織変化を経験することになる。当時のSPDのなかでは、大連合を継続するか、FDPをあらたな連合のパートナーとするかをめぐって対立があった。しかし、第三代目の大統領選挙に際し、シェールが率いるFDPがSPDのハイネマン候補を支持したことにより、あらたな連合がめざされることになった。ハイネマンは、福音派教会のリーダーの一人であり、また、アデナウアー政権の内相として、政府の再軍備政策に反対して辞任し、新党設立を試みたが失敗してSPDに入党する、という経歴をもつ人物であった。大連合政権では法相であったハイネマンは、学生運動とのあいだに対話の精神を忘れることがなかった。こうしてSPDは、大連合政権の当初に予定した選挙法改正から最終的に決別することになった。二大政党間の政権交代を社会工学的にうながす新選挙法によってではなく、ふたたびあらたな連合パートナーの組合せによって新しい改革政策が試みられたのである。

5　新東方外交とホーネッカー体制

ブラント政権の東方政策

「より多くのデモクラシー」を唱えて登場したブラントは、連邦共和国が対外的・対内的に「包括的な改革」の要請に直面しているとして、さまざまな改革政策を掲げた。実際、FDPとの連合政権は、共和国成立後久しく野党の座にあまんじなければならなかったSPDにとって、多くの具体的改革案を実行に移す好機ととらえられた。学生運動が提起した問題にたいする回答としての教育研究分野での改革、選挙権年齢の引下げ、あるいは共同決定制度をより広い分野の企業にも拡大する趣旨の新立法(一九七二年の新経営組織法やシュミット政権下で可決された七六年の新共同決定法)などが実現された。また、野党CDU／

CSUの抵抗によって、その法案の可決は同じくシュミット政権期にまでずれこんだが、デモ規制の緩和や離婚をめぐる家族、親族法規定の改革など、家庭や公共の秩序にかんしても法的規制の自由化が進められた。異なる体制下においてではあったが、民主共和国がこれらの点について進めた法典の整備も、改革を推進する追い風となった。

のちに述べるように、これらの国内改革は、第一次オイルショックを契機とする低成長経済の到来や、改革の継続を困難にする連邦共和国に特有の政治的行政的制約要因によって部分的な後退をよぎなくされていった。しかし、ブラント政権が、七〇年代にソ連、東ドイツやポーランドをはじめとする東欧諸国にたいして打ち出した外交政策は、それまでのCDU外交とは根本的に異なる革新的なものであったのみならず、東西関係を緊張緩和の方向に推進するうえで大きな貢献をなした。

東ドイツ市民の西への流出をくいとめたベルリンの壁に、両ドイツ関係の安定化をみてとった米ソは、六二年のキューバ危機を乗りこえて首脳間にホット・ラインを設置し、対話の姿勢を強めたのに続き、六三年には部分的核実験停止条約を、続いて六八年には核拡散防止条約に調印するなど軍備管理をめぐる交渉を進めた。もちろん、「プラハの春」事件やベトナム戦争の激化など、米ソ間に抗争を継続させる要因は残っており、米ソ間関係がそのままブラント政権の外交政策を一義的に規定したわけではない。西ドイツにとってはむしろ、西ベルリンを守るために東ドイツを国家承認することは、国家統一の目的を半永久的に諦めることを意味しえたし、一方的にソ連とのあいだに直接交渉を重ねればアデナウアー外交が築いてきた西欧諸国との紐帯を損なう恐れもあった。ブラント政権が選びとり進めた外交こそが、東西関係全体を建設的な方向へと向かわせたのである。

緊張緩和の進展を望む西ドイツにとって、ドイツを正当に代表するのは西ドイツだけであり、東ドイツと国交を結ぶ国家とは外交関係をもたない、とする「ハルシュタイン・ドクトリン」が桎梏《しっこく》であると考えたブラントは、東ドイツの事実上の国家承認にまで踏み込んで対ソ連関係を改善しようと試みた。ブラントは、首相府の次官となったバールをモスクワに派遣し、武力の不行使を相互に確認することによってヨーロッパの現状を平和裡に維持する取決めをソ連とのあいだに結ぼうとした。当初、ソ連側は強硬な主張をくずさず、交渉は難航をきわめたものの、最終的には現状における国境が不可侵だが、将来の再統一は排除しない(不可変ではない)ことを認めた。西ドイツ側は、「ドイツ統一にかんする書簡」を条約につけ加えることによってこの点を間接的に確認させた。こうして西ドイツは、当面の課題からははずされたものの再統一の可能性を確保し、ソ連にたいしては西ベルリンにかんするあらたな協定を結ぶべく、ほかの連合国とのあいだに交渉を進めさせる点を明記することに成功した。なによりも両国が、ともに緊張緩和に関与し、相互に経済的・文化的交流を深める点について同意したことがもつ意味は大きかった。

七〇年八月にモスクワで調印された条約が東方外交の「総合建築」と呼ばれたように、モスクワ条約の交渉過程において形成された合意の大枠は、ほかの東欧諸国とのあいだに結ばれた条約によって具体化された。七〇年十二月に調印されたワルシャワ条約では、西ドイツは、法的には国境問題の最終的解決は、連合国とともに将来の国家統一を待たなければならない、と留保しながらも、オーデル・ナイセ線がポーランドの西部国境であることを政治的に承認した。ポーランド領内のドイツ少数民族や、戦時のポーラン

ワルシャワ・ゲットー訪問　ブラント首相がワルシャワ・ゲットーで跪いたこの光景は世界中に報道された。

ド人強制労働問題については同意にいたらなかったが、ナチスによる侵略の対象となった隣国にたいする歴史的和解の意味は深かった。条約の調印のためにワルシャワに赴いたブラントが、ナチスの犠牲者を悼む慰霊碑において花を捧げ、跪《ひざまず》いた姿は、過去の克服に真剣に取り組むブラント政権の姿勢を強く印象づけたのである。

これにたいして東ドイツを相手とする交渉は、あくまでも東ドイツ国家の国際法上の承認に固執したウルブリヒトによってその進展を阻まれた。ブラントは、カッセルとエルフルトにおいてシュトーフ首相と会見するが、具体的成果はえられなかった。しかし、七一年五月、SED中央委員会総会においてウルブリヒトが第一書記から辞任し、後任にホーネッカーが就任したあとに協議は軌道に乗り始めた。両国は、国家統一問題を棚上げにしたうえで政治、経済から文化の領域にわたる協力関係の制度化に合意した。両ドイツは、七二年に「基本条約」を締結して(大使ではなく)常設の代表部をおき、さらにその翌年にはそろって国連加盟をはたした。また、西ベルリンが、西ドイツの一部であることは否定されたが、そのあいだの自由な往来が保証されたばかりか、西ドイツ、西ベルリンと東ドイツのあいだにも相互訪問が可能となったのである。

同盟政策

ブラント政権が、ソ連、東欧諸国との二国間関係を正常化したことによって、東西の緊張緩和は著しく促進された。NATOとワルシャワ条約機構とは、国境の不可侵を尊重し、両陣営間に政治、経済、安全保障面での協力を深める点で一致し、信頼を醸成するフォーラムとして全欧安全保障協力会議(CSCE)を設けることを決定した(一九七五年のヘルシンキ最終宣言)。米ソが、七二年に着手した戦略核兵器制限交渉とならび、この場においても両陣営間に軍備削減交渉が開始されたのである。

なお、忘れてはならないのは、ブラント政権が、アメリカをはじめとする同盟諸国とのあいだに緊密な連携を保ちながら、そしてその意味で、アデナウアーが達成した西側統合政策の遺産を前提として新東方外交を進めた点である。

ブラント政権が、ソ連東欧諸国とのあいだに締結した二国間条約は、六七年のハルメル・レポートが公表した、通常兵器と核兵器の軍事的均衡の維持と軍備管理交渉とを並行させるNATOによる新同盟政策の枠組みにたいし、緊張緩和の方向に向けて政策を具体化するものであった。

また、モスクワ条約と並行して進められ、内容上も密接に連関していたベルリン協定についても、ベルリンとドイツ全体について継続していた連合国による管理体制が尊重された。ブラントやバールは、交渉の当事者ではなかったが、さまざまな機会をとらえて提案をおこない、交渉の進展を助けたのである。さらに、五七年のローマ条約によって、経済共同体と原子力共同体の設立が決定されたものの、フランスによって統合の全面的な進展を妨げられていた加盟諸国にたいしても、西ドイツは統合を積極的に支持する姿勢をとりつづけた。ドゴール大統領の辞任と、共同市場(関税同盟)の完成を弾みとし、ＥＣ加盟国が「拡大と深化」を掲げてふたたび統合の推進に取り組み始めた背景には、ブラント政権の積極的な関与があった。また、ブラントは、こうして加盟国間に活発化したさまざまな協議の場を通じて、東方外交にこめられた西ドイツの政策意図を加盟国に打診し、その反応を確認しつづけたのである。

東方政策の国内政治的帰結

なお、これらの東方諸条約が議会によって批准される過程においては、与野党間の対立は激化の一途をたどった。野党ＣＤＵの内部でも、外交面での閉塞を打破する必要性はたしかに認識されていたが、ブラント政権の東方外交をソ連や東ドイツにたいするたんなる屈服としてとらえる向きも強かった。そのうえ、ブラントが率いる社会自由連合政権は、過半数をわずかに上回るにすぎなかったので、一部の議員の離反によって多数派の基盤を失うにいたった。

一九七二年四月には、野党リーダーのバルツェルを首相候補とする建設的不信任動議も試みられた。連邦議会が、わずか二票の差をもってこの動議を否決したあと、結局諸条約は批准されたが、安定した議会基盤を求めるブラントは、信任問題を議会に否決させて議会を解散し、早期に連邦議会選挙をおこなって自らの信を選挙民に問うたのである。選挙戦は、直前に公表された両ドイツ間の「基本条約」の是非をめぐるものとなり、ノーベル平和賞を受賞したブラントが圧倒的な勝利をおさめた。投票率は、じつに九一%にものぼり、SPDも四五・八%という戦後最高の得票率を記録した。こうして与野党間の関係は、大連合期にまでみられた歩みよりの関係から、熾烈な対立のそれへと変化した。一方、前回選挙において三・四%の得票率を示した右翼政党のNPD(ドイツ国家民主党)は、〇・六%へと後退した。こうして、六〇年代後半の不況時には一連の州議会選挙において得票を伸ばしたネオナチもその姿を消していった。

ホーネッカー体制

ブラント政権が推進した東方外交によって両ドイツ関係の正常化が進んだ結果、東ドイツは西側諸国とのあいだに外交関係を樹立したのみならず、西ドイツからの訪問者やメディアの浸透にさらされるにいたった。これにたいしてホーネッカーは、党と国家機構への国民参加をうながすとともに、社会主義ドイツには「社会主義的ドイツ民族」が存在するという二つの民族論を唱え、西ドイツの影響から東ドイツをイデオロギー的に遮断することによって国家の存続をはかった。一九七〇年代の前半には、フォルカー・ブラウンやシュテファン・ハイムが、東ドイツ社会の閉塞状況を文学活動の題材とすることを許容されたが、このような開放的文化政策はただちに抑圧的な方向に反転されたのである。たとえば七六年には、詩人のヴォルフ・ビアマンが、公演先のケルンで国籍を剝奪される事件が起こった。

サイバネティックスやシステム論など、科学理論に基づいて体制を制御する思考が排除され、マルクス・レーニン主義が、イデオロギーの基盤として強調されたほか、経済政策においてもホーネッカーは、ウルブリヒト期の政策への批判をこめて「経済政策と社会政策の統一」を掲げた。消費生活を改善し、住宅の供給を増加し、賃金と社会保障給付を徐々に引き上げたのである。しかし、価格補助など市場メカニズムを無視した給付や社会保障の給付、あるいは党、国家とそれに属する非公式の保安部門などの巨大化した支配機構(とくに、シュタージと呼ばれた国家保安省と、同省の専従者を補い市民の監視活動に携わった非公式協力者)を維持するための経費は、東ドイツの経済を圧迫した。そのうえ、第一次オイルショック以降、西側諸国からの輸入品価格ばかりではなく、ソ連から供給されていた原油と原材料の価格も高騰したため、東ドイツの対外債務は急増した。第二次オイルショック後には、ソ連からの原油供給自体も削減されるにいたり、東ドイツ経済の再建は一層困難の度合を増していった。

6　シュミット政権の経済運営

国際通貨危機と第一次オイルショック

一九七〇年代は、順調な成長を維持してきた西ドイツ経済にとっても波乱の幕開けとなった。アメリカのニクソン大統領は、七一年八月、ドルと金の兌換停止を一方的に通告し、アメリカが支えてきた固定為替相場制に自ら終止符を打った。それに続く国際通貨体制の混乱は、ドルと各国通貨の平価調整(十二月、スミソニアン合意)と、ドルにたいする一定の変動幅の設定によっても収拾されず、ついに七三年、ヨーロッパ通貨はドイツ・マルクを一定の基準としつつドルにたいしては完全に変動する変動為替相場制に移行

シュミットとゲンシャー　ゲンシャー外相ら新閣僚とともに政権発足の撮影に臨むシュミット新首相(前列左よりゲンシャー，ハイネマン大統領，シュミット)。

した。このいわゆる「通貨の蛇」は、実質的に機能しなかったが、ヨーロッパ諸国をはじめとする対外貿易を経済の原動力とする西ドイツにとっては、外国為替市場の安定は欠かすことのできない政策目標として残った。七三年十月にはイスラエルとアラブ諸国とのあいだに第四次中東戦争が勃発し、アラブ産油国は、原油の産出量を削減するとともにその価格を一挙に四倍にまで引き上げた。原油を主たるエネルギー源としていた先進国経済は一様に大打撃を受け、西ドイツも物価の上昇と景気の後退の脅威に同時に直面した。実際、七四年にGDPは一・六%後退し、それまでは二〇万人台にとどまっていた失業者数はその翌年に一〇〇万人を上回った。七六年、失業率は五%の水準を突破するにいたった。

こうして、七二年の総選挙後には蔵相の地位にあったシュミットが、ブラントの辞任を受けて七四年に社会自由連合政権をあらたに形成し、雇用の回復と経済的対外関係を安定させるべく力を注いだのである。東ドイツが、市場メカニズムを無視し、党と国家による一方的な経済運営をはかったのにたいし、自由経済の西ドイツでは、連邦政府の主導によって多元的な社会集団との協調のうえに経済危機からの打開が試みられた。

そして、連邦政府がそのような目的を成功裡に達成するためには、州政府とのあいだに財政政策を調整する(国家による投資支出全体の大部分は、州と市町村政府によってなされる)ほか、財政政策全体と労使の団体交渉によって自律的に決定される賃金政策、連邦銀行による金融政策とのあいだにも協調が不可欠であった。しかし、大連合政権によって開始された「協調行動」は、労組からみれば賃金抑制を強いられる場でしかなかった。不満を鬱積《うっせき》させた労組は、オイルショックの翌年に公共部門の交通労組によって一二%の賃上げを実現させた。一方、原材料価格の高騰に加え、このように著しい賃上げがインフレを激化させると判断した連邦銀行は、引き締めていた金融政策の緩和を遅らせた。変動相場制への移行によって連邦政府は、為替レートの決定権を失っていたから、政府がマルクの切上げを引き伸ばして輸入インフレの悪化を招くことはなくなり、インフレ対策のためにとられる連邦銀行の金融政策の効果は高まりつつあった(自動的に切上げの効果をもつ)。設置法によって高い制度的自立性を与えられている連邦銀行は、州中央銀行を通ずる幅広い社会的支持のうえに物価上昇の抑制を追求したのである。

こうして、財政が拡大されたにもかかわらず、緊縮的な金融政策によって景気が悪化し、失業が生じたのであった。しかし、シュミットは、七二年の選挙戦に際して「五%のインフレーションのほうが、五%の失業率よりも望ましい」と発言していたものの、ブラントがメラー蔵相を辞任させてまで膨張させた国家財政には当初から批判的であった。したがって、まずは景気の回復よりも財政赤字の削減を優先させる道が選ばれた。増税は、連邦参議院の多数派が野党勢力の手中に落ちていたために困難であったので、七五年の秋には支出の削減を目的とする財政構造改善法案が上程されたのである。連邦財政から失業保険会

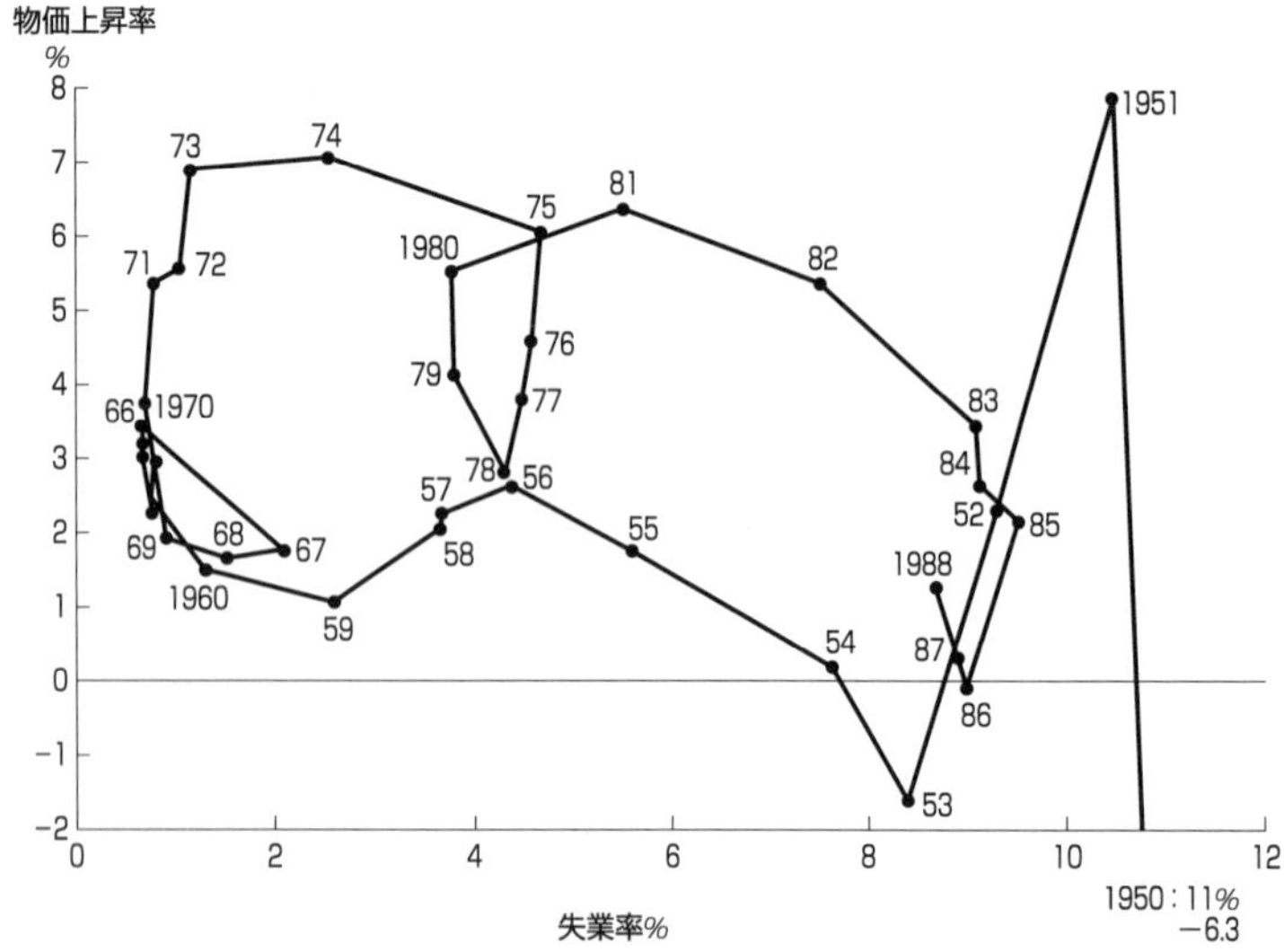

各年における物価上昇率と失業率(1950〜88年)

計への繰入れが減額され、奨学金給付や住宅建設補助が削減された。これに続いて年金保険では、給付算定基準の見直しや給付額の物価水準の上昇に対応する引上げを延引させる措置が再三におよんだ。連邦財政から独立している医療保険についても、所轄官庁の主導によりコスト削減を目的とする「協調行動」が保険金庫、医師団体、製薬業界のあいだで開始された。

七六年の総選挙をかろうじて乗りこえて政権を維持しえたものの、第一党の座をCDUにゆずることになったシュミットは、「将来投資プログラム」を打ち出して積極財政に転じた。高賃金の優秀な労働力が生み出す高品質の製品輸出によって社会的公正と安定を達成する「モデル・ドイッチュラント」を維持するために不可欠とされたこのプログラムは、ほかの減税諸措置ともあいまって景気を長期的に上向かせる効果をおよぼした。連邦銀行の金融政策もこれに呼応し、公定歩合は徐々に引き下げられ、七九年三月にいたるまで三％という低い水準にとどまった。このような財政、金融、賃金政策の最良の組合せは、おりしもボンにおいて開催された先進国首脳会議が、日本とならんでドイツにたいして世界経済の牽引車となるよう求めた要請に応えるものでもあり、実際、失業者数は七八年に一〇〇万人台を切るほどまでに改善した。

第二次オイルショック後の経済運営

しかし、一九七八年末に革命を経験したイランがイラクとのあいだに戦争を起こし、翌年にはふたたび石油輸出国機構が原油価格を大幅に引き上げた。この二回目のオイルショックが世界経済を収縮させ、貿易にたいする需要が低迷したため、西ドイツの貿易黒字も急速に縮小した。日本は、円レートの下落によって輸出品の競争力を維持しようとしたが、西ドイツにあっては連邦銀行が逆に公定歩合を引き上げて、インフレの防止を優先させた(オイルショック後に引き上げられた公定歩合は八〇年五月には七・五％にまで達した)。もっとも、国際的に金融の自由化が進むなかで、アメリカやサッチャー政権登場後のイギリスでは金融が引き締められ始めていたから、金融の引締めはマルクの対外価値を維持するためにも必要であった。

一方、第二次オイルショックによって、ふたたび雇用状況が悪化していたにもかかわらず、連邦銀行による金融の引締めに直面した労組は、第一次オイルショック後の高賃金政策の失敗を教訓として賃金協約締結に臨む姿勢を抑制した。財政政策も、赤字の拡大を防ぐためには圧縮されざるをえず、八一年には緊縮的な編成となった。しかし、高金利が財政赤字の拡大に追討ちをかけ、失業保険会計への国家補助など、シュミット政権はさらなる支出削減をよぎなくされたのである。

対外経済政策や治安対策における危機管理については、為替相場の安定化に向けたヨーロッパ通貨制度(EMS)の実現(七九年)や、一連のテロリスト対策など、シュミット政権は顕著な実績をおさめたといわねばならない。しかし、なによりも雇用の回復に命運をかけたシュミット政権であってみれば、追い込まれた状況は最悪であった。SPDの内部では、社会政策の後退をたえがたいとする労組派が首相にたいする批判を強め、シュミットは孤立した。連立のパートナーであったFDPでは、経済相ラムズドルフを急先鋒として経済的自由主義を強調するグループが発言力を増大させた。金融の自由化によって国家を離れた企業利益の追求が可能となったなか、FDPは資本家や豊かな社会層にあらたな支持母体をみいだしつつあった。ついに八二年、連邦議会において建設的不信任案が採択され、シュミット政権は退陣のやむなきにいたったのである。

7 新保守主義政権の登場と西ドイツの政治構造

新保守主義の国際的文脈

第二次オイルショック後の経済運営に失敗して退陣したシュミットにかわり、あらたに政権を担ったのはCDUのコールであった。コールは、アメリカのレーガン大統領やイギリスのサッチャー首相に代表される新保守主義の国際的な潮流のなかで、西ドイツにおいても国家介入を縮小し、市場原理を再興することを掲げた。

「精神的・道徳的転換」を唱えたコールは、ボンに戦後史だけを対象とする歴史博物館を建設し、ポーランド領の返還を求める被追放民団体の集会に参加するなど、西ドイツの歴史的アイデンティティを改鋳して新保守主義政治のプロフィールを際立たせようとも試みた。これは、ナチズムを相対化しようとした一部の歴史家に反発して史学界にもちあがった「歴史家論争」などとも連動するものであった。

コール政権　1982年10月，建設的不信任案の可決によって新首相に選出されたコール(中央左)を祝福するシュミット前首相(中央右)。

しかし、このようなイデオロギー面における政策転換の試みが格段の成果をもたらさなかったのと同じように、政策の個別面においても急激な転換はなされずに終わった。イギリスにおける規制緩和の進捗や労組の地位低下などにみられた大きな変化とは対照的であった。したがって、一九八〇年代における西ドイツ政治の変化は、コールが連邦政府の高みから新保守主義の理念に基づいて遂行した改革によるものではなく(改革がもたらした変化は部分的であった)、国内社会の変化や域内市場の完成に向け動きをはやめたヨーロッパ統合に対応して積み上げられた連邦国家全体の漸進的変化であった、ということができよう。漸進的な政策変化は、連合政権、連邦制、分節化した政策領域、協約自治の原則に基づく自律的労使関係などによって構成される西ドイツの政治構造が生み出す帰結のひとつでもある。こうして、西ドイツの政治はたしかに急激な政策変化を生み出しはしなかったものの、七〇年代以降に政治的停滞と経済的矛盾を深めたホーネッカー体制との比較においては、社会や対外環境の変化に対応する政策変化を漸進的に積み重ねることができたことも事実である。

財政再建

コールが率いるCDUと、SPDとの連合を解消して新保守主義政権に加わったFDPは、シュミット政権が残した財政赤字の削減を第一の課題としてこれに取り組んだ。しかし、減税や社会保障支出の削減によって一方的な国家財政規模の縮小を唱えたFDPとは異なり、蔵相シュトルテンベルクの財政運営は、複雑な紆余曲折をたどった。政権初期には、シュミット政権末期に開始された、失業保険会計への補助や児童手当の削減、州政府への財政補助の削減を続行して歳出縮減が進められたが、一九八〇年代なかばに歳出の減少はやみ、かわって付加価値税の増税や失業、年金保険料の引上げによる税収増や景気回復による税収改善によって財政再建が進められたのであった。

また、八〇年代後半には所得税税制の改革によって税収が減少した一方、EC(ヨーロッパ共同体)にたいする拠出金が増大したことなどによって財政赤字は逆に拡大へと反転した。政府は、連邦が所有する電力会社(VEBA、VIAG)やフォルクスワーゲンの株式を売却して歳入増をはかったが、民営化の規模自体が小さかったので(イギリスの一〇分の一以下であった)財政全体を左右するにはいたらなかった。このように財政規模の縮小が一定の限度内にとどまったのは、八〇年代なかば以降、州選挙における敗退をCDUが世論批判として重く受けとめたからであり、そもそもCDUがよって立つキリスト教の補完性原理(Subsidiarität)が、一定水準の国家活動を肯定していたからでもあった。

協調的連邦制度も、連邦財政の一方的縮小に歯止めをかけた。当初コールは、補完性原理を掲げて州の自律性を強調し、協調的連邦制から連邦を撤退させようと試みた。すなわち、州政府への税収配分を増額し、州政府全体の同意のもとに大学生寮と病院建設、都市開発、社会住宅建設などを目的とする連邦による財政補助を実質的になくそうとした。しかし、これらの財政補助も、八〇年代の後半となって経済対策が必要となった場合には復活されたのである。

社会政策

国民経済全体にたいする国家財政の規模がそれほど顕著に縮小されなかったということは、連邦財政の大部分を占める社会保障関連支出の規模もまた著しくは削減されなかったことを意味する。しかし、当時の新保守主義や新自由主義の考え方によれば、福祉国家の財政規模の量的圧縮ばかりではなく、公的部門が供給していた社会保険、医療などの分野にも民間の業者が進出し、サービスの提供をめぐって競争原理が活性化されなければならなかった。

コールが、医療保険改革を政策目標のひとつに掲げたのは、実際、このような考え方をもつFDPの要求を配慮したからでもあった。だが、国民から強く支持されている医療制度に競争原理を持ち込むことは困難であり、CDU内部からも強い反対が表明された。したがって、薬価、診療サービスや病院ベッド数など医療支出抑制の課題は、疾病金庫と医師会をはじめとする関係団体のあいだの協議に委ねられた。連邦政府や産業界にとっては、さまざまな減税にもかかわらず、医療支出が膨張することによって医療保険会計が悪化し、その結果、保険料が引き上げられることによって保険料の半分を支払う企業に生産コストの負担が高まることこそが問題であった。病院ベッドの過剰供給問題は、病院建設に権限をもち、病院施設を維持しようとする州政府からの抵抗のために解決されなかったのである。

一方、年金保険についても保険会計の健全化がはかられたが、年金についてはコール政権が民営化の意図をもたなかったうえ、与野党のあいだにも改革をめぐる争点がなかったために政治問題化さえしなかった。もちろん、制度に問題がなかったわけではない。企業は、オイルショックによる不況と、国際的競争の激化のなかで、新技術の導入や省力化によって生産コストをさげ、新しい生産システムに適応するより高度な労働力の育成に懸命となり、高齢労働者を早期に退職させることによって難局をきりぬけようとしていた。このための方便が、高齢者を対象とする失業保険給付と早期退職者への年金支給開始であった。このような企業の行動は、保険会計にたいする圧迫を一層増大させた。こうして、政府と社会パートナーの双方が制度の転用を容認したために、公的年金制度の改革は、のちに国家統一がその構造問題を一挙に明らかにする段階にまで延引されることになった。

社会保険制度と密接に連関する労使間の団体交渉制度も、その根幹においてゆらぐことはなかった。サッチャーとは異なり、コールには労組からその制度上の基盤を奪おうとする意図はなかった。しかし、他方で政権は、失業問題の解決よりも産業競争力の強化を優先させた。たとえば、金属労組は、週三五時間労働の段階的導入を要求して一九八四年に二つの協約地域を選んでストライキに突入した。これに対抗して使用者側もロックアウトに訴えたため、生産工程が停止し、協約地域以外の労働者も勤務を妨げられる事態にいたった。これは、労組が生産工程の錯綜する金属業においてストライキの実行地域を生産拠点に集中し、結果的に争議の影響を産業全体に波及させる「ミニマックス戦略」と呼ばれるものであった。就労促進法一一六条が、直接に争議行為に加わっていない失業者への失業給付を認めていたことによって、このような戦略が可能であったのである。しかし、使用者側が時短をきらってロックアウトの拡大を威嚇したため、労相のブリュームは、ミニマックス戦略を封ずる趣旨の就労促進法の改正に応じた。すなわち、八六年の法改正の結果、失業手当は、争議の間接的当事者にたいしても支給されないこととなり、労組はその争議遂行能力を制限されたのである。

労組にとってより深刻な問題は、未解決の問題としてもちこされた失業と産業競争力の回復問題であった。自動車産業など輸出部門として高い競争力を維持する部門でこそ、高い水準の賃金が維持されえたものの、ほかの生産性の低い分野において企業が同水準の賃金を維持することは困難になりつつあった。また、同一産業部門のなかでも、地域や企業によって賃金や労働条件にばらつきがみえ始めていた。こうして、オイルショック以前の段階では、産業全体に相対的に高い水準の賃金や労働条件を保障し、その結果、産業部門、地域、企業をこえて労働者全体の連帯を支えた団体交渉制度と共同決定制度にさまざまなきしみが生じ始めた。経営協議会は、職場の事情を労組の団結に優先させることもまれではなくなった。また、失業者が存在するにもかかわらず、労組が低賃金労働を排除するために、企業はサービス産業における雇用の創出に関心を示さないままであった。このような高品質・高賃金という生産のドイツ・モデルがかかえる負の問題も、統一後にもちこされたのである。

規制緩和政策

このように、社会保険や団体交渉、共同決定の領域では、政府、社会パートナーなどが制度の骨格を維持しようとしたために大きな変化はみられなかった。それでは、情報関連技術の飛躍的な向上を背景としてアメリカ情報産業が市場開放を要求し、それに国内産業が同調する場合、あるいは、金融市場や放送の分野のように、アメリカが規制緩和を要求するのみならず、EC加盟諸国自体が資本や製品、サービスの国境をこえる自由移動を積極的に推進した場合(域内市場の完成)ではどうであったろうか。規制政策の変更はこのような場合においても最小限にとどめられた。

郵政省の改組がその典型例である。コール政権は、IBMなどのアメリカの情報産業やEC委員会による電信電話サービスの市場開放要求にたいし、郵政事業の自由化を掲げた。しかし、連邦郵政相シュヴァルツ・シリングが提出した法案は、郵政事業を郵便、貯蓄、電気通信に三分割し、回線の利用を民間事業にも開放するものの、自由化は端末機器市場にとどめ電話事業の開放は見送る、という内容であった。しかも、事業全般の規制権限は、郵政省に握られたままであった。郵政相のもとで事業の運営を監督する委員会が、連邦、州政府ならびに事業をうけおう企業とその労組代表者によって構成されていたことを考えれば、規制緩和の限定性は当然であったともいえる。

さらに改組問題とは異なり、シュヴァルツ・シリングが放送の市場開放を掲げて全国ケーブル網の敷設を進めた場合にも、放送秩序の規制緩和は容易に進まなかった。シュヴァルツ・シリングによる市場開放の試みは、通信衛星の利用によって可能となった国境をこえる放送事業への進出をうかがっていた国際的メディア資本や、地上波を利用して地域放送へ参入しようとする民間業者の要求に応えようとするものであった。出版事業とは対照的に、元来、西ドイツの放送は公共放送を原則とし、その規制は文化高権を有する州によってなされていたが、シュヴァルツ・シリングは、商業放送の試験的開設に着手していたいくつかのCDU州の試みを後押ししようとしたのである。SPD州は歴史的原則を楯にとってこれに抵抗したものの、連邦憲法裁判所は、公共放送の原則にとどまりながらも規制の枠内で商業放送を容認する一連の判決を示した。このような裁判所の判決にうながされて州政府は相互間に協議を重ね、公的規制秩序を再編しながら商業放送の導入を決定したのである。

緑の党

以上のように、コール政権は新保守主義的な政策転換をほとんどなしえなかったが、一九八〇年代の連邦議会には、西ドイツの社会変化に対応して既成政党の枠を打破する政党が登場した。八三年の連邦議会選挙の結果、緑の党は、得票率五・六%、二七議席を獲得し、SPDのより左翼の位置に議席を占めたの

緑の党結党　1980年1月，カールスルーエでの緑の党結党準備大会の模様。

	投票率	CDU/CSU	FDP	SPD	緑の党	PDS	その他
1949	78.5	31.0	11.9	29.2	—	—	27.9
1953	86.0	45.2	9.5	28.8	—	—	16.5
1957	87.8	50.2	7.7	31.8	—	—	10.3
1961	87.7	45.3	12.8	36.2	—	—	5.7
1965	86.8	47.6	9.5	39.3	—	—	3.6
1969	86.7	46.1	5.8	42.7	—	—	5.4
1972	91.1	44.9	8.4	45.8	—	—	1.0
1976	90.7	48.6	7.9	42.6	—	—	0.9
1980	88.6	44.5	10.6	42.9	1.5	—	0.5
1983	89.1	48.8	7.0	38.2	5.6	—	0.5
1987	84.3	44.3	9.1	37.0	8.3	—	1.4
1990	77.8	43.8	11.0	33.5	5.0*	2.4	4.1
1994	79.0	41.5	6.9	36.4	7.3	4.4	3.5
1998	82.3	35.1	6.2	40.9	6.7	5.1	5.9

＊新５州とベルリンで別の選挙名簿をつくった90年同盟・緑の党の数値を加えたもの

1949年から98年までの連邦議会選挙結果（第２票有効投票に各党得票が占める割合）

である。緑の党の進出には、ブラント政権時代に若者の政治参加がうながされ、高等教育の機会が拡大されたにもかかわらず、続くシュミット政権がオイルショック以降の低成長期にあって雇用の維持に失敗し、高学歴層から就職機会を奪う、という時代背景があった。また、シュミット政権が、エネルギー対策として原発の建設を進め、核戦力の削減を求めながらソ連側に対抗する中距離核ミサイルの国内配備をNATOの決定に従って決定したことが、反原発運動や平和運動を引き起こし、これらが緑の党の支持母体となったとも考えられる。

緑の党の連邦議会への進出は、エコロジーを重視し、既成政党の権威を批判する高学歴の若者層が市町村のレベルにおいて始めた草の根運動の帰結であった。緑の党は、八〇年代に八割以上の地方議会に議席を占め、市長をも輩出していたのである。しかし、緑の党は州レベルにおいては、SPDとのあいだに安定した中道左派連合政権を運営するにはおよばなかった。たとえば、ヘッセンでは、CDUやFDPを野に追いやったものの、原発問題をめぐってSPDとの連立を性急に解消したのである。

一方、変化する社会の側からのさまざまな要請に応えようとする試みが、緑の党だけではなく、既成政党の側においてもなされた。七〇年代になってはじめて野党を経験したCDUは、綱領を制定し、州における地方組織の拡充を進めた。また、八〇年代に下野したSPDも、地域、州、連邦のそれぞれのレベルにおいて自律的な組織活動を活性化させた。緑の党が、既成政党にたいして与えた影響も深かったのである。

第十章　統一ドイツ

1　東西ドイツ統一への道

民主共和国の崩壊

一九七〇年代以降、民主共和国の経済がかかえる困難は深刻化の一途をたどった。経済政策の変更を求める声があがったにもかかわらず、ホーネッカーは「経済政策と社会政策の統一」に固執し、住宅建設の促進、生活必需品価格の維持などを続行し、強化した。八〇年代には、二度におよんで児童手当が増額された。このため、さまざまな社会政策経費が財政を圧迫し、政府は外国に借款を求めて依存を強めた。八〇年代前半には、バイエルン首相シュトラウスの仲介によって、西ドイツ側から総額二〇億マルクにのぼる信用が供与された。

このような財政危機の昂進の原因は、いうまでもなく経済的合理性を無視し、もっぱら国民からの支持調達の目的に政策を従属させたホーネッカーの経済運営にあった。しかし、そもそもこうした政策が変更されずに続行されえたことは、SEDがすべての政策を決定するという東ドイツの政治構造そのものに由来するものであった。企業や労組のみならず、中央の官僚機構や地方団体にいたるまで、上位の監督機関の指示に盲従し、つまるところ党政治局や中央委員会の決定に異を唱えようとはしなかった。実際、ホーネッカーは、わずかばかり残存していた私企業、半国営企業、生産協同組合を国営化し、ウルブリヒト時代に形成された人民所有企業連合をコンビナートに転換して生産組織の内部にまで介入した。そこには、それぞれの経済主体が自律的に合理的判断をくだす余地はなかった。たとえば、マイクロチップ生産計画の決定は、東ドイツの技術水準と生産コストを度外視してコメコン内部の需要に応える、という政治的考慮からくだされたのであり、膨大な国家補助が投下されることになったのである。

こうしてホーネッカーは、国民を体制につなぎとめようと試みたにもかかわらず、ソ連をはじめとする東欧諸国の積極的な緊張緩和と国内改革路線に抵抗したために、国民の支持を決定的に失い始めた。ソ連共産党のゴルバチョフは、グラスノスチ(情報公開)を原則として共産党のイデオロギー支配に終止符を打ち、ペレストロイカ(再建)を掲げてソ連社会の民主化に乗り出した。しかしSED指導部は、ゴルバチョフ路線にたいしてあからさまな反感を示し、国内改革の必要性を一切認めようとしなかった。

SEDによるペレストロイカ拒否の姿勢は、社会主義体制改革の可能性に希望をいだき始めた国民のあいだに深い幻滅をいだかせ、SED批判を強めさせた。それにもかかわらず、八九年五月に実施された地方選挙に際し、旧態然たる選挙操作が党によって繰り返されたから、ついに国民は抗議運動へと訴えるにいたった。この地方選挙は、西側メディアやソ連共産党機関紙の注視のなかでおこなわれたが、抗議デモを組織したのは、選挙を監視して不正を暴露した教会や市民運動であった。学問や芸術までがSEDの検閲にさらされていた東ドイツの社会にあって、教会はその直接の影響から隔離され、自立を許された唯一の組織であった。したがって、教会の庇護のもとには、信者であるか否かを問わず人権運動、環境保護運動、平和運動あるいは国外旅行を求める人々などが集まっていた。八〇年代後半には、これらの運動は、シュタージ(国家保安省)や人民警察による弾圧に抗しつつ、政治的反対派として急速にその勢力を拡大した。八九年九月、このようなSED批判の高まりを背景に市民運動のなかから「新フォーラム」が結成された。

これらの体制内反対派とならび、体制への信頼が失われるとともに増大し、また同時に体制の正統性を一層ほりくずしていったのは市民による出国の波であった。八〇年代なかばに両国間に結ばれた取決めによって、若者を中心とする東ドイツ市民の西ドイツ訪問が急増し、訪問者によって西ドイツ社会にかんする情報が広く流布された。西ドイツのメディアを通じて伝えられる西側社会の実像もSED指導部への幻滅を強めたといわれている。そのうえ、八九年の五月には中国の天安門において民主化運動が弾圧される事件が起こったが、SEDは中国共産党による学生や市民の虐殺を支持した。この指導部の決定が、ついに多数の市民による出国の波を招来した。体制改革を先行させていたハンガリーは、すでにオーストリアとの国境から鉄条網を撤去しており、八月末に「鉄のカーテン」に穿《うが》たれたこの穴をとおって約七〇〇人の市民がオーストリア側に越境した。この報道をきっかけとして、東ドイツからの脱出を希望する人々が国境を接する東欧諸国の在外公館に殺到した。

十月、SEDによって催された建国四〇周年を祝う記念行事に招かれたゴルバチョフは、その演説のなかで「遅れてくる者は、罰せられる」という趣旨の警句を用いてホーネッカーに改革への着手を強く迫った。しかし、SED指導部は、頑なに改革拒否の姿勢をとりつづけたばかりか、逆に各地でおこなわれたデモを取り締まった。これ以降、ライプツィヒやドレスデンなどの主要都市では、規模を拡大したデモが展開する一方、若者を中心とする出国の流れが加速した。

このような事態の推移にたいしてもSED指導部は、いぜんとして守旧的な対応を繰り返した。解任されたホーネッカーの後任として、政治局のなかからエゴン・クレンツが新書記長に選出された。クレンツは先の地方選挙の責任者であり、天安門事件に際して中国共産党がとった措置を支持してはばからぬ人物であった。クレンツは、「転換」を唱えて微温的な改革を約束したが、もはや改革を求める波をせきとめることは不可能であった。十一月九日、SED指導部は、「われわれが人民である」というスローガンを掲げたデモに抗しきれず、混乱のうちにベルリンの壁を開放したのである。

ドイツ統一

辞任したシュトーフにかわり、壁の開放後に首相に選出されたモドロウは、早期に自由選挙を実施し、シュタージを解体して法治国家を確立するなど体制の改革を約する一方、両ドイツ間については幅広い政策協力をおこなう「条約共同体」の形成を唱えた。これに呼応した西ドイツ首相のコールは、「ドイツとヨーロッパの分裂を克服するための一〇項目プログラム」を連邦議会において提案し、モドロウ案の「条約共同体」を国家連合にまで進め、最終的には連邦制国家にまで到達する展望を示した。

この時点における両首相の構想は、ともに東ドイツの体制改革が可能である、という前提に立っていたが、統一が現実の課題として提示されるやいなや民主共和国の国民は一刻も早い統一を強く求めるにいたった。東ドイツを「退出」して西ドイツに流入する東ドイツ市民の数は急増した。たしかに、東ドイツの体制が、政治的にも経済的にもゆきづまっていたことを考えれば、体制の崩壊は早晩、不可避であった。しかし、東西両陣営に組み込まれていた両ドイツが、壁の崩壊以降一年をへずして統一されることを予測した者は誰一人としていなかった。西ドイツの政策担当者は、なんの青写真ももたずに歴史的課題に直面したのである。

ベルリンの壁崩壊と集会　壁の崩壊後の集会で国歌を斉唱するゲンシャー(後列左)，ブラント(手前左)，当時の市長モンパー(ブラントの右側)。1989年。

統一のテンポをはやめた第一の要因は、連邦議会選挙をひかえた西ドイツの政党が、国家統一を選挙戦の争点とした点にある。日程を繰り上げられて三月におこなわれた人民議会選挙では、早期統一か否か(基本法一四六条によって新憲法を制定するか、二三条によって東ドイツの新州を編入するか)が最大の争点となった。コールは、東のCDUをはじめとする保守系友党を「ドイツ同盟」に結集させ強力な選挙協力をおこなった。東ドイツ市民にたいし、通貨同盟を唱えて、東ドイツ・マルクを西ドイツ・マルクと一対一の比率で交換することを約すことも忘れなかった。この結果、党名を変更して存続をはかったSED(最初はSED・PDS、さらにPDSとなった)はおろか、ザクセン、テューリンゲンなど歴史的な金城《きんじょう》湯《とう》池《ち》を擁して有利とみられていた東ドイツSPDや、モドロウが設定した円卓会議に臨んでいた市民運動グループも厳しい選挙戦を強いられた。結局、「ドイツ同盟」が圧勝をおさめ、CDUの主導権のもとにデ・メジエール新政権が発足し、通貨同盟の結成を急ぐことになった。

人民議会選挙に臨むコール　人民議会選挙に向けカール・マルクス市で開かれた選挙集会をおとずれたコール(中央)。右後方にはのちに東ドイツ首相となるデ・メジエールも見える。1990年。

連邦大蔵省や連邦銀行は、通貨同盟の即時実施が、東ドイツの経済再建だけではなく統一ドイツの経済全体にたいしても大きな攪乱要因となることを恐れて強く異を唱えたが、それにもかかわらずコールは通貨同盟を選挙シンボルとして利用することをやめようとはしなかった。通貨改革が、戦後の西ドイツ経済を一挙に復興の軌道に導いた、とする成功神話が強い呪縛力をおよぼしたのかもしれない。いずれにしても通貨同盟の根拠は、東ドイツ経済を再建に向かわせるうえで強力な通貨の導入が不可欠である、という点におかれた。五月、両ドイツ間に「通貨、経済、社会同盟の創出にかんする国家条約」が締結され、七月から東西マルクの交換が開始された(交換比率は、賃金・年金は一対一だが、一定額以上の預金やそのほかについては二対一となった)。

統一を選挙戦の争点とした政党は、他方では選挙民から支持を失うことを恐れて、財政負担をともなう統一戦略を回避しつづけた。たとえばコールは、いったんは条約共同体の形成をめざす点でモドロウと一致しながら、西ドイツから財政援助を求めて一九九〇年一月にモドロウがボンを訪問すると、その要請を拒絶して通貨同盟交渉の開始を提案したのであった。財政負担をきらう点では、西ドイツの州政府も変わるところがなかった。東ドイツからの流出市民の受入れを負担しなければならなかった州は、統一ドイツ国家の法的枠組みを定める「統一条約」の起草交渉に際しては、統一がもたらす財政コストの負担を拒否し、その大部分を起債によってまかなう「ドイツ統一基金」の設置を主張した。その結果、東ドイツに復活した新しい州にたいして、財政均衡制度はただちには適用されないことになった。

統一の主導権を握った西ドイツに、統一を急がせた理由は対外的側面にもあった。東西ドイツの統一は、権限を留保する四カ国との協議を通じて進めなければならなかったが、統一交渉の鍵を握るソ連のゴルバチョフが、指導者の地位にとどまりつづけられるかどうかは不確実であった。国内改革を進めるソ連が安定しないかぎり、統一ドイツを含むあらたな秩序を冷戦後のヨーロッパに形成することはむずかしかった。九〇年一月、ゴルバチョフは、モドロウとの会談において統一への原則的支持を明らかにしたのち、コール、ゲンシャーとの会談では、統一は「ヨーロッパ全体の建築物と東西関係全体のプロセスに結びつけなければならない」が、統一そのものはドイツ人の自決権に属し、その実現方法を選ぶのもドイツ人である、と明確に述べた。これを受けて西ドイツは、アメリカから積極的な支援を受けつつ、東西ドイツが中心となって統一を進め、四カ国が統一を承認する、という二プラス四方式と呼ばれる方法を打ち出した。二月、NATOとワルシャワ条約機構加盟国外相が、カナダのオタワで両機構間の信頼醸成に向けて交渉をおこなった際、この方法が承認された。東西ドイツの協議を四カ国が承認し、最終的に全欧安全保障協力会議(CSCE)の構成国首脳が合意事項を確認する、という手順が定められた。なお、二プラス四会議が協議を開始するにあたっては、ポーランド西部国境の最終的な確定をめぐってコールとポーランド側とのあいだに対立が生まれた。このため、ドイツ側は一時的に外交的孤立の危機に陥ったが、結局はポーランド代表を会議に招き、西部国境であるオーデル・ナイセ線を最終的に画定する条約を統一ドイツが締結することで一致した。

また、かつて東方外交がソ連、東欧諸国とのあいだに進められたときと同じように、西ドイツは今回もEC諸国とのあいだに緊密な連絡と連携をたやさなかった。EC側からは、委員会の委員長ドロールが、東ドイツを加盟国に加えるべきである、として統一への積極的な支持を早期に表明していた。西ドイツは、このような支持に応じるかたちで、従来は消極的であった外交面、防衛面での統合の推進に同意し、フランスのミッテラン大統領と共同して統合深化を目的とする協議を進める提案をおこなった。この提案が原動力のひとつとなって政府間会議が開始され、九二年にはマーストリヒト条約が調印されたのである。

一方、統一ドイツが帰属するNATOの機構改革は、米ソの主導によって進められた。冷戦の終結にともない、まずはワルシャワ条約機構の政治機構化にゴルバチョフが先鞭をつけたのち、NATOの側でも段階を追って軍縮と在欧米軍の兵力削減を決定し、もはやソ連を仮想敵とはみなさない方向で基本戦略が見直された。さらに、両機構のあいだに不可侵が宣言され、かわってＣＳＣＥの強化がうたわれた。このような安全保障秩序の再編を背景として、七月、ゴルバチョフは主権を回復した統一ドイツのＮＡＴＯ残留を承認した。当初、国防軍兵力の上限を確定するにあたってみられた対立も、経済改革を進めるソ連に西ドイツが援助を約することで解消された。九月、四回目の二プラス四会議が開かれ、ドイツ問題を最終的に解決する条約が調印された。対外的枠組みがこうして組み直されたのち、九〇年十月三日、八月末に東西ドイツによって調印されていた「統一条約」の規定により、統一が達成されたのである。

2 統一後のドイツ

旧東ドイツ地域再建策の展開

このように統一は、五月の国家条約と八月の統一条約により驚くべき速度で達成されたが、それはより大きな問題の始まりでしかなかった。計画経済のもとにあった旧東ドイツ経済が、高度に発達した西ドイツの経済システムに突然組み込まれたことによって瓦解し始めたのである。通貨同盟の発効後半年のあいだに、旧東ドイツの就労者数は九三一万人から八〇五万人へとおよそ八分の一を失い、一年後にはその四分の一を減じて六九〇万人の水準にまで落ち込んだ、といわれる。これは、民営化されたコンビナートや人民所有企業の多くが、通貨同盟によって賃金や原材料費が西ドイツの水準に引き上げられたにもかかわらず、劣悪な生産設備と低い労働生産性のために製品の販路を失い、ただちに経営破綻に陥ったからであった。この結果、同地域のGDPは、一九九〇年の第四四半期に通貨同盟施行前の水準の七一・五％に低下し、九一年の第二四半期には五五・五％にまで低下した。

しかし、経済の破綻は地域の再建をおくらせるのみならず、失業による社会不安を昂進させ、人々のあいだに失望と怨嗟を広げるにいたった。そこで、統一後の連邦議会選挙に勝利し、湾岸戦争への対応に忙殺されていたコール政権も旧東ドイツ地域の再建策への本格的な取組みを始めた。それまでは、モドロウ政権時代に設立された信託庁に旧国営企業の民営化を急がせてきたコール政権は、九一年をむかえ、従業員の大量解雇にたいして高まった社会的批判に応えるため、低調なままであった同地域への投資を奨励すべく東の新五州を援助する「東部躍進共同事業」プログラムを発表した。また、信託庁と労組とのあいだでは、民営化が雇用をも配慮しつつ社会計画の方針にそって進められるべきであるとする合意が成立した。夏には、州政府、信託庁と労使代表とのあいだに雇用促進会社の設立が決定された。信託庁は、必要な資金を独自に債券市場から調達することもできた。

一方、旧東ドイツ地域にほぼそのままのかたちで移植された旧西ドイツの社会保険制度が、社会不安の昂進に大きな歯止めをかけた。たとえば医療分野では、西の公的疾病保険金庫が、東の制度に利点をみいだし、統一後はそのような一元的医療制度への改革を唱えたが、医師団体や職員疾病金庫などから強い反対にあい、結局は西ドイツの制度が適用された。年金や失業保険制度も、導入にともなう財政的帰結がほとんど政治的な争点とされずに移植された。さらに、「ドイツ統一基金」の設置時には、財政均衡制度の新五州への適用を妨害した西の州も、九三年春には連邦と新五州とのあいだで「連帯協定」を結び、連邦と州全体とが分け合う税収から州がより多くの部分を受け取ることを条件として新五州を制度に加えることに同意した。

このように、連邦、西の州や市町村から、さまざまな経路を通ずる財政移転が東に向けて本格化され、個人にたいしても社会保険給付が手厚く与えられることによって財政負担は膨張した。この結果、国家の長期債務は、八九年から九六年にいたる期間におおよそ〇・九兆マルクから二・一兆マルクにまで増加した(統一によって直接もたらされた増加分は約半分に相当した)。もちろん、そのあいだには、鉱物油税、保険税の増税、最初は期限付きで、のちには期限なしの連帯賦課税(所得税、法人税にたいする七・五%の賦課の導入、付加価値税の税率の引上げ(一四%から一六%へ)、そのほかの増税もおこなわれた。コール政権は、統一後にさまざまな特別会計を設けて公的債務の累積を許したが、「連帯協定」の締結以降は、歳出削減や増税によって財政規律の回復に転じた。これは、連邦銀行による通貨価値の安定(インフレの抑制)と政府による規制緩和を中心として経済政策を組み立てる、という八〇年代にみられた新保守主義的政策の基本線への回帰であった。一方、財政赤字と長期債務の圧縮は、ドイツが主導し、ドイツがほかのEC/EU(ヨーロッパ連合)加盟国とともに参加するべき通貨同盟へと経済統合を進めるために満たさなければならない条件でもあった。

雇用政策とヨーロッパ統合

コール政権は、その直前に景気が回復するという幸運によって一九九四年の連邦議会選挙にも続いて勝利をおさめた。しかし、旧東ドイツ地域の再建には予想外の時間を要することが明らかとなり、深刻な失業問題は解決されないまま、九八年には失業者数がドイツ全体で五〇〇万人にも達しようとした。そこで、統一後の現実に幻滅を感じた人々はCDUへの支持を撤回するにいたった。したがって、九八年九月の選挙においてSPDが大勝したのは、同地域の労働者を中心として雇用問題を重視する選挙民から幅広く支持を集めることに成功したからであった。はじめて連邦与党となった緑の党(・九〇年同盟)とともに連合政権を率いることになったシュレーダーは、イギリスのブレアを模して「新しい中道」をスローガンに掲げ、経営者との協調姿勢をアピールしながら中間層にも支持を広げようとした。他方、党首ラフォンテーヌは、むしろケインズ主義の立場から選挙戦に臨み、伝統的支持基盤である労働者層からの得票を確保してSPDの大勝を支えたのであった。

しかし、一六年ぶりに連邦政権に復帰したSPDも、財政規律を維持せざるをえなかったから、雇用問題を解決するために財政を出動することは許されず、電力、電気通信など、EUの域内市場に適合させるかたちで規制緩和を進め、経済構造を改革するなかから雇用の回復をはかるしかなかった。積極財政を考えたラフォンテーヌが蔵相と党首職から突如辞任したのち、後任のアイヒェル蔵相が連邦財政の緊縮を進め、企業減税と所得税減税を中心とする税制改革を実現したのである。

一方、シュレーダー政権は、「雇用、職業教育、競争力のための同盟」という協議の場を設け、労使の代表を招いて経済の包括的改革を進めようとした。六〇、七〇年代の「協調行動」とは異なり、経済相ではなく首相が直接、少数の労使代表と会談をもつ、という仕組みが選ばれた。首相府では、関係省庁の高官や専門家が作業グループを形成し、このような頂上会談を補佐する任務についた。しかし、「雇用のための同盟」の運営は、さまざまな理由のために発足の当初から難航した。検討課題を、労働時間、職業教育だけではなく、早期退職をはじめとする年金や医療、介護保険、さらには税制問題にまで拡大したことは、労使関係を含む社会政策の体系全体が改革を必要とし、相互に複雑に関連しあっている点を考慮すれば当然であった。だが、各政策分野では関係主体がそれぞれ独自のネットワークを形成しており、政策の形成と執行は固有の論理に従っておこなわれているから、すべての政策分野における改革を連邦政府が統括することはむずかしかった。シュレーダーがモデルとしたオランダとは異なり、政府から自立して賃金協約交渉をおこなう労組と使用者、経営者団体双方の内部に、団体交渉制度の存否をめぐって見解の相違が広がっていたことも三者間の一致を困難とした。

他方、はじめて連邦政権に加わった緑の党が、シュレーダー政権の政策に、コール政権には期待しえなかった新しい要素をもたらした。まずは環境税が導入され、企業の年金保険料負担を一部代替することになった。続いて緑の党は、原発の即時停止を求める党内強硬派をおさえ、原発の平均寿命を三二年とする政府と電力会社間に結ばれた妥協を受け入れた。その結果、エネルギー政策は、電力供給の三割を占める原発を全廃する方向へと転換された。あるいは、国籍法の改正とともにその居住要件が緩和され、八年以上ドイツに居住する外国人に国籍の取得を認める変更が加えられた(そのほか、国内で出生した外国人の子は自動的にドイツ国籍を取得し、一定年齢に達した時点で親の祖国籍とドイツ国籍のいずれかを選択することとなった)。新しい政策の背景には、少子高齢化によって将来の労働力不足が憂慮される、という事情があるが、ドイツは、基本法によって寛大な庇護権を政治的亡命者に認め、多くの外国人労働者を受け入れてきたものの、血統主義の原則を守って移民の定住には消極的であったから、新国籍法は移民政策の大胆な転換であったといえよう。

もっとも、このような移民政策も、EU発足時にはその第三の柱とされた司法内務協力に含まれ、アムステルダム条約の発効以降は、第一の柱であるECに移管されているから、ほかの加盟国とのあいだに政策のすりあわせが進められている。同じ点は、第二の柱をなす共通外交安全保障政策とドイツの防衛政策についても指摘できる。九九年三月、NATO軍はユーゴのコソボ自治州の空爆に踏み切った。シュレーダー政権は、前年十月の連邦議会の決定に従い、国防軍の戦闘爆撃機を投入してNATO域外への空爆に積極的に参加した。すでにコール政権下でも、国連によっておこなわれた紛争地域での監視飛行や平和維持軍への派兵がなされており、憲法裁判所もこれらの行動に合憲判断をくだしていたものの、域外攻撃への加担ははじめてであった。国防軍の空爆参加をめぐっては、緑の党の平和主義者が同党の閣僚を批判したほか、世論全体も賛否両論に分裂した。シュレーダー首相やフィッシャー外相は、NATOの作戦行動への加担と地上戦への突入を否定する世論とのあいだで苦しい立場におかれたのである。

しかし、このコソボ紛争を教訓として、EU加盟国のあいだにはNATOから独立した自前の軍事力を備える必要性が痛感されるにいたった。冷戦の終結後、EUと隣接する地域において多発する民族や宗教対立による地域紛争にたいし、アメリカが関与を望まない場合でも、軍事力を迅速に投入して紛争を解決し、平和を維持する仕組みが求められたのである。ドイツは、すでにフランスとのあいだに合同旅団を設け、さらにほかの加盟国とともに合同ヨーロッパ軍を配備していたが、西欧同盟を解体してヨーロッパ軍を「緊急対応部隊」に発展させ、共通防衛政策における共同行動の手段とした。したがって、将来の防衛政策は、これまで以上にEUの共通政策と重ね合わせて遂行されることになるだろう。

政権の発足直後、シュレーダー首相は、党内や緑の党との調整に手間取り、雇用政策への着手を遅らせたために、一連の州選挙におけるSPDの退潮を甘受しなければならなかった。そののち、コール前首相の闇献金事件が発覚し、CDU党首が前内相であり院内総務であったショイブレから旧東ドイツ出身の女性であるメルケルへと交代した。野党をみまった結党以来の危機に助けられたシュレーダー政権は、その後は一時的に安定しているが、次回の連邦議会選挙を乗りきり再選されるかどうかは予断を許さない。国内では、かつてはモデル・ドイッチュラントと呼ばれた高賃金・高品質の生産体制を、社会国家の仕組みとともに改革し、雇用問題を解決していかねばならない。雇用状況の改善が遅れれば、共通通貨ユーロの地位が脅かされるだけではなく、旧東ドイツ地域に右翼政党の台頭を許し、新しい移民政策にとっても障害が生じかねない。

対外的には、経済統合だけではなく、司法内務政策や外交安全保障政策についてもほかのEU加盟国とともに政策の共通化を進め、東欧諸国にもEUの門戸を開いていく、という課題が待ち受けている。冷戦終結以降に新しい国際秩序を築くうえでも、経済のグローバル化にたいするのと同じように近隣諸国との協力が求められる。統一をはたしたドイツは、EUのなかではたしかに最大の人口と経済規模をもつ国となったが、連合政権、連邦制や政策領域に応じて分岐したコーポラティズムにみられるように、多元的な主体間におこなわれる政策調整のメカニズムを発展させてきた。そのようなメカニズムは、国内の東西格差によってあらたな試練にさらされているが、経済的活力を維持し、社会内紛争を平和的に解決し、文化的な多元性を高めていくうえでも重要な機能をはたしつづけるだろう。それはまた、ドイツがより一層緊密に結びついていくEUにおいても積極的にいかされなければならないのである。

アーヘン
ボン
ライン川
コーブレンツ
ヘッセン
アイゼナハ
ゴータ
エルフルト
イェーナ
テューリンゲン
ケムニッツ
(カールマルクスシュタット)
ツヴィカウ
プラハ
チェコスロヴァキア
フランクフルト・アム・マイン
マインツ
マイン川
ヴュルツブルク
ラインラント・プファルツ
ルクセンブルク
ルクセンブルク
トリーア
モーゼル川
ヴォルムス
マンハイム
ザールラント
ザールブリュッケン
シュパイアー
ハイデルベルク
ハイルブロン
カールスルーエ
シュトゥットガルト
バーデン・ヴュルテンベルク
ニュルンベルク
バイエルン
レーゲンスブルク
ドナウ川
イン川
ウルム
アウクスブルク
ミュンヒェン
メミンゲン
フランス
シュトラースブルク
(ストラスブール)
ライン川
フライブルク
ミュールハウゼン
(ミュールーズ)
コンスタンツ
ボーデン湖
バーゼル
チューリッヒ
スイス
リヒテンシュタイン
オーストリア
48°
9°
12°

新版 世界各国史 全28巻

＊は既刊

* 1 日本史 宮地正人編
* ＊2 朝鮮史 武田幸男編
* ＊3 中国史 尾形勇・岸本美緒編
* ＊4 中央ユーラシア史 小松久男編
  モンゴル・中国(内モンゴル・チベット・新疆ウイグル)・カザフスタン・クルグズスタン・タジキスタン・ウズベキスタン・トルクメニスタン
* ＊5 東南アジア史 I 大陸部 石井米雄・桜井由躬雄編
  ベトナム・カンボジア・ラオス・タイ・ミャンマー
* ＊6 東南アジア史 II 島嶼部 池端雪浦編
  インドネシア・フィリピン・マレーシア・シンガポール・ブルネイ
* ＊7 南アジア史 辛島昇編
  インド・パキスタン・ネパール・ブータン・バングラデシュ・スリランカ・モルディヴ
* ＊8 西アジア史 I アラブ 佐藤次高編
  イラク・シリア・レバノン・イスラエル・ヨルダン・クウェイト・サウジアラビア・バハレーン・カタール・アラブ首長国連邦・オマーン・イエメン・エジプト・リビア・チュニジア・アルジェリア・モロッコ
* ＊9 西アジア史 II イラン・トルコ 永田雄三編
  アフガニスタン・イラン・トルコ
* 10 アフリカ史 川田順造編
  サハラ以南のアフリカ諸国
* ＊11 イギリス史 川北稔編
  連合王国・アイルランド
* ＊12 フランス史 福井憲彦編
* ＊13 ドイツ史 木村靖二編
* ＊14 スイス・ベネルクス史 森田安一編
  スイス・オランダ・ベルギー・ルクセンブルク
* 15 イタリア史 北原敦編
* ＊16 スペイン・ポルトガル史 立石博高編
* 17 ギリシア史 桜井万里子編
* ＊18 バルカン史 柴宜弘編
  ルーマニア・モルドヴァ・ブルガリア・ユーゴスラヴィア連邦・マケドニア・スロヴェニア・クロアチア・ボスニア＝ヘルツェゴヴィナ・アルバニア・ギリシア
* ＊19 ドナウ・ヨーロッパ史 南塚信吾編
  オーストリア・チェコ・スロヴァキア・ハンガリー
* ＊20 ポーランド・ウクライナ・バルト史 伊東孝之・井内敏夫・中井和夫編
  ポーランド・ウクライナ・ベラルーシ・リトアニア・ラトヴィア・エストニア
* ＊21 北欧史 百瀬宏・熊野聰・村井誠人編
  デンマーク・ノルウェー・スウェーデン・フィンランド・アイスランド
* ＊22 ロシア史 和田春樹編
  ロシア連邦・グルジア・アルメニア共和国・アゼルバイジャン共和国
* ＊23 カナダ史 木村和男編
* ＊24 アメリカ史 紀平英作編
* ＊25 ラテン・アメリカ史 I メキシコ・中央アメリカ・カリブ海 増田義郎・山田睦男編
* ＊26 ラテン・アメリカ史 II 南アメリカ 増田義郎編
* ＊27 オセアニア史 山本真鳥編
  オーストラリア・ニュージーランド・太平洋諸国
* 28 世界各国便覧

新版《しんぱん》 世界各国史《せかいかっこくし》 13
ドイツ史《し》

2001年8月30日　1版1刷　発行
2004年9月10日　1版2刷　発行

編　者　木村靖二《きむらせいじ》
発行者　野澤伸平
発行所　株式会社　山川出版社
〒101-0047　東京都千代田区内神田 1-13-13
電話　03(3293)8131(営業)　8134(編集)
http://www.yamakawa.co.jp/
振替　00120-9-43993
印刷所　図書印刷株式会社
製本所　山田製本印刷株式会社
装　幀　菊地信義

ISBN 4-634-41430-9

執筆者紹介（執筆順）

木村　靖二　きむら　せいじ
1943年生まれ。東京大学大学院人文科学研究科博士課程中退
現在，東京大学大学院人文社会系研究科教授
主要著書：『兵士の革命　1918年ドイツ』（東京大学出版会 1988），『ワイマール文化』（共著，有斐閣 1987），『二つの世界大戦』（世界史リブレット47，山川出版社 1996）

山内　進　やまうち　すすむ
1949年生まれ。一橋大学大学院法学研究科博士課程単位取得退学
現在，一橋大学大学院法学研究科教授
主要著書：『掠奪の法観念史』（東京大学出版会 1993），『北の十字軍』（講談社 1997），『決闘裁判』（講談社 2000）

阪口　修平　さかぐち　しゅうへい
1943年生まれ。広島大学大学院文学研究科博士課程単位取得退学
現在，中央大学文学部教授
主要著書：『プロイセン絶対王権の研究』（中央大学出版部 1988），『ドイツ近代史』（共著，ミネルヴァ書房 1992），「社会的規律化と軍隊」（『シリーズ世界史への問い 5　規範と統合』岩波書店 1990）

平島　健司　ひらしま　けんじ
1957年生まれ。東京大学大学院法学政治学研究科修士課程修了，法学博士
現在，東京大学社会科学研究所教授
主要著書：『ワイマール共和国の崩壊』（東京大学出版会 1991），『ドイツ現代政治』（東京大学出版会 1994），『ヨーロッパ政治ハンドブック』（共編著，東京大学出版会 2000）

付　　録

■索　引

人名索引

●ア―オ

アイヒェル　405
Eichel, Hans　1941-
アウグスティヌス　21
Augustinus　354-430
アウグスト(強健侯)　128
Friedrich August der Storke　(ザクセン選帝侯位1694-1733，ポーランド王位1697-1704/1709-33)
アウグストゥス　17
Augustus　前63-後14(位前27-後14)
アグネス　44
Agnes　(?-1007)
アーダルベルト　39
Adalbert　955？-997
アデナウアー　345，346，348-355，367，372, 373, 376
Adenauer, Konrad　1876-1967
アーデルハイト　36
Adelheid　931？-999
アトリー　336
Attlee, Clement　1883-1967
アドルフ　111
Adolf, Gustav　1594-1632(位1611-32)
アルクイン　22
Alcuin　735？-804
アルフォンソ10世　71
Alfonso X　1221-84(位1252-84，対立国王位1257)
アルブレヒト　94
Albrecht　1490-1545
アルブレヒト2世　86
Albrecht II　1397-1439(国王位1438-39)
アルブレヒト熊伯(ブランデンブルク辺境伯)　61, 63
Albrecht der Bär　1100？-70(位1134-70)
アルベルト1世　80
Albert von Appeldern　1165？-1229
アルント　181
Arndt, Ernst Moritz　1769-1860
アレクサンデル2世　46,47
Alexander II　1030？-73
アンリ4世　107
Henri IV　(位1589-1610)
イサベラ　90
Isabel I　1451-1504(位1474-1504)
インノケンティウス3世　68, 69
Innocentius III　1161-1216
ヴァルデマル4世　80
Valdemar IV Atterdag　1317-75(位1340-75)
ヴァレンシュタイン　110, 111
Wallenstein　1583-1634
ウィルソン　288
Wilson, Woodrow　1856-1924
ヴィルト　297
Wirth, Joseph　1879-1956
ヴィルヘルム　71
Willhelm von Holland　1227-56(位1248-57，対立国王位1254-56)
ヴィルヘルム1世　222，223，232，241，269
Wilhelm I　1797-1888(国王位1861-88，皇帝位1871-88)
ヴィルヘルム2世　241，243，247，248，250, 256, 260, 269, 288, 291
Wilhelm II　1845-1941(国王・皇帝位1888-1918)
ヴェーバー　253
Weber, Max　1864-1920
ヴェルフ5世　53
Welf V　1073？-1120
ヴェンツェル　83
Wenzel　1361-1419(位1376-1400)
ヴォルテール　147
Voltaire, François Marie de 1694-1778
ウード　29
Udo(Eude)　(位887/8-898)
ヴランゲル　214
Wrangel, Friedrich Heinrich Ernst von　1784-1877
ウルバヌス2世　53, 57, 58

Urbanus II　1042？-99？
ウルバヌス6世　83
Urbanus VI　1318？-89
ウルブリヒト　348, 355-357, 364, 366, 375, 379, 395
Ulbricht, Walter　1893-1973
ヴワディスワフ2世　90
Wladyslaw II　(位1471-1561)
ヴワディスワフ3世　87
Wladyslaw III　(位1434-44)
エアハルト　353, 367-369
Erhard, Ludwig　1897-1977
エカチェリーナ　142
Ekaterina II　1729-96(位1762-96)
エーベルト　291, 293, 294, 299
Ebert, Friedrich　1871-1925
エルザー　334
Elser, Johann Georg　1903-45
エルツベルガー　260, 297
Erzberger, Matthias　1875-1921
エルンスト・アウグスト　128
Ernst August　1629-98(位1692-98)
エルンスト・アウグスト　190
Ernst August　1771-1851(位1837-51)
エンゲルス　227
Engels, Friedrich　1820-95
オイレンブルク　11
Eulenburg, Friedrich Albert Graf zu　1815-1881
オタカール2世　71, 72
Otakar II　1230？-78(位1253-78)
オットー1世(大帝)　32, 33, 35-38, 49, 58
Otto I (der Große)　912-973(位936-973)
オットー2世　37, 38
Otto II　955-983(国王位961-983, 皇帝位973-983)
オットー3世　38-41
Otto III　980-1002(国王位983-1002, 皇帝位983-1002)
オットー(4世)　68
Otto IV　1175？-1218(国王位1198-1215, 皇帝位1209-15)

●カ―コ

カウツキー　274
Kautsky, Karl　1854-1938
カウニッツ　141
Kaunitz-Rietberg, Wenzel Anton von　1711-94
カエサル　16
Caesar, Julius　前102？-前44
ガーゲルン　210, 214
Gagern, Heinrich von　1799-1880
カップ　296
Kapp, Wolfgang　1858-1922
カプリーヴィ　247-249, 253
Caprivi, Leo von　1831-99
カリクストゥス2世　55
Calixtus II　(位1119-24)
カール1世(大帝)　21, 24, 58
Karl I (der Große)　742-814(国王位768-814, 皇帝位800-814)
カール3世(肥満王)　28
Karl III (der Dicke)　839-888(国王位876-887, 皇帝位881-887)
カール4世　74
Karl IV　1316-78(国王位1346-78)
カール5世(カルロス1世)　92, 95, 99, 100, 122
Karl V　1500-58(国王位1519-56, 皇帝位1530-56)
カール6世　124
Karl VI　1685-1740(位1711-40)
カール7世　140
Karl VII (Albrecht)　1697-1745(位1742-45)
カール・アウグスト　146, 152
Karl August　1757-1828(位1758-1828)
カール・オイゲン　151
Karl Eugen　1728-93(位1737－93)
カール・マルテル　20
Karl Martel　689？-741(宮宰位714-741)
カールマン　21
Karlman (？-754)
カルロス2世　124
Carlos II　1661-1700(位1665-1700)
カント　166
Kant, Immanuel　1724-1804
カンプハウゼン　206
Camphausen, Ludolf　1803-90

キージンガー 367
Kiesinger, Kurt Georg 1904-88
キルデリク1世 18
Childerics I 437？-482？(位457/8-481)
キルデリク3世 20
Childerich III (位743-751)
クザーヌス 86
Cusanus, Nicolaus 1401-64
グナイゼナウ 174, 182
Gneisenau, August Graf von 1760-1831
クニグンデ 41
Kunigunde 975？-1033
クーノ 297, 298
Cuno, Wilhelm 1876-1933
クリスチャン4世 109, 110
Christian IV 1577-1648(位1588-1648)
クルップ, A 270
Krupp, Alfred 1812-87
クルップ, F 202
Krupp, Friedrich 1787-1826
クレイ 340, 341
Clay, Lucius 1897-1978
グレゴリウス 18, 19
Gregorius Turonensis 538？-594
グレゴリウス7世 47-53, 56
Gregorius VII 1020？-85
グレゴリウス9世 70, 82
Gregorius IX 1145-1241
グレゴリウス11世 83
Gregorius XI 1329頃-78
グレーナー 293
Groener, Wilhelm 1867-1939
クレメンス2世 44
Clemens II ？-1047(位1046-47)
クレメンス3世 52, 53
Clemens III ？-1191(位1187-91)
クレンツ 397
Krenz, Egon 1937-
クローヴィス 18, 19
Clovis (Chlodwig) 465？-511(位481-511)
グローテヴォール 347
Grotewohl, Otto 1894-1964
クロデヒルデ 18
Chrodechilde ？-544
グロピウス 301
Gropius, Walter 1883-1969
ゲッベルス 308, 311, 329, 333
Goebbels, Joseph 1897-1945
ゲーテ 152, 164, 165
Goeth, Johann Wolfgang von 1749-1832
ケネディ 365
Kennedy, John F. 1917-63
ゲラシウス1世 41
Gelasius I (位492-496)
ゲーリング 310, 317, 318
Göring, Hermann 1893-1945
ゲルデラー 334
Goerderer, Carl-Friedrich 1884-1945
ケレスティヌス3世 67
Cölestin III (位1191-98)
ゲンシャー 400
Genscher, Hans-Dietrich 1924-
ケンペル 11
Kämpfer, Engelbert 1651-1716
コッホ 273
Koch, Hermann 1847-1910
コール 384-390, 397-401, 403, 406, 408
Kohl, Helmut 1930-
ゴルバチョフ 395, 397, 400-402
Gorbachev, Mikhail 1931-
コンスタンティヌス大帝 19
Constantinus 274？-337(位306-337)
コンラート 53
Konrad 1074-1101(位1087-98)
コンラート1世 30
Konrad I (位911-918)
コンラート2世(老コンラート) 43, 44
Konrad II (der Ältere) 990？-1039(国王位1024-39, 皇帝位1027-39)
コンラート3世 60, 61, 63
Konrad III 1093-1152(国王位1138-52)
コンラート4世 71
Konrad IV 1228-54(国王位1237-54)

●サ－ソ

ザウケル　329
Saukel, Fritz　1894-1946
サッチャー　384, 388
Thatcher, Margaret　1925-
シアグリウス　18
Syagrius　430？-486
シェール　372
Scheel, Walter　1919-
シェリング　165
Schelling, Friedrich Wilhelm　1775-1854
志賀潔　13
1870-1957
ジギスムント　84-86
Sigismund　1368-1437(国王位1410-37，皇帝位1433-37)
シーボルト　11
Siebold, Philip Franz von　1796-1866
シャイデマン　294
Scheidemann, Philipp　1865-1939
シャハト　316, 317, 324
Schacht, Hjalmar　1877-1970
シャルル(単純王)　32
Charles III (le Simple)　879-929(位898-923)
シャルル　27
Charles(Karl)　(位855-863)
シャルル２世(禿頭王)　26, 27
Charles I (le Chauve)　823-877(国王位840-977，皇帝位875-877)
シャルル８世　91
Charles VIII　1470-98(位1483-98)
シャルンホルスト　174, 182
Scharnhorst, Gerhard von　1755-1813
シュヴァルツ・シリング　390, 391
Schwarz-Schilling, Chritian　1930-
シュヴァルツェンベルク　213, 217
Schwarzenberg, Felix Furst zu　1800-52
シュシュニック　324, 325
Schuschnigg, Kurt　1897-1977
シュタイン　174, 182
Stein, Karl vom und zum　1757-1831
シュティネス　298
Stinnes, Hugo　1870-1924
シュトーフ　375, 397
Stoph, Willi　1914-
シュトラウス　394
Strauss, Franz-Josef　1915-1988
シュトラッサー　306, 309
Strasser, Gregor　1892-1934
シュトルテンベルク　386
Stoltenberg, Gerhard　1928-
シュトレーゼマン　298, 300
Stresemann, Gustav　1878-1929
シュペーア　329
Speer, Albert　1905-81
シュミット, C　345
Schmid, Carlo　1896-1979
シュミット, H　372, 380-382, 384, 386, 393
Schmidt, Helmut　1918-
シュライエルマッハー　174
Schleiermacher, Friedrich Daniel Ernst　1768-1834
シュライヒャー　304, 306, 307, 314
Schleicher, Kurt von　1882-1934
シュレーダー　405-408
Schröder Gerhard　1944-
ショイブレ　408
Schäuble, Wolfgang　1942-
ショル　334
Scholl, Hans　1918-43/Sophie 1921-43
ジョン　68
John 1167？-1216(位1199-1216)
シラー, F　152, 164, 166
Shiller Friedrich von　1759-1805
シラー, K　369
Schiller Karl　1911-1994
スターリン　356
Stalin, Josef　1879-1953
ステファヌス２世　21
Stephanus II　(位752-757)
ステファン　39
Stephan (Istvan der Heilige)　966頃-1083(位997/1001-1038)

●ター卜

タキトゥス　16
Tacitus　55？-115？
ダレ　313, 317
Darré, Richard Walter　1895-1953
チャーチル　335
Churchill, Winston　1874-1965
ティリー　108, 110
Tilly　1559-1632
ティルピッツ　251, 254, 267
Tirpitz, Alfred von　1849-1930
テオドリック大王　17
Theodrich　454？-526(位473-526)
テオファーヌ　38
Theophanu　？-991
テッツェル　94
Tezel, Johann　1465？-1519
デーニッツ　334
Dönitz, Kari　1891-1980
デ・メジエール　399
de Maiziere, Lothar　1940-
ドゴール　367, 377
De Gaulle, Charles　1890-1970
トライチュケ　222
Treitschke Heinrich von　1834-96
ドルフース　323
Dollfuß, Engelbert　1892-1934
トルーマン　343
Truman, Harry　1884-1972
ドロール　401
Delors, Jaques　1925-

●ナーノ

ナポレオン　169-172, 178, 181, 182
Napoléon I　1769-1821(位1804-15)
ナポレオン3世　227
Napoléon III　1808-73(位1852-70)
ニクソン　379
Nixon, Richard　1913-1994
ニコラウス2世　45
Nicolaus II　(位1058-61)
ノイラート　324
Neurath, Konstatin Freiherr von 1873-1965

●ハーホ

ハイドリヒ　330, 332
Heydrich, Reinhard　1904-42
ハイネ　190
Heine, Heinrich　1797-1856
ハイネマン　372
Heinemann, Gustav　1899-1976
ハイム　378
Heim, Stefan　1913-
ハインリヒ・ヤゾミルゴット　64
Heinrich Jasomirgott　(位1143-56)
ハインリヒ1世　31, 32
Heinrich I　876-936(位916-936)
ハインリヒ2世　41, 47
Heinrich II　973-1024(国王位1002-24，皇帝位1014-24)
ハインリヒ3世　44, 45, 49
Heinrich III　1017-56(国王位1039-56，皇帝位1046-56)
ハインリヒ4世　46-54
Heinrich IV　1050-1106(国王位1056-1106，皇帝位1084-1106)
ハインリヒ5世　53-56, 60
Heinrich V　1081-1125(国王位1106-25，皇帝位1111-25)
ハインリヒ6世　67
Heinrich VI　1165-97(国王位1169-97，皇帝位1191-97)
ハインリヒ(7世，フリードリヒ2世の息子)　69, 70
Heinrich VII　1211-42(位1220-35)
ハインリヒ傲岸公　61, 63
Heinrich der Stolze　1000？-39
ハインリヒ獅子公　62, 63, 66
Heinrich der Löwe　1129？-95
パウロ3世　103
Paulus III　1468-1549
パスカリス2世　54, 55
Paschalius II　1050-1118
バッサーマン　209
Bassermann, Friedrich Daniel 1811-55
ハドリアヌス4世　64
Hadrianus IV　(位1154-59)
パーペン　306, 307, 310, 314

Papen, Franz von　1879-1969
パール　374, 376
Bahr, Egon　1922-
バルツェル　377
Barzel, Rainer　1924-
ハルデンベルク　174, 177, 185
Hardenberg, Karl August von 1750-1822
バーンズ　341, 342
Byrnes, James F.　1879-1972
ビアマン　378
Biermann, Wolf　1936-
ピーク　347, 364
Pieck, Wilhelm　1876-1960
ビスマルク　220, 223-227, 229, 232, 235-243, 248, 250, 352
Bismark, Otto Fürst von　1815-98
ヒトラー　299, 305-317, 321-329, 334
Hitler, Adolf　1889-1945
ピピン１世　25
Pippin I　797？-838(位817-838)
ピピン２世(中ピピン)　20
Pippin II(der Mittelere)　635？-714(宮宰位679-714)
ピピン３世(小ピピン)　20, 21
Pippin III (der Jüngere)　714-768 (国王位751-768)
ヒムラー　314, 322, 330
Himmler, Heinrich　1900-45
ビヤンカ・マリーア　91
Bianca Maria Sforza　？-1510
ビューロー　250, 253, 255, 260-262
Bülow, Bernhard von　1849-1929
ヒルファディング　274
Hilferding, Rudolf　1847-1941
ヒンデンブルク　281, 282, 286, 287, 293, 299, 304, 306, 309, 313
Hindenburg, Paul von　1847-1934
フアナ　90
Juana(Johanna von Aragon und Kastillien)　1479-1555
ファルケンハイン　281, 282
Falkenhayn, Erich von　1861-1922
フィッシャー　407
Fischer, Joschka　1948-
フィヒテ　165, 166, 181
Fichte, Johann Gottlieb　1762-1814
フィリップ(シュヴァーベン大公)　68
Philipp von Schwaben　1180？-1208(対立国王位1198-1208)
フィリップ・オーギュスト　68, 69
Philippe II Auguste　1165-1223 (位1180-1223)
フィリップ１世　54
Philippe I　1052-1108(位1060-1108)
フィリップ美公　90
Philipp I (der Schöne)　1478-1506
フィルヒョー　236, 273
Virchow, Rudolf　1821-1902
フーヴァー　305
Hoover, Herbert L.　1874-1964
フェリペ５世　124
Felipe V　1683-1746(位1700-24, 24-46)
フェルディナント１世　100, 102, 107, 108
Ferdinand I　1503-64(国王位1531-64，皇帝位1556-64)
フェルディナント３世　111
Ferdinand III　1578-1657(位1637-57)
フェルナンド　90
Fernando V　1452-1516(スペイン王位1479-1516，ナポリ王位1506-11)
フーゲンベルク　309, 310, 312
Hugenberg, Alfred　1865-1951
フス　84, 85
Hus, Jan　1371？-1415
ブラウン　378
Braun, Volker　1939-
フランケ　164
Francke, August Hermann　1663-1727
フランソワ１世　91, 92
Francois I　1494-1547(位1515-47)
フランツ・フェルディナント　279
Franz Ferdinand von Österrich 1863-1914
フランツ・ヨーゼフ　213
Franz Joseph I　1830-1916(位1848-1916)
フランツ１世　141
Franz I (Franz Stephan)　1708-65 (位1745-65)

フランツ2世(1世) 150, 152
Franz II 1768-1835(神聖ローマ皇帝位1792-1806, オーストリア皇帝位1804-35)
ブランデンブルク 214
Brandenburg, Friedrich Wilhelm von 1792-1850
ブラント 368, 371-378, 380, 393
Brandt, Willi 1913-92
フリッチェ 324
Fritsch, Werner Freiheir von 1880-1939
フリードリヒ1世(バルバロッサ) 63, 64, 66, 67
Friedrich I (Barbarossa) 1123?-90(国王位1152-90, 皇帝位1155-90)
フリードリヒ2世 139-142, 147-149, 153, 156, 174
Friedrech II (der große) 1712-86(位1740-86)
フリードリヒ2世(ロゲリウス・フレデリクス) 67-71
Friedrich II 1194-1250(国王位1212-50, 皇帝位1220-50)
フリードリヒ3世 87, 88
Friedrich III 1415-93(国王位1440-93, 皇帝位1452-93)
フリードリヒ3世(1世) 127
Friedrich III (I) (位1657-1713, 選帝侯位1688-1713, プロイセン王位1701-13)
フリードリヒ3世(第二帝政皇帝) 241
Friedrich III 1831-1888(位1888)
フリードリヒ5世 108
Friedrich VI 1596-1632
フリードリヒ賢公 92, 93, 95
Friedrich der Weise 1463-1525
フリードリヒ・アウグスト3世 151
Friedrich August III (der Gerechte) 1750-1827(位1763-1827)
フリードリヒ・ヴィルヘルム(大選帝侯) 125, 126, 145
Friedrich Wilhelm (der große Kurfürst) 1620-88(位1640-88)
フリードリヒ・ヴィルヘルム1世(軍人王) 125, 139, 145
Friedrich Wilhelm (der Soldatenkönig) 1688-1740(位1713-40)
フリードリヒ・ヴィルヘルム2世 152
Friedrich Wilhelm II 1744-97(位1786-97)
フリードリヒ・ヴィルヘルム3世 187
Friedrich Wilhelm III 1770-1840(位1797-1840)
フリードリヒ・ヴィルヘルム4世 214, 222
Friedrich Wilhelm IV 1795-1861(位1840-58/61)
ブリューニング 304-306
Brüning, Heinrich 1885-1970
ブリューム 389
Blum, Norbert 1935-
フルシチョフ 357, 365
Khrushchyov, Nikita 1894-1971
ブルーム 209, 213
Blümm, Robert 1804-48
ブレア 405
Blair, Tony 1953-
ブレヒト 301
Brecht, Bertolt 1898-1956
プロイス 294
Preoß, Hugo 1860-1925
ブロック 59
Bloch, Marc 1886-1944
ブロンベルク 322
Blomberg, Werner von 1878-1946
フンボルト, A 174, 177
Humboldt, Alexander von 1769-1859
フンボルト, K 165
Humboldt, Karl Wilhelm von 1765-1835
ヘーゲル 165, 166
Hegel, George Wilhelm Friedrich 1770-1831
ペタン 327
Pétain, Philippe 1856-1951
ヘッカー 209
Hecker, Friedrich 1811-81
ベートーベン 165
Beethoven, Ludwig von 1770-1827
ベートマン・ホルヴェーク 262, 267, 280, 287
Bethmann-Hollweg, Theobald von

1856-1921
ベーベル　227, 272
Bebel, August　1840-1913
ヘルダー　152
Herder Johann Gottfried　1744-1803
ヘルダーリン　164
Hörderlin, Friedrich　1770-1843
ヘルツ，ハインリヒ　273
Herz, Heinrich　1857-1894
ヘルツ，ヘンリエッテ　158
Herz, Henriette　1764-1847
ベルツ　13
Bälz, Erwin　1849-1913
ベルトルト　88
Berthold von Henneberg　1442-1504
ベルナール　61
Bernard de Clairvaux　1090？-1153
ヘルマン(アルミニウス)　222
Hermann(Arminius)　前18？-後17
ヘルマン・フォン・ザルツァ　82
Hermann von Salza　1170？-1239
ベルンシュタイン　259
Bernstein, Eduard　1850-1932
ベレンガル1世　36
Berengar I　(位888-924)
ヘンリ2世　66
Henry II　1133-89(位1154-89)
ホイス　366
Heuss, Theodor　1884-1963
ホーエンローエ　249, 253, 255
Hohenloe-Schillingfürst, Chlodwig zu　1819-1901
ホーネッカー　375, 378, 386, 394, 395, 397
Honecker, Erich　1912-1994
ポザドフスキ　251
Posadowsky-Wehner, Arthur von　1845-1932
ボレスワフ　41
Boleslaw Chrobry　(位992-1025)

●マーモ

マキャヴェリ　104
Machiavelli　1469-1527
マクシミリアン1世(ハプスブルク家)　88, 90, 91, 128
Maximilian　1459-1519(国王位1486-1519，皇帝位1508-19)
マクシミリアン1世(バイエルン大公)　106, 109
Maximilian　1573-1651(位1623-51)
マクシミリアン3世　146
Maximilian III　1727-77(位1745-77)
マクス　288
Priaz Max von Baden　1867-1929
マグヌス　47
Magnus Billimg　(位1073-1106)
マーシャル　343
Marschall George　1880-1959
マティアス　108
Mattias　1557-1619(位1612-19)
マティルダ　51, 53
Mathilde　1046-1115
マリア・テレジア　124, 140, 143, 144, 146, 149, 150
Maria Theresia　1717-80(位1740-80)
マリー・ド・ブルゴーニュ　90
Marie de Bourgogne　1457-82
マルクス, K.　190, 227
Marx, Karl　1818-83
マルクス, W.　299
Marx, Wilhelm　1863-1946
マルティヌス5世　84
Martinus V　1368-1431
マントイフェル　217, 222
Manteuffel, Otto von　1809-85
ミーケル　254
Miquel, Johannes von　1828-1901
ミッテラン　401
Mitterrand, Francois　1916-96
ミュラー　300
Müller, Hermann　1876-1931
ミュンツァー　97-99
Münzer, Thomas　1489-1525
ムッソリーニ　324, 329
Mussolini, Benito　1883-1945
メッケル　13

Meckel, Jakob 1842-1906
メッテルニヒ 185-188, 190, 205
Metternich, Klemens Wenzel Lothar von 1773-1859
メラー 381
Moller, Alex 1903-1985
メランヒトン 93, 97, 99
Melanchton, Philipp 1497-1560
メルケル 408
Merkel, Angela 1954-
メローヴィス 18
Merowech (位448-457？)
モーゲンソー 336
Morgenthau Jr., Henry 1891-1967
モーツァルト 165
Mozart, Wolfgang Amadeus 1756-91
モドロウ 397, 399, 400
Modrow, Hans 1928-
森鷗外 13
1862-1922
モーリッツ 100
Moritz (位1541-1553)
モルトケ, H.
Moltke, Helmuth von d. J. 1848-1916
モルトケ, H.K.B. 224, 227
Moltke, Helmut Karl Berahard von 1800-91
モンジュラ 179
Montgelas, Maximiliann Josef von 1759-1838

●ヤ―ヨ

ユーグ・カペー 38
Huges Capet 938？-996(位987-996)
ヨーゼフ２世 144, 146, 149, 150, 152
Joseph II 1741-90(位1765-90)
ヨハン大公 210
Erzherzog von Österreich Johann 1782-1859
ヨハンネス12世 36
Johannes XII (位955-963)
ヨハンネス22世 73
Johannes XXII 1249-1334
ヨハンネス23世 84
Johannes XXIII 1370-1419

●ラ―ロ

ライツェンシュタイン 180, 189
Reitzenstein, Sigismund Karl Johann von 1766-1847
ラーテナウ 269, 297
Rathenau, Walther 1867-1922
ラフォンテーヌ 405
Lafontaine, Oskar 1943-
ラムズドルフ 384
Lambsdorf, Otto Graf 1926-
リウドルフ 35
Liudolf 930-957
リシュリュー 109
Richelieu 1585-1642
リスト 196
List, Friedrich 1789-1846
リチャード(コーンウォール伯) 71
Richard of Cornwall 1209-72(位1257-64)
リチャード(獅子心王) 67, 68
Richard I (Lion-Hearted) 1157-99(位1189-99)
リープクネヒト, K. 286, 293
Liebknecht, Karl 1871-1919
リープクネヒト, W. 227
Liebknecht, Wilhelm 1826-1900
リベントロップ 324, 327
Ribbentrop, Jochim von 1893-1946
リュトヴィッツ 296
Lüttwitz, Walther von 1859-1942
ルイ6世 54
Louis VI (位1108-37)
ルイ11世 91
Louis XI 1423-83(位1461-83)
ルイ14世 124
Louis XIV 1638-1715(位1643-1715)
ルクセンブル 274, 292, 293
Luxemburg, Rosa 1870-1919
ルター 93-100, 103, 104
Luther, Martin 1483-1546
ルッジェーロ２世 64, 67
Roger II 1093-1154(位1130-54)
ルーデンドルフ 281, 282, 287, 293
Ludendorff, Erich 1864-1937

ルートヴィヒ1世(敬虔帝)　25, 26
Ludwig I (der Fromme)　778-840 (位814-840)
ルートヴィヒ1世　205
Ludwig I　1786-1868(位1825-48)
ルートヴィヒ2世(ドイツ人王)　25, 27, 28, 30
Ludwig II (der Deutsche)　804？-876(位817-876)
ルートヴィヒ2世　27
Ludwig II　844-875(位855-875)
ルートヴィヒ4世(幼童王)　29
Ludwig IV (das Kind)　893-911 (位900-911)
ルートヴィヒ4世　73
Ludwig IV　1287-1347(位1314-47)
ルードルフ・フォン・シュヴァーベン　52
Rudolf von Schwaben　(対立国王位1077-80)
ルードルフ1世　72
Rudolf I von Habsburg　1218-91 (国王位1273-91)
レオ3世　23
Leo III　(位795-816)
レオ9世　44, 45
Leo IX　1002-54
レオ10世　95
Leo X　1475-1521
レーオポルト2世　150
Leopold II　1747-92(位1790-92)
レーオポルト5世　67
Leopold V　(位1177-94)
レーガン　384
Reagan, Ronald　1911-
レミギウス　19
Remigius　438-533？
レーム　313
Röhm, Ernst　1887-1934
レントゲン　273
Röntgen, Wilhelm　1845-1923
ロイター　345
Reuter, Ernst　1889-1953
ローズヴェルト　336
Roosevelt, Franklin D.　1882-1945
ロータル1世　25-27
Lothar I　795？-855(皇帝位817-855)
ロータル2世　27
Lothar II　826？-869(位855-869)
ロータル3世　60
Lothar III von Supplimburg 1075？-1137(国王位1125-37)

事項索引

●ア―オ

●カ—コ

●サーソ

●タ－ト

●ハ―ホ

●マーモ

●ヤーヨ

●ラーロ

●ワ

(辻　英史)

■ 年　表

年代	事　項
前1000頃	ゲルマン人，スカンディナヴィア半島南部より移住開始
前500頃	西ゲルマン語系諸族，ユートレヒト半島，北ドイツ近辺に居住
前2世紀	ゲルマン人，ローマ勢力地帯と接触
前58	スエービー族，エルザスでカエサルに敗北
前52頃	カエサル『ガリア戦記』
9	トイトブルクの森の戦い，ケルスキー族のアルミニウス，ローマ軍を撃滅
50	ローマ，ケルン市を建設
90頃	ローマ，リーメス長城をドナウーライン川間に建設(～160頃)
98	タキトゥス『ゲルマーニア』
358	サリー系フランク族，現ベルギー近辺に定着
375	西ゴート族，ドナウ川を渡り移動開始。ゲルマン民族の大移動始まる
451	***6**-20* フン族のアッティラ，カタラウヌムの戦いでローマ・ゲルマン連合軍に敗れる
476	西ローマ帝国の滅亡
482	クローヴィス，フランク王に即位(メロヴィング朝)
486	クローヴィス，ソワソンでローマ軍を破り，北ガリア一帯を支配下におく
496	***12**-23* クローヴィス，アレマン族を破る。このころキリスト教に改宗
561	フランク王国を再統一したクロタール1世の死後，アウストラシア，ネウストリアなど部分王国に分裂
687	テルトリーの戦い，アウストラシアの宮宰中ピピン，フランク王国の全権を掌握
732	***10**-25* トゥール・ポワティエ間の戦い。カール・マルテル，イスラム軍を阻止
751	小ピピン，フランク王に即位，カロリング朝を創始
754	***7**-28* 小ピピン，息子とともに教皇ステファヌス2世から塗油を受ける
756	小ピピン，ランゴバルドを討伐，ラヴェンナをローマ教皇領として寄進
774	カール，ランゴバルド王国を征服。同国王に即位(773～)
782/3	「フェールデンの血の沐浴」事件
788	カール，バイエルンをフランク王国に併合
791	カール，アヴァール人をドナウ中流域より駆逐
800	***12**-25* カールのローマ皇帝戴冠
804	―― カール，ザクセンを征服してフランク王国に併合
817	***7*** ルートヴィヒ敬虔帝，「帝国整序令」を発布
842	***2**-14* シュトラースブルク(ストラスブール)の誓約
843	***8**-11* ヴェルダン条約，帝国三分割
870	***8**- 8* メールセン条約，現在のフランス，イタリア，ドイツの原形成立

9世紀後半	——	ノルマン人の侵攻激化
911	11-10	東フランクのカロリング朝断絶しフランケン大公コンラート1世を国王に選出，ドイツ王国の成立
919	5-12/24頃	ザクセン大公ハインリヒの国王選出，ザクセン朝成立
925	——	ロートリンゲン，ドイツ王国に帰属
929	9-16	クヴェードリンブルク王国会議，ハインリヒ1世，王位単独相続制を導入
933	3-15	リアデの戦い，マジャール人を撃破
936	8- 7	オットー，アーヘンで国王に即位
936	——	オットー，北部および東部に辺境領設置，異教徒のキリスト教化推進(東方政策)(～937)
953	——	部族大公たちの反乱(～954)，マジャール人の侵入(954～)
955	8-10	レヒフェルトの戦い，マジャール人侵入の終息
962	2- 2	オットーの戴冠，神聖ローマ帝国の成立
10世紀半ば	——	オットー朝ルネサンス
968	——	エルベ川流域のスラヴ人地区司教区を統括するマクデブルク大司教座の設置
973	——	プラハ司教座設置
982	7-13	カラブリアの戦い，オットー2世，南イタリアでイスラム軍に大敗
983	——	バルト・スラヴ人大反乱，東エルベの辺境地帯を失う
987	——	ユーグ・カペー，西フランク王国王位に就く
997	——	オットー3世，「ローマ帝国再興」めざしローマ遠征
1000	3	オットー3世，ポーランド，グネーゼン教会を大司教座に
1001	——	ハンガリー，グラン(エステルゴム)に大司教座設置
1007	——	ハインリヒ2世，バンベルクに司教座設置，帝国教会制の中心地となる
1014	2-14	ハインリヒ2世，イタリア遠征，ローマで戴冠
1024	9- 4	コンラート2世，マインツで戴冠，ザーリアー朝の開始
1033	2- 2	ブルグント王国を帝国に編入
1046	10	パヴィーア公会議，教会改革運動を推進。12-20 スートリ公会議，対立3教皇の解任。12-25 新教皇クレメンス2世，ハインリヒ3世を戴冠
1049	——	ハインリヒ3世，ローマ教皇にレオ9世を任命，皇帝と教会の一体化進む
1059	——	ラテラノ教会会議，教皇選出から皇帝を排除する「教皇選挙教令」，聖職売買，聖職者妻帯の禁止など聖俗の混交状態を分離へ
1071	——	ミラノ大司教人事をめぐり皇帝ハインリヒ4世と教皇アレクサンデル2世の対立
1073	——	ザクセンで反乱(～75)
1073	——	改革派ヒルデブラント，ローマ教皇グレゴリウス7世となる
1075	3?	グレゴリウス7世，「教皇訓令書」，神権的国王・皇帝観と対立
1076	2-14	グレゴリウス7世，ハインリヒ4世を破門

1077	***1**-26*	カノッサの屈辱
1080	***10**-15*	エルスターの戦い，対立国王ルードルフ敗死
1084	***3**-31*	ハインリヒ4世，ローマ入城，皇帝戴冠
1085	***5**-25*	グレゴリウス7世，逃亡先のサレルノで死去
1095	***11***	クレルモン公会議，十字軍の呼びかけ
1096	***8**-15*	第1回十字軍
1105	——	ハインリヒ5世，マインツ王国会議において父4世を幽閉
1121	——	ヴュルツブルク「平和会議」，諸侯による平和決議
1122	***9**-23*	ヴォルムスの協約，叙任権闘争終結
12世紀前半	——	有力諸侯による都市の建設(フライブルク，リューベックなど)
1138	***3**- 7*	ホーエンシュタウフェン家のコンラートの国王選出(シュタウフェン朝開始)
12世紀中頃	——	ドイツ人の東方植民が本格化し始める
1152	***3**- 4*	フリードリヒ1世バルバロッサ，国王に選出
1156	***9***	ハインリヒ獅子公をバイエルン大公に封じ，オーストリアを独立した大公領に昇格させる
1158	***11**-11*	ロンカリア帝国立法，イタリアにおける皇帝高権を承認させる
1176	***5**-29*	レニャーノの戦い，バルバロッサ，ロンバルディア都市同盟に敗北
1180	***1***	ハインリヒ獅子公，帝国を追放される
1183	***6**-30*	コンスタンツの和約，バルバロッサ，都市同盟と和解
	——	英雄叙事詩『ニーベルンゲンの歌』
1190	***6**-10*	バルバロッサ，小アジアで事故死
1194	***12***	ハインリヒ6世，シチリア征服
1214	——	ブーヴィーヌの戦い
1215	——	フリードリヒ2世，国王に即位
1220	***4**-23*	フリードリヒ2世，「聖界諸侯との取決め」，息子ハインリヒをドイツ王とし，聖界諸侯の権利を承認
1226	***3***	「リミニの金印勅書」
1229	***3**-17/18*	フリードリヒ，イェルサレム王となる
1231	***5**- 1*	ハインリヒ，「諸侯の利益のための取決め」
1235	***8**-15*	マインツ帝国集会，ラント平和令発布
1241	——	リューベックとハンブルクの同盟
1250頃	——	ケルン大聖堂定礎
1250	——	フリードリヒ死去，以後帝国混乱
1254	——	大空位時代(～73)
1273	***10**- 1*	ハプスブルク家のルードルフ国王選出
1278	***8**-26*	マルヒフェルトの戦い，ルードルフ，ベーメン王オタカール2世を破る
1309	——	ドイツ騎士修道会，本部をヴェネツィアからマリーエンブルクに移転

1338	——	有力諸侯による国王選挙に関する「レンス判告」，帝国法「リケット・ユーリス」
1348	——	プラハ大学創設
1356	***12**-25*	金印勅書，選帝侯の過半数の投票で国王当選，領邦高権認める
1358	——	リューベックにハンザ同盟本部が設置される
1370	——	シュトラールズントの和約，デンマーク，ハンザのバルト海における覇権を認める
1396	——	ニコポリスの戦い，ジギスムント，オスマン軍に敗北
1415	***7**- 6*	フスの火刑
1419	***7**-22*	フス戦争(～36)
1433	——	ニコラウス・クザーヌス『普遍的和合について』，帝国改革をめぐる議論盛んに
1440頃	——	グーテンベルク，活版印刷術発明
1442	——	フリードリヒ3世，帝国ラント平和令公布
1495	***8**- 7*	ヴォルムス帝国議会，帝国改革案議論，永久ラント平和令を発布，一般帝国税を導入，帝国最高法院を設置
1499	——	シュヴァーベン戦争，スイス，神聖ローマ帝国より離脱
1500	***7**-20*	帝国統治院(在ニュルンベルク)を設置，帝国クライス制の導入
1517	***10**-31*	ルター，『九十五箇条の提題』を発表。宗教改革始まる
1520	——	選帝侯，「選挙協約」を採択
1520	——	ルター，宗教改革三大文書を著す
1521	***4**-17*	ルター，ヴォルムス帝国議会に喚問，帝国追放刑を受ける(ヴォルムス勅令)
	——	メランヒトン『神学総覧』，信仰義認論を展開
1522	***9***	ルター訳による『ドイツ語新約聖書』出版
1523	——	デュラー『四使徒』(～26)
1524	——	ドイツ農民戦争(～25)
1526	***8**-27*	シュパイアー帝国議会，領邦教会体制
1529	***4**-22*	第2回シュパイアー帝国議会，ヴォルムス勅令確認，少数派が抗議(「プロテスタント」)
1530	***2***	新教派諸侯，シュマルカルデン同盟結成
1532	——	カール5世，刑事裁判令「カロリナ」を公布
1544	——	ケーニヒスベルク大学創設
1545	***10***	トリエント公会議始まる。対抗宗教改革の本格化(～63)
1546	***6**- 6*	シュマルカルデン戦争始まる(～47)
16世紀前半～	——	エルベ川以東におけるグーツヘルシャフトの広がり
1555	***9**-25*	アウクスブルクの宗教平和令
1608	***5**-15*	新教同盟結成
1609	***7**-10*	旧教連盟結成
	——	皇帝ルードルフ2世，ベーメンに信教の自由を認める「勅許状」

1618	*5-23*	プラハで皇帝代官への暴行事件，三十年戦争始まる(～48)
1619	***11***-*4*	ベーメン等族議会，国王フェルディナントを罷免，プファルツ選帝侯フリードリヒ5世を選出，ベーメン・プファルツ戦争始まる
	——	ヴァイマルでドイツ初の就学義務令
1620	***11***-*8*	ヴァイセンベルクの戦い，ベーメン側敗北
1623	——	バイエルン，プファルツの選帝侯位獲得，ベーメン・プファルツ戦争終結
1625	——	英，仏，蘭，デンマークのハーグ同盟。デンマーク国王クリスチャン4世の介入，デンマーク戦争始まる(～29)
1626	***8***-*27*	ルッターの戦い，ティリーの旧教連盟軍，デンマークを破る
1629	***3***-*6*	皇帝，没収された教会領のカトリック側への返還を定めた「復旧勅令」。***5*** ヴァレンシュタイン，デンマークとリューベック講和条約
1630	***7***-*4*	スウェーデン国王グスタフ・アドルフの介入，スウェーデン戦争始まる(～35)
1631	——	皇帝軍によるマクデブルクの劫略
1632	***11***-*16*	リュッツェンの戦い，グスタフ・アドルフ戦死
1634	***2***-*25*	ヴァレンシュタイン，皇帝により暗殺される。***9***-*5*～*6* ネルトリンゲンの戦い，スウェーデン軍阻止される
1635	***4***-*30*	フランス宰相リシュリューの介入，スウェーデン・フランス戦争始まる(～48)
1648	***10***-*24*	ヴェストファーレン条約締結，三十年戦争終結
1655	——	ブランデンブルク選帝侯フリードリヒ・ヴィルヘルム，ポーランド・スウェーデン間の第1次北方戦争(～60)に参入
1658	***8***-*14*	西南ドイツの諸侯，ライン同盟結成
1663	***4***-*18*	レーゲンスブルクにオスマン帝国対策のため帝国議会招集，以後解散されず(「永久帝国議会」)
1668	——	グリンメルスハウゼン『ジンプリツィスムスの冒険』(～69)
1681	***9***	フランス軍，シュトラースブルクを占領
	——	帝国軍創設
1683	***7***-*12*	オスマン軍，ウィーン包囲(***9***-*12* 解放)
1685	***10***-*29*	ブランデブルク，ポツダム勅令を発布し，ユグノー受入れを宣言
1686	***7***	皇帝，ドイツ諸侯，オランダ，スペイン，イギリス，フランスに対抗してアウクスブルク同盟結成
1688	***9***-*24*	プファルツ継承戦争(アウクスブルク同盟戦争)開始(～97)
1692	***12***-*19*	ハノーファー，選帝侯位をえる
1693	***5***	フランス軍，ハイデルベルクを占領，破壊
1697	***10***-*30*	ライスワイク条約，フランス，プファルツを放棄
	——	ザクセン選帝侯アウグスト強健侯，ポーランド国王に当選
1699	***1***-*26*	カルロヴィッツ条約
1701	***1***-*18*	ブランデンブルク選帝侯フリードリヒ3世，プロイセン国王として即位。プロイセン王国の成立
1702	***5***	スペイン継承戦争開始

1713	***4***-*11*	ユトレヒト条約，スペイン継承戦争終結。***4***- *19* カール6世，ハプスブルク世襲領の一括相続権を女子にも認めた「プラグマティッシェ・ザンクツィオン(国事詔書)」発布
1714	***3***- *6*	ラシュタット条約，オーストリア，ネーデルラントとイタリアのスペイン領を獲得
1723	——	プロイセン，中央に総監理府，地方に軍事御料地財務庁を設置。バッハ，ライプツィヒ市音楽監督兼トーマス・カントールに就任
1727	——	ハレ大学・フランクフルト(オーデル)大学に国庫学の講座設置される
1733	——	プロイセン，カントン(徴兵区)制度制定
1737	——	ゲッティンゲン大学創立
1740	***5***-*31*	プロイセン，フリードリヒ・ヴィルヘルム1世没，フリードリヒ2世即位。***10***-*20* オーストリア，皇帝カール6世没，マリア・テレジア即位。***12***-*16* プロイセン，シュレージエンに侵入。オーストリア継承戦争(第1次シュレージエン戦争)始まる(～48)
1742	***2***-*12*	バイエルン選帝侯カール・アルブレヒト，皇帝即位(カール7世)。***6***- *5* ブレスラウの講和
1745	***12***-*25*	ドレスデンの和約，第2次シュレージエン戦争終結
1746	——	オーストリア，軍事総監察庁設置
1747	——	ポツダム・サン・スーシ宮殿完成
1748	***10***-*18*	アーヘンの和約，オーストリア継承戦争終結，プロイセンのシュレージエン領有確認
1749	——	オーストリア，行政機構改革。中央に総理府，地方に邦政庁・郡庁を設置
1750	——	オーストリア，ロシアと同盟
1756	***5***- *1*	オーストリア，フランスと同盟締結(「外交革命」)。***8***-*29* プロイセン，ザクセンに侵入，七年戦争始まる
1757	***11***- *5*	ロスバハの戦い。***12***-*5* ロイテンの戦い，プロイセン勝利，シュレージエン奪回
1759	***8***-*12*	クーネルスドルフの戦い，プロイセン軍，壊滅的敗戦
1762	***1***	ロシア女帝エリザベート没，新皇帝ピョートル3世，プロイセンと同盟。***7***-*21* ブルケルスドルフの戦い，オーストリア軍敗北
1763	***2***-*15*	フベルトゥスブルク条約，七年戦争終結
	——	プロイセン，一般ラント学事通則，就学義務の法制化。ザクセンで就学義務令
1764	——	ザクセン，「経済・産業・商業委員会」設置，産業育成政策
1770	——	ヴュルテンベルク，「永代協約」で等族の権利を確認。凶作に際してジャガイモが食用穀物として普及(～71)
1772	***8***	第1次ポーランド分割
1774	——	オーストリア，小学校令，義務教育の導入。ゲーテ『若きヴェルテルの悩み』
1775	——	ゲーテ，ヴァイマルのカール・アウグスト公の枢密参議官となる
1778	***7***- *3*	バイエルン継承戦争始まる

1779	**5**-*13*	テッシェンの和約，バイエルン継承戦争終結
1780	**11**-*29*	マリア・テレジア没，ヨーゼフ２世の単独統治始まる
1781	**10**-*13*	オーストリア，「宗教寛容令」
	――	農民の体僕制の廃止，この年以降順次施行。カント『純粋理性批判』。シラー『群盗』
1782	***1***	オーストリア，修道院の解散を勅令
1783	――	バーデン，体僕制廃止
1784	――	シラー『たくらみと恋』。カント『啓蒙とは何か』。このころ，ドイツ全体で217の新聞発行
1785	**7**-*23*	プロイセンを中心に「諸侯同盟」
	――	オーストリア，ツンフト制度の廃止。バイエルンで政治的啓蒙結社「光明会」弾圧
1786	**8**-*17*	フリードリヒ２世没，フリードリヒ・ヴィルヘルム２世即位
	――	オーストリア民法典。モーツァルト歌劇「フィガロの結婚」
1787	――	オーストリア刑法典，死刑を廃止
1788	――	プロイセン，「宗教勅令」「検閲令」による「ヴェルナーの反動」
1790	**2**-*20*	オーストリア，ヨーゼフ２世没，レーオポルト２世即位。**7**-*27* オーストリア，プロイセン，ライヒェンバハ協定
	――	ザクセンで大規模な農民蜂起
1791	**8**-*27*	オーストリアとプロイセン，フランス革命にたいするピルニッツ宣言
1792	**3**- *1*	オーストリア，レーオポルト２世没，フランツ２世即位(***7***)。啓蒙絶対主義の終焉。**4**-*20* フランス，オーストリアに宣戦布告。**9**-*20* ヴァルミの戦い，オーストリア・プロイセン連合軍敗退
1793	***2***	オーストリア，プロイセンにイギリスが加わり第１次対仏大同盟。**5**-*7* 第２次ポーランド分割
1794	***10***	仏軍，ライン左岸を占領
	――	プロイセン一般ラント法公布
1795	**4**- *5*	バーゼルの和約，プロイセン，フランスと単独講和。**10**-*24* 第３次ポーランド分割
1797	**10**-*17*	カンポ・フォルミオ条約
1799	**6**- *1*	第２次対仏大同盟
1800	**6**-*14*	マレンゴの戦い，オーストリア，ナポレオン麾下の仏軍に敗北
1801	**2**- *9*	リュネヴィルの和約，オーストリア，フランスのライン左岸支配を容認
1803	**2**-*25*	帝国代表者会議主要決議，教会領の「世俗化」・帝国等族・都市の「陪臣化」による「領域革命」
1805	**3**- *9*	オーストリア，イギリス，ロシアによる第３次対仏大同盟。**12**-*2* アウステルリッツの三帝会戦。**12**-*26* オーストリア，フランスとプレスブルクの講和，バイエルン，ヴュルテンベルク，王国に昇格
1806	**7**-*12*	ライン連盟成立。**8**-*6* 皇帝フランツ２世退位，神聖ローマ帝国解消。**10**-*9* プロイセン，対仏宣戦。**10**-*14* イェーナ・アウエルシ

		ュテットの戦い，プロイセン軍惨敗。***11**-21* ナポレオン，ベルリンより「大陸封鎖令」
	——	バイエルン，モンジェラの改革始まる。
1807	***1**- 4*	プロイセン，シュタイン解任される。***7**-9* プロイセン，ティルジット条約で屈辱的な講和。***7**-10* シュタイン，国務大臣として召還される。***8**-18* ナポレオンの弟ジェローム，ヴェストファーレン国王に即位。***10**-9* プロイセン「十月勅令」，世襲隷農制の廃止，土地売買の自由化
	——	ヘーゲル『精神現象学』
1808	***11**-19*	プロイセン，「都市条例」公布。***11**-24* プロイセン，「行政組織令」，内閣制度の整備。***12**-16* シュタイン辞任
	——	バイエルン憲法制定
1809	***3***	オーストリア，フランスと開戦。***7**-5* ヴァグラムの戦い，オーストリア敗北。***10**-14* オーストリア，フランスとシェーンブルン講和条約
1810	***10***	プロイセン，「営業税令」，営業の自由を保障
	——	ベルリン大学創立。フィヒテ「ドイツ国民に告ぐ」
1811	***9**-14*	プロイセン，「調整令」公布
1812	***6***	ナポレオンのロシア遠征。***12**-30* タウロッゲン協定，プロイセン軍，独断でロシア軍と同盟
	——	プロイセン，ギムナジウム令
1813	***3**-16*	プロイセン，ロシアと同盟して対仏宣戦。解放戦争始まる。***8**-11* オーストリア，対仏宣戦。***10**-8* バイエルン，ライン同盟を離脱。***10**-16* ライプツィヒ諸国民戦争
1814	***3**-30*	連合軍パリ入城。***9**-2* ナッサウ，憲法制定。***9**-3* プロイセン，「国防法」，「一般兵役義務」による徴兵制導入。***9*** ウィーン会議始まる
1815	***3***	プロイセン国王，憲法制定を約束(果たされず)。***5***「ドイツ連邦規約」調印。***6**-18* ワーテルローの戦い。***6*** ウィーン議定書調印
	——	イェーナ大学，ギーセン大学でブルシェンシャフト結成
1816	***5**-29*	プロイセン，「調整令布告」
	——	ザクセン・ヴァイマルで憲法制定
1817	***10**-17*	ブルシェンシャフト諸団体によるヴァルトブルク祝祭
	——	プロイセン，国務参事会(枢密院)を設置
1818	***5**-26*	プロイセン，「関税法」，内国関税の廃止
	——	バイエルン，バーデン欽定憲法発布
1819	***9**-20*	カールスバートの決議。***10*** プロイセン，改革派の諸大臣を罷免
	——	ヴュルテンベルク，憲法制定
1820	***5**-15*	ウィーン最終規約
	——	ヘッセン・ダルムシュタットで憲法制定
1821	***6**-11*	プロイセン，全国議会設置・憲法発布の無期延期を宣言
	——	プロイセン，「償却令」。ヴェーバー，歌劇「魔弾の射手」
1822	***11***	プロイセン，宰相ハルデンベルク没，改革の終焉
1823	***6**- 5*	プロイセン，身分制的な州議会の設置

	――	ケルン大聖堂建設工事再開される。ベートーヴェン，交響曲第９番「合唱」
1828	**1**-*18*	南ドイツ関税同盟結成。**2** 北ドイツ関税同盟結成。**9** 中部ドイツ関税同盟結成
1829	――	バッハ『マタイ受難曲』，メンデルスゾーンによってベルリンで復活蘇演
1830	――	パリ七月革命，ドイツに波及，ブラウンシュヴァイク，ザクセン，クールヘッセン，ハノーファーなど各地で騒擾。立憲君主政に移行
1830代	――	大衆窮乏化現象の広がり（～50代）
1831	――	バーデンで自由主義的なライツェンシュタイン内閣成立。ザクセン，クールヘッセンで憲法制定。ハノーファー，ザクセン，クールヘッセンなどで農村信用金庫設立
1832	**5**-*27*	急進派によるハンバハ祭開催
	――	ブラウンシュヴァイク，ハノーファーで憲法制定。ゲーテ『ファウスト』第２部。フリードリヒ『ドレスデンの大猟場』
1834	**1**- *1*	ドイツ関税同盟成立
	――	ロテック，ヴェルカー『国家学事典』刊行始まる（～44）
1835	――	ニュルンベルク―フュルト間に初の鉄道開通
1837	**7**	ハノーファー国王，憲法を破棄
	12	ゲッティンゲン大学７教授の追放事件
1840	**6**- *7*	プロイセン王フリードリヒ・ヴィルヘルム３世没，フリードリヒ・ヴィルヘルム４世即位
1844	**6**	シュレージエン織工一揆
1846	――	凶作をきっかけに暴動頻発，体制への不満が増大
1848	**2**-*22*	パリ二月革命始まる。**3** マンハイムでバーデン大公にたいする「三月要求」。**3**-*1* バーデンに「三月内閣」成立。**3**-*3* ドイツ連邦委員会，出版の自由を認める。**3**-*5* 西南ドイツの自由主義者･民主主義者によるハイデルベルク会議。**3** ウィーンで蜂起，メッテルニヒ亡命へ。**3** ベルリンで市街戦，三月革命勃発。**3**-*18* デンマーク，シュレースヴィヒの併合を宣言。**3** 憲法制定準備議会，フランクフルトで開催。**4**-*12* 準備議会を脱退したヘッカーら急進派，コンスタンツで共和政を宣言。**5**-*1* 国民議会議員選挙。**5**-*18* フランクフルト国民議会開会。**5**-*16* ウィーンで「五月革命」，皇帝，憲法制定帝国議会開催を承認。**6** ドイツ憲法草案国民議会に提出される。**6** オーストリアのヨハン大公，帝国摂政に就任。**8** ベルリン労働者会議開催，労働者友愛会結成。**8**-*26* プロイセン，デンマークとマルメーの和約。**8** ウィーンでデモ隊と国民衛兵の衝突「八月事件」。**9**-*16* デンマーク･プロイセン間のマルメー休戦条約承認をきっかけにフランクフルトで「九月蜂起」。**10**-*3* カトリックの「ピウス協会」マインツで全国集会。**10**-*6* ウィーン十月革命，皇帝はオルミュッツへ逃亡。**10**-*27* 国民議会，ドイツ国家の大ドイツ主義的統一解決を決議。**10**-*31* ヴィンディッシュグレーツ麾下のオーストリア軍，ウィーン市を制圧。**11**-*1* ブランデンブルク伯，プロイセ

		ン首相に任命。11-12 ベルリンに戒厳令，政治結社の解散，反対派新聞の禁止。11-21 シュヴァルツェンベルク，オーストリア首相兼外相に任命。11-21 中央三月協会結成。12-2 オーストリア皇帝フェルディナント1世退位，フランツ・ヨーゼフ1世即位。12-5 プロイセン国王，議会を解散，欽定憲法公布。12-15 国民議会，小ドイツ主義的統一を唱えるガーゲルンを首相に選出。12-27 国民議会，憲法草案を公布
	——	マルクス，エンゲルス『共産党宣言』
1849	3- 4	オーストリア欽定憲法発布。3-27 国民議会，ドイツ憲法採択。4-3 プロイセン国王，ドイツ帝冠を拒否。5 中/下旬 諸邦，国民議会より議員を引上げ。5-30 プロイセン，三級選挙制度による新下院選挙法公布。6-18 シュトゥットガルトに移転した「残骸議会」活動停止。5～7 ザクセンはじめ各地で帝国憲法闘争。7-23 ラシュタットの革命軍，プロイセン軍に降伏。8-13 ハンガリー革命軍，ロシア軍に降伏，革命政府崩壊
1850	11-29	オルミュッツ条約で統一問題めぐる普墺の協定
1851	——	ドイツ連邦の復活
	8-23	ドイツ連邦議会，「反動委員会」設置を決議。12-31 オーストリア，欽定憲法撤回，「新絶対主義」
1853	1- 1	エルバーフェルト市で救貧制度改革。2-19 プロイセン，オーストリアの通商条約締結。3 オーストリア，世襲領における農民解放令
1854	——	グリム兄弟『ドイツ語辞典』発刊。アメリカへの移民，年間25万人を数える
1855	——	オーストリア，ローマ教皇と政教協約
1858	10- 7	プロイセンでヴィルヘルム1世摂政位に就く。「新時代」始まる
1859	9	ドイツ国民協会結成。11-10 オーストリア，サルデーニャとチューリヒの和約，ロンバルディア地方を失う。
1860	2	プロイセン，陸相ローンの軍政改革案上程。10 オーストリア，「十月勅令」
1861	2	オーストリア，中央集権的な「二月勅令」
	——	ドイツ進歩党結成
1862	3	プロイセン王，下院解散，「新時代」閣僚の罷免し保守派を登用。3-29 フランス，ドイツ関税同盟，通商条約を締結。4-5 プロイセン下院選挙，進歩党勝利，保守派惨敗。9-22 ビスマルク，プロイセン首相となる。プロイセン憲法紛争始まる。9-30 ビスマルク，下院で「鉄血演説」。10 ドイツ改革協会結成
1863	3	デンマーク，シュレースヴィヒ併合を強行。5-23 ラサール指導のもと「全ドイツ労働者協会(ADAV)」結成
1864	2- 1	プロイセン・オーストリア，対デンマーク宣戦，デンマーク戦争始まる。10-30 ウィーン条約，シュレースヴィヒ・ホルシュタイン両公国のプロイセン・オーストリアによる共同統治。
1865	6-10	ヴァーグナー，楽劇「トリスタンとイゾルデ」，ミュンヒェンで初演。8-14 ガスタイン条約，シュレースヴィヒはプロイセンが，ホルシ

		ュタインはオーストリアが統治
1866	***1**-23*	ホルシュタインで分割統治に反対する政治集会。***6**-7* プロイセン，ホルシュタインに出兵。***6**-15* プロイセン，オーストリア側に立ったザクセン，ハノーファー，クールヘッセンを攻撃，普墺戦争始まる。***7**-3* ケーニヒグレーツの戦い，プロイセン軍勝利。***8**-23* プロイセン，オーストリアとプラハ平和条約締結。***9**-3* プロイセン，事後承諾法。憲法紛争の終結
1867	***4**-16*	北ドイツ連邦成立。***6**-8* フランツ・ヨーゼフ１世，ハンガリー王として戴冠。オーストリア・ハンガリー二重帝国の成立。***6**-12* プロイセンで国民自由党結成
	——	マルクス『資本論』第１巻
1869	***8**- 9*	ベーベル，リープクネヒト，アイゼナハで「社会民主労働党」(SDAP)結成。***9**-28* ヒルシュ，ドゥンカーの「ドイツ労働組合連盟」結成
1870	***1**-22*	ドイツ銀行設立。***3*** スペイン，ホーエンツォレルン・ジクマリンゲン家のレーオポルト公子に王位継承を要請，普西間の連携にフランスは反発，普仏間の対立激化(～***6***)。***7**-13* エムス電報事件。***7**-19* フランス，プロイセンに宣戦布告，普仏戦争始まる。***9**-2* スダンの戦い，フランス皇帝ナポレオン３世降伏。***9**-19* プロイセン軍，パリを包囲(71. ***1**-28* 開城)。***10*** バーデン，ヘッセン，ヴュルテンベルク，バイエルンなど南ドイツ諸邦，北ドイツ連邦に加盟，バイエルン国王ルートヴィヒ２世，普王ヴィルヘルム１世をドイツ皇帝に推薦(～***11***)。***12*** カトリック中央党結成
1871	***1**- 1*	「ドイツ帝国」成立。***1**-18* プロイセン王ヴィルヘルム１世，ドイツ皇帝に戴冠。***3**-3* 第１回帝国議会選挙。***4**-16* 帝国議会，帝国憲法を採択。***5**-10* フランクフルト講和条約。***11*** 文化闘争本格化。***12**-4* 帝国通貨法，金本位制採用，マルクが統一通貨に
	——	株式会社設立ブーム(「グリュンダー・ツァイト」)始まる
1872	***1***	ファルク，プロイセン文相に任命。***3**-11* プロイセン，「学校監督法」。***12*** ドレスデン銀行設立
1873	***5**-11*	プロイセン，「五月諸法」成立。***5*** ウィーン証券取引所に端を発する恐慌。低成長の「大不況」期始まる。***7**-4* イエズス会取締法導入。***9**-2* ベルリンで戦勝記念塔除幕式。***10**-22* 露，独，墺で三帝協約。***10**-28* ベルリン証券取引所で株価大暴落，ドイツ全土に経済恐慌広がる
1875	***2**- 6*	民事婚の導入。***5**-22* 社会主義者会議ゴータ大会。ラサール派，アイゼナハ派が合同，ゴータ綱領採択しドイツ社会主義労働者党結成
1876	***6**- 1*	自由貿易論者デルブリュック，帝国官房長官を辞任
	夏	バイロイト祝祭劇場開場，第１回祝祭開催
	——	ドイツ工業家中央連盟結成
1877	***1**-10*	帝国議会選挙，保守党勝利
1878	***6**- 2*	この年２度目の皇帝暗殺未遂事件，帝国議会を解散，総選挙。***6**-13* ヨーロッパ諸列強によるベルリン会議，露土戦争の講和条件決

		定。10-19「社会主義者鎮圧法」成立
	——	コッホ，バクテリア培養法発明
1879	7-12	保護関税法と，フランケンシュタイン条項成立。帝国税制の一時的改善。7 プロイセン文相ファルク罷免，文化闘争終息へ。10-7 独墺同盟調印
1880	10-15	ケルン大聖堂献堂
	——	ドゥーデン『ドイツ語全正書法辞典』，正書法統一へ
1881	6-18	独，墺，露の三帝条約調印。11-17 経済政策と社会福祉立法を求める皇帝の教書
1882	5-20	独，墺，伊の三国同盟成立。12 フランクフルトでドイツ植民協会設立
	——	コッホ，結核菌を発見。ベルリンで，帝国議会議事堂設計競技開催。フォンターネ『マルク・ブランデンブルク紀行』
1883	10-30	ルーマニア，三国同盟に加入
	——	コッホ，コレラ菌を発見。ニーチェ『ツァラトゥストラはこう言った』
1884	3- 5	ドイツ自由思想家党結成。4-24 ビスマルク，南西アフリカをドイツの保護領とすることを決定。7-6 災害保険法成立。7 ナハティガル，現地の勢力とトーゴ・カメルーンのドイツ保護領とする協定。11-15 ベルリンでコンゴ会議始まる(85.2-26 議定書採択)
1885	4-29	ニューギニアについて独英の協定(西アフリカについては5-7)。5 農業関税率の引上げ。5-17 ドイツ，ニューギニア植民地を設立。10-15 ソロモン諸島，マーシャル諸島を獲得
1886	3-16	運河建設法成立。6-10 バイエルン，ルイトポルト皇子，摂政に就任，ルートヴィヒ2世溺死(6-13)
1887	2-21	帝国議会選挙，両保守党からなる「カルテル」の圧勝。3-11 陸軍増強法成立。6-17 労働者保護法成立。6-18 独露再保障条約締結。12 農業関税率の再引上げ
	——	テンニエス『ゲマインシャフトとゲゼルシャフト』。プランク，エネルギー保存の法則発明
1888	——	「三皇帝の年」。ヴィルヘルム1世(3-9)，フリードリヒ3世没(6-15)。ヴィルヘルム2世即位(6-25)
1889	5-23	廃疾養老保険法成立
1890	1-15	社会主義者鎮圧法延長失敗，失効へ(10-1)。2-4 ヴィルヘルム2世，「二月勅令」発表。2-20 帝国議会選挙，保守党・国民自由党敗北，社会民主党最多票を獲得。3-18 ビスマルク宰相辞任。後任カプリーヴィ。ヴィルヘルム2世の「新航路」政策始まる。6-17 独露再保障条約更新されず，失効。6-20 帝国議会，常備兵力増強を可決。7-1 ヘルゴラント・ザンジバル協定調印
1891	6- 1	新工場法制定。6-24 ミーケルによるプロイセン税制改革。10-14 社会民主党エアフルト大会，「エアフルト綱領」を採択(～10-20)。12-18 大通商条約。農作物関税の引下げ
	——	ハイデルベルク大学(バーデン大公国)ではじめて女性の大学入学が

		許可される
1892	8-17	露仏軍事協定。8～10 ハンブルクでコレラの大流行，死者8000人以上
	——	ハウプトマン『織工』，ダイムラー，2気筒エンジンを製作
1893	2-18	関税引下げにたいして農業家同盟結成。5-6 カプリーヴィ，陸軍予算における不一致から議会を解散，第9回帝国議会選挙(6-15)，自由主義左派の後退。5-21 ゲラで労働者体操スポーツ同盟結成。6-29 プロイセンで三級選挙制度改訂
1894	1- 4	露仏同盟。7-1 全ドイツ連盟の結成。10-26 カプリーヴィ解任，ホーエンローエ，帝国宰相に任命される
	——	『史学雑誌』創刊される
1895	3- 2	バイエルン農民同盟発足。5-11 帝国議会，社会民主主義者にたいする転覆法案を否決。6-21 キール運河開通，北海とバルト海の結合。11-8 レントゲン，X線を発見。11-27 ドイツ工業家同盟設立
1896	1- 3	クリューガー電報事件，ヴィルヘルム2世，イギリス軍を撃退したトランスヴァール共和国大統領クリューガーに祝電。3-28 ザクセン王国下院に三級選挙制度導入。6-7 民法典，帝国議会で可決される
	——	ミュンヒェンで『ジンプリツィシムス』(4-4)，『ユーゲント』(1)両誌創刊
1897	4- 7	商法典，帝国議会で成立。6-5 ティルピッツ，海相に就任。10-20 ビューロー，外相に就任。11-9 カトリック・カリタス同盟，ケルンで結成。11-14 ドイツ，宣教師殺害を口実として中国の膠州湾を占領
1898	3- 6	清と99年間の膠州湾租借条約を結ぶ。3-28 第1次艦隊法政立。4-30 ドイツ艦隊協会結成。6-10 第10回帝国議会選挙。8-30 独英のモザンビーク・アンゴラ分割協定。10 ドイツ銀行，バグダード鉄道建設に参加を決定
1899	2-12	スペインからカロリン諸島，マリアナ諸島を購入，ニューギニア植民地に編入。5-21 第1回ハーグ国際平和会議(～7-29)。6 キリスト教労働組合総同盟結成。12 ドイツ－トルコ間でバグダード鉄道建設協定
1900	1- 1	民法典，商法典，発効。2-17 西サモアに第三の植民地を設置。6-12 第2次艦隊法成立。6-20 北京で義和団によるドイツ公使ケッテラー殺害事件，列強軍事介入へ。8-15 列強連合軍による北京占領。10-1 帝国営業条例改正，営業時間の規制。10-16 英独の揚子江協定締結(11-1 フランス加入)。10-17 ホーエンローエ宰相辞任，ビューロー後任に。11-29 反ユダヤ主義政党自由経済連合結成
	——	都市に居住する人口が全人口の過半数に達する
1901	3-18	独英間で同盟締結交渉。4-1 プロイセンで扶助養育法改正。5-8

		帝国議会議員に歳費支給始まる。6-1 営業条例法(労働者保護と休日における休業)。9-7 清と11列強との北京議定書。11-4 ワンダーフォーゲル運動始まる。12-10 初のノーベル賞，ベーリング(医学)とレントゲン(物理学)に授与される
1902	1-30	ロンドンで日英同盟締結。2-15 ベルリンで最初の市内鉄道が完成。9-13～14 ミュンヒェンで第2回社会民主主義女性会議。11-1 イタリア，フランスと同盟側の紛争の際は中立維持を約束。12-14 新関税法可決，農作物関税の引上げ
1903	1- 1	独・墺・スイス間で共通のドイツ語正書法が施行される。6-16 帝国議会選挙，中央党勝利，社会民主党第2党に。9-1 ドレスデンで160都市の代表による第1回ドイツ都市会議。9-13 ドレスデンで社会民主党党大会，ベルンシュタインの修正主義退けられる。11-29 南西アフリカで「ホッテントット」族の蜂起始まる
1904	1-12	南西アフリカでヘレロ族の蜂起始まる。2-8 日露戦争始まる(～05.9-5)。4-8 英仏協商。総選挙に際して保守・自由主義諸党の「ビューロー・ブロック」結成される。5-14 シュテンゲルの財政小改革。10-3 南西アフリカでナマ族の蜂起
1905	1-5	ベルリンで母性保護同盟設立。1-7 ルール地方の炭鉱労働者，20万人規模の大ストライキ。2-22 帝国議会，通商条約批准(農業有利)。3-31 第1次モロッコ事件。4-1 常備兵力増強法案成立，平時兵力を約50万に。6-7 ドレスデンで「ブリュッケ」結成。アインシュタイン「特殊相対性理論」。6-22 プレッツ，「ドイツ人種衛生協会」を設立。7-7 リューベックで制限選挙導入。7-25 独露両皇帝，ビヨルケで会談，相互援助の密約は批准されず。8-12 日英同盟。11-5 国民自由党，自由思想家党，ドイツ人民党など自由主義各勢力，合同中央委員会設置。12-1 国勢調査。ベルリン人口200万を突破
	——	ヴェーバー『プロテスタンティズムの倫理と資本主義の精神』
1906	1-16	モロッコ危機打開のためのアルヘシラス会議。1-17 ハンブルクで労働者8万人が選挙権制限に反対してストライキ，ドイツ史上初の政治ストライキとなる。5-19 第1次艦隊法改正，初のライヒ直接税として相続税導入。8-2 政府，帝国議会に対し南西アフリカでの反乱鎮圧のため補正予算を要求。9-4 バイエルンで選挙法改正。9-24 ドレスデンで第1回ブリュッケ展。12-13 帝国議会補正予算を否決，ビューローは勅令によって議会を解散
1907	1-25	帝国議会選挙(「ホッテントット選挙」)，社会民主党大幅後退。4-27 ハルデン，『未来』誌上に皇帝の親友オイレンブルクの同性愛疑惑を暴露(「オイレンブルク事件」)。6-15 第2回ハーグ国際平和会議始まる(～10-18)。7-1 三国同盟，1914年まで自動延長される。10-6 ドイツ工作連盟結成
1908	3-27	艦隊法改正案，議会を通過。4-8 帝国結社法制定。6-16 三級選挙制でのプロイセン下院選挙で社会民主党がはじめて議席を獲得。8-11 イギリス王エドワード7世，海軍軍縮を呼びかけ，ドイツ側

	は拒否。***10***-*5* オーストリア，ボスニア・ヘルツェゴヴィナ併合，ブルガリア独立を宣言。***10***-*7* 女性の大学進学がプロイセンを最後にドイツ全土で認められる。***10***-*28* デイリー・テレグラフ事件。***11***-*17* ヴィルヘルム2世，憲法の遵守を公約させられる
1909	***5***- *3* ドイツ医師全国協会結成。***6***-*12*「商業・営業・工業の利益代表のためのハンザ同盟」結成，国際貿易の自由化を主張。***6***-*24* 帝国議会，政府の相続税増税法案を否決，「ビューロー・ブロック」崩壊。***6***-*30* 中小農民の利害を代表する「ドイツ農民同盟」結成。***7***-*14* 帝国宰相ビューロー辞表を提出，ベートマン・ホルヴェーク新宰相に。***8***-*5* トイトブルクの森の戦い1900年祭。***10***-*24* ロシア・イタリアのバルカンでのオーストリアの拡張にたいする秘密協定
1910	***2***- *4* 三級選挙法改革案がプロイセン下院に上程，改革反対デモ多発(***2***-*13*)し撤回(***5***-*12*)。***3***-*3* ヴァルデン，『シュトルム』誌創刊。***3***-*6* 自由思想人民党，自由思想家連合，ドイツ人民党の合同，進歩人民党結成
1911	***1***-*11*「カイザー・ヴィルヘルム協会」(現マクス・プランク協会)設立。***1***-*28* R・シュトラウス，ドレスデンで歌劇『ばらの騎士』初演。***3***-*13* 英，ドイツに軍備制限協定を呼びかけ，ドイツは拒否。***4***-*4* ヘッセン大公国で選挙法改正。***5***-*6* 国際衛生展覧会，ドレスデンで開催。***5***-*26* エルザス・ロートリンゲンの他邦国との同権化。***7***-*1* ドイツ砲艦「パンター」，アガディールに入港，第2次モロッコ危機始まる。***11***-*4* 独仏，モロッコ危機をめぐりベルリンで協定。***12***-*18* カンディンスキー，マルクらミュンヒェンで「青騎士」第1回展覧会開催
1912	***1***-*12* 総選挙で社会民主党第一党となる。***2***-*8* 独英の海軍軍備制限と有事の際の中立のための外交交渉，成果なし(〜*11*)。***3***-*11* ルール地方で炭鉱労働者17万人が賃上げを求めるストライキ，成果なく失敗。***4***-*1* ベルリンと周辺自治体による大ベルリン目的連合形成。***5***-*14* 艦隊法改正法成立。***5***-*20* プロイセン下院，国民自由党，進歩党による選挙法改正案を否決。***7***-*4* 独露両皇帝会談，成果なし。***10***-*8* モンテネグロ，トルコに宣戦，第1次バルカン戦争始まる。***12***-*5* 三国同盟，さらに6年間延長される
1913	***4***- *5* ドイツ雇用者協会連合設立。***6***-*29* ブルガリア軍，セルビアを攻撃，第2次バルカン戦争始まる(〜***8***-*10*)。***6***-*30* 帝国議会，陸軍増強法案を可決，兵力を約12万増加。***7***-*28* ドイツ・トルコ，イギリスとバグダード鉄道のバスラまでの延伸を協定。***9***-*14* 社会民主党イェーナ大会。***10***-*18* ライプツィヒで解放戦争100年祭，諸国民戦争記念碑奉献される。***11***-*5* バイエルン国王ルートヴィヒ3世即位。***11***-*6* エルザスで駐留軍と住民とが衝突するツァーベルン事件
1914	***6***-*28* オーストリア皇位継承者夫妻，サライェヴォでセルビア人に暗殺される。***7***-*5*〜*6* ドイツ，オーストリアに同盟堅持を通告(「ドイツの白紙手形」)。***7***-*23* オーストリア，セルビアに最後通牒。***7***-*28* オーストリア，セルビアに宣戦布告。***7***-*30* ロシア総動員令。***8***-*1* ド

		イツ総動員令，ロシアに宣戦布告。*8-2* ドイツ，ベルギーに領内通過許可を要求，ルクセンブルクを占領，トルコと同盟締結。*8-3* ドイツ，フランスに宣戦布告，ベルギーに侵入，イタリア中立宣言。*8-4* 帝国議会，社会民主党も含め戦時公債に賛成投票(「城内平和」)，イギリス参戦，アメリカ中立宣言。*8-11* フランス，オーストリアに宣戦(イギリスは*12*)。*8-13* ラーテナウ，プロイセン陸軍省内に戦時原料局設置。*8-26〜30* タンネンベルクの戦い，ヒンデンブルク・ルーデンドルフ麾下のドイツ第8軍，東プロイセンでロシア第2軍を殲滅。***9**-6〜12* マルヌの戦い，シュリーフェン計画の失敗明らかに，参謀総長モルトケ辞任(***9**-14*)。***9**-9* 帝国宰相ベートマン・ホルヴェーク，ドイツ政府の戦争目的を作成(「9月綱領」)。***11**-2〜5* 協商側，トルコに宣戦，イギリス，ドイツにたいして経済封鎖を開始。***11**-7* 日本軍，ドイツ植民地青島を占領
1915	***1**-31*	食糧(パン)配給制導入。***2**-16* シャンパーニュの戦い，フランス軍の攻撃失敗，西部戦線の膠着化。***2**-22* ドイツ，イギリスの封鎖にたいする報復として潜水艦による通商破壊戦開始。***4**-22* 第2次イープル戦，はじめて毒ガスを使用。***5**-23* イタリア，三国同盟を廃棄，連合国側に立ってオーストリアに宣戦。***7**-9* 知識人141人，領土併合に反対する署名公表，南西アフリカのドイツ軍降伏。***9**-6* ブルガリア，同盟側と同盟締結，参戦へ(***10**-14*)
1916	***1**-27*	リープクネヒト，ルクセンブルクら，スパルタクス派結成。***2**-12* ヴェルダンの戦い始まる(〜***7**-21*)。***5**-31* スカゲラークの海戦(〜***6**-1*)。***6**-24* ソンムの戦い(〜***11**-26*)，連合国側はじめて戦車を投入する(***9**-15*)。***8**-27* ルーマニア，連合国側で参戦。***8**-29* ヒンデンブルク，ルーデンドルフによる第3次国防軍最高司令部。***10**-25* ドイツ工業評議会設置。***11**-21* オーストリア皇帝フランツ・ヨーゼフ1世死去，後継者はカール1世。***12**-2* 祖国奉仕法制定，17歳から60歳までの全男子に戦時経済への協力を義務化。***12**-4* 食糧供給を確保するためドイツ全土でかぶらを差押え(「かぶらの冬」)，配給量は肉週に250グラム(***10**-2〜*)，ジャガイモ1日750グラム(***10**-14〜*)に。***12**-12* 同盟側，連合国に休戦交渉を提案，拒否される(***12**-30*)
1917	***2**- 1*	無制限潜水艦作戦開始，アメリカ，ドイツと断交(***2**-3*)。***3**-11* ロシア三月革命始まる，皇帝ニコライ2世退位(***3**-15*)。***4**-6* アメリカ参戦。***4**-7* ヴィルヘルム2世，三級選挙法の戦後の廃止を公約(「復活祭勅書」)。***4**-19* ドイツ軍，「ジークフリート線」への後退を完了。***6**-2* ストックホルムで国際社会主義者会議(〜***6**-19*)。***7**-11* 国防軍，宰相ベートマン・ホルヴェークの辞任を要求，後任はミヒャエーリス(***7**-13* 就任)。***7**-19* 帝国議会，エルツベルガー(中央党)の発意により領土併合なき平和を決議(「平和決議」)。***8**-5* ヴィルヘルムスハーフェンのドイツ大海艦隊で命令拒否事件，首謀者処刑(***8**-25*)。***9**-2* ティルピッツ，カップらドイツ祖国党を結成。***10**-22* 帝国議会，宰相ミヒャエーリスに信任を拒否，辞任へ(***10**-

		31)。***11**-8* ロシア十一月革命始まる。***12**-9* ドイツ領東アフリカ，連合軍に完全占領，ルーマニア，同盟側と休戦。***12**-12* ドイツ工業規格決定される
1918	***1**- 8*	米大統領ウィルソン，平和十四カ条原則発表。***1**-28* ベルリンで革命的オプロイテ，対露休戦交渉での領土併合要求に抗議して大衆ストライキを組織(〜***2**-4*)。***3**-3* ブレスト・リトフスクの講和条約。***3**-21* 西部戦線でドイツ軍の大攻勢始まる(***6**-12* 最終的に失敗)。***5**-7* ルーマニアと同盟側のブカレストの講和条約。***7**-18* 西部戦線でフランス軍など連合軍の反撃始まる(イギリス軍は ***8**-8*〜)。***9**-29* 国防軍最高司令部，即時休戦と宰相ヘルトリングの辞任を要求。***9**-30* 宰相ヘルトリング辞任，ヴィルヘルム２世，議会制度の導入を公約。***10**-3* バーデン公マクス，議会内閣を組織。憲法改正，議会制民主主義的改革(***10**-28*)。***10**-4* マクス，米大統領に十四カ条に基づく休戦を提案。***10**-22* ドイツ大海艦隊に29日を期して出撃命令，水兵の命令拒否(***10**-28*)。***11**-3* キール軍港で水兵蜂起，ドイツ革命始まる。***11**-4* キールで労働者・兵士評議会結成，蜂起，他都市に波及。***11**-9* 宰相バーデン公マクス，皇帝ヴィルヘルム２世の退位を発表して辞任，エーベルト(SPD)政権成立，シャイデマン，共和国を宣言。リープクネヒト，社会主義レーテ共和国を宣言。ベルリンでゼネスト。***11**-10* 皇帝，オランダに亡命，全国で労兵評議会の結成，エーベルト，グレーナー(国防軍参謀本部第一幕僚長)の同盟。***11**-11* 連合国側とドイツ代表，休戦協定に調印，オーストリア皇帝カール１世退位し内閣総辞職。***11**-12* バイエルン人民党(BVP)結成。***11**-15* 労働組合と有力大企業指導者らによる中央労働共同体協定。***11**-20* ドイツ民主党(DDP)結成。***11**-22* ドイツ国家国民党(DNVP)結成。***12**-15* ドイツ国民党(DVP)結成。***12**-30* ドイツ共産党(KPD)結成
1919	***1**- 1*	全国に８時間労働導入。***1**-4* プロイセン政府，ベルリン警視総監アイヒホルン(USPD)を罷免，取消しを求める労働者の大衆デモ(一月蜂起)始まる，政府，ノスケ(SPD)に鎮圧委任(〜*12*)。***1**-5* ドイツ労働者党(のちのナチ党)結成。***1**-15* ルクセンブルク，リープクネヒト殺害される。***2**-6* ヴァイマルで国民議会招集。***2**-11* 国民議会，エーベルトを大統領に，シャイデマンを首相に選任。***3**-3* スパルタクス団，ベルリンで蜂起(三月蜂起)，ノスケによる鎮圧(〜*13*)。***6**-20* 連合国側の最後通牒にたいしシャイデマン首相辞任，バウアー組閣(SPD，中央党 ***6**-21*)。***6**-28* ヴェルサイユ条約調印(20.***1**-10* 発効)。***7**-31* ヴァイマル憲法制定。共和国発足(***8**-14* 発効)
1920	***3**-13*	エアハルト義勇軍団，ベルリン官庁街を占拠(「カップ一揆」)。***3**-16* 1200万の労働者による反カップ一揆のゼネスト，ゼークト将軍，軍総司令官に。***3**-26* バウアー辞任，ミュラー政権(SPD・DDP・中央党)誕生。***6**-8* 国会選挙での与党ヴァイマル連合敗戦の責任をとってミュラー辞任，フェーレンバハ組閣(中央党・DDP・DVP)。***10**-12*〜*17* USPDハレ大会で党分裂，左派は共産党に合流，右派

	はSPDに復帰へ(22.9-24)
1921	3-21 共産党，ザクセン，ハンブルクで「三月蜂起」，政府軍と激しい衝突(～4-2)。3-23 ヴェルサイユ条約の規定に従い，ドイツ軍常備兵力10万人に削減される。4-21 ドイツ・ポーランド間で回廊協定。4-27 パリ連合国賠償委員会，ドイツに賠償金1320億金マルクを要求，最後通牒(「ロンドン最後通牒」5-6)。5-4 フェーレンバハ内閣，賠償金支払いの責任を拒否して辞任。5-6 ドイツ・ソ連の通商条約締結。5-10 ヴィルト組閣(中央党・SPD・DDP)，ロンドン通牒を受入れ(「履行政策」)。8-26 エルツベルガー暗殺される。10-20 国際連盟委員会，上シュレージエンの分割と一部ポーランド割譲を決定，これに抗議してヴィルト内閣辞任(10-22)。10-26 第2次ヴィルト内閣(中央党・SPD・DDP)成立，「履行政策」を継続
1922	4-16 独ソ間でラパロ条約。6-24 外相ラーテナウ暗殺される。7-18 相次ぐ右翼のテロにたいし共和国保護法可決。9-2「ドイツの歌」を国歌と定める。11-14 ヴィルト内閣，「履行政策」の失敗から辞任，無所属のクーノ組閣(DDP・DVP・中央党・BVP)(11-22)。11-27 政府，連合国側に賠償支払いの一時停止を要請
1923	1-10 フランス，ベルギー，ルール地方の占領を通告(1-11 進駐開始)。1-13 首相クーノ，「消極的抵抗」を呼びかける，このためインフレが加速する。4-7 シュラーゲター，ルール地方における破壊活動の容疑でフランス軍に逮捕される(刑死5-26)。7-30 1米ドル・100万マルクを超える。8-12 クーノ内閣退陣，シュトレーゼマンの大連合内閣(DVP・DDP・中央党・SPD)発足。9-26 シュトレーゼマン，「消極的抵抗」の打切りと賠償の再開を宣言。10-10～16 ザクセンとテューリンゲンで社共連立政権樹立，国防軍によって打倒(10-22～)。10-23 ハンブルクで共産党の蜂起，警察により鎮圧(～24)。11-8～9 ミュンヒェンで「ヒトラー一揆」。11-16 レンテンマルク発行開始(1兆マルク・1レンテンマルク)。11-23 SPDの内閣不信任案によりシュトレーゼマン内閣退陣。11-28 マルクス(中央党)によるブルジョワ中道少数派内閣(中央党・DVP・DDP)発足
1924	4-1 ヒトラー裁判判決，ヒトラー，5年の要塞禁錮刑に。4-9 ドーズ委員会，賠償支払条件の改定。5-4 総選挙でSPD大敗，ドーズ案に反対するDNVPとの連立交渉失敗し，マルクス第2次内閣発足(6-3)。8-29 国会，ドーズ案受入れを決定。12-7 総選挙，ナチ党，共産党後退。12-10 マルクス内閣退陣
	—— トーマス・マン『魔の山』
1925	1-15 ルター(無所属)内閣組織，はじめてDNVPが政権に参加。2-9 外相シュトレーゼマン，英仏に安全保障条約締結を提案。4-26 ヒンデンブルク，大統領に選出(5-12 就任)。7-14 ルール地方からの占領軍の撤退始まる。12-1 ロカルノ条約締結。12-2 BASF，バイヤー，ヘキスト，アグファ各社合同し，I･G･ファルベン発足。12-5 ロカルノ条約に反対するDNVP閣僚の離脱による政治危機，ル

		ター内閣退陣
1926	***1**-26*	ルター第2次内閣(DDP・中央党・DVP)組閣。***4**-24* ソ連との友好中立条約(「ベルリン条約」)締結。***5**-17* 国旗令(***5**-12*)をめぐる混乱からルター首相辞任，第3次マルクス(中央党)内閣成立。***6**-20* 旧王侯財産没収に関する国民投票実施(賛成36.4%)。***9**-8* 国際連盟加盟。***12**-17* 政府の軍事政策に関しSPDの不信任案可決されマルクス内閣退陣
	——	グロピウス『バウハウス校舎』完成
1927	***1**-29*	第4次マルクス内閣(中央党・DVP・DNVP・BVP)成立。***7**-16* 失業保険法・職業紹介法制定。***8**-17* 独仏通商協定締結
	——	ハイデガー『存在と時間』
1928	***5**-20*	総選挙，社会民主党・共産党躍進，国家国民党後退。***6**-28* マルクス内閣退陣し，ミュラー(SPD)の大連合政権(SPD・DDP・DVP・BVP)誕生。***8**-27* ケロッグ・ブリアン条約(「パリ不戦条約」)成立。***11**-16* SPDによる装甲艦A建造反対請願，国会で否決される
	——	ブレヒト『三文オペラ』
1929	***6**- 7*	パリでヤング案調印，賠償額の切下げ。***6**-23* コーブルク市市議会選挙でナチ党はじめて過半数の議席を獲得。***7**-29* ヒトラー，国家人民党，鉄兜団らとヤング案に反対する全国委員会設立。***10**-3* 外相シュトレーゼマン死去。***10**-25* ニューヨーク証券取引所の株価暴落から世界大恐慌始まる(「暗黒の木曜日」)
1930	***3**-12*	国会，ヤング案受入れを決議。***3**-27* 失業者保険の給付切下げをめぐる対立からミュラー内閣退陣。***3**-31* ブリューニング(中央党)内閣発足，議会に依拠しない「大統領内閣」への移行。***6**-30* フランス軍部隊ラインラントから撤退完了。***7**-18* 国会，経済政策緊急令の無効を決議，ブリューニングは国会を解散，緊急令を再公布。***7**-23* ブルジョワ勢力の再編，国家人民党分裂，国民保守党結成。民主党分裂，ドイツ国家党結成(***7**-27*)。***9**-14* 総選挙，中道・右派政党の後退，ナチ党，第2党に。***12**-1* ブリューニング，経済財政緊急令(第1次)実施，1931年度緊縮予算案，議会の審議なく成立
1931	***5**-11*	オーストリア最大のクレディット・アンシュタルト銀行破産，金融危機発生，ドイツに波及。***6**-5* ブリューニング，第2次経済財政緊急令。***6**-20* 米大統領フーヴァー，ドイツの賠償を1年間停止する「フーヴァー・モラトリアム」提案。***7**-13* ドイツ第3位のダルムシュタット銀行倒産。***7**-14* 全国で金融機関の業務停止される。***9**-25* クルップ，ドイツ工業全国連盟会長に就任。***10**-3* 外相クルティウス，オーストリアとの関税同盟失敗の責任をとって辞任，ブリューニング，さらに右傾化した新内閣を組織(***10**-9*)。***10**-6* 第3次経済財政緊急令。***10**-11* ナチス，国家国民党，鉄兜団など極右政治集団による政府退陣要求(「ハルツブルク戦線」)。***12**-8* 第4次経済財政治安緊急令。***12**-31* 失業者560万人に達する
1932	***2**- 2*	ジュネーヴで軍縮会議始まる，首相ブリューニング，ヴェルサイユ条約の軍備制限条項の撤廃を要求。***4**-10* 大統領選挙第2回投票，

	ヒンデンブルク再選。***4-13*** ヒンデンブルク大統領，国家権威保護令，クーデタ計画の容疑でSA・SSを禁止。***5-21*** アンハルト州でナチ党政権誕生，オルデンブルク州選挙でナチ党，議席の過半数獲得(***5-29***)。***5-30*** 東部入植計画をめぐる大農業家層との対立からブリューニング退任。***5-31*** パーペン内閣成立(「男爵内閣」)，シュライヒャー，国防相に。DNVPの支持しかえられず，国会解散(***6-4***)。***6-16*** 賠償問題をめぐるローザンヌ会議(〜***7-9***)。***7-20*** パーペン，治安悪化を口実に緊急令によりブラウン(SPD)率いるプロイセン政府を罷免(「プロイセン・クーデタ」)。***7-31*** 総選挙，ナチ党第1党に，ブルジョワ政党壊滅。***9-12*** 共産党の不信任動議可決され，パーペン再度国会を解散。***11-6*** 総選挙，ナチ党後退。***11-17*** DNVP含む全政党に信任されず，パーペン内閣退陣。***12-3*** シュライヒャー内閣成立。***12-8*** シュトラッサーら「ナチ党左派」，シュライヒャー内閣入閣問題をめぐりヒトラーと対立，シュトラッサーは党職を辞任
1933	***1-26*** シュライヒャー，大統領に独裁権力を求めるがいれられず，退陣へ(***1-28***)。***1-30*** ヒンデンブルク大統領，ヒトラーを首相に任命。***2-1*** 国会解散。***2-4*** 緊急令により，集会・報道の自由制限される。***2-27*** 共産党委員長テールマン，「反ファシズム闘争同盟」結成を呼びかけ。国会議事堂放火事件，共産党弾圧。***2-28*** 「国民と国家を防衛するための緊急令」発布，基本的人権の制限。***3-5*** 総選挙，ナチ党単独では過半数を確保できず右翼勢力と連立。***3-8*** 共産党国会議員の議席剥奪。***3-13*** 国民啓蒙宣伝省設置，ゲッベルスを大臣に任命。***3-21*** ポツダムで国会開会式典(「ポツダムの日」)。***3-22*** ダハウに最初の強制収容所建設。***3-23***「国民と国家の危難を除去するための法律」(「全権委任法」)。***3-31***「諸州の，国との均制化のための暫定的法」(***4-7*** 第2法)。***4-1*** ユダヤ人商店ボイコットキャンペーン。***4-7***「職業官吏階級の再建に関する法」。***4-26*** 秘密国家警察局設置法。***5-10*** 反対派およびユダヤ人の著作，焚書される。ドイツ労働戦線(DAF)設立，労働組合の解体。***6-22*** 社会民主党禁止。***6-26*** フーゲンベルク，農業相兼経済相を辞任，国家国民党，自主解散。***7-4〜5*** DVP，中央党，自主解散。***7-14*** 新党設立禁止法。***7-20*** バティカンでローマ教皇庁とのあいだに政教協約締結。***8-23*** シャイデマン，トゥホルスキーら反体制亡命者のドイツ国籍剥奪。***9-1*** ニュルンベルクでナチ党大会，リーフェンシュタールにより記録される(映画「意志の勝利」)。***9-13*** 全国食糧身分団法，ドイツ世襲農場法(***9-29***)，農業を政府の監督下におく。***9-23*** フランクフルト近郊でアウトバーンの建設始まる。***10-14*** 国際連盟とジュネーヴ軍縮条約から脱退(***11-12*** 国民投票で90%以上が賛成)。***11-15*** 帝国文化院設立。***11-23*** 余暇娯楽組織「喜びを通じて力を」創設
1934	***1-26*** ポーランドと不可侵条約締結。***1-30***「国家新編成に関する法」，州の自律性を排除。***5-1*** 教育省設置，大臣にルストを任命。***5-15*** 労

	働配置調整法。6-30 SAの指導者レームおよび有力者の逮捕と処刑(「レーム事件」)。7-25 オーストリア首相ドルフース，オーストリア・ナチ党員の蜂起(失敗)に際し殺害される。8-2 ヒンデンブルク大統領死去，ヒトラー，大統領職を兼ね「総統兼首相」に。9-24 シャハト，対外経済政策に関する「新計画」発表
1935	1-13 ザール地方で住民投票，ドイツへの再編入に90%が賛成(3-1 編入実施)。1-30「ドイツ市町村令」，シャハト，経済相に就任(再軍備の促進)。3-16 一般兵役義務の導入。4-14 英・仏・伊の首脳によるストレーザ会談。5-2 ソ連・フランスと同盟条約。6-18 英独海軍協定。6-26 労働奉仕法制定。7-25 コミンテルン第7回世界大会，社会民主主義との闘争を停止し「反ファシズム人民戦線戦術」を提唱。9-10 ニュルンベルク諸法公布，ユダヤ人の公民権剝奪。10-12 ジャズ音楽の放送禁止。10-18 遺伝健康法
1936	2- 6 ガルミッシュ・パルテンキルヒェンで冬季オリンピック開催。3-7 ヴェルサイユ条約，ロカルノ条約廃棄し，ラインラント非武装地帯に進駐。6-17 SS国家長官ヒムラー，警察長官に任命される。7-11 ドイツ，オーストリアと「和解協定」締結。8-1 ベルリン・オリンピック始まる。8-5 最初のドイツ「義勇部隊」，フランコ側に立ってスペイン内戦に参加。10-18 四カ年計画庁設置，全権委員にゲーリング就任。10-25 独伊の秘密条約成立(「ベルリン・ローマ枢軸」)。11-25 日独防共協定締結。12-1 10歳以上の男子にたいするヒトラー・ユーゲント(HJ)参加義務づけ
1937	4-26 ドイツ義勇航空部隊(「コンドル軍団」)，空爆によりゲルニカ(スペイン北部の小都市)を破壊。6-25 教会の反対勢力にたいする一斉摘発，「告白教会」のニーメラー，逮捕される。7-18 ミュンヒェンで「頽廃芸術展」。11-5 ヒトラー，軍首脳に将来の戦争計画を示す(ホスバハ覚書き)。11-6 イタリア，防共協定に参加。11-26 シャハト，四カ年計画をめぐる対立から経済相を辞任，フンクが後任に(38.2)
1938	2- 4 開戦準備のため軍指導部を再編，リッベントロプ，新外相に，国防相兼国防軍最高司令官ブロンベルク，陸軍最高司令官フリッチュ解任，国防省を国防軍最高司令部(OKW)としカイテルをその長に任命，ヒトラー自ら国防軍最高司令官に就任。3-11 オーストリア首相シュシュニク退任，後任はナチ党員ザイス・インクヴァルト(合邦後大統領・国家総督に)。3-12 国防軍，オーストリアに進駐，オーストリアの「合邦(アンシュルス)」(3-13)。6-12 ズデーテン・ドイツ人党，地方選挙においてドイツ系住民地域で圧勝。6-18 物乞い，前科者など「反社会的分子」の一斉摘発。7-25 ユダヤ人医師の診療停止。9-28～30 ズデーテン危機のための英仏独伊の代表によるミュンヒェン会談。10-1 ズデーテン地方の併合。11-9 パリでのドイツ人外交官銃撃事件(11-7)を口実に「水晶の夜」。11-12 ユダヤ人の全経済生活からの排除，日常生活の制限を決定，ユダヤ系企業の「アーリア化」，ユダヤ人財産の没収。12-6 パリ

		で独仏相互不可侵条約調印
1939	1-19	シャハト，国立銀行総裁を罷免される。1-24 ユダヤ人国外移住中央本部設置。2-24 ハンガリー，防共協定に加盟。3-14 国防軍，残存チェコスロヴァキアに進駐し，ベーメン・メーレン保護領とする(3-15)。3-23 リトアニアと条約を結びメーメル地方を併合。4-28 ドイツ，独ポ不可侵条約と英独海軍協定の廃棄を宣言。5-19 フランス，ポーランドと秘密援助条約。8-23 独ソ不可侵条約締結。8-25 英・ポーランドのドイツの攻撃にたいする相互援助条約締結。9-1 ドイツ軍，ポーランド侵入，第二次世界大戦始まる。ヒトラー，障害者の組織的殺害を命令(「安楽死作戦」)。9-3 英・仏，ドイツに宣戦布告。9-4 戦時経済令布告。9-17 ソ連軍部隊，ポーランド東部に侵入。9-25 食糧品に配給切符制度導入。9-27 ハイドリヒ，親衛隊保安部(SD)と政治警察・刑事警察を統合した国家保安本部長官に就任。9-28 ドイツ・ソ連，国境友好条約調印，ポーランド解体。10-12 ポーランド占領地域東部に総督府設置(総督フランク)，ヴァルテラント・西プロイセンの2州はドイツに併合(10-26)。11-8 ミュンヒェンのビュルガーブロイケラーでヒトラー爆殺未遂事件
	冬	西部戦線では独仏両軍の対峙が続く(「奇妙な戦争」)
1940	2-11	独ソで戦争に必要な原料を相互に供給する経済協定。3-17 トーット，新設の武器・弾薬担当相に就任。4-9 デンマーク進駐とノルウェー侵入始まる。5-10 ドイツ軍，西部戦線で大攻勢，オランダ，ベルギー，ルクセンブルクに侵攻。イギリス，チャーチルが挙国一致内閣を組織。5-26 イギリス大陸遠征軍，ダンケルクから本土に撤退開始。6-5 ドイツ軍，フランス北西部で第2次攻勢(6-14 パリ入城)。6-10 イタリア，英・仏に宣戦布告して大戦に参入。6-15～17 ソ連軍，バルト3国を占領(7-21 併合)。6-18 ド・ゴール，ロンドンに「自由フランス国民委員会」設立，ドイツ軍への抵抗継続を宣言。6-22 フランス降伏。8～9 ドイツ空軍，英本土への空襲強化(「英国の戦い」)。9-24 ヒトラー，英本土上陸作戦中止を指令。9-27 日・独・伊の三国同盟成立(ハンガリー 11-20，ブルガリア41.3-1 参加)。10-2 ワルシャワにユダヤ人ゲットー設置。10-28 イタリア，ギリシアに宣戦布告し侵入開始。12-9 イギリス，北アフリカのイタリア軍にたいし攻勢，ドイツはロンメル麾下の部隊を派遣(41.1-11)
1941	4- 6	ドイツ軍，ユーゴスラヴィアおよびギリシアに侵入。4-13 日ソ中立条約成立。6-22 ドイツ軍，ソ連に侵入(バルバロッサ作戦)，戦線後方地域で特別行動部隊によるユダヤ人の虐殺。7-31 ゲーリング，ハイドリヒにユダヤ人問題の全面解決の準備を命じる。8-14 米大統領ローズヴェルト，英首相チャーチル，「大西洋憲章」を発表。9-19 すべてのユダヤ人に「ダビデの星」の記章をつけることが義務づけられる。10-14 東部占領地域へのドイツ・ユダヤ人移送開始。12-2 ドイツ軍，モスクワ近郊進撃は阻止される。12-11 ド

		イツ，日米開戦(***12**-7〜8*)にともないアメリカに宣戦布告
1942	***1**- 1*	ワシントンで26カ国が国連憲章を調印。***1**-10* ユダヤ人問題の最終解決をめぐるヴァンゼー会議。***2**-8* シュペーア，トーットの後任として兵器・弾薬担当相に就任。***3**-21* ザウケルを労働配置総監に任命，外国人労働者の強制連行始まる。***5**-30* 英空軍，爆撃機1000機によるケルン空襲。***6**-10* チェコ総督ハイドリヒ暗殺の報復としてリディツェ村(プラハ近郊)を破壊，住民を殺害。***6**-28* ドイツ軍，カフカースをめざす夏期大攻勢開始。***8**-30* 北アフリカのドイツ軍，エジプトで最後の攻勢(「エル・アラメインの戦い」)。***9**-24* 陸軍総司令官ハルダー，ヒトラーとの意見対立から解任される。***11**-11* ドイツ軍，フランス南部のヴィシー政府統治地域を占領。***11**-22* ドイツ第6軍，スターリングラードで包囲される
1943	***1**- 1*	カフカースのドイツ軍撤退を開始。***1**-6* 海軍総司令官レーダー元帥解任，後任はデーニッツ。***1**-31* スターリングラードのドイツ軍降伏(***2**-2* 抵抗終結)。***2**-18* ゲッベルス，ベルリンで「総力戦演説」。ミュンヒェンで抵抗グループ「白バラ」，逮捕される。***4**-13* カチンの森でソ連により射殺されたポーランド軍将校の死体4000体が発見される。***4**-19* ワルシャワのユダヤ人ゲットーの破壊始まる(〜***5**-16*)。***5**-13* アフリカのドイツ・イタリア軍，チュニスで降伏。***5**-24* ドイツ海軍，大損害のためUボートによる通称破壊戦を一時中止。***6**-21* ヒムラー，ポーランドの全ゲットー解体とユダヤ人の強制収容所移送を命令。***7**-5* ドイツ軍，クルスクで東部戦線最後の大攻勢(***7**-13* 中止)。***7**-10* 米英軍，シチリアに上陸。***7**-24* イタリア，ファシスト大評議会でムッソリーニにたいする不信任案可決，ムッソリーニは翌日罷免，逮捕される。バドリオ元帥，新首相に。***8**-24* ヒムラー，内相を兼ねる。***9**-8* イタリア，連合軍に降伏(対独宣戦布告 ***10**-13*)。***11**-28* 英・米・ソ各首脳によるテヘラン会談(〜***12**-1*)
1944	***2**-20*	連合軍，ドイツ国内の軍需産業への爆撃を強化。***3**-4* ソ連軍，春期大攻勢，ドイツ軍，ウクライナより撤退。***5**-14* ハンガリーからユダヤ人のアウシュヴィッツ移送始まる。***6**-6* 米英軍，北フランスに上陸(「ノルマンディ上陸作戦」)。***7**-20* 国防軍上級将校らによるヒトラー暗殺未遂事件，関係者にたいする大粛清。***8**-1* ポーランドで「国内軍」によるワルシャワ蜂起(***10**-2* 鎮圧)。***8**-23* ルーマニア，アントネスク政権崩壊，対独宣戦布告(***8**-25*)。***8**-25* 連合軍パリに入城。***9**-8* ブルガリア，対独宣戦布告。***9**-25* 16から60歳までのすべての男子を動員(「国民突撃隊」)。***10**-20* ユーゴスラヴィアの首都ベオグラード，パルチザン部隊とソ連軍により解放される。***11**-26* ヒムラー，アウシュヴィッツでのガス殺の停止と施設の爆破を命令。***12**-26* 西部戦線でドイツ軍最後の反撃(「アルデンヌの戦い」)
1945	***1**-20*	ハンガリー，ソ連軍と休戦し，対独宣戦布告。***1**-27* アウシュヴィッツ強制収容所，ソ連軍によって解放される。***2**-4* 連合国側，ヤル

		タ会談(〜2-11)。2-13〜14 英米空軍，ドレスデンを空襲により破壊。3-7 米軍，レマーゲンでライン川を渡河。4-17 ルール地方で包囲されたドイツ軍部隊降伏。4-20 ソ連軍，ベルリン攻撃を開始。4-25 エルベ河畔のトルガウで米軍とソ連軍合流。4-30 ヒトラー自殺。5-2 デーニッツ，大統領としてフレンスブルクで暫定政府樹立，連合国側と降伏交渉開始。5-6 シューマッハー，ハノーファー SPD 支部を再建。5-8 ドイツ無条件降伏。6-5 ベルリンに連合国管理理事会設置，分割占領始まる(「ベルリン宣言」)。6-11 ソ連占領区でドイツ共産党(KPD)結成。6-15 ソ連占領区でグローテヴォールら社会民主党(SPD)再建。6-26 ベルリンでキリスト教民主同盟(CDU)結成。7-17 ポツダム会談。ドイツの非ナチ化と非軍事化，国外ドイツ人の退去など決定(〜8-2)。9 アメリカ占領地区でバイエルン，ヘッセン，ヴュルテンベルク・バーデン州設置。9-3 ソ連占領区で土地改革開始。10 西側占領区で戦後初の州選挙。10-10 バイエルンでキリスト教社会同盟(CSU)結成。10-17 アメリカ占領地区で州評議会設置。10-30 ソ連占領区で国有財産，国防軍とナチスおよびその指導者の財産の没収始まる。11-20 ニュルンベルク国際軍事法廷審理開始
	——	連合軍によるドイツ社会の「非ナチ化」始まる
1946	3	イギリス占領区で地区諮問委員会設置。4-22 ソ連占領区で SPD と共産党合同，社会主義統一党(SED)結成，議長ピーク，グローテヴォール。5-26 アメリカ占領区での生産設備押収の停止。6-30 ソ連占領区でナチスと戦争犯罪者の財産を国有化(「人民所有」)するための人民投票。7 イギリス占領区，ノルトライン・ヴェストファーレン州，シュレースヴィヒ・ホルシュタイン州設置。9-6 アメリカ国務長官バーンズ，シュトゥットガルトでドイツ復興に関する演説。10-1 ニュルンベルク国際軍事裁判最終判決，死刑600人以上。10-20 ソ連占領区で州議会選挙，SED 過半数に届かず
	——	ヘッセ，ノーベル文学賞受賞。『ツァイト』誌創刊
1947	1- 1	米英，両占領区を統合，「経済合同区」成立。2-1 英占領区 CDU 大会，「アーレン綱領」採択。3-12 ソ連「封じ込め」のための「トルーマン・ドクトリン」の発表。4 東欧からの「被追放者」の本国流入，約1000万人におよぶ。6-5 マーシャル・プラン発表。6-11 ソ連占領区，ドイツ経済委員会(DWK)設置。6-25 米英合同区の中央行政機関として経済評議会発足。11〜12 ロンドンで四カ国外相会談
	冬	寒波のためエネルギー・食糧危機の発生
	——	47年グループ結成。トーマス・マン『ファウスト博士』。『シュピーゲル』誌創刊
1948	2-23	米英仏ベネルクス 3 国のロンドン会議。3-17〜18 ソ連占領区，第 2 回人民会議，「人民評議会」を選出。4-16「ヨーロッパ復興プログラム」の開始。6-20 西側占領区で通貨改革。6-23 ソ連占領区で通貨改革。6-24 ベルリン封鎖開始。7-1 西側 3 カ国軍政府，各

		州首相に憲法制定を促す「フランクフルト文書」。***7**-10* 各州首相，基本法制定を回答(「コーブレンツ決議」)。***8*** バイエルンのキームゼーで憲法制定のための専門家会議。***12**-12* 西側占領区でホイスら自由民主党(FDP)結成
	——	ベルリン自由大学創設
1949	***4**- 4*	北大西洋条約機構(NATO)成立。***4**-22* ルール地方の国際管理を定めたルール規約調印。***5**-8* 西独議会評議会，基本法可決。***5**-10* 西独議会評議会，ボンを暫定首都に定める。***5**-12* ベルリン封鎖終了。東独臨時人民議会選挙，民主共和国憲法制定。***5**-19* ソ連占領区，人民評議会，東独憲法を承認。***8**-14* 西独，初の連邦議会選挙，CDU 率いるブルジョワ連合僅差で SPD に勝利。***8*** 西独，難民・被追放者のための「緊急援助法」。***9**-15* 西独，アデナウアー，初代首相に選出。***9**-21* 新占領規約発効。軍政府にかわって高等弁務官府の設置。***10**-1* 東独，ドイツ民主共和国憲法発布。グローテヴォール初代首相に。***10**-12～14* 西独でドイツ労働総同盟(DGB)結成。***11**-22* ペータースブルク協定，西独，押収を緩和され大幅な自治と外交権を認められる。***12**-13* 西独，マーシャル・プランに参加
	——	ブレヒト，劇団ベルリナー・アンサンブルを組織
1950	***2**- 8*	東独，国家保安省(シュタージ)設置。***5**-1* 西独，食糧配給制度廃止。***5**-9* シューマン・プラン発表。***5**-17* 連合国高等弁務官，ドイツ鉱工業再生法(カルテル解体)を決定。***6**-25* 朝鮮戦争始まる(～53.*7-27*)。***7**-6* 東独・ポーランド間のゲルリッツ条約。オーデル・ナイセ線を国境に。***7**-25* 東独，ウルブリヒト，SED 書記長に選出。***9**-19* 西独含むヨーロッパ経済協力機構(OEEC)の17加盟国，多国間決算機関としてパリにヨーロッパ決済同盟(EPU)設置。***9**-29* 東独，経済相互援助会議(コメコン)に加盟。***10**-15* 東独第 1 回人民議会選挙。***10**-26* プレヴァンプラン発表，西独軍含む「ヨーロッパ防衛共同体」(EDC)による欧州軍構想
	——	西独，朝鮮戦争勃発により急速な復興，「経済の奇蹟」始まる
1951	***1***	連合国高等弁務官，工場解体の終了を宣言。***2**-1* 西独，憲法裁判所設置法制定。***3**-15* 西独，外務省設置。***4**-10* 西独，共同決定法成立。***4**-18* 西独・仏など 6 カ国による「ヨーロッパ石炭鉄鋼共同体の創設に関する条約(シューマン・プラン)」調印。***7**-9* 英など旧連合国，対独戦争状態終結宣言(仏 ***7**-13*，米 ***10**-19*)。***8*** バイロイト音楽祭再開される。***9**-27* 西独，政府・連邦議会共同による全ドイツ選挙に関する14カ条綱領。***11**-1* 東独人民議会，第 1 次経済五カ年(1951～55)計画法可決
1952	***3**-10*	ソ連，ドイツ統一に関して歩み寄り(「スターリン・ノート」)。以後統一問題についてソ連・西側間で数次におよぶ覚書き交換(～***9***)。成果なし。***5**-26* 西独，西側と，ドイツ(一般)条約・ヨーロッパ防衛共同体条約締結。***7**-19* 西独，経営組織法成立，非雇用者の企業経営参加，共同決定を制度化。***7**-23* 東独，「国家機関のさらなる民主化に関する法律」，州制度を廃止，中央集権的な行政に再編。***8***

		-*2* 西独，IMFに加盟。***8***-*20* 西独SPDの指導者シューマッハー死去。***9***-*1* 西独，負担調整法施行。***12***-*25* 西独，戦後最初のテレビ放送始まる
	——	『ビルト』紙創刊
1953	***2***-*27*	西独の対外負債を確定するロンドン協定(約13億7000万マルク)。***3***-*18* 西独連邦議会，イスラエルとの賠償協定承認(***3***-*27* 発効)。***5***-*17* SED中央委員会，労働者ノルマの引上げを決定。***6***-*17* 東ベルリンでの民衆暴動が各地に波及，ソ連軍介入。***6***-*25* 西独，選挙法改正，「5％条項」の導入。***7***-*20* ソ連，東独に2億3000万ルーブルの原材料と食糧を供与。***7***-*24*～*26* SED中央委員会，ウルブリヒトを第一書記(旧書記長)に選出。***8***-*20*～*22* 東独，ソ連間の協定，すべての賠償要求の放棄と，外交代表部の大使館への昇格など。***9***-*6* 西独，連邦議会選挙，与党CDU圧勝
1954	***1***- *7*	東独，文化省設置。***1***-*25* ベルリンで戦勝4カ国によるドイツ再統一問題についての会談始まる(～***2***-*18*)。成果なし。***7***-*17* 西独，ホイス，連邦大統領に再選される。***7***-*24* ソ連，ヨーロッパに関して戦勝4カ国会談を求める覚書き。***8***-*30* フランス国民議会，ヨーロッパ防衛共同体条約批准動議を否決。***10***-*23* パリ諸条約調印。***11***-*13* 西独，児童手当法。***11***-*23* 戦勝4カ国，ソ連の提案したヨーロッパ安全保障会議に関する覚書き交換(～***12***-*21*)，西側はソ連提案を拒否。***12***-*2* 東側諸国，モスクワで会談，東独国家人民軍創設へ
1955	初頭	西独，SPD主導のパリ条約批准(・再軍備)に反対する市民大デモ「パウロ教会運動」。***1***-*14* ソ連，「ドイツ統一に関する声明」，パリ条約批准による東西緊張を警告。***1***-*25* ソ連，ドイツとの戦争状態終結を表明。***5***-*5* パリ条約発効，西独，主権獲得，西欧同盟(***5***-*7*)とNATO(***5***-*9*)に加入し，占領状態が終結。***5***-*14* 東独，東側諸国とワルシャワ条約機構を結成。***6***-*1*～*2* 東独SED中央委員会，ドイツ再統一のための10カ条綱領決定。***6***-*6* 西独国防省発足。***7***-*18*～*23* ドイツ問題解決のためのジュネーヴ四大国首脳会談。何ら妥協に達せず。***7***-*24*～*27* フルシチョフ，「二カ国原則」を発表。***9***-*9* アデナウアー訪ソ(～***9***-*13*)。抑留ドイツ人問題の解決。ソ連・西独国交樹立。「二つのドイツ」の固定化。***9***-*20* ソ連，東独の国家主権回復協定に調印。***9***-*22* 西独，「ハルシュタイン原則」を発表(***12***-*9* 採用)。***10***-*7* ソ連，ドイツ人抑留者の西独への送還始める。***11***-*24* 東独，政府機関の再編，ウルブリヒト，閣僚評議会議長に就任。***12***-*20* 西独，イタリアと外国人労働者の受入れ協定
1956	***1***- *2*	西独連邦軍発足。***3***-*24*～*30* 東独，第3回全党協議会，第2次五カ年計画作成。反体制派知識人・党内反対派の追放。***6***-*29* 西独，ナチス犠牲者のための連邦補償法成立。***7***-*7* 西独，18歳から45歳の男子対象の徴兵制施行。***8***-*17* 西独，連邦憲法裁，共産党を禁止。***10***-*23* ハンガリーで暴動発生，ソ連軍介入により鎮圧
1957	***1***- *1*	ザール地方，西独に復帰。***1***-*2* 東独，週45時間労働を導入。***1***-*21*

	西独，年金改革法成立。***3-12*** 東独，ソ連とソ連軍の駐留に関する協定。***3-25*** ローマ条約締結。***4-12*** 西独，核物理学者らの連邦軍の核武装に反対する「ゲッティンゲン宣言」。***6-18*** 西独，男女同権法。***7-26*** 西独，連邦銀行創設法。***7-29*** 西独，西側戦勝 3 カ国とドイツ統一に関する12カ条綱領「ベルリン宣言」。***9-15*** 西独，連邦議会選挙，アデナウアー与党単独過半数で大勝。***10-19*** 西独，ユーゴスラヴィアの東独との国交樹立にともない，はじめて「ハルシュタイン原則」を適用，同国と断交
1958	***1- 1*** ローマ条約発効，ヨーロッパ経済共同体・原子力共同体成立。***2-13*** 東独，国家計画委員会を設置。***3-23*** 西独，SPD と DGB による「核兵器による死に反対する運動」(59.夏)。***5-29*** 東独，食糧配給制度を撤廃。***7-10～16*** 東独，SED 第 5 回党大会，ウルブリヒト，スターリン批判の改革派を追放。***11-10*** ベルリン危機始まる。***12-1*** ルートヴィヒスブルクにナチス犯罪追求センター設置
1959	***5-11*** ジュネーヴで戦勝 4 カ国外相会談。***6-3*** 東独，農業生産協同組合法，農業集団化の再強化。***7-1*** 西独，ホイス大統領後任にリュプケを選出。***10-1*** 東独，五カ年計画を中断しソ連と連動した七カ年計画。***11-15*** 西独社会民主党，バート・ゴーデスベルク綱領採択。***12-2*** 東独，「学校制度の社会主義的発展に関する法律」制定。***12-24*** 西独，ユダヤ人教会への狼藉事件多発
	―― グラス『ブリキの太鼓』
1960	***2-10*** 東独，国家防衛評議会を設置，議長ウルブリヒト。***4-14*** 東独，全農民の生産協同組合への加入により農業の集団化達成。***8-9*** 西独，青少年労働保護法施行。***9-12*** 東独，大統領ピークの死去にともない，大統領職を廃止し，国家評議会設置，議長ウルブリヒトに権力集中
1961	***4-11*** イェルサレムで元親衛隊高級将校アイヒマン裁判始まる。***4-12*** 東独，労働法典制定。***6-30*** 西独，連邦社会扶助法。***8-13*** 東独，ベルリンの壁建設開始。***9-17*** 西独，連邦議会選挙，CDU/CSU 与党敗北。***9-20*** 東独，「民主共和国の防衛に関する法律」。***10-27*** ベルリンのチェックポイントチャーリーで，米ソの戦車が対峙。***10-30*** 西独，トルコと外国人労働者受入れ協定。***11-14*** 西独，FDP との連立による第 4 次アデナウアー内閣成立
	―― 東独からの亡命者，49年以降この年まで平均で年間約20万人に達する
1962	***1-24*** 東独，一般兵役義務法制定。***10-18～28*** キューバ危機発生。***10-26*** 西独，雑誌編集部の国家機密漏洩をめぐる「シュピーゲル事件」。***12-14*** 西独，「シュピーゲル事件」で FDP 5 閣僚が辞任し，アデナウアー第 5 次内閣(CDU/CSU・FDP)成立
1963	***1-14*** 西独，キューバの東独承認にともない東独との外交関係を断絶。***1-15～21*** 東独，SED 第 6 回党大会，社会主義建設のための「新経済システム」導入，企業利益と非集権化の重視。***1-22*** 西独・仏友好協力条約(エリゼ条約)締結。***3-7*** 西独，ポーランドとワルシャワ

		に通商代表部設置で合意。*5-21* 西独，モロッコと労働者受入れ協定。*6-21* 東独，両独国境に「安全地帯」を設定することを決定。*6-23～26* ケネディ米大統領，西独公式訪問。*7-15*「新経済政策」導入，東独経済回復へ。*7-15* 西独，バール，両独間の「接近による変化」を提唱。*8-5* 米・ソ・英，部分的核実験停止条約調印，*8-8* 東独，*8-19* 西独加盟。*10-15* 西独，アデナウアー首相辞任，エアハルト内閣成立(*10-16*)。*11* リュプケ大統領，元首として初の訪日。*12-17* 西ベルリン市民の東ベルリン在住親族のクリスマス・年末訪問に関する初の通過許可証協定
1964	*3-17*	西独，ポルトガルと労働者受入れ協定。*4-14* 西独，連邦児童手当法。*6-12* 東独・ソ連友好協力条約，西ベルリンの政治的独立要求(*6-26* 西側戦勝3カ国拒否)。*6-25～27* 東独，「社会主義の包括的建設のための」女性の役割についての会議。*9-21* 東独，グローテヴォール首相死去，シュトーフ後継に。*11-28* 西独，ドイツ国民民主党(NPD)設立，極右勢力の結集
1965	*2- 8*	米，ベトナム北爆を開始，ベトナム戦争激化。*2-25* 東独，「統一的社会主義義務教育制度に関する法律」制定，10年制学校を総合技術学校に拡充など。*3-25* 西独，ナチス犯罪の時効を5年間延期。*4-28* 西独，在住外国人の権利義務を定めた外国人法。*5-12* 西独，イスラエルと国交樹立，アラブ諸国は西独との外交関係を断絶。*8-19* 西独，強制収容所の職員にたいするアウシュヴィッツ裁判判決。*9-19* 西独，連邦議会選挙，与党CDU/CSU勝利，第2次エアハルト内閣成立(*10-20*)。*12-3* 東独，ソ連と貿易協定，「新経済システム」の主唱者アーペル(副首相・国家計画委員会議長)自殺。*12-20* 東独，家族法典制定
1966	*10-27*	西独，ＦＤＰ連立政権離脱，エアハルト政権崩壊へ。*10-30* 西独，緊急事態法の制定に反対する「民主主義の危機」キャンペーン。*11-6* 西独で極右政党NPD，ヘッセン州議会に進出。(*11-20* バイエルン州議会でも議席獲得)。*12-1* 西独，エアハルト首相辞任，キージンガーの大連立政権(CDU/CSU・SPD)成立
	冬	西独，経済停滞局面に突入
1967	*1- 1*	西独，鉄鋼業界で週40時間労働導入。*1-31* 西独，ルーマニアと国交樹立，ハルシュタイン原則の放棄。*3-10* 西独，緊急事態法第3次法案が連邦議会に上程される。*5-10* 両独首相，関係改善に関する書簡交換。*5-27* イラン国王パフレヴィー，西独を訪問，各地で反対運動。*6-2* 西独，ベルリンでのイラン国王訪問反対運動で学生が警官に射殺される。*6-14* 西独，SPDのシラーらによるケインズ主義的な「経済安定成長法」発効。*7-1* ヨーロッパ共同体(EC)結成，西独も参加。*8-28* 東独，週5日43.75時間労働の導入
	——	西独，反戦，反非常事態法などを求めて広範な議会外運動の盛上り，左翼学生運動の急進化
1968	*1- 1*	西独，付加価値税導入。*1-12* 東独，新刑法典，刑事訴訟法を制定(*7-1*発効)。*1-31* 西独，ユーゴスラヴィアと国交回復。*4-8* 東

		独新憲法制定，ソ連から自立した社会主義のウルブリヒト・モデルめざす。4-11〜17 西独，復活祭で学生運動の高まり，出版社シュプリンガー・コンツェルンへの反対キャンペーン最高潮。4-11 西独，学生運動指導者ドゥチュケ暗殺未遂事件。西独全土で学生と警官隊の衝突。5-11 西独，ボンで緊急事態法に反対する3万人の星状行進デモ。5-28 西独，緊急事態法可決，旧占領国の権限留保の解消と主権の回復。7-1 米・英・ソ，核拡散防止条約締結(69.11-28 西独批准)。8-20 東独軍，ワルシャワ条約機構軍として「プラハの春」に介入。10-12 西独，ユーゴスラヴィアと労働者受入れ協定
	——	労働者の山猫ストライキ，西独全国に波及
1969	3- 5	ハイネマン(SPD)，FDPの支持を受け第3代大統領に就任。3-17 ワルシャワ条約機構各国首脳，「ブダペシュト声明」。5-8 東独，カンボジアを皮切りに以後年内に5カ国と国交樹立。6 西独，94万9000の労働力が不足，失業率は0.5%。6-25 西独，雇用の確保拡大のための雇用促進法，続いて失業者援助のための法律(7-1)。8-4 西独，殺人の時効を30年に延期，ナチス犯罪の訴追を可能に。9-28 西独，連邦議会選挙。10-22 西独，ブラントの社会・自由連立政権発足(SPD・FDP)。東側との関係改善をめざす「東方政策」始まる。10-24 西独，マルク8.5%切上げ。10-28 西独，ブラント首相所信表明演説，戦後最大の改革実施を宣言，東独との交渉を前に「二つの国家，ひとつの民族」を提唱。12-12〜13 東独，ウルブリヒト，両独間関係の正常化，東独の国際法人の国家承認を要求
1970	3-19	ブラント，シュトーフ両独首相，カッセルで会談。5-12 西独，ソ連と武力不行使協定のための会談(「バール文書」)(5-22)。5-14 西独，極左テロリストのバーダー，マインホフら脱獄。5-21 ブラント，シュトーフ東独首相とエアフルトで再会談，熱狂的な歓迎を受ける。6-4 西独，労働者財産形成改善法。7-31 西独，選挙資格年齢を18歳に引下げ。8-12 西独，ソ連とモスクワ条約調印。武力不行使協定調印。12-7 西独，ポーランドと国交樹立(ワルシャワ条約の調印)。12-8 西独，外国人労働者が200万人を突破する。12-9〜11 東独，SED中央委員会総会，「新経済システム」を放棄し計画経済の安定性と連続性を重視。12-17 東独，ウルブリヒト，ドイツ統一国家の存在を否定，東独における「社会主義的ドイツ国民国家」の発展を声明
1971	1-19	東独閣僚評議会，年金の引上げ，工業製品価格の抑制など社会政策を決定。3-2 西独，外国人労働者のための労働許可証制度導入。5-3 東独，ウルブリヒト党書記長辞任，ホーネッカーが後継。6-15〜19 東独，SED第8回党大会，「経済政策と社会政策の統一」を新しい目標に。8-10 米大統領ニクソン，ドルと金との交換を停止，西独，第2次税制改革法(所得税制改革)。9-3 西ベルリンの地位保全を目的とする四カ国ベルリン協定調印。10-20 ブラント西独

	首相がノーベル平和賞受賞。***11**-18* 東独，サービスと消費財の価格据置き(~75)を発表。***12**-17~18* 先進国通貨間に新たな交換レート合意(「スミソニアン協定」)。***12**-20* 東独，五カ年計画(1971~75)を決定
1972	***1**-15* 西独，事業所組織法改正，外国人労働者に経営評議会への参加を認める。***4**-27* 西独，野党，ブラント内閣不信任案提出，僅差で否決される。***5**-26* 米・ソ，戦略核兵器制限条約 SALT-1 調印。***7**-5* 東独，ソ連と通商共同協定。***8**-26* ミュンヒェン・オリンピック開幕(~***9**-11*)。***9**-5~6* ミュンヒェン・オリンピック村でアラブ過激派のテロ事件。***11**-19* 西独，連邦議会選挙，与党 SPD 圧勝。第2次ブラント内閣(SPD・FDP)成立(***12**-25*)。***12**-10* ハインリヒ・ベル，ノーベル文学賞受賞。***12**-21* 東西両独基本条約調印，相互に常設代表部の設置。***12*** 東独，さらに20カ国と国交樹立
	—— 東独，すべての企業・生産共同組合を国営化する「社会主義的生産関係の勝利」
1973	***1**- 1* 東独，国外に脱出した市民の国籍剝奪。***3**-19* 西独，マルク3%切上げ，その後共同変動相場制に参加。***5**-15* 東独，日本と国交樹立。***5**-19* 東独，ソ連と経済，工業，科学技術の協力協定を調印。***6**-7~11* ブラント，西独首相としてはじめてイスラエルを訪問。***6**-29* 西独，マルクの他の欧州通貨にたいし5.5%切上げ(61年以降5回目の切上げ)。***9**-18* 両独国連同時加盟。***10**-6* 第4次中東戦争始まる。***10**-17* アラブ石油輸出諸国，石油輸出制限，石油ショック始まる。***12**-11* 西独，チェコスロヴァキアと国交樹立，1938年のミュンヘン協定廃棄
1974	***2**-13* 西独，公務員の給与11%増額。***3**-15* 西独，大気汚染防止法。***3**-22* 西独，成年年齢を21歳から18歳に引下げ。***5**-2* 両独，ボン・東ベルリンの常設代表部の業務開始。***5**-6* 西独，秘書のスパイ事件でブラント辞任，シュミット連立政権(SPD・FDP)誕生(***5**-17*)。***5**-15* 西独，シェール大統領選出。***9**-27* 東独，憲法改正，「ドイツ民族」の語句を削除。両独間の「離間政策」推進。***12**-9~10* EC 各国首脳パリ会談，ヨーロッパ理事会の設立決定
1975	***7**-30* ヘルシンキ宣言。全欧安全保障協力会議(CSCE)の定例化，ヨーロッパの現状固定化。シュミット，ホーネッカー両独首相会談。***10**-7* 東独・ソ連の新友好相互援助条約。***12**-11* 西独，婚姻・家族法改革法成立，法律上の男女同権の確立
	—— 西独，失業者が100万人を超える(失業率平均4.7%)
1976	***1**-13* 西独，青少年労働保護法改定。***1**-26* 西独，大学枠組法。***5**-4* 西独，改正共同決定法発効。***5**-18~22* 東独，SED第9回党大会，経済政策と社会政策の統一を標榜。***10**-3* 西独，連邦議会選挙，社会自由政権辛勝。***11**-13* 西独，ブロクドルフの原発建設予定地で反対派2万人が警察と衝突。***11**-16* 東独，反体制派歌手ビアマンを西側に追放
	—— 東独，社会主義的「市民法典」制定

1977	***3-23*** 西独，連邦政府，「将来投資プログラム」決定。***4-28*** 西独，バーダーらドイツ赤軍派３人に終身刑の判決。***9-14*** 西独，連邦政府，経済成長と雇用促進のための対策を決定。***11-4*** 西独，減税と設備投資促進のための法律 —— 西独，ドイツ赤軍派(RAF)によるテロ事件頻発。西独，医療保険の構造改革をめざす医療保険費用抑制法制定
1978	***1-10*** 雑誌『シュピーゲル』誌の東ベルリン支社，東独警察により閉鎖される。***1-19*** フォルクスワーゲン社の大衆車「かぶとむし」，生産終了(生産開始48年)。***6-8*** 西独，年金調整法。***7-16～17*** ボンで世界経済サミット。***7-28*** 西独，サミットの結果を受けて連邦政府，経済成長と需要拡大のための対策決定。***8-24～25*** 東独，SED 中央評議会，コンビナートの拡大と景気停滞の克服，生活水準の向上を協議。***11-29*** 両独間交通改善協定。***12-17*** OPEC，原油価格の引上げを発表，第２次石油ショック始まる
1979	***1-17*** 西独，ルール地方で初の広域スモッグ警報。***1-22～29*** 西独，アメリカのテレビ映画「ホロコースト」を放映。***3-13*** ヨーロッパ通貨制度(EMS)発足。***3-21*** 西独，外国人制限の緩和，EC 域外からの労働者の家族にも労働許可証発給へ。***3-31*** 西独，ゴールレーベンの核廃棄物貯蔵施設建設に反対してハノーファーで過去最大の４万人がデモ。***5-23*** 西独，カルステンス(CDU)大統領選出。***6-10～17*** ヨーロッパ議会，初の直接選挙。***7-3*** 西独，旧ナチス犯罪の時効廃止。***9-5*** ライプツィヒで両独エネルギー協定調印。***10-7*** 西独，緑の党，ブレーメンではじめて州議会に進出。***12-12*** NATO，ヨーロッパ中距離核兵器問題で二重決議。***12-28*** ソ連，アフガニスタンに侵攻
1980	***1-3*** １米ドル＝1.7062西独マルクとなり過去最低水準に。***1-12～13*** 西独，緑の党，カールスルーエで結党大会。***5*** 西独，公定歩合引上げ，7.5%に。***10-5*** 西独，連邦議会選挙，SPD・FDP の連立与党勝利。***10-13*** 東独，ホーネッカー，西独にたいする「遮断政策」演説。***12-24～25*** 西独，ベルリン・クロイツベルクで家屋不正占拠者と警察が衝突
1981	***4-11～16*** 東独，SED 第10回党大会。***10-10*** 中距離核兵器問題に関連しボンで50万人の平和デモ。***12-11～13*** 西独シュミット首相，東独ホーネッカー国家評議会議長と会談
1982	***2-14*** 独立系平和運動5000人によるドレスデン・聖十字架教会における平和会議。***5-27～28*** 西独，雇用促進法成立。***6-10*** ボンで NATO 首脳会談，40万人を超える平和デモ開催。***9-17*** 西独，自由民主党の閣僚全員内閣を離脱する。***10-1*** 西独，不信任案可決されシュミット政権退陣，コール政権成立(CDU/CSU・FDP) —— 西独，失業者数200万人を突破
1983	***3-6*** 西独で連邦議会選挙，連立野党，絶対過半数を確保。緑の党，連邦議会に初進出。***6-29*** 西独，東独に10億マルクの信用供与を決定。***7-24*** バイエルン州首相シュトラウス東独に滞在，ホーネッカーと

	会談。**9**-*28* 東独，国境の自動射撃装置の撤去を開始。**10**-*22* NATOの軍事力増強に反対する平和運動の行動週間，最高潮に達する。**11**-*10* 西独，外国人失業者の本国送還に関する法律制定。**11**-*21*～*22* 西独連邦議会，NATOの二重決議をめぐる議論
1984	**2**-*13* ソ連アンドロポフ共産党書記長の葬儀に際し，モスクワでコール・ホーネッカー会談。**5**-*23* 西独，ヴァイツゼッカー(CDU)，大統領に選出。**6**-*20* 西独連立与党，200億マルクの減税となる税制改革で合意。**7**-*25* 西独，東独に9億5000万マルクの信用供与。**9**-*22* コール，ミッテランの両首脳，ヴェルダンで両大戦の犠牲者追悼式典に参加
	—— 東独の政治経済状況への不満増大，この年3万5000人が西独へ移住
1985	**2**- *4* 西独，失業者数1948年以来最高の261万人に達す。**3**-*10*～*12* ソ連共産党書記長チェルネンコ死去，後任ゴルバチョフ。葬儀に際しホーネッカーとコールのモスクワ会談，非年金生活者の西ドイツ旅行に関する取決め，東独市民の西独訪問急増。**5**-*2*～*5* 世界経済サミット，ボンで開催。**5**-*1*～*5* 米レーガン大統領，ベルゲン・ベルゼン強制収容所跡，およびビットブルク軍人墓地を訪問。**5**-*8* ヴァイツゼッカー，終戦40周年記念演説。**10**-*16* 西独，ヘッセンで最初のSPD・緑の党連立政権成立
1986	*4*-*17*～*21* 東独，SED最後の党大会(第11回)。**4**-*26* チェルノブイリ原発事故発生。**5**-*6* 東西ドイツ文化協定調印。**8**-*26* ソ連，共産党書記長ゴルバチョフ，ペレストロイカを本格化
1987	**1**-*25* 西独，統一前最後の連邦議会選挙でCDU/CSU勝利。**9**-*7*～*11* ホーネッカー議長，東独国家元首として西独を初の公式訪問。**12**-*8*～*10* 米ソ中距離核兵器廃止条約(INF)
1988	**1**-*17* 東独，ローザ・ルクセンブルクとカール・リープクネヒト殺害69周年記念集会で約120人を逮捕。**2**-*25* 東独駐留ソ連軍，中距離弾道弾の撤去を開始。**6**-*23* 西独，税制改革法案が連邦議会を通過。**9**-*1* 西独国内に配置されたパーシング2型ミサイルの撤去始まる。**11**-*25* 西独，医療保険改革法成立。**12**-*1* 東独，SED中央委員会総会でホーネッカー，改革の必要性を否定
1989	**5**- *7* 東独，地方選挙，当局の選挙操作にたいし市民の抗議。**5**-*23* 西独，ヴァイツゼッカー大統領再選される。**6**-*4* 中国で天安門事件。**6** ソ連ゴルバチョフ書記長の西独訪問。**7** 東独市民，ハンガリー経由で西独脱出開始。**9**-*10*～*11* ハンガリー，東独市民の西側への出国を許可，バイエルンへ入国。**9**-*22* 東独，新フォーラム結成。**10**-*2* ライプツィヒで過去最大規模のデモ，警察により解散させられる。**10**-*7* 東独建国40周年記念行事，ソ連共産党ゴルバチョフ書記長東独訪問し改革の必要を警告。**10**-*9* ライプツィヒで大規模な民主化・自由化要求デモ(7万人参加)。**10**-*18* ホーネッカー辞任，クレンツ後任に。**11**-*7* 東ベルリンで100万人デモ，シュトーフ内閣総辞職。**11**-*9* ベルリンの壁開放，東独国民の国外移動自由化。**11**-*17* 東独，モドロウ新首相，早期の自由選挙実施など体制改革

		を公約，西独に「条約共同体」の形成を呼びかける。***12-1*** 東独，憲法からSEDの指導的地位を削除。***12-2*** 米ソ首脳のマルタ会談。***12-7*** 東独，SEDほか各勢力からなる円卓会議。***12-9*** ギジ，SED党首に選出。***12-19*** 西独首相コール，東独外相モドロウと会談のためドレスデン訪問
1990	***1-15***	ライプツィヒ(15万人)など東ドイツ各地で統一要求デモ。***2-5*** 東独，反体制勢力の政権参加(第2次モドロウ内閣)。***2-10*** ゴルバチョフとコールのモスクワ会談，ゴルバチョフ，コールにドイツ統一に反対しない旨言明。コール首相，東独の西独への編入による統一を提唱。***3-18*** 東独人民議会初の自由選挙。***4-12*** 東独CDUなどによるデメジエール大連立政権発足。***5-18*** 両独，通貨・経済・社会同盟のための国家条約。***7-1*** 両独，西ドイツマルクへの通貨統合，1対1で交換開始。東独国有企業の民営化のための信託庁発足。***7-15*** ソ連，統一ドイツのNATO残留承認。西独，統一後のポーランド国境としてオーデル・ナイセ線を承認。***8-22～23*** 東独人民議会，西独基本法23条による東独の西独編合を決定。***8-31*** ドイツ統一条約調印。***9-12*** 両独と戦勝4カ国(2プラス4)による「ドイツ問題の最終的解決に関する条約」，モスクワにて調印。***10-3*** ドイツ統一。***11-14*** ドイツ・ポーランド間の国境再確認。***12-2*** 統一後初の総選挙，コール連立与党圧勝
1991	***1-1***	旧東独諸州，連邦共和国の税制，社会保障制度を受入れ。***1-12*** 全ドイツで20万人規模の湾岸戦争反対デモ。***4-2*** 信託庁長官ローヴェダー，暗殺される。***4-30*** 旧東独の国民車トラバントの生産終了。***5-14*** 連邦議会，旧東独諸州の再建のための連帯賦課税導入など増税を決定(***7-1*** 導入)。***6-17*** ドイツ・ポーランド善隣友好条約締結。***6-20*** 連邦議会，僅差で首都のベルリン移転を決定。***9-2*** 越境者に発砲したDDR国境警備兵にたいする最初の裁判始まる。***9-17～22*** 各地で極右による外国人排斥運動。***9-21*** 新フォーラムの一部など旧東独の市民運動団体，「90年同盟」を結成。***10-16*** 独首相コール，仏大統領ミッテラン，兵力5万人の独仏合同軍編成を発表。***12-26*** ソ連邦解体
1992	***2-6***	ドイツ・ハンガリー友好条約調印。***2-7*** マーストリヒト条約調印。***2-10*** 旧シュタージ長官ミールケにたいする裁判，ベルリンで始まる。***4-6*** EC外相会議，ボスニア・ヘルツェゴヴィナの独立を承認。***5-11*** ドイツ連邦軍兵士，はじめて国連の平和維持活動に参加。***8-22*** ロストックで極右による外国人住宅放火事件。***10-8*** 元首相・SPD党首ブラント死去。***11-8*** ベルリンで外国人への差別に反対する35万人デモ。***11-12*** ホーネッカーら旧SED指導者への裁判始まる。***11-23*** メルンの極右による放火事件でトルコ人女性3人死亡。***12-6*** ミュンヒェンで外国人差別に反対する40万人デモ
1993	***1-1***	ヨーロッパ域内市場統合。***1-13*** ホーネッカー裁判中止，チリに出国(94.***5-29*** 死亡)。***3-13*** 連邦議会と各州，旧東独地域復興のための「連帯協定」。***3-23*** ベルリン旧DDR共和国宮殿の撤去を決定。

		5-14 緑の党と90年同盟合同。5-26 連邦議会，難民法改正，安全な第三国を経由した難民の庇護権申請を認めないことに。5-30 ゾーリンゲンでの極右による暴行事件でトルコ人5名死亡。7-22 連邦軍，ソマリア派遣の国連軍に参加。10-28 夫婦別姓を認める命名法改正が成立。11-1 マーストリヒト条約発効
1994	1- 1	旧西独国鉄，旧東独のライヒスバーンとともに民営化。3-11 介護保険法制定。5-12 マクデブルクで約60人の極右の若者による外国人狩り。5-23 ヘルツォーク，連邦大統領に選出。7-12 連邦憲法裁，NATO域外における国連活動への連邦軍派遣を原則的に認める。8-1 改正雇用促進法制定。8-31 旧東独駐留ロシア軍撤退完了。10-16 連邦議会選挙，連立与党辛勝，コール政権続投。旧東独地域ではPDSの善戦。11-3 旧東独シュタージ長官ミールケにたいする裁判，健康上の理由で中止。11-28 連邦憲法裁に初の女性裁判官就任。12-31 旧東独国有財産管理のための信託庁，解散
1995	1-27	アウシュヴィッツ強制収容所解放50周年記念式典。3-21 全欧安全保障協力機構，ヨーロッパの安定に関する協定。3-26 独仏ベネルクス3国，スペイン，ポルトガル，シェンゲン協定発効。5-7～9 第2次世界大戦での対ドイツ戦勝国による50周年記念式典にはじめてヘルツォーク大統領，コール首相が招待される。5 クリスト『国会議事堂のラッピング』。6-3 NATO各国，緊急展開部隊の編成を決定。6-26～27 EU首脳会談，1999年1月1日からの欧州統一通貨導入を決定。10-27 基礎兵役期間を12カ月から10カ月に短縮
1996	4-17	新ユーゴスラヴィアを承認，国交樹立。5-5 ベルリン州とブランデンブルク州の合同を求める住民投票否決される。6-5 緊縮財政に反対してボンで労働組合による戦後最大規模の集会。30万人参加。9-4「ゴールドハーゲン論争」始まる。9-19 連邦と各州の内相，ドイツに滞在する32万5000人のボスニア難民の送還開始を決定。12-9 コール首相，仏シラク大統領と両国の安全保障政策の共通化を決定。12-13 ボスニア・ヘルツェゴヴィナへのNATO安定化部隊への連邦軍派遣を承認
1997	1-21	ドイツ・チェコ和解宣言。3-1 巡回展「絶滅戦争・国防軍の犯罪」の開催をめぐりミュンヒェンで左右両派が衝突。5-7 スイス銀行の旧ナチスの略奪金塊の引受けが明らかになる。8-25 クレンツ，シャボウスキーら旧東独政治局員に発砲命令のかどで実刑判決。11-27 ボンで4万人の大学生による大学の予算削減に反対する集会。12-11 国連環境保護会議で京都議定書採択
	——	電信電話，郵便，郵便貯金の民営化
1998	1-14	ミュールハイム・ケルリッヒ原発の運転再開中止が決定。1-16 当局による住宅の盗聴を可能とする基本法改正。2-5 1月の失業率が12.6%にのぼったことにたいして全土で失業者の抗議行動。3-1 ニーダーザクセン州で政権党SPD圧勝，シュレーダー州首相，SPDの連邦首相候補に。4-20 極左テロ組織・ドイツ赤軍(RAF)，解散を宣言。4-26 ザクセン・アンハルト州選挙で極右政党ドイツ

		民族連合(DVU)が12.9%を得票，極右政党としてはじめて州議会に進出。7-14 連邦憲法裁，新正書法導入を認める判決。9-27 連邦議会選挙，戦後初の選挙による政権交代，SPD・緑の党によるシュレーダー政権誕生。10-2 ベルリン・ポツダム広場の第１期工事完成。10-11 マルティン・ヴァルザー，ドイツ書籍商平和賞受賞，受賞公演でのユダヤ人迫害をめぐる発言が問題に。10-31 メクレンブルク・フォアポンメルン州で民主社会主義党(PDS：旧SED)，初の政権参加
1999	1- 1	欧州単一通貨ユーロ導入。1-10 CDU，外国人への二重国籍付与に反対する署名活動を開始。2-7 ヘッセン州議会選挙，SPD・緑の党敗北，CDU・FDP連立政権誕生。2-19 ヴァイマル，1999年度のヨーロッパ文化首都に選ばれる。3-11 連邦財務相・SPD党首ラフォンテーヌ，すべての公職を辞任。3-24 NATO軍，コソヴォ危機に介入，空爆を開始。4-1 雇用者による社会保障分担の下限を月給630マルクまでに引き下げる法律が制定。4-5 コソヴォからのアルバニア系避難民，100万人に達する。5-7 新国籍法制定，ドイツに８年以上在住する外国人の子供に二重国籍を認める。5-23 ラウ(SPD)，連邦大統領に選出。6-9 ユーゴスラヴィア大統領ミロシェヴィッチ，NATOの降伏勧告を受諾，ユーゴ軍コソヴォより撤退開始，コソヴォ平和軍(Kfor)進駐。6-25 ベルリンのホロコースト記念碑建設が決定。9-5 ブランデンブルク，ザールラントの州議会選挙でSPD大敗，このあとテューリンゲン州議会選とノルトライン・ヴェストファーレン地方選(ともに9-12)，ザクセン州議会選(9-19)でも敗北。10-20 トルコへの戦車輸出許可，SPDと緑の党の連立政権は紛糾。11-5 CDUへの闇献金疑惑発覚，前首相コール事実を認める(11-30)，連邦議会は査問委員会設置。12-10 グラス，ノーベル文学賞を受賞
2000	1-11	欧州裁判所の判決により，将来は女性の連邦軍での戦闘勤務が可能になることに。2-15 CDU，不正献金に関して受給した政党助成金4100万マルクの返済を命じられる。6-1 ハノーファーで万博開催(～10-31)。6-11 デッサウで極右の暴力によりモザンビーク人男性が殺害，続いて各地で同様の暴力事件続発する。6-15 連邦政府とエネルギー産業界，32年以内の原子力発電所の廃止で合意。7-14 税制改革政府案，連邦参議院を通過。7-17 ベルリンでナチスの強制労働者の補償についての米独協定調印。8-1 外国人IT技術者のドイツ国内での滞在就業を可能にするグリーン・カード制度が発効。11-24 狂牛病，ドイツ国産牛で発見される
	——	この年多発した極右による暴力事件は，年間で統一以来最多の約１万6000件に達した
2001	1-4	フィッシャー外相，70年代に警官襲撃の事実を認め謝罪。1-9 メクレンブルク・フォアポンメルンとバイエルンで再び狂牛病に感染した牛がみつかり，連邦厚生相フィッシャーと農相フンケが辞任。

		1-*21* 中国，ドイツ製高速鉄道(リニアモーターカー)トランスラピッドの購入を決定。***1***-*26* 修正年金改革法案，連邦議会を通過。2030年からの年金水準の引下げなど。***2***-*15* 狂牛病対策法成立。***2***-*26* EU 拡大を準備するニース条約の調印。***3***-*1* ドイツ，朝鮮民主主義人民共和国(北朝鮮)と外交関係を樹立。***3***-*2* コール，献金者の名前を明かさないまま罰金とひきかえに不正献金疑惑での訴追を免れることが決定。***3***-*19* 統一サービス業従事者労働組合 ver. di.発足。***3***-*25* ラインラント・プファルツ，バーデン・ヴュルテンベルクで州議会選挙，それぞれ CDU と SPD の政権党が勝利。***3***-*30* 連邦議会，連邦参議院，連邦憲法裁判所に極右政党国家民主党の禁止動議を提出。***3*** 核燃料輸送をめぐり環境団体と警官隊が衝突。***5***-*30* ドイツ政府と経済界，約150万人のナチス元強制労働者に計100億マルクを補償する基金財団発足。***6***-*16* ベルリンで CDU・SPD の大連立政権への不信任案可決され SPD・緑の党の連立政権誕生。***6***-*22* 経営組織法改正法成立。***6***-*23* 州間の財政の不均衡を是正する第 2 次連帯協定成立，2019年まで旧西独から東独地域の諸州への資金援助

(辻　英史)

■ 参考文献

I　ドイツ史全体に関するもの

(1)　成瀬治・山田欣吾・木村靖二編『世界歴史大系　ドイツ史』1〜3 山川出版社　1996〜97
(2)　木村靖二編『ドイツの歴史』有斐閣　2000
(3)　西川正雄編『ドイツ史研究入門』東京大学出版会　1984
(4)　ミッタイス＝リーベリッヒ『ドイツ法制史概説(改訂版)』創文社　1971
(5)　F. ハルトゥング，成瀬治他訳『ドイツ国制史』岩波書店　1980
(6)　坂井榮八郎『ドイツ　歴史の旅(増補)』朝日新聞社　1992
(7)　坂井榮八郎『ヒストリカルガイド　ドイツ・オーストリア』山川出版社　1999
(8)　加藤雅彦他編『事典　現代のドイツ』大修館書店　1998
(9)　Ulf Dirlmeier u.a., *Kleine deutsche Geschichte,* Philipp Reclam jun, Stuttgart, 1998.

(1)は邦語文献ではもっとも詳しく，最新の研究成果を反映させたドイツ通史である。巻末の文献目録は，さらに立ち入って検討したい人に有益である。(2)はそれぞれの時期を代表する主題でまとめた入門的ドイツ史。(3)はやや古くなったが，本格的にドイツ史を学びたい人にとって必須の研究案内・文献解題。(4)(5)は国制や法制を中心にした通史である。(6)(7)は著者の体験をもとにしたユニークなドイツ史，ドイツ・オーストリア案内である。(8)は現代ドイツの包括的な案内であるが，ドイツ史を知るにはドイツの現状についてのドイツ学的知識は欠かせない。(9)はドイツ語文献，手軽なレクラム版でありながら，それぞれの時代をわかりやすく展望した通史である。

II　各章に関するもの

第1章　フランク帝国の遺産

(1)　堀米庸三『ヨーロッパ中世世界の構造』岩波書店　1976

⑵　増田四郎『西洋中世世界の成立』（講談社学術文庫）講談社　1996
⑶　野崎直治『ドイツ中世農村史の研究』創文社　1985
⑷　山田欣吾『教会から国家へ――古相のヨーロッパ』創文社　1992
⑸　タキトゥス，泉井久之助訳『ゲルマニア(改訂版)』（岩波文庫）岩波書店　1979
⑹　カエサル，國原吉之助訳『ガリア戦記』（講談社学術文庫）講談社　1994
⑺　トゥールのグレゴリウス，兼岩正夫・臺幸夫訳『歴史十巻(フランク史)』Ⅰ・Ⅱ　東海大学出版会　1975・77
⑻　ピエール・リシェ，岩村清太訳『カロリング期の生活世界』東洋館出版社　1988
⑼　クリストファー・ドーソン，野口啓祐・草深武・熊倉庸介訳『ヨーロッパの形成』創文社　1988
⑽　森義信『西欧中世軍制史論』原書房　1988
⑾　Arnold, Benjamin, *Medieval Germany 500-1300,* London, 1997.

⑴⑵はいずれも，この時期のドイツ史を広くかつ高い視野からとらえた古典的著作で，必読の基本書。⑶は古ゲルマン社会に関する古典学説の批判を踏まえて新しいゲルマン社会像を示している。⑷は聖俗混交の「古相のヨーロッパ」をめぐる精密な論文集で，学術的価値は極めて高い。日本におけるドイツ中世史研究に大きな影響を与えている。⑸⑹はゲルマンの社会に関する同時代人の記録で，資料的価値は高い。⑺は6世紀トゥールの司教によって描かれた，フランク王国，とくにメロヴィングの時代の歴史であり，これも資料として重要である。⑻はカロリングとくにカール大帝の時代の，政治，文化，教育，生活等に関する包括的な著述で，⑼はキリスト教との関係で「ヨーロッパの形成」を描き出している。⑽は軍制の観点からフランク王国の国制に迫っており興味深い。⑾は諸部族と王国・帝国の双方の動きに視点を定め，長い時間帯にわたる「中世ドイツ」の変化と特質を描いている。

第２章　苦闘する神聖ローマ帝国

⑴　マルク・ブロック，森岡敬一郎他訳『封建社会』1・2　みすず書房　1973・77
⑵　阿部謹也『阿部謹也著作集』全10巻　筑摩書房　1999～2000
⑶　山田欣吾『国家そして社会――地域史の視点』創文社　1992

(4) F. V. ラウマー，柳井尚子訳『騎士の時代』法政大学出版局 1992
(5) 山内進『北の十字軍——ヨーロッパの北方拡大』講談社 1997
(6) 服部良久『ドイツ中世の領邦と貴族』創文社 1998
(7) 高橋理『ハンザ同盟——中世都市と商人たち』教育社 1980
(8) 佐久間弘展『ドイツ手工業・同職組合の研究』創文社 1999
(9) 山本文彦『近世ドイツ国制史研究——皇帝・帝国・クライス・諸侯』北海道大学図書刊行会 1995
(10) ギュンター・フランツ，中村賢二郎他訳『ドイツ農民戦争』未来社 1989
(11) 森田安一『ルターの首引き猫——木版画で読む宗教改革』山川出版社 1993
(12) Berman, Harold J., *Law and Revolution*, Cambridge, 1983(独訳 *Recht und Revolution, Die Bildung der westlichen Rechtsdtradition,* Frankfurt a.M., 1995.)

(1)は封建制に関する古典的名著。岩波書店からも堀米庸三監訳による翻訳が出されている。(2)はドイツを中心に据えた，ヨーロッパ中世をめぐる社会史の著作集。中世という宇宙とそこに暮らす人々の心のひだにまで迫る叙述は画期的で，そのどれもが鮮烈な印象を与える。第10巻に収録されている『ドイツ中世後期の世界——ドイツ騎士修道会史の研究』は，ドイツ騎士修道会に関する，精緻な実証的研究。(3)は「地域」という新しい独自の観点からおこなわれた，とくにザクセン朝期ドイツの国制史研究。(4)はシュタウフェン家とヴェルフェン家との攻防を軸に，シュタウフェン朝期における帝国の歴史を詳細に描き出している。ほかに類書がないので，有益である。(5)は異教徒の住むプロイセンやバルト地域への，ドイツとヨーロッパの拡大を十字軍とのかかわりのなかでとらえている。(6)は領邦国家の実相に迫る実証的研究。ドイツにおける研究史上の重要論点を踏まえつつ綿密に研究がおこなわれており，日本におけるドイツ中世史研究の水準の高さを示している。(7)はハンザ同盟に関する基本的な知識を与えてくれる。(8)は14〜17世紀ニュルンベルクを中心にドイツにおける手工業・同職組合のあり方に関して詳細な研究をおこなっている。(9)は15・16世紀における帝国改革の問題を，とくにクライスとの関係でわかりやすく論じている。(10)は農民戦争を全体的に描き出した大作で，このテーマに関する古典といってよい。(11)は木版画による宗教改革の拡大過程を描き出した好著。巻末の文献案内は有益である。(12)は教皇革命という概念を軸に西洋法文化

の形成を論じ，アメリカ法律家協会書籍賞をえた著作。ヨーロッパの歴史的変化とのかかわりのなかでドイツ史を理解することの重要性を感じさせる刺激的な作品である。

第3章　三十年戦争と絶対主義的領邦国家の形成

⑴　エーベルハルト・ヴァイス，和田卓朗訳「近世社会の諸構造と発展」『法学雑誌』44-4〜47-1　1998-2000

⑵　ゲルハルト・エストライヒ，阪口修平・千葉徳夫・山内進編訳『近代国家の覚醒——新ストア主義・身分制・ポリツァイ』創文社　1993

⑶　渋谷聡『近世ドイツ帝国国制史研究——等族制集会と帝国クライス』ミネルヴァ書房　2000

⑷　フリッツ・ハルトゥング他，成瀬治監訳『伝統社会と近代国家』岩波書店　1982

⑸　成瀬治『絶対主義国家と身分制社会』山川出版社　1988

⑹　神寶秀夫『近世ドイツ絶対主義の構造』創文社　1994

⑺　上山安敏『ドイツ官僚制成立論』有斐閣　1964

⑻　阪口修平『プロイセン絶対王政の研究』中央大学出版部　1988

⑼　リヒャルト・ファン・デュルメン，佐藤正樹訳『近世の文化と日常生活』1-3　鳥影社　1993-1998

⑽　成瀬治『伝統と啓蒙——近世ドイツの思想と宗教』法政大学出版局　1988

⑾　藤田幸一郎『手工業の名誉と遍歴職人——近世ドイツの職人世界』未来社　1994

⑿　ヨーゼフ・クーリッシェル，松田智雄監修『ヨーロッパ近世経済史』東洋経済新報社　1982

⒀　Press, Volker, *Kriege und Krisen,* München, 1991.

⑴は中世末から1848年までのドイツの社会の構造とその変化を概観したものであり，本章のみならず，第4章，第5章に関しても有効。⑵は近世における国家形成を，政治思想や身分制との関係で論じたもの。⑶は最近注目されている16・17世紀の帝国の問題を扱っている。⑷は絶対主義に関する国制史や法制史上の諸問題について論じたドイツの重要な17の論文の邦訳で，⑸はわが国における新しい絶対主義研究に道を拓いた著者の論文集。⑹はエルベ川以西における中・小領邦の絶対主義の法的構造を解き明かしている。⑺はプロイセン絶対主義国家に関するわが国での古典的な研

究で，(8)は社会・国制史的な観点から，プロイセン絶対主義における身分制，官僚制，軍隊を考察している。(9)は16～18世紀における社会生活を，家，村と町，宗教や文化に即して包括的に描写している。(10)は16～19世紀前半までのドイツにおける社会思想や宗教思想について論じた著者の論文集であり，(11)は職人の世界を名誉の観念を中心として見事に描いている。(12)はヨーロッパにおける近世経済史の古典的なもので，今日でも基本文献。(13)は17世紀のドイツを危機の時代としてとらえた優れた概説書である。

第4章　啓蒙の世紀

(1)　ウォールタ・ホリス・ブリュフォード，上西川原章訳『18世紀のドイツ――ゲーテ時代の社会的背景』三修社　1978
(2)　坂井榮八郎『ゲーテとその時代』朝日新聞社　1996
(3)　屋敷二郎『紀律と啓蒙――フリードリヒ大王の啓蒙絶対主義』ミネルヴァ書房　1999
(4)　増井三夫『プロイセン近代公教育成立史研究』亜紀書房　1996
(5)　丹後杏一『オーストリア近代国家形成史』山川出版社　1986
(6)　ウルリヒ・イム・ホーフ，成瀬治訳『啓蒙の世紀』平凡社　1998
(7)　西村稔『文士と官僚――ドイツ教養官僚の淵源』木鐸社　1998
(8)　寺田三夫『民衆啓蒙の世界像――ドイツ民衆学校読本の展開』ミネルヴァ書房　1996
(9)　ウルリヒ・ブレーカー，阪口修平・鈴木直史訳『スイス傭兵ブレーカーの自伝』刀水書房　2000
(10)　M. リーデル，河上倫逸・常俊宗三郎訳『市民社会の概念史』以文社　1990
(11)　Demel, Walter, *Vom aufgeklarten Reformstaat zum bürokratischen Staatsabsolutismus,* München, 1993.

(1)は18世紀ドイツにおける社会と文化についての概説書。(2)はゲーテの生涯を，その時々のドイツの政治，社会，文化と絡ませながら描写した好論。(3)はフリードリヒ大王の思想について，(4)は18世紀後半のプロイセンにおける公教育の成立についての今日的な水準を示す著作。(5)はマリア・テレジアとヨーゼフ2世治下のオーストリアを概観したもの。(6)は18世紀後半の啓蒙の世界を鳥瞰したものであり，(7)は啓蒙の時代の知識層を官僚を中心に論じている。(8)は民衆学校の教科書の分析を通じて民衆の啓蒙を論じた好論。(9)は同時代の下層民であるブレーカーの自伝であるが，とく

にプロイセンの軍隊生活に関する叙述は興味深い。⑽は今日のドイツにおける概念史の研究の優れた成果。⑾は啓蒙絶対主義と19世紀初頭の諸改革を連続したものとして説いている興味深い著作。

第５章　自由主義と保守主義

⑴　石川澄雄『シュタインとその時代――プロイセン改革小史』御茶の水書房　1972
⑵　末川清『近代ドイツの形成――「特有の道」の起点』晃洋書房　1996
⑶　坂井榮八郎『ドイツ近代史研究――啓蒙絶対主義から近代的官僚国家へ』山川出版社　1998
⑷　東畑隆介『ドイツ自由主義史序説』近代文藝社　1994
⑸　栗城寿夫『ドイツ初期立憲主義の性格――バーデンにおける憲法生活を中心として』有斐閣　1965
⑹　藤田幸一郎『近代ドイツ農村社会経済史』未来社 1984
⑺　藤田幸一郎『都市と市民社会――近代ドイツ都市史』青木書店　1988
⑻　ハンス・モッテク，大島隆雄『ドイツ経済史　1789-1871年』大月書店　1980
⑼　フリードリヒ＝ヴィルヘルム・ヘニング，林達・柴田英樹訳『ドイツの工業化　1800-1914』学文社　1997
⑽　北住炯一『近代ドイツ官僚国家と自治――社会国家への道』成文堂　1990
⑾　三成賢次『法・地域・都市――近代ドイツ地方自治の歴史的展開』敬文堂　1997
⑿　Gall, Lotar, *Von der ständischen zur bürgerlichen Gesellschaft,* München, 1993

⑴はプロイセン改革についての概説書。⑵は19世紀前半のドイツを「ドイツ特有の道」の観点から考察したものであり，⑶は啓蒙絶対主義から第二帝政までを，前近代と近代の絡みのなかで検討した著者の刺激的な論文集。⑷は三月前期におけるドイツ自由主義の政治思想を扱い，⑸はバーデンにおける初期立憲主義を多面的に論じている。⑹⑺は，それぞれ農村と都市における社会構造の変化を考察しながら，大衆的窮乏化を明らかにしている。⑻は19世紀のドイツの経済史をマルクス主義的立場から，⑼は自由主義的立場から分析したもの。⑽はプロイセン地方自治の発展を，東部地域を中心に，⑾はライン州を中心に，ともに精緻な考察をおこなってい

る。⑿は身分制社会から初期市民社会への移行とそのあいだの諸問題を扱った優れた概説書。

第6章　近代社会の形成と国家統一

これ以降のドイツ史に関する文献には，19世紀半ばのドイツ帝国成立から1945年の崩壊，第二次世界大戦後の両ドイツまでの時期の歴史全体，あるいはその時期の特定の主題を扱ったものが少なくない。そこで最初にAで，第6～8章にまたがる包括的な文献をあげ，この章にかかわる文献はBで紹介する。Aであげられた文献は，以後の7，8章に関しても参考とすべき文献である。

A

⑴　望田幸男・三宅正樹編『概説ドイツ史(新版)』有斐閣　1992
⑵　飯田収治ほか『ドイツ現代政治史(新版)』ミネルヴァ書房　1996
⑶　オットー・ダン，末川清ほか訳『ドイツ国民とナショナリズム　1770-1990』名古屋大学出版会　1999
⑷　ゲオルゲ・モッセ，佐藤卓己・佐藤八寿子訳『大衆の国民化』柏書房　1994
⑸　G. A. リッター，木谷勤他訳『社会国家　その成立と発展』晃洋書房　1993
⑹　アルフレート・ファークツ，望田幸男訳『ミリタリズムの歴史』福村出版　1994
⑺　三宅正樹『日独政治外交史研究』河出書房新社　1996
⑻　矢野久，アンゼルム・ファウスト編『ドイツ社会史』有斐閣　2001
⑼　ウーテ・フレーフェルト，若尾祐司他訳『ドイツ女性の社会史』　晃洋書房　1990
⑽　種田明『ドイツ技術史の散歩道』同文舘　1993
⑾　バーバラ・ジェラヴィッチ，矢田俊隆訳『近代オーストリアの歴史と文化』山川出版社　1994

⑴は19世紀以降の主要なドイツ史のテーマを軸にまとめた概説。⑵は政治システムの変遷を中心に描いた通史。⑶はドイツにおける近代的な国民意識の成立，展開を通観したもの。⑷は国民国家と大衆政治の登場という観点からドイツ近現代史の特徴を跡づけたもの。⑸⑹は，それぞれドイツだけを対象にしたものではないが，前者は社会政策と福祉国家の発展を，後者は近世以降のミリタリズム(軍国主義)の歴史を扱った通史で，ともに

ドイツが重要な位置を占める主題である。⑺はミリタリズムの問題を日本との比較を意識して論じたもので，日独交流史としても有用である。⑻は社会構造と社会層の動向を通してドイツ近現代史の展開を分析した通史で，近年研究が進んだ女性史は⑼が概観する。⑽は具体的な技術者や技術開発で描いたドイツの科学技術史。⑾はハプスブルク帝国とその後のオーストリアの通史である。

B

⑴ シュターデルマン，大内宏一訳『1848年ドイツ革命史』創文社　1978
⑵ 川越修『ベルリン　王都の近代』ミネルヴァ書房　1988
⑶ 望田幸男『近代ドイツの政治構造』ミネルヴァ書房　1972
⑷ 望田幸男『ドイツ統一戦争』教育社　1979
⑸ ロタール・ガル，大内宏一訳『ビスマルク――白色革命家』創文社　1988
⑹ 木谷勤『ドイツ第二帝制史研究』青木書店　1977
⑺ ハンス＝ウルリヒ・ヴェーラー，大野英二・肥前栄一訳『ドイツ帝国 1871-1918』未来社　1983
⑻ 安世舟『ドイツ社会民主党史序説』御茶ノ水書房　1973
⑼ Berghahn, Volker, *Imperial Germany, 1871-1914. Economy, Society,Culture, and Politics,* Berghahn Books, 1994.
⑽ Seligmann, Matthew, Roderick McLean, *Germany from Reich to Republic, 1871-1918.* MacMillan, 2000.

⑴は四八年革命史の優れた概観，⑵は社会的分析で，ベルリンの革命に詳しい。⑶は憲法闘争を主題に1850～60年代の政治動向を分析する。⑷は統一過程の三つの戦争とその背後の政治状況を簡潔に記述する。⑸はビスマルク伝の決定版と評価されている研究。⑹は帝政支配の全体構造の解明を試みたマルクス主義歴史学の優れた成果。⑺はドイツの代表的な社会構造史家の手になる論争を呼んだ概観。⑻はドイツ社会民主党と社会主義的労働運動史で第二帝政期全体を扱う。⑼⑽は英語文献であるが，前者は社会構造史に，後者は政治史に重点がある通史。

第７章　新興工業国家の繁栄と社会の亀裂

⑴ リチャード・エヴァンズ編，望田幸男・若原憲和訳『ヴィルヘルム時代のドイツ』晃洋書房　1988
⑵ 飯田芳弘『指導者なきドイツ帝国』東京大学出版会　1999

(3)　義井博『カイザー　ドイツの世界政策と第一次世界大戦』清水書院　1976
(4)　杉原達『オリエントへの道――ドイツ帝国主義の社会史』藤原書店　1990
(5)　望田幸男『軍服を着る市民たち――ドイツ軍国主義の社会史』有斐閣　1983
(6)　足立芳宏『近代ドイツの農村社会と農業労働者』京都大学出版会　1997
(7)　竹中亨『近代ドイツにおける復古と改革』晃洋書房　1996
(8)　ハンス-ヨーゼフ・シュタインベルク，時永淑・堀川哲訳『社会主義とドイツ社会民主党』御茶ノ水書房　1983
(9)　Retallack, James, *Germany in the Age of Kaiser Wilhelm II,* MacMillan, 1996.

(1)はヴェーラーらのドイツ史解釈を批判するイギリスの研究者の論文集で，ヴィルヘルム期の女性・農民・労働者・文化などを扱っている。(2)はヴィルヘルム期の政治構造の変化を分析した研究。(3)は世界政策の概観で，(4)はオスマン帝国地域へのドイツの進出の思想的・社会的背景を立ち入って分析している。(5)は市民層の権威主義的ナショナリズムへの傾斜を明らかにし，(7)は農民運動と反ユダヤ主義との結びつきを分析している。(6)はあまり知られることのない農村社会の状況を紹介，解明した研究。(8)は社会民主党のマルクス主義理解や修正主義などの論争を概観する。(9)はこれまでのヴィルヘルム時代研究の成果と問題点をまとめている。

第8章　両世界大戦と現代の暗転

(1)　アルトゥール・ローゼンベルク，足利末男訳『ヴァイマル共和国成立史』みすず書房　1969
(2)　デートレフ・ポイカート，小野清美他訳『ワイマル共和国』名古屋大学出版会　1993
(3)　山口定『ヒトラーの台頭――ワイマール・デモクラシーの悲劇』(朝日文庫) 朝日新聞社　1990
(4)　平井正・岩村行雄・木村靖二『ワイマール文化』有斐閣　1987
(5)　E. コルプ，柴田敬二訳『ワイマル共和国』刀水書房　1988
(6)　カール・D・ブラッハー，山口定・高橋進訳『ドイツの独裁』Ⅰ・Ⅱ　岩波書店　1975

(7) ノルベルト・フライ，芝健介訳『総統国家』岩波書店　1994
(8) デートレフ・ポイカート，木村靖二・山本秀行訳『ナチス・ドイツ』三元社　1991
(9) バーリー，ヴィッパーマン，柴田敬二訳『人種主義国家ドイツ 1933-1945』刀水書房　2001
(10) Chickering, Roger, *Imperial Germany and the Great War, 1914-1918,* Cambridge University Press, 1998.
(11) Kershaw, Ian, *Hitler,* 2 vols., Norton, 1999-2001.

(1)は第二帝政史であるが，第一次世界大戦とドイツ革命に重点がある。内容はやや古いが，古典的研究としてなお重要である。(10)は大戦期のドイツの目配りのきいた概観。(2)は近代の衝撃という新しい視点からの社会史に力をいれた共和国史で，(3)は新しい成果を盛り込んだ政治史である。(4)は政治・文化状況を簡潔に紹介した入門。(5)は研究史や個別主題の成果をまとめた定評ある研究案内である。(6)はナチス・ドイツの通史で政治史に重点があり，(7)は新しい成果に基づく戦後世代研究者の概観である。(8)はナチ社会史の先駆的な研究であり，(9)はそうした視点を受けて人種主義的ヒエラルヒー社会としてのナチス・ドイツを解明している。(11)は最新かつもっとも詳しいヒトラーの伝記である。

第9章　分断国家の成立・安定・変容

(1) ヴェルナー・アーベルスハウザー，酒井昌美訳『現代ドイツ経済論 1945－80年代にいたる経済史構造分析』朝日新聞社　1994
(2) クリストフ・クレスマン，石田勇治・木戸衛一訳『戦後ドイツ史 1945-1955：二重の建国』未来社　1995
(3) ペーター・レッシェ，フランツ・ヴァルター，岡田浩平訳『ドイツ社会民主党の戦後史——国民政党の実践と課題』三元社　1996
(4) 村上淳一，ハンス・ペーター・マルチュケ『ドイツ法入門』有斐閣　1991
(5) 三島憲一『戦後ドイツ——その知的歴史』岩波書店　1991
(6) Bracher, K. D., T. Eschenburg, J. Fest und E. Jäckel (Hg.), *Geschichte der Bundesrepublik Deutschland,* 6 Bde., Stuttgart, 1981-86.
(7) Ritter, Gerhard A., *Über Deutschland. Die Bundesrepublik in der deutschen Geschichte,* München, 1998.

(1)は経済史の観点から戦後西ドイツの歴史を概観するものだが，より長

期的な経済発展の視点から，マーシャル・プランや通貨改革が経済復興に及ぼした影響を相対化する点で興味深い。(2)は対象とする時期が戦後の10年間に限定されてはいるが，東西ドイツ社会に等距離な視点からそれらの変化を描こうとする現在なお稀有な試みの一つ。(3)は戦後のドイツ社会民主党(SPD)を，時代に応じたその変化をも含めて包括的に分析したもの。(4)は入門書だが，法治国家としての側面を強くもつドイツの政治社会を基本法など法律の側面からアプローチするうえでの手引きとして便利である。(5)は広い意味での知識人による知的営為を通じてドイツ社会の特質をあぶり出そうとするもの。(6)は占領期からシュミット政権にいたる戦後西ドイツの歴史を詳しく叙述したスタンダードな通史。図版も豊富である。(7)は(2)と同じく東西双方の社会を，統一前と後の段階に応じてその基本的特徴を概観するもの。最近の専門論文も広く参照しながら，全体としても簡潔にまとめている。

第10章　統一ドイツ

(1)　坂井榮八郎・保坂一夫編『ヨーロッパ＝ドイツへの道』東京大学出版会　1996

(2)　高橋進『歴史としてのドイツ統一――指導者たちはどう動いたか』岩波書店　1999

(3)　Jarausch, Konrad H. und Martin Sabrow (Hg.), *Weg in den Untergang. Der innere Zerfall der DDR,* Göttingen, 1999.

(4)　Katzenstein, Peter J. (ed.), *Tamed Power. Germany in Europe,* Cornell University Press 1997.

(1)は統一後５年を経過したドイツについて，法，政治，外交，歴史など多面的に分析しようと試みた論文集。(2)はドイツ統一の対外的側面について，各国リーダーの行動を手がかりとしてその過程を再構成しようとする。(3)は資料の公開を受け，さまざまな方法と視角から急速に進展しつつある東ドイツの体制崩壊研究の現状を知ることができる論文集の一つ。(4)は統一ドイツの対ヨーロッパ，EU 政策の特質を，統一ドイツの政治構造から説明しようとするもの。国際政治学における主流であるリアリズムを批判する観点をもつ。

■ 歴代統治者一覧

［　］内は生没年

カロリング帝国

カロリング家 Karolinger

768-814　カール「大帝」Karl der Große［742.4.2-814.1.28］800.12.25から皇帝 römischer Kaiser

814-840　ルートヴィヒ1世「敬虔帝」Ludwig der Fromme［778-840.6.20］814から皇帝

843-876　ルートヴィヒ2世「ドイツ人王」Ludwig der Deutsche［804頃-876.8.28］東フランク王 ostfränkischer König

876-882　ルートヴィヒ3世 Ludwig III, der Jüngere［835-882.1.20］東フランク王

876-887　カール3世 Karl III, der Dicke［839-888.1.13］881から皇帝

887-899　アルヌルフ Arnulf von Kärnten［850頃-899.12.8］896から皇帝

900-911　ルートヴィヒ4世「幼童王」Ludwig das Kind［893-911.9.24］東フランク王

ドイツ王国

コンラート家 Konradiner

911-918　コンラート1世 Konrad I(初代ドイツ王 erster deutscher König)［？-918.12.23］

ザクセン家 Ottonen (sächsisches Haus)

919-936　ハインリヒ1世 Heinrich I［875頃-936.7.2］

神聖ローマ帝国 962-1806

ザクセン家 Ottonen (sächsisches Haus)

936-973　オットー1世「大帝」Otto I, der Große［912.11.23-973.5.7］962から皇帝

961-983　オットー2世 Otto II［955-983.12.7］973から皇帝

983-1002　オットー3世 Otto III［980-1002.1.23］996から皇帝

1002-24　ハインリヒ2世 Heinrich II［973.5.6-1024.7.13］1014から皇帝

ザーリアー家 Salier (fränkisches Haus)

1024-39　コンラート2世 Konrad II［990頃-1039.6.4］1027から皇帝

1039-56　ハインリヒ3世 Heinrich III［1017.10.28-1056.10.5］1046から皇帝

1056-1106　ハインリヒ4世 Heinrich IV［1050.11.11-1106.8.7］1084から皇帝

1106-25　ハインリヒ5世 Heinrich V［1081-1125.5.23］1111から皇帝

ザクセン家　Supplinburger

1125-37　ロータル3世 Lothar III［1075頃-1137.12.3］1133から皇帝

シュタウフェン家 Staufer (Hohenstaufen)

1138-52　コンラート3世 Konrad III［1093-1152.2.15］

1152-90　フリードリヒ1世(バルバロッサ) Friedrich I, Barbarossa [1122頃-1190.6.10] 1155から皇帝

1169-97　ハインリヒ6世 Heinrich VI [1165-1197.9.28] 1191から皇帝

ヴェルフェン家 Welfen

1198-1215　オットー4世 Otto IV von Braunschweig [1176/77-1218.5.19] 1209から皇帝

シュタウフェン家 Staufer (Hohenstaufen)

1198-1208　フィリップ Philipp von Schwaben [1180頃-1208.6.21]

1212-50　フリードリヒ2世 Friedrich II [1194.12.26-1250.12.13] 1220から皇帝

1237-54　コンラート4世 Konrad IV [1228.4.25-1254.5.21]

大空位時代 Interregnum

1248-57　ヴィルヘルム・フォン・ホラント Wilhelm von Holland [1227-1256.1.28]

1257-75　アルフォンソ10世 Alfonso X de Castilla [1221-1284.4.4]

1257-72　リチャード・オブ・コーンウォル Richard of Cornwall [1209.1.5-1272.4.2]

諸家

1273-91　ルードルフ1世 (ハプスブルク家) Rudolf I von Habsburg [1218.5.1-1291.7.15]

1292-98　アドルフ(ナッサウ家) Adolf von Nassau [1250頃-1298.7.2]

1298-1308　アルブレヒト1世(ハプスブルク家) Albrecht I von Habsburg [1255頃-1308.5.1]

1308-13　ハインリヒ7世(ルクセンブルク家) Heinrich VII von Luxemburg [1275頃-1313.8.24] 1312から皇帝

1314-47　ルートヴィヒ4世(ヴィッテルスバハ家) Ludwig IV, der Bayer (Wittelsbach) [1287-1347.10.11] 1328から皇帝

1314-30　フリードリヒ3世「美公」(ハプスブルク家) Friedrich der Schöne, von Österreich [1286頃-1330.1.13]

1346-78　カール4世(ルクセンブルク家) Karl IV von Luxemburg [1316.5.14-1378.11.29] 1354から皇帝

1376-1400　ヴェンツェル(ルクセンブルク家) Wenzel von Luxemburg [1361.2.26-1419.8.16]

1400-10　ループレヒト(ヴィッテルスバハ家) Ruprecht von der Pfalz (Wittelsbach) [1352-1410.5.18]

1410-11　ヨープスト(ルクセンブルク家) Jobst von Luxemburg [1354頃-1411.1.17]

1410-37　ジギスムント(ルクセンブルク家) Sigismund von Luxemburg [1368.2.15-1437.12.9] 1433から皇帝

ハプスブルク家 Habsburger

1438-39　アルブレヒト2世 Albrecht II [1397.8.16-1439.10.27]

1440-93　フリードリヒ3世 Friedrich III [1415.9.21-1493.8.19] 1452から皇帝(ローマで戴冠した最後の皇帝)

1486-1519　マクシミリアン1世 Maximilian I [1459.3.22-1519.1.12] 1508から皇帝(ローマで戴冠しなかった最初のローマ皇帝)

1519-56　カール5世 Karl V［1500.2.24-1558.9.21］1530から皇帝(ボローニャで戴冠。イタリアで教皇によって戴冠された最後の皇帝)
1531-64　フェルディナント1世 Ferdinand I［1503.3.10-1564.7.25］1558から皇帝
1562-76　マクシミリアン2世 Maximilian II［1527.8.1-1576.10.12］(フランクフルトで国王選挙ののち皇帝戴冠)
1576-1612　ルードルフ2世 Rudolf II［1552.7.18-1612.1.20］
1612-19　マティアス Matthias［1557.2.24-1619.3.20］
1619-37　フェルディナント2世 Ferdinand II［1578.7.9-1637.2.15］
1637-57　フェルディナント3世 Ferdinand III［1608.7.13-1657.4.2］
1658-1705　レーオポルト1世 Leopold I［1640.6.9-1705.5.5］
1705-11　ヨーゼフ1世 Joseph I［1678.7.26-1711.4.17］
1711-40　カール6世 Karl VI［1685.10.1-1740.10.20］

ヴィッテルスバハ家 Wittelsbacher

1742-45　カール7世アルブレヒト Karl VII Albrecht［1697.8.6-1745.1.20］

ハプスブルク＝ロートリンゲン家 Habsburg-Lothringer

1745-65　フランツ1世シュテファン Franz I Stephan［1708.12.8-1765.8.18］
1765-90　ヨーゼフ2世 Joseph II［1741.3.13-1790.2.20］
1790-92　レーオポルト2世 Leopold II［1747.5.5-1792.3.1］
1792-1806　フランツ2世 Franz II［1768.2.12-1835.3.2］1804からフランツ1世 Franz Iとしてオーストリア皇帝 Kaiser von Österreich

ドイツ帝国 1871-1918

【皇帝 Kaiser】

ホーエンツォレルン家

1871-88　ヴィルヘルム1世 Wilhelm I［1797.3.22-1888.3.9］1861からプロイセン王 preußischer König
1888　フリードリヒ3世 Friedrich III［1831.10.18-1888.6.15］
1888-1918　ヴィルヘルム2世 Wilhelm II［1859.1.27-1941.6.4］

【帝国宰相 Reichskanzler】

1871-90　オットー・フォン・ビスマルク Otto von Bismarck［1815.4.1-1898.7.30］
1890-94　レーオ・フォン・カプリーヴィ Georg Leo Graf von Caprivi［1831.2.24-1899.2.6］
1894-1900　クロートヴィヒ・フォン・ホーエンローエ Chlodwig Fürst zu Hohenlohe-Schillingsfürst［1819.3.31-1901.7.6］
1900-09　ベルンハルト・フォン・ビューロー Bernhard Fürst von Bülow［1849.5.3-1929.10.28］
1909-17　テオバルト・フォン・ベートマン＝ホルヴェーク Theobald von Bethmann-Hollweg［1856.11.29-1921.1.2］
1917　ゲオルク・ミヒャエーリス Georg Michaelis［1857.9.8-1936.7.24］
1917-18　ゲオルク・ヘルトリング Georg Graf von Hertling［1843.8.31-1919.1.4］

1918　マクス・フォン・バーデン Prinz Max von Baden［1867.7.10-1929.11.6］

ヴァイマル共和国・「第三帝国」1919-45

【大統領 Reichspräsidenten】

1919-25　フリードリヒ・エーベルト Friedrich Ebert［1871.2.4-1925.2.28］

1925-34　パウル・フォン・ヒンデンブルク Paul von Hindenburg［1847.10.2-1934.8.2］

1934-45　アドルフ・ヒトラー Adolf Hitler［1889.4.20-1945.4.30］

1945　カール・デーニッツ Karl Dönitz［1891.9.16-1980.12.24］

【首相 Reichskanzler】

1919　フィリップ・シャイデマン Philipp Scheidemann［1865.7.26-1939.11.29］(SPD)

1919-20　グスタフ・バウアー Gustav Bauer［1870.1.6-1944.9.16］(SPD)

1920　ヘルマン・ミュラー Hermann Müller［1876.5.18-1931.3.20］(SPD)

1920-21　コンスタンティン・フェーレンバハ Konstantin Fehrenbach［1852.1.11-1926.3.26］(Zentrum)

1921-22　ヨーゼフ・ヴィルト Joseph Wirth［1879.9.6-1956.1.3］(Zentrum)

1922-23　ヴィルヘルム・クーノ Wilhelm Cuno［1876.7.2-1933.1.3］

1923　グスタフ・シュトレーゼマン Gustav Stresemann［1878.5.10-1929.10.3］(DVP)

1923-25　ヴィルヘルム・マルクス Wilhelm Marx［1863.1.15-1946.8.5］(Zentrum)

1925-26　ハンス・ルター Hans Luther［1879.3.10-1962.5.11］

1926-28　ヴィルヘルム・マルクス Wilhelm Marx［1863.1.15-1946.8.5］(Zentrum)

1928-30　ヘルマン・ミュラー Hermann Müller［1876.5.18-1931.3.20］(SPD)

1930-32　ハインリヒ・ブリューニング Heinrich Brüning［1885.11.26-1970.3.30］(Zentrum)

1932　フランツ・フォン・パーペン Franz von Papen［1879.10.29-1969.5.2］(Zentrum)

1932-33　クルト・フォン・シュライヒャー Kurt von Schleicher［1882.4.7-1934.6.30］

1933-45　アドルフ・ヒトラー Adolf Hitler［1889.4.20-1945.4.30］(NSDAP)

1945　ヨハン・フォン・クローズィク Johann Ludwig Graf Schwerin von Krosigk［1887.8.22-1977.3.4］

ドイツ民主共和国 1949-90

【国家元首 Staatsoberhaupt】（大統領・国家評議会議長）

1949-60　ヴィルヘルム・ピーク Wilhelm Pieck［1876.1.3-1960.9.7］

1960-73　ヴァルター・ウルブリヒト Walter Ulbricht［1893.6.30-1973.8.1］

1973-76　ヴィリー・シュトーフ Willi Stoph［1914.7.9-1999.4.13］

1976-89　エーリヒ・ホーネッカー Erich Honecker［1912.8.25-1994.5.29］

1989　エゴン・クレンツ Egon Krenz［1937.3.19-　］

1989-90　マンフレート・ゲルラッハ Manfred Gerlach［1928.5.8-　］

1990　ザビーネ・ベルクマン・ポール Sabine Bergmann-Pohl［1946.4.20-　］

ドイツ連邦共和国 1949-

【連邦大統領 Bundespräsidenten】

1949-59　テオドール・ホイス Theodor Heuss［1884.1.31-1963.12.12］
1959-69　ハインリヒ・リュプケ Heinrich Lübke［1894.10.14-1972.4.6］
1969-74　グスタフ・ハイネマン Gustav Heinemann［1899.7.23-1976.7.7］
1974-79　ヴァルター・シェール Walter Scheel［1919.7.8-　］
1979-84　カール・カルステンス Karl Carstens［1914.12.14-1992.5.30］
1984-94　リヒャルト・フォン・ヴァイツゼッカー Richard von Weizsäcker［1920.4.15-　］
1994-99　ローマン・ヘルツォーク Roman Herzog［1934.4.5-　］
1999-　ヨハンネス・ラウ Johannes Rau（就任1999.7.1）［1931.1.16-　］

【連邦首相 Bundeskanzler】

1949-63　コンラート・アデナウアー Konrad Adenauer［1876.1.5-1967.4.19］(CDU)
1963-66　ルートヴィヒ・エアハルト Ludwig Erhard［1897.2.4-1977.5.5］(CDU)
1966-69　クルト・キージンガー Kurt Georg Kiesinger［1904.4.6-1988.3.9］(CDU)
1969-74　ヴィリー・ブラント Willy Brandt（本名ヘルベルト・エルンスト・カール・フラーム Herbert Ernst Karl Frahm）［1913.12.18-1992.10.8］(SPD)
1974-82　ヘルムート・シュミット Helmut Schmidt［1918.12.23-　］(SPD)
1982-98　ヘルムート・コール Helmut Kohl［1930.4.3-　］(CDU)
1998-　ゲアハルト・シュレーダー Gerhard Schröder（就任1998.10.27）［1944.4.7-　］(SPD)

SPD＝社会民主党，Zentrum＝中央党，DVP＝ドイツ国民党，NSDAP＝ナチ党，CDU＝キリスト教民主同盟

■王朝系図

カロリング家

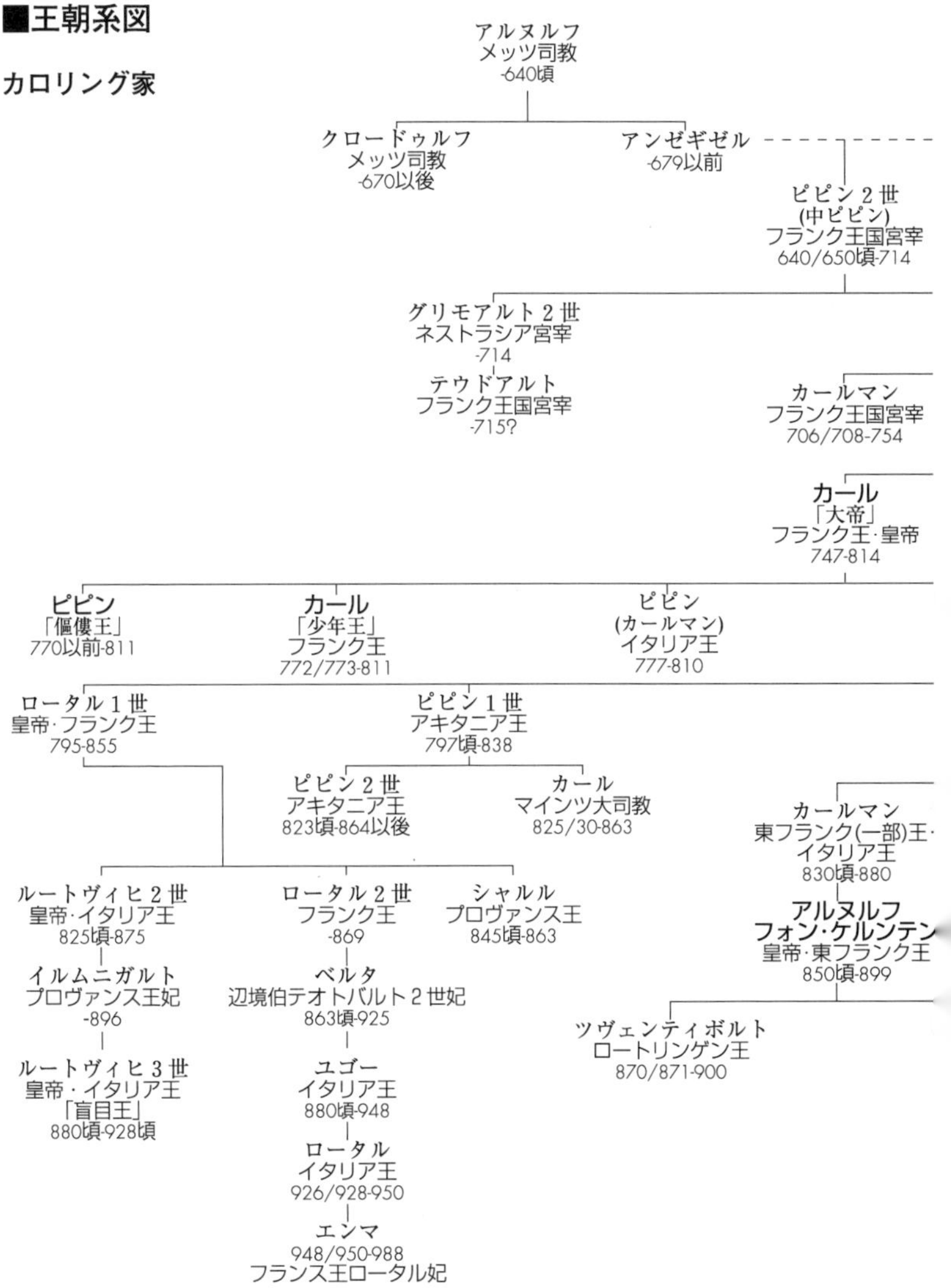

アルヌルフ メッツ司教 -640頃
クロードゥルフ メッツ司教 -670以後
アンゼギゼル -679以前
ピピン2世 (中ピピン) フランク王国宮宰 640/650頃-714
グリモアルト2世 ネストラシア宮宰 -714
テウドアルト フランク王国宮宰 -715?
カールマン フランク王国宮宰 706/708-754
カール 「大帝」 フランク王・皇帝 747-814
ピピン 「傴僂王」 770以前-811
カール 「少年王」 フランク王 772/773-811
ピピン (カールマン) イタリア王 777-810
ロータル1世 皇帝・フランク王 795-855
ピピン1世 アキタニア王 797頃-838
ピピン2世 アキタニア王 823頃-864以後
カール マインツ大司教 825/30-863
カールマン 東フランク(一部)王・イタリア王 830頃-880
アルヌルフ フォン・ケルンテン 皇帝・東フランク王 850頃-899
ルートヴィヒ2世 皇帝・イタリア王 825頃-875
ロータル2世 フランク王 -869
シャルル プロヴァンス王 845頃-863
イルムニガルト プロヴァンス王妃 -896
ベルタ 辺境伯テオトバルト2世妃 863頃-925
ルートヴィヒ3世 皇帝・イタリア王 「盲目王」 880頃-928頃
ユゴー イタリア王 880頃-948
ロータル イタリア王 926/928-950
エンマ 948/950-988 フランス王ロータル妃
ツヴェンティボルト ロートリンゲン王 870/871-900

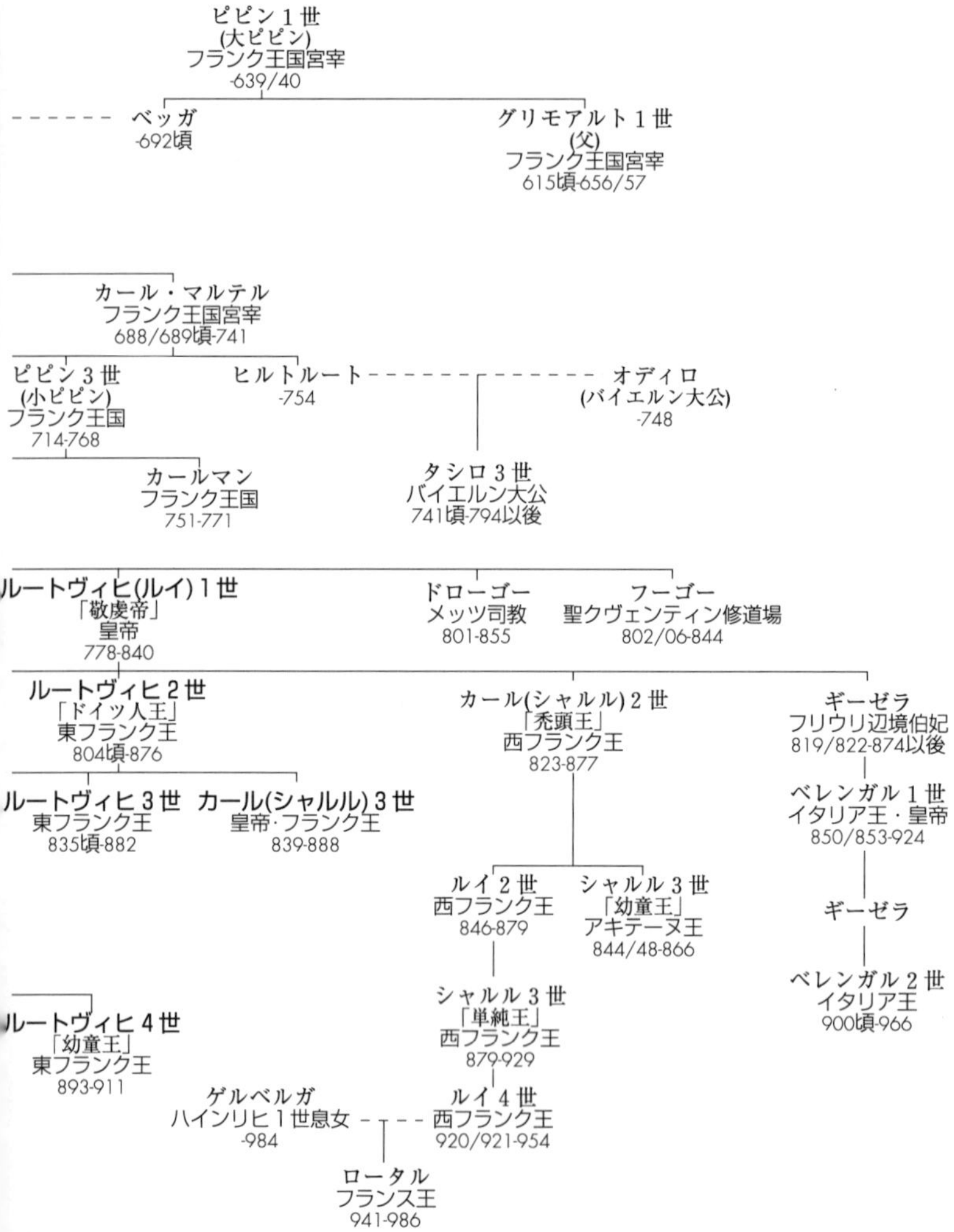
ピピン１世
(大ピピン)
フランク王国宮宰
-639/40
ベッガ
-692頃
グリモアルト１世
(父)
フランク王国宮宰
615頃-656/57
カール・マルテル
フランク王国宮宰
688/689頃-741
ピピン３世
(小ピピン)
フランク王国
714-768
ヒルトルート
-754
オディロ
(バイエルン大公)
-748
カールマン
フランク王国
751-771
タシロ３世
バイエルン大公
741頃-794以後
ルートヴィヒ(ルイ)１世
「敬虔帝」
皇帝
778-840
ドローゴー
メッツ司教
801-855
フーゴー
聖クヴェンティン修道場
802/06-844
ルートヴィヒ２世
「ドイツ人王」
東フランク王
804頃-876
カール(シャルル)２世
「禿頭王」
西フランク王
823-877
ギーゼラ
フリウリ辺境伯妃
819/822-874以後
ルートヴィヒ３世
東フランク王
835頃-882
カール(シャルル)３世
皇帝·フランク王
839-888
ベレンガル１世
イタリア王・皇帝
850/853-924
ルイ２世
西フランク王
846-879
シャルル３世
「幼童王」
アキテーヌ王
844/48-866
ギーゼラ
ベレンガル２世
イタリア王
900頃-966
ルートヴィヒ４世
「幼童王」
東フランク王
893-911
シャルル３世
「単純王」
西フランク王
879-929
ゲルベルガ
ハインリヒ１世息女
-984
ルイ４世
西フランク王
920/921-954
ロータル
フランス王
941-986

ザクセン家・ザーリアー家

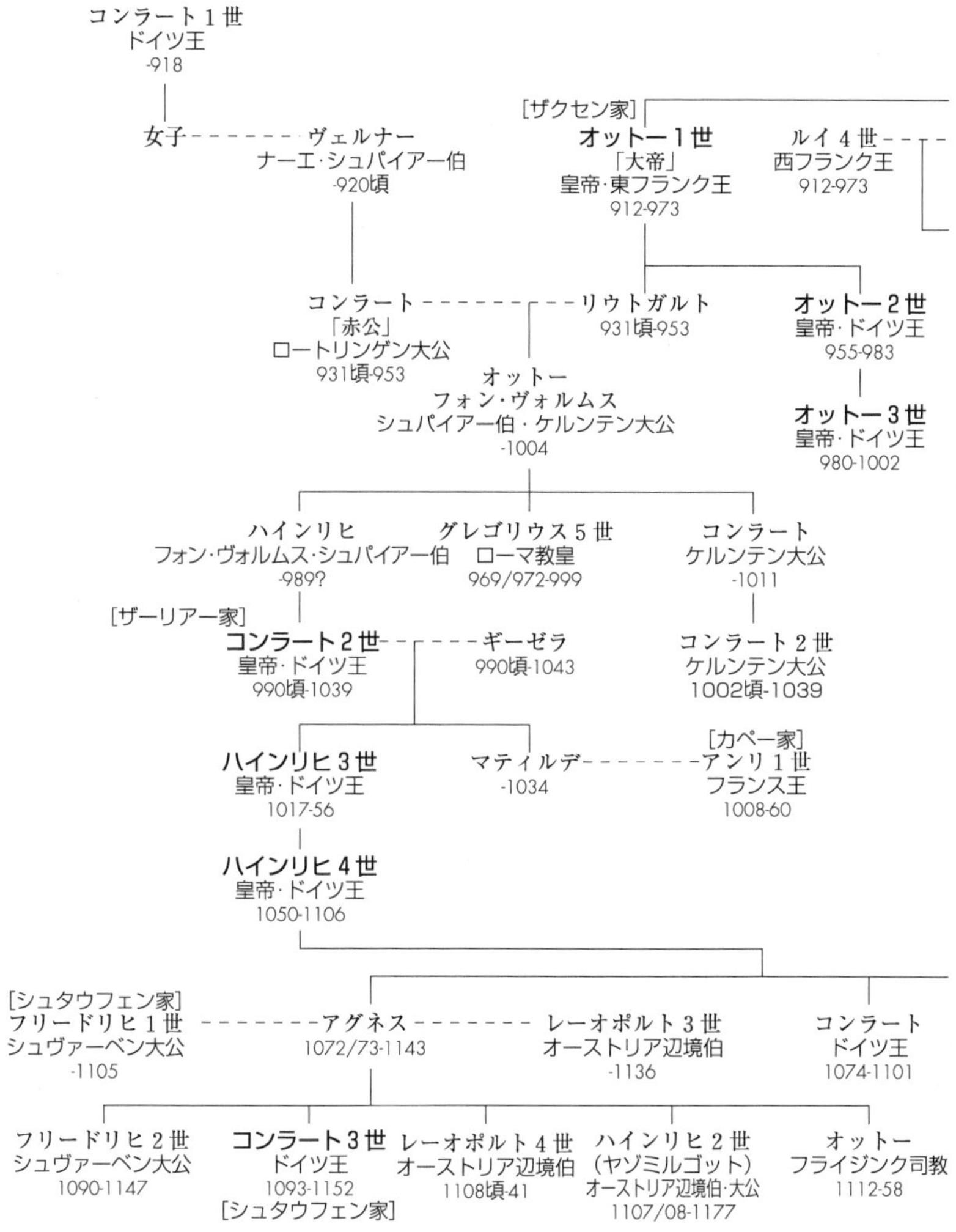
コンラート1世
ドイツ王
-918
女子
ヴェルナー
ナーエ・シュパイアー伯
-920頃
[ザクセン家]
オットー1世
「大帝」
皇帝・東フランク王
912-973
ルイ4世
西フランク王
912-973
コンラート
「赤公」
ロートリンゲン大公
931頃-953
リウトガルト
931頃-953
オットー2世
皇帝・ドイツ王
955-983
オットー
フォン・ヴォルムス
シュパイアー伯・ケルンテン大公
-1004
オットー3世
皇帝・ドイツ王
980-1002
ハインリヒ
フォン・ヴォルムス・シュパイアー伯
-989?
グレゴリウス5世
ローマ教皇
969/972-999
コンラート
ケルンテン大公
-1011
[ザーリアー家]
コンラート2世
皇帝・ドイツ王
990頃-1039
ギーゼラ
990頃-1043
コンラート2世
ケルンテン大公
1002頃-1039
ハインリヒ3世
皇帝・ドイツ王
1017-56
マティルデ
-1034
[カペー家]
アンリ1世
フランス王
1008-60
ハインリヒ4世
皇帝・ドイツ王
1050-1106
[シュタウフェン家]
フリードリヒ1世
シュヴァーベン大公
-1105
アグネス
1072/73-1143
レーオポルト3世
オーストリア辺境伯
-1136
コンラート
ドイツ王
1074-1101
フリードリヒ2世
シュヴァーベン大公
1090-1147
コンラート3世
ドイツ王
1093-1152
[シュタウフェン家]
レーオポルト4世
オーストリア辺境伯
1108頃-41
ハインリヒ2世
(ヤゾミルゴット)
オーストリア辺境伯・大公
1107/08-1177
オットー
フライジンク司教
1112-58

リウドルフ
-866頃
オットー
「貴顕伯」
ザクセン辺境伯
836頃-912
リウトガルト
840頃-885
ルートヴィヒ3世
東フランク王
385頃-882
ハインリヒ1世
ドイツ王
875頃-936
ゲルベルガ
913頃-968/969
ハインリヒ1世
バイエルン大公
919/922-955
ブルーノ
ケルン大司教
925-965
ロータル
フランス王
941-986
ハインリヒ2世
「喧嘩屋」
バイエルン·ケルンテン大公
951-995
ハインリヒ2世
皇帝·ドイツ王
973-1024
ハインリヒ5世
皇帝·ドイツ王
1086-1125

シュタウフェン家・ヴェルフェン家

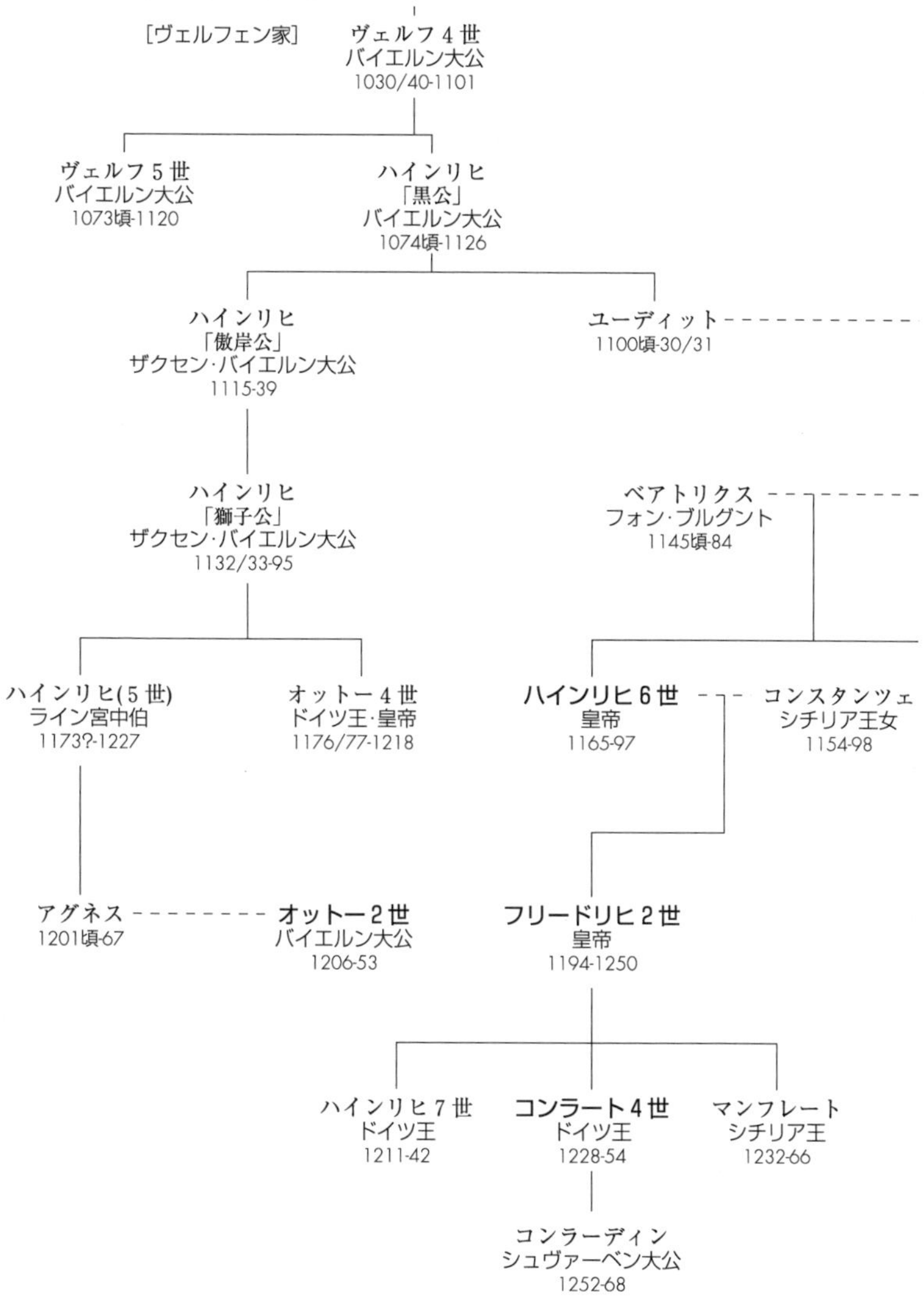
[ヴェルフェン家]
ヴェルフ4世
バイエルン大公
1030/40-1101
ヴェルフ5世
バイエルン大公
1073頃-1120
ハインリヒ
「黒公」
バイエルン大公
1074頃-1126
ハインリヒ
「傲岸公」
ザクセン・バイエルン大公
1115-39
ユーディット
1100頃-30/31
ハインリヒ
「獅子公」
ザクセン・バイエルン大公
1132/33-95
ベアトリクス
フォン・ブルグント
1145頃-84
ハインリヒ(5世)
ライン宮中伯
1173?-1227
オットー4世
ドイツ王・皇帝
1176/77-1218
ハインリヒ6世
皇帝
1165-97
コンスタンツェ
シチリア王女
1154-98
アグネス
1201頃-67
オットー2世
バイエルン大公
1206-53
フリードリヒ2世
皇帝
1194-1250
ハインリヒ7世
ドイツ王
1211-42
コンラート4世
ドイツ王
1228-54
マンフレート
シチリア王
1232-66
コンラーディン
シュヴァーベン大公
1252-68

[シュタウフェン家]

フリードリヒ
フォン・ビューレン
シュヴァーベン大公
-1068頃

フリードリヒ1世
シュヴァーベン大公
1050頃-1105

フリードリヒ2世
シュヴァーベン大公
1090-1147

コンラート3世
ドイツ王
1093-1152

フリードリヒ1世
「バルバロッサ」
皇帝
1122?-90

フリードリヒ4世
フォン・ローテンブルク
シュヴァーベン大公
1144頃-67

フィリップ
フォン・シュヴァーベン
ドイツ王
1177頃-1208

オットー4世
皇帝
ヴェルフェン家]

ベアトリクス
1198-1212

エリーザベト
1205-35

フェルディナンド3世
カスティリャ・レオン王
-1252

ハプスブルク家

アルブレヒト1世
ドイツ王
1255-1308

フリードリヒ2世
「美王」
ドイツ(対立)国王
1289-1330

レーオポルト
オーストリア大公
1290-1326

ルードルフ4世
オーストリア大公
1339-65

アルブレヒト3世
オーストリア大公
1349/50-95

アルブレヒト4世
オーストリア大公
1377-1404

エリーザベト
フォン・ベーメン
1409-42

アルブレヒト5世(2世)
ドイツ王
1397-1439

ラディスラウス5世
ベーメン王
1440-57

フアナ(ヨナンナ)
カスティリャ・レオン王
フェルディナント2世息女
1477-1555

フィリップ1世
「美公」
ブラバント大公
1478-1506

イザベラ
ポルトガル王女
1503-39

カール5世(カルロス1世)
皇帝・ドイツ王
1500-58

イザベラ
デンマーク王クリスチャン2世妃
1501-26

グントラム
ブライスガウの伯
-973以後

オットー2世
ハプスブルク伯(初代)
-1111

ルードルフ4世(1世)
ドイツ王
1218-91

ルードルフ2世
オーストリア大公
1270-90

アルブレヒ2世
オーストリア大公
1298-1358

オットー
オーストリア·シュタイアーマルク·
ケルンテン大公
1301-39

レーオポルト3世
オーストリア大公
1351-86

レーオポルト4世
オーストリア大公
1371-1411

エルンスト
「鋼鉄公」
オーストリア大公
1377-1424

フリードリヒ4世
オーストリア大公
1382/83-1439

シャルル
「豪胆公」
ブルゴーニュ公
-1477

フリードリヒ3世
皇帝·ローマ王·ドイツ王
1415-93

ジークムント
オーストリア大公
1427-96

マリー
ド・ブルゴーニュ
1459-1519

マクシミリアン1世
皇帝
1459-1519

マルガレーテ
1480-1530

フェルディナント1世
皇帝·ドイツ王
1503-64

アンナ
ベーメン·ハンガリー王女
1503-1547

アンナ
ベーメン·ハンガリー王
ルートヴィヒ2世妃
1505-58

ハプスブルク家(続)

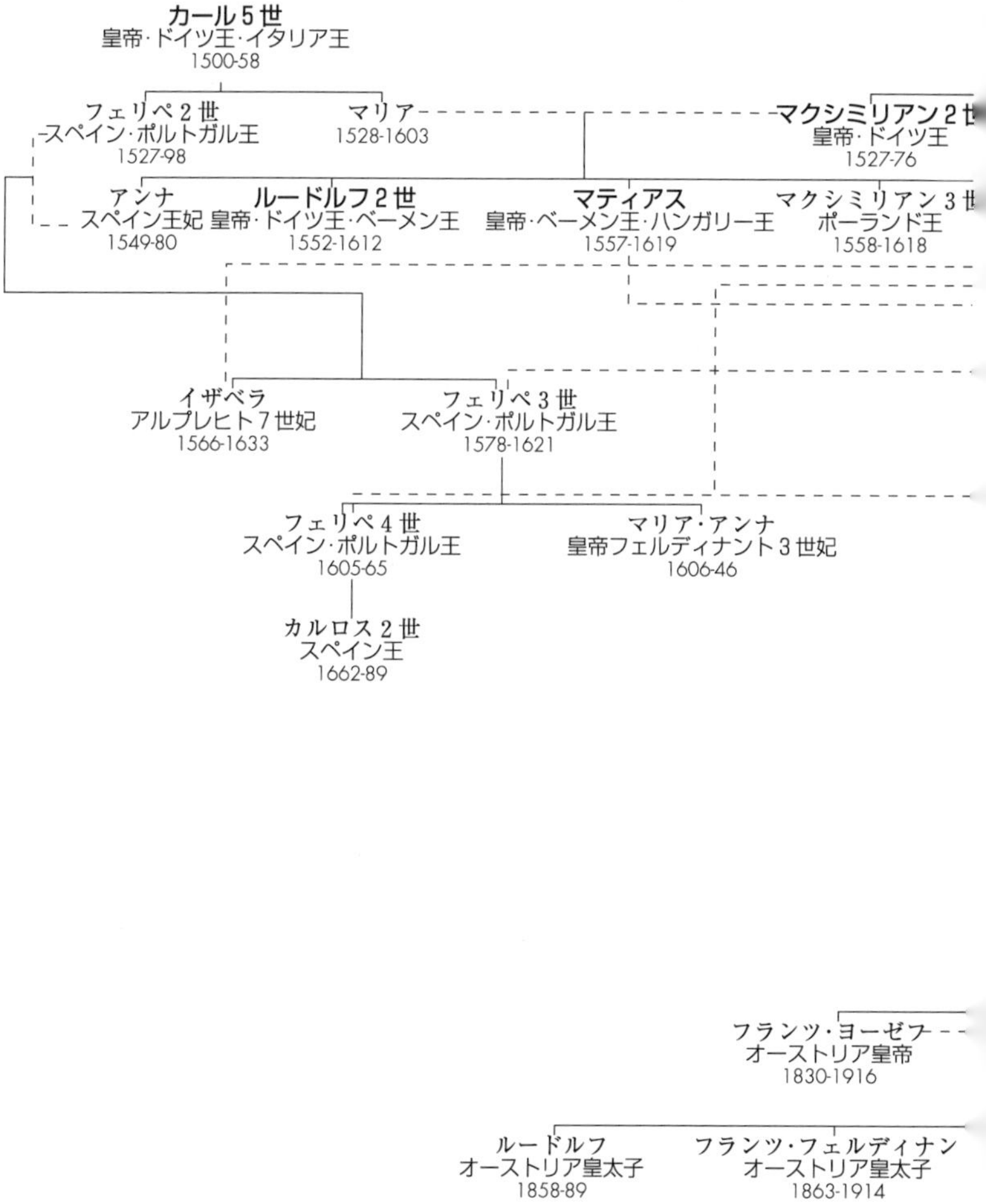
カール5世
皇帝·ドイツ王·イタリア王
1500-58
フェリペ2世
スペイン·ポルトガル王
1527-98
マリア
1528-1603
マクシミリアン2世
皇帝·ドイツ王
1527-76
アンナ
スペイン王妃
1549-80
ルードルフ2世
皇帝·ドイツ王·ベーメン王
1552-1612
マティアス
皇帝·ベーメン王·ハンガリー王
1557-1619
マクシミリアン3世
ポーランド王
1558-1618
イザベラ
アルブレヒト7世妃
1566-1633
フェリペ3世
スペイン·ポルトガル王
1578-1621
フェリペ4世
スペイン·ポルトガル王
1605-65
マリア·アンナ
皇帝フェルディナント3世妃
1606-46
カルロス2世
スペイン王
1662-89
フランツ·ヨーゼフ
オーストリア皇帝
1830-1916
ルードルフ
オーストリア皇太子
1858-89
フランツ·フェルディナン
オーストリア皇太子
1863-1914

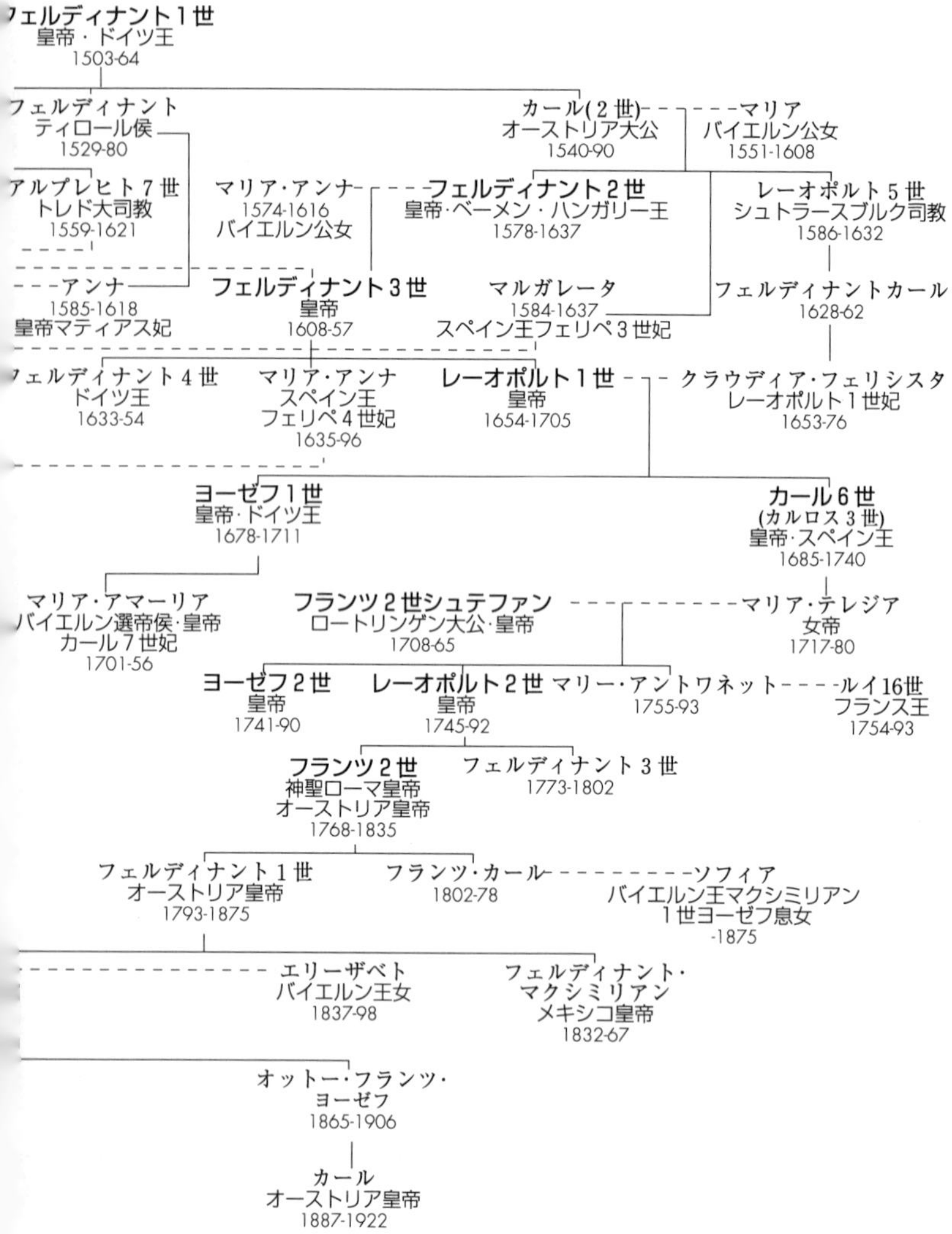
ェルディナント1世
皇帝・ドイツ王
1503-64
フェルディナント
ティロール侯
1529-80
カール(2世)
オーストリア大公
1540-90
マリア
バイエルン公女
1551-1608
アルブレヒト7世
トレド大司教
1559-1621
マリア・アンナ
1574-1616
バイエルン公女
フェルディナント2世
皇帝・ベーメン・ハンガリー王
1578-1637
レーオポルト5世
シュトラースブルク司教
1586-1632
アンナ
1585-1618
皇帝マティアス妃
フェルディナント3世
皇帝
1608-57
マルガレータ
1584-1637
スペイン王フェリペ3世妃
フェルディナントカール
1628-62
ェルディナント4世
ドイツ王
1633-54
マリア・アンナ
スペイン王
フェリペ4世妃
1635-96
レーオポルト1世
皇帝
1654-1705
クラウディア・フェリシスタ
レーオポルト1世妃
1653-76
ヨーゼフ1世
皇帝・ドイツ王
1678-1711
カール6世
(カルロス3世)
皇帝・スペイン王
1685-1740
マリア・アマーリア
バイエルン選帝侯・皇帝
カール7世妃
1701-56
フランツ2世シュテファン
ロートリンゲン大公・皇帝
1708-65
マリア・テレジア
女帝
1717-80
ヨーゼフ2世
皇帝
1741-90
レーオポルト2世
皇帝
1745-92
マリー・アントワネット
1755-93
ルイ16世
フランス王
1754-93
フランツ2世
神聖ローマ皇帝
オーストリア皇帝
1768-1835
フェルディナント3世
1773-1802
フェルディナント1世
オーストリア皇帝
1793-1875
フランツ・カール
1802-78
ソフィア
バイエルン王マクシミリアン
1世ヨーゼフ息女
-1875
エリーザベト
バイエルン王女
1837-98
フェルディナント・
マクシミリアン
メキシコ皇帝
1832-67
オットー・フランツ・
ヨーゼフ
1865-1906
カール
オーストリア皇帝
1887-1922

ホーエンツォレルン家

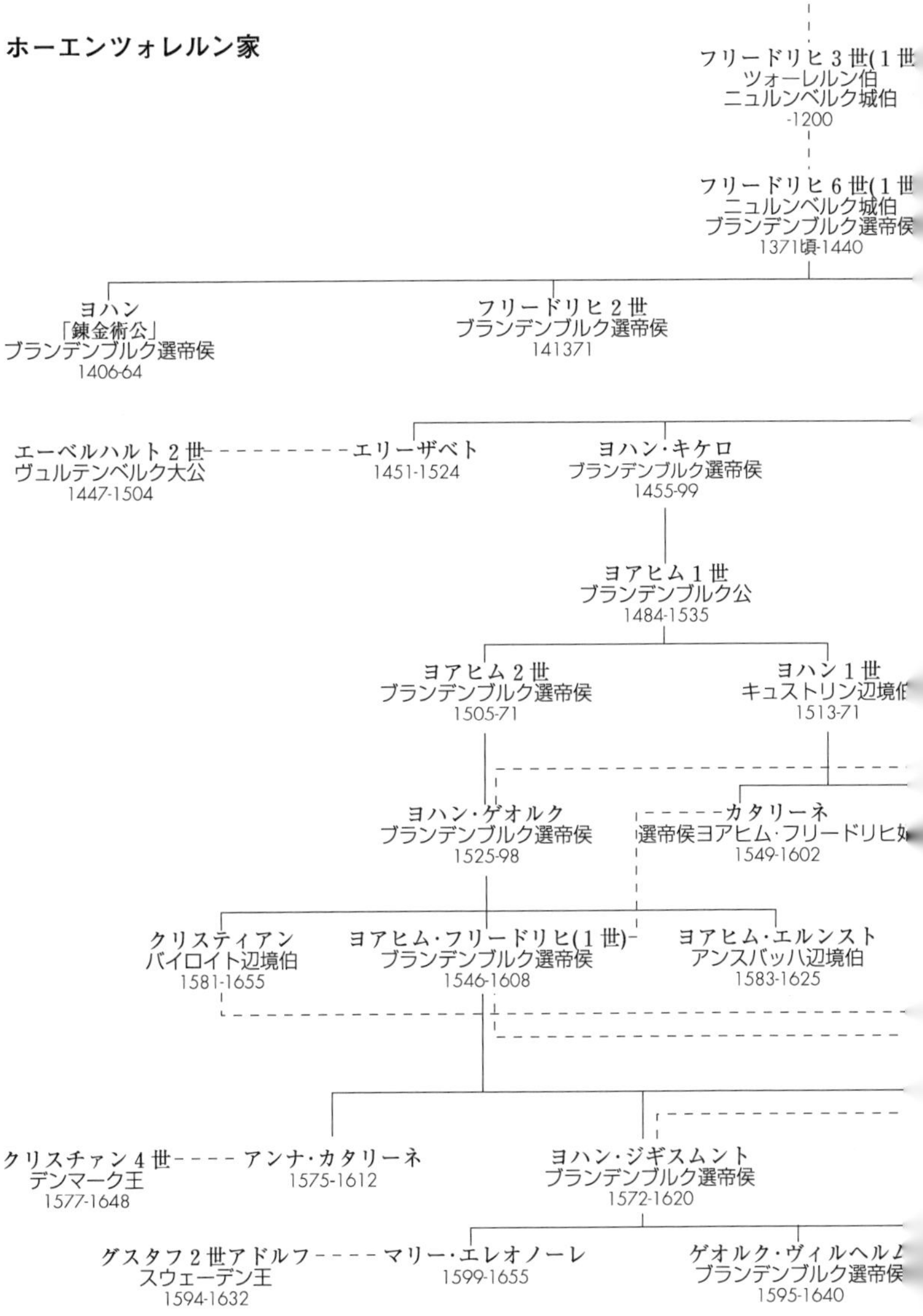
フリードリヒ3世(1世
ツォーレルン伯
ニュルンベルク城伯
-1200
フリードリヒ6世(1世
ニュルンベルク城伯
ブランデンブルク選帝侯
1371頃-1440
ヨハン
「錬金術公」
ブランデンブルク選帝侯
1406-64
フリードリヒ2世
ブランデンブルク選帝侯
141371
エーベルハルト2世
ヴュルテンベルク大公
1447-1504
エリーザベト
1451-1524
ヨハン・キケロ
ブランデンブルク選帝侯
1455-99
ヨアヒム1世
ブランデンブルク公
1484-1535
ヨアヒム2世
ブランデンブルク選帝侯
1505-71
ヨハン1世
キュストリン辺境伯
1513-71
ヨハン・ゲオルク
ブランデンブルク選帝侯
1525-98
カタリーネ
選帝侯ヨアヒム・フリードリヒ妃
1549-1602
クリスティアン
バイロイト辺境伯
1581-1655
ヨアヒム・フリードリヒ(1世)
ブランデンブルク選帝侯
1546-1608
ヨアヒム・エルンスト
アンスバッハ辺境伯
1583-1625
クリスチァン4世
デンマーク王
1577-1648
アンナ・カタリーネ
1575-1612
ヨハン・ジギスムント
ブランデンブルク選帝侯
1572-1620
グスタフ2世アドルフ
スウェーデン王
1594-1632
マリー・エレオノーレ
1599-1655
ゲオルク・ヴィルヘルム
ブランデンブルク選帝侯
1595-1640

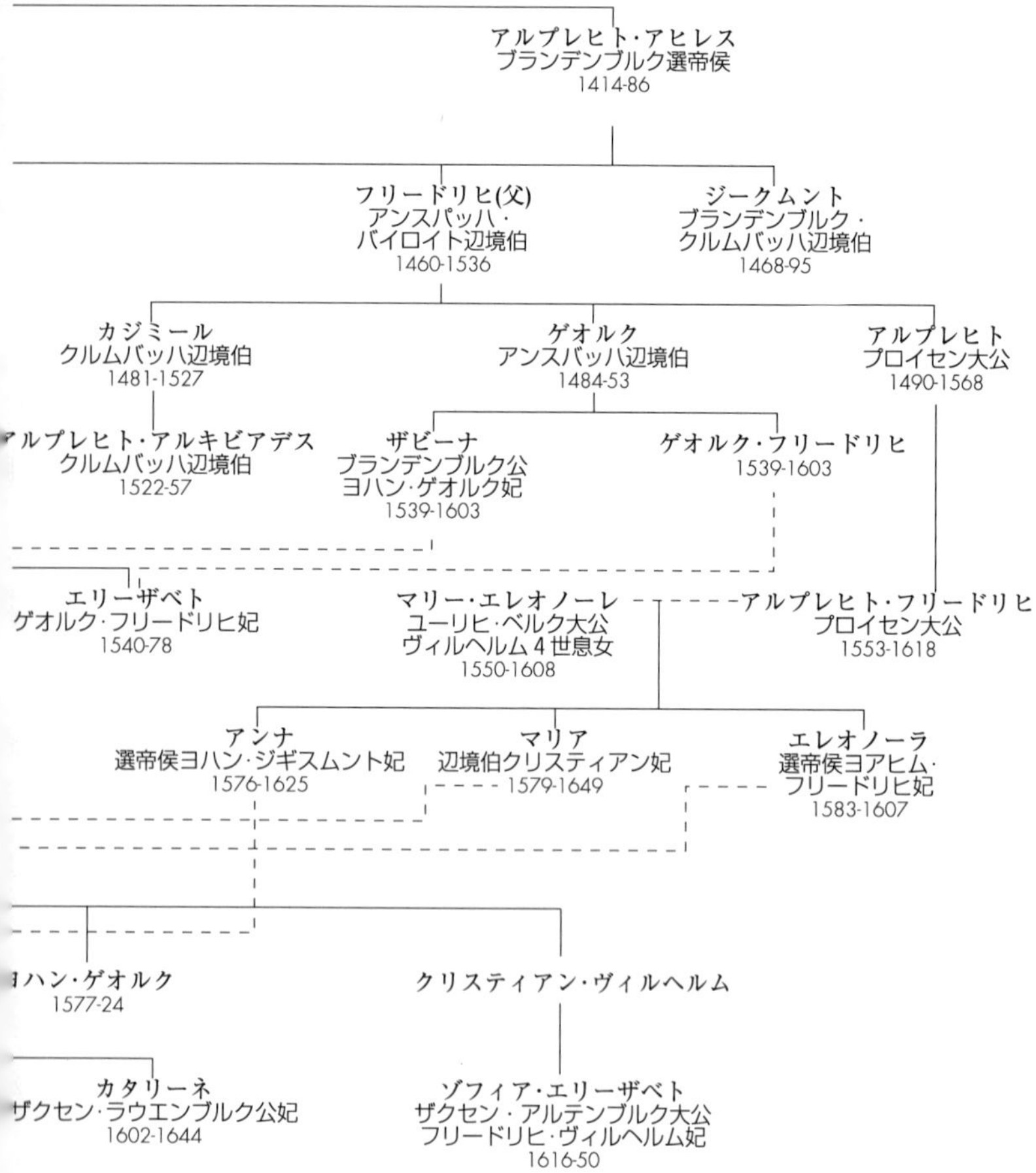
アルブレヒト・アヒレス
ブランデンブルク選帝侯
1414-86
フリードリヒ(父)
アンスバッハ・
バイロイト辺境伯
1460-1536
ジークムント
ブランデンブルク・
クルムバッハ辺境伯
1468-95
カジミール
クルムバッハ辺境伯
1481-1527
ゲオルク
アンスバッハ辺境伯
1484-53
アルブレヒト
プロイセン大公
1490-1568
ルブレヒト・アルキビアデス
クルムバッハ辺境伯
1522-57
ザビーナ
ブランデンブルク公
ヨハン・ゲオルク妃
1539-1603
ゲオルク・フリードリヒ
1539-1603
エリーザベト
ゲオルク・フリードリヒ妃
1540-78
マリー・エレオノーレ
ユーリヒ・ベルク大公
ヴィルヘルム４世息女
1550-1608
アルブレヒト・フリードリヒ
プロイセン大公
1553-1618
アンナ
選帝侯ヨハン・ジギスムント妃
1576-1625
マリア
辺境伯クリスティアン妃
1579-1649
エレオノーラ
選帝侯ヨアヒム・
フリードリヒ妃
1583-1607
ハン・ゲオルク
1577-24
クリスティアン・ヴィルヘルム
カタリーネ
ザクセン・ラウエンブルク公妃
1602-1644
ゾフィア・エリーザベト
ザクセン・アルテンブルク大公
フリードリヒ・ヴィルヘルム妃
1616-50

ホーエンツォレルン家(続)

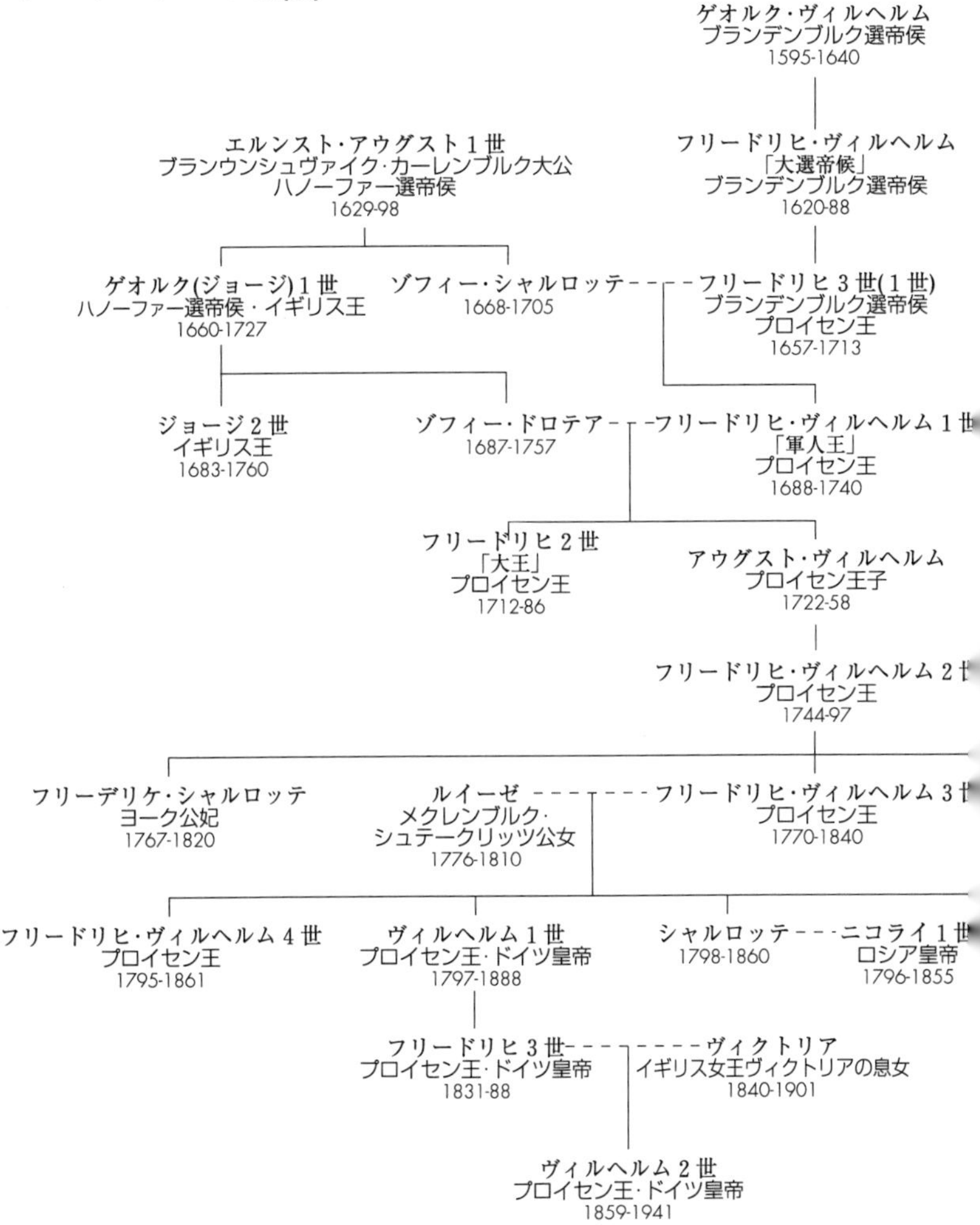
ゲオルク・ヴィルヘルム
ブランデンブルク選帝侯
1595-1640
エルンスト・アウグスト１世
ブランウンシュヴァイク・カーレンブルク大公
ハノーファー選帝侯
1629-98
フリードリヒ・ヴィルヘルム
「大選帝侯」
ブランデンブルク選帝侯
1620-88
ゲオルク(ジョージ)１世
ハノーファー選帝侯・イギリス王
1660-1727
ゾフィー・シャルロッテ
1668-1705
フリードリヒ３世(１世)
ブランデンブルク選帝侯
プロイセン王
1657-1713
ジョージ２世
イギリス王
1683-1760
ゾフィー・ドロテア
1687-1757
フリードリヒ・ヴィルヘルム１世
「軍人王」
プロイセン王
1688-1740
フリードリヒ２世
「大王」
プロイセン王
1712-86
アウグスト・ヴィルヘルム
プロイセン王子
1722-58
フリードリヒ・ヴィルヘルム２世
プロイセン王
1744-97
フリーデリケ・シャルロッテ
ヨーク公妃
1767-1820
ルイーゼ
メクレンブルク・
シュテークリッツ公女
1776-1810
フリードリヒ・ヴィルヘルム３世
プロイセン王
1770-1840
フリードリヒ・ヴィルヘルム４世
プロイセン王
1795-1861
ヴィルヘルム１世
プロイセン王・ドイツ皇帝
1797-1888
シャルロッテ
1798-1860
ニコライ１世
ロシア皇帝
1796-1855
フリードリヒ３世
プロイセン王・ドイツ皇帝
1831-88
ヴィクトリア
イギリス女王ヴィクトリアの息女
1840-1901
ヴィルヘルム２世
プロイセン王・ドイツ皇帝
1859-1941

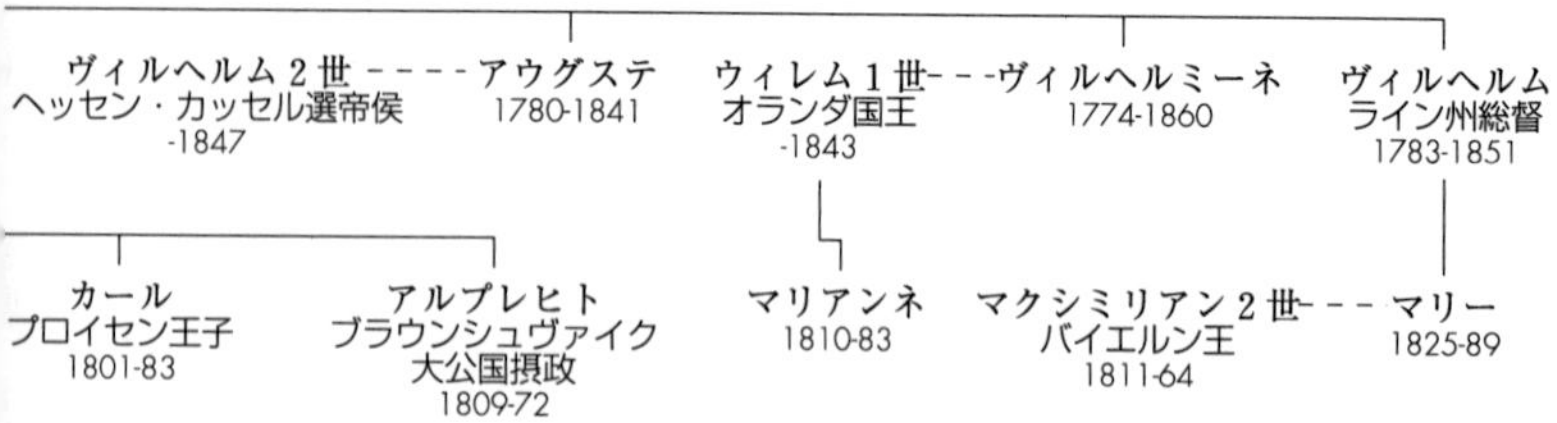
ヴィルヘルム２世
ヘッセン・カッセル選帝侯
-1847
アウグステ
1780-1841
ウィレム１世
オランダ国王
-1843
ヴィルヘルミーネ
1774-1860
ヴィルヘルム
ライン州総督
1783-1851
カール
プロイセン王子
1801-83
アルブレヒト
ブラウンシュヴァイク
大公国摂政
1809-72
マリアンネ
1810-83
マクシミリアン２世
バイエルン王
1811-64
マリー
1825-89

■ 帝国議会選挙(1871-1912)

政党名		第1回 1871		第2回 1874		第3回 1877		第4回 1878		第5回 1881	
		得票	議席	得票	議席	得票	議席	得票	議席	得票	議席
保守党	Konservative	0.549	57	0.360	22	0.526	40	0.749	59	0.831	50
		14.1%	14.9%	6.9%	5.5%	9.7%	10.1%	13.0%	14.9%	16.3%	12.6%
自由保守党	Reichspartei (Freikonservative)	0.346	37	0.376	33	0.427	38	0.786	57	0.379	28
		8.9%	9.7%	7.2%	8.3%	7.9%	9.6%	13.6%	14.4%	7.4%	7.1%
国民自由党	Nationalliberale	1.171	125	1.543	155	1.470	128	1.331	99	0.747	47
		30.1%	32.7%	29.7%	39.0%	27.2%	32.2%	23.1%	24.9%	14.7%	11.8%
自由派	Liberale	0.281	30	0.054	3	0.135	13	0.156	10		
		7.2%	7.9%	1.0%	0.8%	2.5%	3.3%	2.7%	2.5%		
自由主義連合	Liberale Vereinigung									0.429	46
										8.4%	11.6%
ドイツ進歩党	Deutsche Fortschrittspartei	0.342	46	0.448	49	0.418	35	0.385	26	0.649	60
		8.8%	12.0%	8.6%	12.3%	7.7%	8.8%	6.7%	6.6%	12.7%	15.1%
ドイツ人民党	Deutsche Volkspartei	0.019	1	0.022	1	0.045	4	0.066	3	0.103	9
		0.5%	0.3%	0.4%	0.3%	0.8%	1.0%	1.1%	0.8%	2.0%	2.3%
中央党	Zentrum	0.724	63	1.446	91	1.341	93	1.328	94	1.183	100
		18.6%	16.5%	27.9%	22.9%	24.8%	23.4%	23.1%	23.7%	23.2%	25.2%
ヴェルフェン党	Welfen	0.052	6	0.073	4	0.085	4	0.100	10	0.087	10
		1.4%	1.6%	1.4%	1.0%	1.6%	1.0%	1.7%	2.5%	1.7%	2.5%
社会民主党	Sozial-demokraten	0.124	2	0.352	9	0.493	12	0.437	9	0.312	12
		3.2%	0.5%	6.8%	2.3%	9.1%	3.0%	7.6%	2.3%	6.1%	3.0%
ポーランド党	Polen	0.176	13	0.198	14	0.216	14	0.210	14	0.195	18
		4.5%	3.4%	3.8%	3.5%	4.0%	3.5%	3.6%	3.5%	3.8%	4.5%
デンマーク派	Dänen	0.025	1	0.034	1	0.023	1	0.018	1	0.014	2
		0.7%	0.3%	0.7%	0.3%	0.4%	0.3%	0.3%	0.3%	0.3%	0.5%
エルザス・ロートリンゲン派	Elsaß-Lothringer			0.235	15	0.200	15	0.179	15	0.153	15
				4.5%	3.8%	3.7%	3.8%	3.1%	3.8%	3.0%	3.8%
反ユダヤ主義諸派，経済連合	Antisemiten, Wirtschaftliche Vgg.										
(その他)	(sonstige)	0.079	1	0.051		0.022		0.015		0.015	
		2.0%	0.3%	1.0%		0.4%		0.3%		0.3%	
有権者数		7.656		8.523		8.943		9.124		9.090	
投票率		51.0%		61.2%		60.6%		63.4%		56.3%	

注　自由主義連合：1893年から自由思想家連合，1910年に進歩人民党に合流
ドイツ進歩党：1884年からドイツ自由思想家党，1893年から自由思想家人民党，1910年に進歩人民党に合流
デンマーク派：シュレースヴィヒ＝ホルシュタインにおける分離主義者・抗議政党の総得票
エルザス・ロートリンゲン派：エルザス・ロートリンゲンにおける中央党の得票と，中央党議員団に属していない議員の得票
反ユダヤ主義諸派：1887年から1903年まではさまざまな小政党，1907年以降，経済連合に合流

得票数：単位＝100万(人)

第6回 1884		第7回 1887		第8回 1890		第9回 1893		第10回 1898		第11回 1903		第12回 1907		第13回 1912	
得票	議席	得票	議席	得票	議席	得票	議席	得票	議席	得票	議席	得票	議席	得票	議席
0.861	78	1.147	80	0.895	73	1.038	72	0.859	56	0.948	54	1.060	60	1.126	43
15.2%	19.6%	15.2%	20.2%	12.4%	18.4%	13.5%	18.1%	11.1%	14.1%	10.0%	13.6%	9.4%	15.1%	9.2%	10.8%
0.388	28	0.736	41	0.482	20	0.438	28	0.344	23	0.333	21	0.472	24	0.367	14
6.9%	7.1%	9.8%	10.3%	6.7%	5.0%	5.7%	7.1%	4.4%	5.8%	3.5%	5.3%	4.2%	6.0%	3.0%	3.5%
0.977	51	1.678	99	1.178	42	0.997	53	0.971	46	1.313	51	1.637	54	1.663	45
17.6%	12.8%	22.2%	24.9%	16.3%	10.6%	13.0%	13.4%	12.5%	11.6%	13.8%	12.8%	14.5%	13.6%	13.6%	11.3%
0.977	67	0.973	32	1.160	66	0.258	13	0.196	12	0.243	9	0.359	14	1.497	42
						3.9%	3.3%	2.5%	3.0%	2.6%	2.3%	3.2%	3.5%		
17.6%	16.9%	12.9%	8.1%	16.0%	16.6%	0.666	24	0.558	29	0.543	21	0.736	28		
						8.7%	6.0%	7.2%	7.4%	5.7%	5.3%	6.5%	7.1%		
0.096	7	0.089		0.148	10	0.167	11	0.109	8	0.091	6	0.139	7	12.3%	10.6%
1.7%	1.8%	1.2%		2.0%	2.5%	2.2%	2.8%	1.4%	2.0%	1.0%	1.5%	1.2%	1.8%		
1.282	99	1.516	98	1.342	106	1.469	96	1.455	102	1.875	100	2.180	105	1.997	91
22.6%	24.9%	20.1%	24.7%	18.6%	26.7%	19.1%	24.2%	18.8%	25.7%	19.7%	25.2%	19.4%	26.4%	16.4%	22.8%
0.096	11	0.113	4	0.113	11	0.102	7	0.105	9	0.094	6	0.078	1	0.085	5
1.7%	2.8%	1.5%	1.0%	1.6%	2.8%	1.3%	1.8%	1.4%	2.3%	1.0%	1.5%	0.7%	0.3%	0.7%	1.3%
0.550	24	0.763	11	1.427	35	1.787	44	2.107	56	3.011	81	3.259	43	4.250	110
9.7%	6.0%	10.1%	2.8%	19.7%	8.8%	23.3%	11.1%	27.2%	14.1%	31.7%	20.4%	29.0%	10.8%	34.8%	27.7%
0.203	16	0.220	13	0.247	16	0.230	19	0.244	14	0.348	16	0.454	20	0.442	18
3.6%	4.0%	2.9%	3.3%	3.4%	4.0%	3.0%	4.9%	3.1%	3.5%	3.7%	4.0%	4.0%	5.0%	3.6%	4.5%
0.014	1	0.012	1	0.014	1	0.014	1	0.015	1	0.015	1	0.015	1	0.017	1
0.3%	0.3%	0.2%	0.3%	0.2%	0.3%	0.2%	0.3%	0.2%	0.3%	0.2%	0.3%	0.1%	0.3%	0.1%	0.3%
0.166	15	0.234	15	0.101	10	0.115	8	0.107	10	0.102	9	0.104	7	0.162	9
2.9%	3.8%	3.1%	3.8%	1.4%	2.5%	1.5%	2.0%	1.4%	2.5%	1.1%	2.3%	0.9%	1.8%	1.3%	2.3%
		0.012	1	0.048	5	0.264	16	0.284	13	0.245	11	0.249	22	0.300	10
		0.2%	0.3%	0.7%	1.3%	3.4%	4.0%	3.7%	3.3%	2.6%	2.8%	2.2%	5.5%	2.5%	2.5%
0.013		0.048	2	0.075	2	0.129	5	0.397	18	0.334	11	0.528	11	0.301	9
0.2%		0.6%	0.5%	1.0%	0.5%	1.7%	1.3%	5.1%	4.5%	3.5%	2.8%	4.7%	2.8%	2.5%	2.3%
9.383		9.770		10.146		10.628		11.441		12.531		13.351		14.442	
60.6%		77.5%		71.6%		72.5%		68.1%		76.1%		84.7%		84.9%	

■ 国会選挙(1919-33)

得票率

		1919	1920/22	1924 I
ナチ党	NSDAP			6.55*
ドイツ民族自由党	DVFP			
キリスト教国民農民党	Landvolk			
ドイツ国家国民党	DNVP	10.27	15.07	19.45
キリスト教社会民族奉仕党	CSVd			
経済党	WP			
ドイツ国民党	DVP	4.43	13.9	9.2
バイエルン人民党	BVP	19.67	4.39	3.23
中央党	Zentrum		13.64	13.37
バイエルン農民同盟	BBB	0.91	0.78	2.37
民主党	DDP	18.56	8.28	5.65
社会民主党	SPD	37.86	21.92	20.52
独立社会民主党	USPD	7.62	17.63	0.8
共産党	KPD		2.09	12.61
(その他)		0.68	2.3	6.25
投票率		83.02	79.18	77.42

獲得議席

ナチ党	NSDAP			32*
ドイツ民族自由党	DVFP			
キリスト教国民農民党	Landvolk			
ドイツ国家国民党	DNVP	44	71	95
キリスト教社会民族奉仕党	CSVd			
経済党	WP			
ドイツ国民党	DVP	19	65	45
バイエルン人民党	BVP	91	20	16
中央党	Zentrum		64	65
バイエルン農民同盟	BBB	4	4	10
民主党	DDP	75	39	28
社会民主党	SPD	165	103	100
独立社会民主党	USPD	22	83	—
共産党	KPD		4	62
(その他)		3	6	19
議席数		423	459	472

注　*：DVFP と NSDAP の合計，**：NSFB としての合計

1924 II	1928	1930	1932 I	1932 II	1933
3.00**	2.63	18.33	37.36	33.09	43.91
	0.87				
	1.89	3.17	0.25	0.13	
20.49	14.25	7.03	5.93	8.83	7.97
	0.2	2.49	1.1	1.48	0.98
3.32	4.54	3.95	0.4	0.31	
10.07	8.71	4.75	1.18	1.86	1.1
3.74	3.07	3.03	3.26	3.09	2.73
13.6	12.07	11.81	12.44	11.93	11.25
	1.56	0.97	0.37	0.42	0.29
6.34	4.9	3.78	1.01	0.95	0.85
26.02	29.76	24.53	21.58	20.44	18.25
0.33	0.07	0.03			
8.94	10.62	13.13	14.56	16.86	12.32
4.15	4.86	3.02	0.56	0.61	0.35
78.76	75.6	81.95	84.06	80.58	88.74

14**	12	107	230	196	288
	—				
	9	19	2	—	
103	73	41	37	52	52
	—	14	3	5	4
17	23	23	2	1	
51	45	30	7	11	2
19	17	19	22	19	19
69	61	68	75	71	73
	8	6	2	3	2
32	25	20	4	2	5
131	153	143	133	121	120
—	—	—			
45	54	77	89	100	81
12	11	10	2	3	1
493	491	577	608	584	647

■ 連邦議会選挙(1949年以後)

政党名		投票日	1949. 8.14	1953. 9.6	1957. 9.15	1961. 9.17
		投票率 議席数	78.5% 402	86.0% 487	88.2% 497	87.7% 499
キリスト教民主同盟／キリスト教社会同盟	CDU/CSU	得票率 議席数	31.0% 139	45.2% 243	50.2% 270	45.3% 242
社会民主党	SPD	得票率 議席数	29.2% 131	28.8% 151	31.8% 169	36.2% 190
自由民主党	FDP	得票率 議席数	11.9% 52	9.5% 48	7.7% 41	12.8% 67
緑の党／90年同盟	Grünen/ Bündnis 90	得票率 議席数	— —	— —	— —	— —
民主社会主義党	PDS	得票率 議席数	— —	— —	— —	— —
その他		(上段:得票率，下段:議席数)	KPD 5.7% 15	GB/BHE 5.9% 27	GB/BHE 4.6% 0	GDP 2.8% 0
			BP 4.2% 17	DP 3.2% 15	DP 3.4% 17	
			DP 4.0% 17	KPD 2.2% 0	DRP 1.0% 0	
			Zentrum 3.1% 10	BP 1.7% 0		
			WAV 2.9% 12	GVP 1.2% 0		
			DReP 1.8% 5	DRP 1.1% 0		
			(その他 6.2% 4)	Zentrum 0.8% 3		

注　KPD＝ドイツ共産党，BP＝バイエルン党，DP＝ドイツ党，Zentrum＝中央党，WAV＝経済建設同盟，DReP＝ドイツ右翼党，GB/BHE＝全ドイツブロック／故郷被追放者・権利被剥奪者の同盟，DRP＝ドイツ帝国党，GVP＝全ドイツ民族党，GDP＝全ドイツ党，NPD＝ドイツ国民民主党，REP＝共和党

1965. 9.19	1969. 9.28	1972. 11.19	1976. 10.3	1980. 10.5	1983. 3.6	1987. 1.25	1990. 12.2	1994. 10.16	1998. 9.27
86.8% 496	86.7% 496	91.1% 496	90.7% 496	88.6% 497	89.1% 498	84.3% 497	77.8% 662	79.0% 672	82.2% 669
47.6% 245	46.1% 242	44.9% 225	48.6% 243	44.5% 226	48.8% 244	44.3% 223	43.8% 319	41.4% 294	35.1% 245
39.3% 202	42.7% 224	45.8% 230	42.6% 214	42.9% 218	38.2% 193	37.0% 186	33.5% 239	36.4% 252	40.9% 298
9.5% 49	5.8% 30	8.4% 41	7.9% 39	10.6% 53	7.0% 34	9.1% 46	11.0% 79	6.9% 47	6.2% 43
— —	— —	— —	— —	1.5% 0	5.6% 27	8.3% 42	Grüne 3.8% B90 1.2% Grüne 0 B90 8	7.3% 49	6.7% 47
— —	— —	— —	— —	— —	— —	— —	2.4% 17	4.4% 30	5.1% 36
NPD 2.0% 0	NPD 4.3% 0	NPD 0.6% 0	NPD 0.3% 0	DKP 0.2% 0	NPD 0.2% 0	NPD 0.6% 0	REP 2.1% 0	REP 1.9% 0	REP 1.8% 0

（辻　英史）

■ 写真引用一覧

1 ……W. J. Wagner, *Chronik Bildatlas der Deutschen Geschichte*, Günstersloh / München, 2001.
2 ……D. D. R. Owen, *The Legend of Roland a Pageant of the Middle Ages*, Phaidon, London, 1973.
3 ……H. K. Schulze, *Hegemoniales Kaisertum : Ottonen und Salier : Das Reich und die Deutschen*, Siedler Verlag, Berlin, 1991.
4 ……J. Riley-Smith, *The Oxford Illustrated History of the Crusades*, Oxford University Press, 1995.
5 ……G. Köbler, *Bilder aus der Deutschen Rechtsgeschichte : von den Anfängen bis zur Gegenwart*, Verlag C. H. Beck, München, 1988.
6 ……*Bilder aus dem Kriminalmuseum. Band VII*, Mittelalterlichen Kriminalmuseums Rothenburg ob der Tauber, Rothenburg, 1984.
7 ……M. Haftka and M. Mierzwinski, *Malbork : Castle of the Teutonic Order*, Reise- und Verkehrsverlag GmbH, Berlin, 1992.
8 ……H. Schulze, tr. by D. L. Schneider, *A New History*, Harvard University Press, 1998.
9 ……K. Bußmann und H. Schilling (Hrsg.), *1648 : Krieg und Frieden in Europa*, Bruckmann, München, 1998.
10……G. U. Großmann, *Von teutscher Not zu höfischer Pracht : 1648-1701*, Germanisches National Museum, Nürnberg, 1998.
11……P. Rassow, *Deutsche Geschichte*, J. B. Metzlersche Verlagsbuchhandlung und Carl Ernst Poeschel Verlag GmbH, Stuttgart, 1987.
12……R. van Dülmen, *Kultur und Alltag in der Frühen Neuzeit. Zwiter Band, Dorf und Stadt 16.-18. Jahrhundert*, C. H. Beck, München, 1992.
13……R. Vierhaus, *Staaten und Stände : Vom Westfälischen bis zum Hubertusburger Frieden 1648 bis 1763*, Verlag Ullstein GmbH, Berlin, 1984.
14……H. Möller, *Fürstenstaat oder Bürgernation : Deutschland 1763-1815*, Berlin, 1998.
15……J. J. Sheehan, *Der Ausklang des alten Reiches*, Berlin, 1994.
16……*Fragen an die deutsche Geschichte : Ideen, Kräfte, Entscheidungen von 1800 zur Gegenwart,* Deutscher Bundestag, Verwaltung Presse, Bonne, 1980.
17……W. Hardtwig und H. Hinze (Hrsg.), *Deutsche Geschichte in Quellen und Darstellung. Band 7, Vom Deutschen Bund zum Kaiserreich 1815-1871*, Reclam, Stuttgart, 1997.
18……H. G. Dahms, *Deutsche Geschichte im Bild*, Ullstein, Berlin, 1991.
19……A. Lange, *Berlin zur Zeit Bebels und Bismark*, Dietz Verlag, Berlin, 1984.
20……V. Plagemann (Hrsg.), *Industriekultur in Hamburg*, C. H. Beck, München, 1984.
21……H. Glaser, *Die Kultur der Wilhelminischen Zeit*, S. Fischer, Frankfurt/M., 1984.
22……A. Lange, *Das Wilhelminische Berlin*, Dietz Verlag, Berlin, 1984.
23……W. Gutsche, *Aufstieg und Fall eines Kaiserlichen Reichskanzlers*, Akademie-

Verlag, Berlin, 1973.
24……D. Bartmann (Hrsg.), *Anton von Werner*, Hirmer Verlag, München, 1997.
25……V. Ullrich, *Die Nervöse Grossmacht 1871-1918*, S. Fischer Verlag, Frankfurt/M., 1997.
26……W. Gutsche, F. Klein, J. Petzold, *Von Sarajevo nach Versailles*, Akademie-Verlag, Berlin, 1985.
27……W. Gutsche, *Wilhelm II. Der Letzte Kaiser des Deutschen Reiches*, Deutscher Verlag der Wissenschaften, Berlin, 1991.
28……D. Lehnert, *Die Weimarer Republik*, Reclam, Stuttgart, 1999.
29……J. Boberg, T. Fichter, E. Gillen(hrsg.), *Die Metropole. Industriekultur in Berlin im 20. Jahrhundert*, C. H. Beck, München, 1986.
30……W. Benz, *Geschichte des Dritten Reiches*, Beck, München, 2000.
31……K. Ruhl, *Brauner Alltag*, Droste, Düsseldorf, 1981.
32……H. Höhne, *Gebt mir vier jahre zeit, Hitler und die Anfänge des Dritten Reiches,* Ullstein, Berlin, 1996.
33……*Ploetz Das Dritte Reich*, Ploetz, Freiburg/ Würzburg, 1983.
34……C. Studt(Hg.), *Das Dritte Reich*, Beck, 1997.
35……T. Eschenburg, *Jahre der Besatzung 1945-1949 : Geschichte der Bundesrepublik Deutschland 1, Mit einem einleitenden Essay von Eberhard Jäckel*, Deutsche Verlags-Anstalt, Stuttgart, 1983.
36……R. Steininger, *Deutsche Geschichte 1945-1961. Band 2*, Fischer Taschenbuch Verlag, Frankfurt am Main, 1983.
37……H.-Peter Schwarz, *Die Ära Adenauer : Gründerjahre der Republik 1949-1957, Mit einem einleitenden Essay von Theodor Eschenburg, Geschichte der Bundesrepublik Deutschland 2*, Deutsche Verlags-Anstalt, Stuttgart, 1981.
38……K. Hildebrand, *Von Erhard zur Großen Koalition 1963-1969 : Mit einem einleitenden Essay von Karl Dietrich Bracher, Geschichte der Bundesrepublik Deutschland*, Deutsche Verlags-Anstalt, Stuttgart, 1984.
39……I. Wilharm (Hrsg.), *Deutsche Geschichte 1962-1983 : Dokumente in zwei Bänden. Band 1*, Fischer Taschenbuch Verlag, Frankfurt, 1985.
40……K. D. Bracher, W. Jäger, W. Link, *Republik im Wandel 1969-1974 : Die Ära Brandt, Geschichte der Bundesrepublik Deutschland 5/I*, Deutsche Verlags-Anstalt, Stuttgart, 1986.
41……W. Jäger, Werner Link, *Republik im Wandel 1974-1982 : Die Ära Schmidt, Mit einem abschließenden Essay von Joachim C. Fest, Geschichte der Bundesrepublik Deutschland 5/II*, Deutsche Verlags-Anstalt, Stuttgart, 1987.
42……*Der Bürger im Staat,* (*Deutschland Ost-Deutschland West*) *50. Jahrgang Heft 4*, Landeszentrale für politische Bildung, Baden-Württemberg, 2000.

口絵 p.1 上——PPS 通信社提供
p.1 下——G. Holmes(ed), *The Oxford Illustrated History of Medieval Europe*, Oxford university press, 1988, p.144-145
p.2 上——H. Schulze, *Germany: A New History*, Harvard University Press, 1998, p.59

p.2 下――WPS 提供
p.3 上――ユニフォトプレス提供
p.3 下――PPS 通信社提供
p.4 上――*Plakate als Spiegel der politischen Partein in der Weimarer Republik*, Verlagsdrucherei Schmidt GmbH, München, 1996, 表紙
p.4 下――PANA 通信社提供

p.11――相原恭子氏提供
p.19――**1**, p.43
p.23 上――**2**, p.19
p.33――**3**, p.178
p.49――**3**, p.427
p.51――**3**, p.435
p.55――**3**, p.464
p.61――**4**, pp.212-213
p.65――**5**, p.131
p.69――**4**, pp.116-117
p.73――**5**, p.141
p.75――**6**, p.44
p.81――**7**, pp.24-25
p.89――**8**, p.42
p.93――WPS 提供
p.109――**9**, p.159
p.113――**10**, p.49
p.123――**11**, p.235
p.131――**12**, p.11
p.133――**10**, p.331
p.135――**13**, pp.112-113
p.145――**11**, p.281
p.147――**11**, p.273
p.149――**11**, p.283
p.159――**11**, p.271
p.182――**14**, p.643
p.185――**15**, p.368
p.187――**11**, p.375
p.189――**11**, p.378
p.205――**16**, 図III/64
p.209――**16**, 図III/75
p.219――**16**, 図IV/103
p.227――**17**, p.468
p.233――**18**, p.227
p.237――**19**, pp.272-273
p.245 右――**20**, p.53
p.245 左――**21**, p.151
p.251――**18**, p.238
p.258――**22**, pp.128-129
p.263――**23**, pp.48-49
p.271――**24**, p.421
p.277――**25**, p.333
p.285――**26**, p.32-33
p.286――**27**, pp.160-161
p.295――**28**, p.17
p.302――**29**, p.162
p.308――**30**, p.12
p.311――**31**, p.20
p.315――**32**, pp.384-385
p.321――**33**, p.170
p.331――**34**, p.169
p.339――**35**, p.62
p.344――**36**, p.297
p.345――**35**, p.183
p.347――**37**, p.47
p.349――**37**, p.345
p.355――**36**, p.504
p.368――**38**, p.18
p.370――**39**, p.148
p.371――**40**, p.14
p.375――**40**, p.196
p.380――**41**, p.12
p.385――**41**, p.431
p.392――**41**, p.154
p.398――**42**, p.180
p.399――**42**, p.189

■ 図表出典一覧

p.23——H. G. Koenigsberger, *Medieval Europe 100-1500*, Longman, Harlow, 1987, p.88

p.29 上——H. K. Schulze, *Vom Reich der Franken, Merowinger und Karolinger*, Siedler Verlag, Berlin, 1987, p.329

p.29 下——H. K. Schulze, *Vom Reich der Franken, Merowinger und Karolinger*, Siedler Verlag, Berlin, 1987, p.334

p.81——E. Christiansen, *The Northern Crusades*, The Macmillan Press Ltd., London/Basingstoke, 1980, map4

p.101——『現代の世界史』山川出版社　1997　p.52

p.117——P. Münch, *Das Jahrhundert des Zwiespalts*, Stuttgart/Berlin/Köln, 1999, p.38

p.119——成瀬治・山田欣吾・木村靖二編『世界歴史大系　ドイツ史２』山川出版社　1996　p.5

p.155——I. Mieck (Hrsg.), *Europäische Wirtschafts und Sozialgeschichte von der Mitte des 17. Jahrhundert bis zur Mitte des 19*. Jahrhunderts, Stuttgart 1993, p.531

p.161——W. Neugebauer, *Absolitistischer Staat und Schulwirklichkeit in Brandenburg-Preußen*, Berlin/New York, 1985, p.278

p.173——成瀬治・山田欣吾・木村靖二編『世界歴史大系　ドイツ史２』山川出版社　1996　p.183

p.199——成瀬治・山田欣吾・木村靖二編『世界歴史大系　ドイツ史２』山川出版社　1996　p.257

p.201——成瀬治・山田欣吾・木村靖二編『世界歴史大系　ドイツ史２』山川出版社　1996　p.263

p.221——D. Orlow, *A History of Modern Germany*, Prentice-Hall, Engelewood Cliffs, 1987

p.230——D. Orlow, *A History of Modern Germany*, Prentice-Hall, Engelewood Cliffs, 1987

p.231——H. Kinder/W. Hilgemann, *dtv-Atlas zur Weltgeschichte.Bd.2*, dtv, München, 1973, p.76

p.233——P. Marschalck, *Bevölkerungsgeschichte Deutschlands im 19. und 20. Jahrhundert*, Suhrkamp, Frankfurt/M., 1984, p.178

p.245——E. Feuchtwanger, *Imperial Germany*, Routledge, London, 2001, p.199

p.264——E. Feuchtwanger, *Imperial Germany*, Routledge, London, 2001, p.199

p.289——D. Petzina/W. Aberlhauser/A. Faust, *Sozialgeschichtliches Arbeitsbuch III*, Verlag Beck, München, 1978, p.61, 119

p.295——D. Orlow, *A History of Modern Germany*, Prentice-Hall, Engelewood Cliffs, 1987, p.143

p.325——D. Orlow, *A History of Modern Germany*, Prentice-Hall, Engelewood Cliffs, 1987, p.221

p.337——成瀬治・黒川康・伊東孝之編『世界現代史20　ドイツ現代史』山川出版社　1987　p.296

p.358——M. Broszart (Hrsg.), *Zäsuren nach 1945*, München, 1990, p.23

p.382——M. Broszart (Hrsg.), *Zäsuren nach 1945*, München, 1990, p.31